Guttentagsche Sammlung
Nr. 170. Deutscher Reichsgesetze. Nr. 170.
Textausgaben mit Anmerkungen und Sachregister.

# Luftrecht

einschließlich

# Luftverkehrsgesetz

und

# Pariser Luftverkehrsabkommen

erläutert

von

Dr. jur. Rudolf Busse
Regierungsrat.

Berlin und Leipzig 1928.
Walter de Gruyter & Co.
vormals G. J. Göschen'sche Verlagshandlung — J. Guttentag, Verlagsbuchhandlung — Georg Reimer — Karl J. Trübner — Veit & Comp

# Vorwort.

„La conquête de l'air est un fait accompli — la parole est aux jurisconsultes" sagte Julliot schon vor zwei Jahrzehnten. Damals noch ein verfrühtes Frohlocken, aber jetzt eine ernste Mahnung; denn der Weltluftverkehr beginnt bereits seine festen Linien um die Erde zu ziehen.

Das vorliegende Buch sucht in einem nationalen und internationalen Teil einen klaren Überblick über das gesamte Luftrecht zu geben. Der neuste Stand der Rechtsprechung ist hierbei berücksichtigt. Vorausgeschickt ist eine systematische Einführung in das gesamte Luftrecht mit seinen vielseitigen Rechtsdisziplinen. Greift doch das Luftrecht in die verschiedensten Gebiete der Rechtsprechung und Verwaltung ein. Eisenbahn, Zoll und Post stehen mit ihm in engster Verbindung.

Das Buch will nicht allein dem Juristen (Verwaltungsbeamten, Rechtsanwalt, Zivil- und Strafrichter), sondern auch dem Techniker und den Wirtschaftskreisen, die am Luftsport, Luftreise- und Luftfrachtverkehr interessiert sind, ein Hilfsmittel sein.

Beim Abschluß meiner Arbeit erlaube ich mir Herrn Ministerialrat Dr. Wegerdt vom Reichsverkehrsministerium und dem Syndikus der Deutschen Luft Hansa AG. Herrn Dr. Döring für verschiedene wertvolle Ratschläge auch an dieser Stelle meinen Dank auszusprechen.

Berlin, im Mai 1928.

**Dr. Rudolf Busse.**

# Inhaltsübersicht.

Seite

# Abkürzungen und Schrifttum.

Aeroklub von Deutschland, Gesetze und Entwürfe betr. die Luftfahrt, Bd. I—III.

L'Aérophile, Zeitschrift des Aéro Club de France, Paris.

AG. = Amtsgericht.

a.M. = anderer Meinung.

Automobilwelt-Flugwelt, Zeitschrift. Verl. Deutsche Verlagswerke Strauß, Vetter & Co, Berlin.

Aviation, amerikanische Luft-Zeitschrift, Verl. Highland, New York.

Batigne: De la responsabilité des compagnies de navigation aérienne dans les accidents, 1924, Verl. Per orbem, Paris.

Bartz: Deutsche Luftrechtspolitik seit Versailles, 1927, Ferd. Dümmlers Verl.

Basarke: Das Recht der Luftfahrt mit deutschen Luftfahrzeugen und seine Handhabung im Reich und in Preußen, in ZLR 1927 Heft 2/3, S. 65ff.

Begrd. = Begründung des Regierungsentwurfs 1921 zum Luftverkehrsgesetz, Reichstagsdrucksache 1920/21 Nr. 2504

v. Bitter: Handwörterbuch der Preußischen Verwaltung. 2. Aufl. Bd. II, S. 92 (Art. „Luftfahrt").

Bodenheim: Privatrecht der Luftschiffahrt, 1910, Helwingsche Verlagsbuchhdl., Hannover.

Bötticher: Luftfahrtversicherung, in JbfLuftv. 24, S. 185ff.

Bredow-Müller: Das Luftverkehrsgesetz vom 1. August 1922. Kommentar 1922, Heymanns Verlag Berlin (mit Ergänzungsheft 1927).

Brennwald, B.: Luft und Recht. Zürich 1910.

CIANA = Convention ibéro-américaine de la Navigation aérienne.

CINA = Commission internationale de la navigation aérienne.

Citeja = Comité international technique d'experts juridiques aériens.

Comité juridique international, Deuxième Congrès, 1912, Verl. Pedone, Paris.

DJZ. = Deutsche Juristenzeitung.

Döring: Versicherung und Luftverkehr. Basel u. Stuttgart 1924.

— Das internationale Recht der Privatluftfahrt, Gebr. Radetzki, Berlin 1927.

— Die Luftversicherung, Entwicklung, Recht und Technik. Verl. Mittler & Sohn, Berlin 1928.

Ebel: Die Haftpflicht des Luftschiffers. Diss. Greifswald 1913.

Eger: Das Reichsgesetz über den Verkehr mit Kraftfahrzeugen. Stuttgart u. Leipzig 1911.

Entwurf 1921 = Regierungsentwurf 1921 zum Luftverkehrsgesetz von 1922.

Everling: Um die Freiheit deutscher Luftfahrt. Hannover 1926.

Fachinger: Die Änderungen des bürgerlichen Rechts durch das Luftverkehrsgesetz. Diss. Marburg 1926.

Fackeldan: Luftschiffahrt und Schadenersatzhaftung. Diss. Erlangen 1914, Verl. Noske, Leipzig.

FAI. = Fédération aéronautique internationale.

Fauchille: Le domaine aérien et le régime juridique des aérostats, in Revue générale de Droit international public 1901, S. 314—485.

— Régime juridique des aérostats in Annuaire de l'institut de droit international, Bd.. 19, S. 19ff., und abgedr. in Wolters, Luftverkehrsrecht, 1918, S. 76ff.

— Traité de droit international public, 8. Aufl., Paris 1925, Bd. I, Teil 2.

Flight, Zeitschr. des Aero Club of the united Kingdom, London.

Flugsport, techn. Zeitschrift für das gesamte Flugwesen, herausgegeb. v. Ursinus. Verl. Flugsport, Frankfurt a. M.

Gerson: Der Luftraum und die Luftfahrzeuge im öffentlichen Recht, insbesondere des Deutschen Reichs. Diss. Hamburg 1924.

v. Gizycki: Einige wichtige Fragen aus dem Gebiete des Rechts der Luftschiffahrt. Diss. Heidelberg 1912, Verl. Noske, Leipzig.

Goebel: Luftverkehrswesen, in Handwörterb. d. Staatswiss. 1925, 4. Aufl., 6. Bd., von Elster-Weber-Wieser. S. 439ff.

Grünwald: Das Luftschiff in völkerrechtlicher und strafrechtlicher Beziehung. Hannover 1908.

— Der Luftraum in rechtlicher Beziehung zu den Teilen der Erdoberfläche, über denen er sich befindet. Arch. f. öff, Recht 1909, Bd. 24, S. 190ff.

GVG. = Gerichtsverfassungsgesetz.:

Hertz-Kleptow: Der Friedensvertrag von Versailles und das deutsche Luftwesen Diss. Königsberg 1922.

Heß: Schweizerisches Luftrecht, Textausgabe. Verlag Aero Revue A.-G., Zürich 1927.

Hildebrand: Die Begriffsbestimmungen für die Luftfahrt. JbfLuftv. 1924, S. 129ff.

Hilsmann: Das Recht der Luftfahrt. Diss. München 1914.

v. Holtzendorff: Handbuch des Völkerrechts. Hamburg 1885. Bd. II.

IATA = International Air Traffic Association.

JbfLuft = Jahrbuch für Luftverkehr, seit 1924, herausgegeb. von Fischer, v. Poturzyn und Jurinek-Berlin, Verlag Pflaum-München.

JFW. = Illustrierte Flugwoche, Zeitschrift. Treuhand Verlag G.m.b.H., Berlin.

Ikarus, im Fluge durch die große Welt, illustrierte Monatsschrift, Luftfahrtverlag G. m. b. H., Berlin.

JW. = Juristische Wochenschrift.

Julliot: De la propriété du domaine aérien in Revue des Idées, 15. 12. 1908, S. 510.

KFG. = Reichsgesetz über den Verkehr mit Kraftfahrzeugen vom 3. Mai 1909 (RGBl. 1909, S. 437 ff.).

Kickstat: Die das Privatrecht berührenden Bestimmungen des Luftverkehrgesetzes. Diss. Kiel 1923.

Kohler: Luftfahrtrecht, Heft 1 von Luftfahrt und Wissenschaft, Verl. Springer, Berlin 1912.

Köhne: Luftschiffahrt. In Stengel-Fleischmann, Wörterbuch des deutschen Staats- u. Verwaltungsrechts, 2. Aufl., Bd. 2.

Krahe: Entwicklung des Luftschiffahrtrechtes. Gebr. Drießen G. m. b. H., Aachen 1926.

Lange: Grundeigentum und Luftschiffahrt. Diss. Erlangen 1913, Verl. Meinders, Osnabrück.

LG. = Landgericht.

Leipziger Zeitschrift für deutsches Recht, herausgegeb. von Klimmer. Schweitzer Verl. in München u. Berlin.

v. Liszt: Völkerrecht. Berlin 1925, 13. Aufl.

Luftfahrt, Zeitschrift des deutschen Luftfahrt-Verbandes. Verl. Deutsche Luftzeitschriften Verl. G.m.b.H., Berlin.

Luft- und Kraftfahrt, Zeitschrift. Verl. Reichsverband der Reichskraftfahrer, Berlin.

LuftVG. = Luftverkehrsgesetz.

Luftwacht, Die, Monatszeitschrift. Verl. Kirschner, Berlin.

Luftweg, Organ des deutschen Luftrates, des Aeroklubs von Deutschland u. a. Verl. R. Pflaum AG. München.

Luley: Die Einwirkungen des Luftverkehrsgesetzes auf das Eigentum und der Ausgleich, in „Luftweg", Bd. 26, S. 12 ff.

Makarov: Die zwischenrechtlichen Normen des Luftrechts, in ZLR. II, S. 150

Meili: Das Luftschiff im internen Recht und Völkerrecht. Verl. Füßli, Zürich 1908.

— Die Luft in ihrer Bedeutung für das modernste Verkehrs- und Transportrecht, in d. Blättern f. Rechtsanwendung, Bd. 74.

— Die Luftschiffahrt und das Recht, in d. Zeitschrift „Die Zukunft" Nr. 30, Berlin 1909.

Mérignhac: Traité de droit public international. Paris 1905.

Meurer: Luftschiffahrtsrecht. Schweitzer Verl., München u. Berlin 1909.

Meyer, A.: Die Luftschiffahrt in kriegsrechtlicher Beleuchtung. Verl. Knauer, Frankfurt a. M. 1909.

— Die Erschließung des Luftraums in ihren rechtlichen Folgen. Frankfurt a. M. 1909.

— Das Schadenersatzrecht der Luftfahrt nach geltendem Recht und de lege ferenda. Verl. Knauer, Frankfurt a. M. 1913.

MiV. = Ministerialblatt für die preußische innere Verwaltung.

Müller: Automobilgesetz, Kommentar, 2. Aufl. Verl. Stilke, Berlin 1927.

— Die Amerikafahrt des Zeppelins im Lichte des Rechts. DJZ. 1924, S. 837 (vgl. NfL. 24, S. 354).

— Der neue Rechtsbruch auf dem Gebiet der Luftfahrt. DJZ. 25, S. 1067ff. (vgl. NfL. 25, S. 351).

— Das Luftrecht im nationalen und internationalen Verkehr. DJZ. 26, S. 189ff.

— Freies Landungsrecht? In „Luftfahrt" 25, S. 385, 374.

— siehe oben Bredow-Müller.

Mundt: Die Haftung des Luftfahrzeughalters nach dem LuftVG. Diss. Erlangen 1923.

Neumeyer: Internationales Verwaltungsrecht, 3. Bd., 1926, S. 234ff.

NfL. = Nachrichten für Luftfahrer, herausgegeben von der Luftfahrtabteilung des Reichsverkehrsministeriums.

Niemeyer: in den Verhandlungen des 31. Juristentages, Bd. 2, S. 29ff.

Nys: Rapport sur le régime juridique des aérostats, in Annuaire de l'Institut, Bd. 19, S. 86ff.

PLA. = Das Pariser Luftverkehrsabkommen vom 13. X. 19 einschließlich der bis Ende 1924 vorgenommenen Änderungen und Ergänzungen. Verlag Radetzki, Berlin 1925, sowie in NfL. 24, S. 1ff bis 185ff. und in Aeroklub II, S. 1ff.

Pöschel: Einführung in die Luftfahrt. Leipzig 1925.
Fischer von Poturzyn: Lufthansa. Verl. Lehmann, Leipzig 1925.
PrGS. = Preußische Gesetzsammlung.
Rautenberg: Die Haftpflicht des Halters von Luft- und Kraftfahrzeugen. Diss. Marburg 1920.
Recht, Ztschr., herausgegeb. von Sörgel. Verl. Helwing.
Reichsverkehrsministerium, Deutsche Luftverkehrsstatistik 1926, Sonderdruck aus den NfL. nebst einer Übersicht über die deutsche Luftfahrt nach dem Stande vom 31. 12. 1927. Verl. Radetzki, Berlin.
Revue juridique internationale de la locomotion aérienne, Herausgeber Henry-Couannier, Paris (seit 1910).
RG. = Reichsgericht.
RGBl. = Reichsgesetzblatt.
RGSt. = Entscheidungen des Reichsgerichts in Strafsachen.
RGZ. = Entscheidungen des Reichsgerichts in Zivilsachen.
RMBlJ. = Reichsministerialblatt des Innern (seit 1923).
Römer: Die Haftung des Luftfahrzeughalters nach dem LuftVG. Diss. Erlangen 1925.
Rooker: International Code of civil, ZRR. 1 S. 19.
RStA. = Deutscher Reichs- und Preußischer Staatsanzeiger.
Rühl: Verkehrstechnische Bedeutung des Luftverkehrs. Verkehrstechnische Woche, 1926 Heft 14.
RZBl. = Reichszentralblatt (bis 1922).
Schleicher: Internationales Luftfahrtrecht. Diss. Berlin 1923.
— Der gegenwärtige Stand des internationalen Rechts der Luftfahrt, in Niemeyers Zeitschr. f. intern. Recht Bd. 33.
— Aufsatz „Luftfahrtrecht" in Strupps Wörterbuch des Völkerrechts und der Diplomatie, Bd. I Berlin, Verlag Walter de Gruyter & Co.
— Das internationale Recht des Luftverkehrs, im Schiffahrtsjahrbuch 1926, S. 959.
Schreiber: Die Note des Botschafterrats vom 24. Juni 1925 über die Luftfahrt. JW. 25, S. 1564ff.

Schreiber: Juristische Fragen. JbfLuftv. 24, S. 167ff.
— Der Entwurf eines internationalen Abkommens über die Haftung des Unternehmers bei internationalen Lufttransporten. ZLR. 1, S. 22.

Schröder: Der Luftflug, Geschichte und Recht. Berlin 1911.
— Die Haftpflicht im Luftflug. Verl. Vahlen, Berlin 1913

Sperl: in den Verhandlungen des 31. Juristentages Bd. 2, S. 62ff.

Spiropulos: Der Luftraum integrierender Teil des Staatsgebiets. Leipzig 1921.

StGB. = Strafgesetzbuch.

Stieber: Zukunft der Luftfahrzeughypothek. ZLR. 2/3, S. 187.

StPO. = Strafprozeßordnung.

Tanneberger: Luftfahrtbelange, Luftfahrtregelung und Zuständigkeit, in „Die Polizei". Verl. „Kameradschaft", Berlin 1927, Heft 4, S. 89ff.

Tauber: Der Luftbeförderungsvertrag, in JW. 1921 S. 665.
— Über luftfahrtrechtliche Fragen. Verl. Frensdorf, Berlin 1912.

Thiemer: Die Rechtsverhältnisse des Luftraums und die Haftpflicht des Luftfahrers. Diss. Leipzig 1920.

Thilo: Das Flugzeug im Postdienst. JbfLuftv. 1924, S. 173ff.

Tilgenkamp: Der Luftverkehr, Entstehung, Entwicklung und ökonomische Grundlagen. 1924.

Verband Deutscher Luftfahrzeug-Industrieller e. V.: Zollvorschriften und Zollsätze für Luftfahrzeuge, Luftfahrzeugteile und Zubehör, (gültig für den Verkehr mit den außerdeutschen Staaten Europas und des übrigen Auslandes) nach dem Stande vom 1. X. 1926. Verlag Gebr. Radetzki, Berlin.

VO. = Verordnung.

VV. = Vertrag von Versailles.

Weck: Deutsches Luftrecht. Berlin 1913.

Wegener: Der Luftverkehr im öffentlichen Recht. Diss. Frankfurt a. M. 1922.

Wegerdt: Luftrecht, Reichsrechtliche Vorschriften. Textausgabe 1927. Verlag Radetzki, Berlin.

Wendler: Die strafbaren Handlungen nach dem LuftG. Diss. Erlangen 1923.

Winkler: Die Haftpflicht im LuftVG. Diss. Erlangen 1924.

Wolters: Luftverkehrsrecht. Rostock 1918.

Woodhouse: Textbook of aerial laws. Verl. Stockes, New York 1920.

Würth: Luftzollrecht. Berlin 1913.

ZFM. = Zeitschrift für Flugtechnik und Motorluftschiffahrt, herausgegeb. v. d. Wissenschaftlichen Gesellschaft für Luftfahrt E. V. Berlin. Verl. Oldenbourg, München u. Berlin.

Zittelmann: Luftschiffahrtsrecht. In Niemeyers Zeitschr. f. int. privat-öff. Recht, Bd. 19, S. 458ff.

— Die Rechtsfragen der Luftfahrt. Verl. Duncker & Humboldt, München 1914.

ZLR. = Zeitschrift für das gesamte Luftrecht, herausgegeben von Schreiber, Heft 1 (1926) u. 2/3 (1927). Verl. Walter de Gruyter & Co., Berlin-Leipzig.

ZPO. = Zivilprozeßordnung.

Nil mortalibus ardui est:
Caelum ipsum petimus.
Horaz, Ode I 3.

# A. Systematische Übersicht.

Wunder wurden zu Taten, Taten zu Alltäglichkeiten. Das Fliegen über Land und Meer, der Traum der Jahrtausende, ist uns Erfüllung geworden. Und wir, wir durften es mit Staunen erleben. Das vierte Element, die Luft, ist bezwungen. Mit der Erfindung des Flugzeugs trat die dritte Dimension in den Gedankenkreis des Menschen, etwas so Ungeheuerliches, so Neues, etwas, was auf fast alle Gebiete menschlichen Denkens und Schaffens einwirken mußte. Zu diesen Einflußsphären des Flugzeugs gehören besonders Verkehr und Kriegführung. Der Luftverkehr marschiert. Deutsche Flugzeuge jagen nach London und Paris, nach Wien, dieses Jahr auch nach Madrid und Mailand — durch Europa, durch Südamerika. Der dreitägige Luftreiseverkehr nach Peking statt 3 Wochen Eisenbahnfahrt oder 6 Wochen Schnelldampferfahrt steht bevor. Die Erde schrumpft immer mehr zusammen, und wie die Eisenbahn Stadt und Land und die Bundesstaaten des alten Deutschen Reiches örtlich zusammenbrachte, so wird der Luftverkehr die Völker einander (wenigstens räumlich) näher bringen.

Wie nun alles menschliche Tun vom Recht begleitet und die Menschheit im Volksganzen und im Leben des einzelnen Menschen vom Recht geleitet wird, und wie mit der Technik die Rechtswissenschaft schwesterlich mitgeht, so hat sich Hand in Hand mit der neuen Lufttechnik fast unsichtbar das neue Recht entwickelt. Es ist das Gebilde des sog. **Luftrechts;** kein luftiges Phantasiegebilde, sondern schon eine reelle neue Rechtsdisziplin, die in alle Rechtsgebiete eingreift und doch wieder etwas Geschlossenes darstellt. Es ist interessant, einmal den Fäden nachzugehen, aus denen dieses neue Rechtsgebiet sich aus den verschiedensten Zweigen des privaten und öffentlichen Rechts zusammensetzt. Denn stärker als Eisenbahn, Post und Seeschiffahrt, hat das Luftfahrzeug, Länder und Meere umspannend, die verschiedensten Rechtsgebiete an sich gerissen.

Der Ausdruck „Luftfahrtrecht" würde hierfür zu eng sein. Aber auch der Ausdruck „Luftverkehrsrecht", der dem Deutschen Luftverkehrsgesetz von 1922 zugrunde gelegt ist, umfaßt zwar den gesamten Aufenthalt der Luftfahrzeuge in der Luft, die Vorbereitungen für die einzelne Luftfahrt, sowie deren Beendigungstätigkeit. Es fallen hierunter die verschiedenen Tätigkeiten und Arten der Luftfahrzeuge, sowohl die Fahrt des Luftschiffs, des Freiballons und des Flugzeuges, der Auf- und Abstieg des Fesselballons und des Drachens (Bredow-Müller S. 26). Der Ausdruck „Luftrecht" umfaßt dagegen auch die mit dem eigentlichen Luftverkehr nur mittelbar zusammenhängenden Rechtsverhältnisse.

## 1. Privatrecht.

### I. Personenrecht.

Was zunächst das Privatrecht betrifft, so kommt für das Personenrecht die See- bzw. Gefahrverschollenheit der §§ 16 und 17 BGB. in Frage.

a) Die Seeverschollenheit kann z. B. bei den Ozeanflügen akut werden. Nach § 16 Abs. 2 BGB. wird der Untergang des Fahrzeugs bei einer Fahrt über außereuropäische Meere vermutet, wenn es innerhalb 3 Jahre seit dem Antritte der Reise an dem Orte seiner Bestimmung nicht eingetroffen ist; diese Fristen sind bei Fahrten innerhalb der Ostsee 1 Jahr, bei Fahrten innerhalb anderer europäischer Meere, mit Einschluß sämtlicher Teile des Mittelländischen, Schwarzen und Asowschen Meeres 2 Jahre. Nach Ablauf dieser Frist des Abs. 2 beginnt für den Verschollenen die einjährige Frist des § 16 Abs. 1 BGB.; denn die Todeserklärung erfolgt erst, wenn seit dem Untergange des Fahrzeugs ein Jahr verstrichen ist.

b) Die Gefahrverschollenheit des § 17 BGB. mit dreijähriger Frist kommt bei anderen Fällen als Kriegs- oder Seeverschollenheit (§§ 15 und 16 BGB.) in Frage, also z. B. bei einem Überlandfluge.

## II. Sachenrecht.

Sachenrechtlich sind die Luftfahrzeuge bewegliche Sachen. Ihr Eigentum, Besitzrecht und Pfandrecht regelt sich nach dem Bürgerlichen Gesetzbuch. Für das Luftrecht des Grundeigentümers gilt § 905 BGB. Hiernach erstreckt sich sein Eigentumsrecht auch auf den Raum über der Oberfläche eines Grundstücks. Der Eigentümer kann jedoch Einwirkungen in solcher Höhe nicht verbieten, an deren Ausschließung er kein Interesse hat. Dieser Grundsatz der Freiheit des Luftverkehrs ist in dem jetzt geltenden Luftverkehrsgesetz von 1922 in § 1 nochmals ausgesprochen. Der Grundeigentümer kann also das Überfliegen seines Grundstücks in größerer Höhe nicht untersagen. Geht allerdings ein Luftfahrzeug so niedrig auf das Grundstück herunter, daß es z. B. absichtlich zum Ärger des Gutsbesitzers einen Gutshof in geringer Höhe durchfliegt, so kann sogar Hausfriedensbruch (§ 123 StGB.) in Frage kommen.

Die Luftfreiheit wird räumlich eingeschränkt:

a) im Fliegen. Es gibt luftverkehrspolizeiliche Bestimmungen, in welchen Mindesthöhen Städte überflogen werden dürfen. Festungen können als Luftsperrzonen für den Luftverkehr verboten werden;

b) im Landen bzw. Starten. Nach dem deutschen Luftverkehrsgesetz § 12 darf die Landung nur in Flughäfen, oder außerhalb geschlossener Ortschaften auf nicht eingefriedigten Grundstücken oder auf Wasserflächen erfolgen.

Notlandungen sind dagegen im Sinne des § 904 BGB. oder § 54 StGB. überall zulässig. Landet nun ein Flugzeug auf einer nicht eingefriedigten Wiese, so besteht gegenüber dem berechtigten Grundstückseigentümer nur die Verpflichtung zur Auskunfterteilung und eventuell zum Schadenersatz. Ist die Persönlichkeit festgestellt, so darf der Berechtigte die Weiterfahrt oder Abbeförderung des Luftfahrzeugs nicht verhindern (§ 12 Abs. 2 LuftVG.). Die Verpfändung von Luftfahrzeugen richtet sich in Deutschland nach dem BGB. und zwar nach den Bestimmungen über das Pfandrecht an beweglichen Sachen. (§§ 1204 ff. BGB.). Auch eine Sicherheitsübereignung wäre möglich. Eine derartige Verpfändung entspricht aber nicht dem wirtschaftlichen Bedürfnis, gerade bei dem gewaltigen Flugzeugmaterial der Deutschen Luft-Hansa. Um diese Vermögenswerte für Kredite auszunutzen, müßte eine Hypothek oder eine Art Schiffspfandrecht möglich sein. Hierbei kommt sowohl eine Gesamthypothek zur Sicherung von Schuldverschreibungen auf den Inhaber, wie auch die Verpfändung einzelner Luftfahrzeuge in Frage. Es bedarf hier internationaler Regelung, um den Gläubigern auch im Auslande einen Zugriff zu geben (Döring S. 50; Stieber, Zukunft der Luftfahrzeughypothek in ZLR. 2 S. 187 ff.).

Der Code International de l'Air (Art. 50—60) schlägt ein nationales Luftfahrzeugregister vor, das öffentlichen Glauben genießt und in das die Hypotheken eingetragen werden.

Eine Klassifikation der Luftfahrzeuge, wie es z. B. in der Schiffahrt besonders für Verpfändungszwecke üblich ist, gibt es in Frankreich und noch unvollkommen in anderen Ländern. In Deutschland ist hierfür die Deutsche Versuchsanstalt für Luftfahrt in Adlershof von der Regierung anerkannt.

## III. Schuldverhältnisse.

Als private Schuldverhältnisse kommen im Luftrecht insbesondere in Frage:

1. der Dienstvertrag, den der Inhaber des Luftfahrzeugs mit dem Luftfahrzeugführer bzw. mit den übrigen Angestellten abschließt. Also z. B. wenn die Deutsche Lufthansa oder ein Großindustrieller einen Flugzeugführer bei sich anstellt. Für diese rechtliche

Stellung des Luftfahrtpersonals bestehen keine besonderen Bestimmungen in Landesgesetzen oder Staatsverträgen. Es gibt allerdings Bestimmungen über Befähigungszeugnisse und Erlaubnisscheine (Art. 12 PLA. mit Anhang E), auch finden sich Geschäfts- und Dienstanweisungen. Eine einheitliche Luftmannsordnung ähnlich wie die Seemannsordnung wird angestrebt. Hierfür spricht auch, daß noch mehr als auf dem Schiff eine gute Disziplin erforderlich ist.

2. Wenn sich der Passagier eine Luftfahrkarte z. B. von Berlin nach Köln nimmt, so wird, ähnlich wie bei der Eisenbahnfahrkarte, ein sog. Werkvertrag geschlossen, nämlich des Inhalts, daß die Luftfahrtgesellschaft sich verpflichtet, den Passagier die bestimmte Strecke zu befördern.

Da der Luftbeförderungsvertrag weder durch Gesetz noch Staatsvertrag besonders geregelt ist, gelten die allgemeinen Vorschriften des bürgerlichen Rechts, und zwar:

a) §§ 631 ff. BGB. für den Werkvertrag,
b) §§ 343 ff. HGB. für Handelsgeschäfte.

Dagegen gelten mangels gesetzlichen Hinweises nicht analog:

a) §§ 453 ff. HGB. betr. Beförderung von Gütern und Personen auf den Eisenbahnen oder
b) §§ 474 ff. HGB. betr. Beförderung von Gütern mit Schiffen.

Im einzelnen kommen die besonderen Beförderungsbestimmungen in Frage, die von der Deutschen Lufthansa im Einvernehmen mit dem Reichsverkehrsministerium erlassen sind. Diese Beförderungsbedingungen entsprechen den von der Iata (International Air Traffic Association) im Februar 1927 festgesetzten „Allgemeinen Beförderungsbedingungen für den Passagierluftverkehr und für den Luftfrachtverkehr“. Diese Bedingungen umfassen u. a. Vorschriften über den Flugschein und den Luftfrachtbrief.

Was die große Frage des Schadenersatzes betrifft, so ist die Haftpflicht im Gegensatz zu der Schadenersatzpflicht des Bürgerlichen Gesetzbuchs durch das Luftverkehrsgesetz schärfer gefaßt, da der Allgemeinheit durch den Luftverkehr größere Gefahren auferlegt werden. Ähnlich wie im Kraftfahrzeuggesetz ist eine besondere Haftpflicht des Fahrzeughalters geschaffen worden. Es kommt also nicht darauf an, ob ein Verschulden des Luftfahrzeughalters oder des Flugzeugführers, auch nicht ob ein Fehler im Fahrzeug vorgelegen hat, sondern es genügt die reine Tatsache, nämlich daß beim Betriebe eines Luftfahrzeugs durch Unfall eine Person verletzt oder eine Sache beschädigt worden ist. Der Ausdruck „beim Betriebe eines Luftfahrzeugs“ bedeutet nicht dasselbe wie „bei der Fahrt eines Luftfahrzeugs“. Vielmehr ist der Schaden beim Betrieb auch dann entstanden, wenn er bei den Vorbereitungen für den Aufstieg, bei Einbringung des Fahrzeugs in die Halle entstanden ist. Wenn also z. B. eine Person auf dem Flugplatz beim Anwerfen des Motors verletzt wird, tritt Haftung ein. Scheut z. B. ein Pferd vor einem besonders niedrig fliegenden Flugzeug und wirft den Wagen um, so haftet das Luftfahrtunternehmen, — nicht dagegen, wenn z. B. ein besonders schreckhaft veranlagtes Pferd vor einem ruhig dastehenden Flugzeug scheut.

Die strenge Haftung des Halters des Luftfahrzeugs wird nur durch mitwirkendes Verschulden des Beschädigten gemäß § 254 BGB. eingeschränkt (§ 20 LuftVG.). Die Haftung nach dem LuftVG. von 1922 ist stärker als im Reichshaftpflichtgesetz von 1871, im preuß. Eisenbahngesetz von 1838 und Kraftfahrzeuggesetz von 1909, da es im Gegensatz zu diesen auch bei höherer Gewalt haften läßt. Während das Kraftfahrzeuggesetz von der Haftpflichtregelung die Fälle ausnimmt, in denen der Verletzte die besondere Gefahr freiwillig übernommen hat (d. h. also gegenüber den beförderten Vertragspersonen), ist im Interesse der allgemeinen Luftverkehrsentwicklung diese Ausnahme nicht gemacht. Das Luftverkehrsgesetz hat also die reine Erfolgshaftung und geht damit über die Gefährdungshaftung des Kraftfahrzeuggesetzes hinaus. Um aber den Luftverkehr durch diese strenge Haftung nicht übermäßig zu belasten, sind ähnlich wie im Kraftfahrzeuggesetz auch hier gewisse Schadenersatzhöchstsätze in Geld gesetzlich vorgesehen. So haftet der Ersatzpflichtige bei Personenschaden, wenn jemand getötet oder verletzt wird, nur bis zu 25 000 RM Kapital; hat mehrere der Unfall betroffen, nur bis zu insgesamt 75 000 RM und bei Sachbeschädigung nur bis insgesamt 5 000 RM. Der Schadenersatz kann auch in einer Geldrente geleistet werden. Die Schadenersatzansprüche verjähren übrigens schon nach 2 Jahren mit einer Anzeigefrist von 3 Monaten.

Der Luftfahrzeugführer haftet nur bei sog. Schwarzfahrten, also wenn er ohne Wissen und Willen des Halters das Fahrzeug benutzt (§ 19 Abs. 2

LuftVG.). Neben ihm haftet der Halter nur dann, wenn die Schwarzfahrt durch sein Verschulden möglich war. Sonst haftet der Fahrzeugführer nicht, also im Gegensatz zu dem Kraftfahrzeugführer, der mit dem Entlastungsbeweis neben dem Halter haftet (§ 18 KraftfahrzGes.). Diese Mitverantwortlichkeit des Führers ist aber im Luftverkehr entbehrlich, da ihm der Entlastungsbeweis wegen Zeugenmangel kaum gelingen wird und er überdies sein Leben nicht durch leichtsinnige Berufsausübung aufs Spiel setzen wird.

Die Erfolgshaftung des § 19 LuftVG. ergänzt aber nur die sonstigen gesetzlichen Haftungsbestimmungen, was § 28 LuftVG. ausdrücklich feststellt. Die Beschränkung der Ersatzpflicht bezieht sich nur auf die Fälle der Erfolgshaftung. Soweit ein Schadenersatzanspruch nach den allgemeinen Grundsätzen des bürgerlichen Rechts z. B. wegen unerlaubter Handlungen geltend gemacht werden kann, bestimmt sich auch der weitergehende Umfang der Haftung nach dem BGB. Fällt also dem Fahrzeughalter oder dem Führer nachweisbar ein persönliches Verschulden zur Last (§ 823 BGB.), so ist die Haftung nicht durch die Höchstsätze beschränkt, auch kann der Verletzte hier eine billige Entschädigung durch Geld wegen des Schadens verlangen, der nicht Vermögensschaden ist (§ 847 BGB.); diese Schadenersatzart fehlt überhaupt nach dem Luftverkehrsgesetz.

Mit den gesetzlichen Bestimmungen der Erfolgshaftung scheint nun jedermann gegen alle Unfälle aus dem Luftverkehr gesichert zu sein. Das ist aber nicht ohne weiteres richtig. Es besteht nämlich im Luftverkehrsgesetz keine Vorschrift, wie im Reichshaftpflichtgesetz bezüglich der Eisenbahnen, wonach die besondere Gefährdungshaftung für die Beförderten nicht durch Abrede ausgeschlossen oder beschränkt werden darf. Wenn allerdings auch im Kraftfahrzeuggesetz der Grundsatz der Unabdingbarkeit fehlt, so liegt es daran, daß das Kraftfahrzeuggesetz nicht die Beförderten, sondern nur die Außenstehenden betrifft. Die Luftverkehrsgesellschaften haben nun ihre Sonderhaftung durch die Beförderungsbestimmungen ausgeschlossen. In den Beförderungsbedingungen der Deutschen Lufthansa heißt es in Ziff. 6 ausdrücklich:

> „Die Teilnahme am Fluge, sowie die Mitnahme von Gepäck für den Fluggast und etwaige Rechtsnachfolger .... erfolgt auf alleinige Gefahr der Fluggäste. Mit der Teilnahme verzichtet der Fluggast insbesondere für sich und seine Rechtsnachfolger auf den Ersatz des Schadens, der ihm mittelbar oder unmittelbar bei der Benutzung des Flugzeugs oder sonst im Zusammenhange mit der Luftreise an seiner Person, seinen Sachen oder dem aufgegebenen Gepäck erwächst."

Es ist das die sogenannte **Enthaftungsklausel**, wodurch die Erfolgshaftung gegenüber dem Passagier oder Frachtsender ausgeschlossen wird. Hier ist ein wichtiges Urteil des Reichsgerichts vom 19. Mai 1927 ergangen (Jurist. Wochenschr. 1927 S. 2210), wonach es im deutschen Recht grundsätzlich zulässig ist, daß im Luftverkehr ähnlich wie in der Seeschiffahrt die Haftung des Unternehmens ausgeschlossen wird. Es darf allerdings weder Vorsatz noch sittenwidriges Verhalten

(§ 276 Abs. 2 und § 138 BGB.) vorliegen. Das Reichsgericht verlangt jedoch für die Wirksamkeit einer derartigen Enthaftungsklausel, es müsse aus den Beförderungsbedingungen in nicht mißzuverstehender Weise hervorgehen, daß der Haftungsausschluß in diesem Umfange besteht. Die Form muß so klar sein, daß der Fluggast den Haftungsausschluß ohne weiteres erkennen kann. Für die Deutsche Lufthansa, die Deruluft (Deutsch-Russische Luftverkehrsgesellschaft) und die Schweizerische Luftverkehrsgesellschaft Ad Astra Aero gelten die Beförderungsbedingungen entsprechend der internationalen Iata (International Air Traffic Association); es besteht daher ein in klarer Weise ausgedrückter Haftungsausschluß. Die Enthaftungsklausel der Deutschen Lufthansa gilt also zu Recht (vgl. Döring im ZLR. 2 S. 209 ff. und die Urteile des RG., KG., LG. Aurich in ZLR. 2 S. 218—222, AG. Emden in ZLR. 1 S. 55).

Übrigens sind die Beförderungsbedingungen in diesem Punkte nochmals klarer gefaßt, damit nicht nur die Gefährdungshaftung, sondern auch die Verschuldenshaftung ausgeschlossen wird. Ein Abdruck des Verzichts auf Ersatz eines Schadens — gleich aus welchem Rechtsgrunde — findet sich bei jedem Fahrschein eingeheftet.

Trotz der Enthaftungsklausel ist aber der Passagier vollkommen gegen Schaden gesichert. Die Deutsche Lufthansa, die Deruluft und die Österreichische Luftverkehrs A.-G. sichern nämlich jeden Passagier durch den Abschluß einer allgemeinen Passagierunfallversicherung. Hierdurch erhält die Enthaftungsklausel einen gerechten Ausgleich. Jeder Fluggast, der den tarifmäßigen Flugpreis bezahlt, ist für den Todesfall und im Falle dauernder Invalidität mit 25 000 RM und für vorübergehende Arbeitsbehinderung mit 25 RM Tagesentschädigung versichert. Eine derartige Unfallversicherung hat im Gegensatz zur Unternehmerhaftung den Vorteil, daß der Fluggast ohne Weiteres die Versicherungssumme fordern kann. Hierdurch werden sonst langwierige Prozesse vermieden. Die Versicherung gilt aber nur für den Passagier mit vollem Flugpreis. Wer von einer Luftverkehrsgesellschaft unentgeltlich oder zum halben Preise mitgenommen ist, muß sich, wenn er gedeckt sein will, gegen eine geringe Prämie selbst versichern.

Wenn man berücksichtigt, daß fast alle Kulturstaaten Luftverkehrsgesetze erlassen haben und daß meist neben deren besonderen Haftpflichtbestimmungen das allgemeine bürgerliche Recht gilt, so entsteht hier ein wirrer Rechtszustand für den Luftfahrzeughalter, der durch mehrere Staaten fliegt. Einheitliche internationale Bestimmungen sind hier dringend notwendig und auch versucht:

1. Von der Iata (International Air Traffic Association) wurden auf der Konferenz vom Februar 1927 Beförderungsbedingungen für den Passagier- und Luftfrachtverkehr festgelegt. Hiernach besteht ein Haftungsausschluß gegenüber Passagieren und Frachtgutsendern mit der Möglichkeit gleichzeitiger Versicherung, um hiermit ein Äquivalent für den Haftungsausschluß zu bieten. Soweit die gesetzlichen Vor-

schriften zwingend sind, ergänzen sie die Beförderungsbedingungen.

2. Die wichtigsten europäischen Regierungen (einschließlich von Deutschland) haben auf Konferenzen in Paris 1925/26 einen Staatsvertrag über die Haftpflicht gegenüber Passagieren und Aufgebern von Frachtgut entworfen, der die Haftung zum Teil beschränkt (ZLR. 1926 Beilage S. 1, Schreiber in ZLR. 1 S. 226 ff.).

3. Die Internationale Handelskammer hat einen Entwurf herausgebracht über die einheitliche Haftpflicht gegenüber außenstehenden Personen (Döring S. 39). —

An Versicherungen kommen für Luftfahrtunternehmen und Sportverbände in Frage:

a) die Unfallversicherung,
b) die Kaskoversicherung (des Flugzeugs selbst),
c) die Haftpflichtversicherung.

Von diesen Fragen ist der öffentlich-rechtliche Abschlußzwang des § 29 LuftVG. zu unterscheiden, der eine allgemeine Haftpflichtversicherung für das Unternehmen selbst, also nicht die für den Einzelfall betrifft. So werden Verkehrsunternehmungen und Luftfahrtveranstaltungen nur genehmigt, wenn künftige Schadenersatzansprüche im voraus gesichert sind und zwar grundsätzlich durch Abschluß einer Haftpflichtversicherung.

## 2. Freiwillige Gerichtsbarkeit.

Die freiwillige Gerichtsbarkeit macht sich im Luftrecht insofern bemerkbar, als jedes Luftfahrzeug in

Deutschland in das Verzeichnis der deutschen Luftfahrzeuge, in die sogenannte Luftfahrzeugrolle eingetragen werden muß.

Eingetragen werden: Eintragungszeichen (also die laufende Nummer), Muster, Motore (Zahl und Art), Hersteller, Eigentümer und Halter des Luftfahrzeugs.

Die Luftfahrzeugliste, die das Deutsche Reich, wie sonst jeder Staat, durch die Verwaltungsbehörde führt, hat keinen öffentlichen Glauben, ausgenommen in Frankreich und Italien.

Welche Voraussetzungen sind aber für die Eintragung eines Luftfahrzeugs nötig? Im internationalen Recht hat für die nationale Eintragung eines Luftfahrzeugs jetzt die Theorie der Nationalität des Eigentümers gesiegt im Gegensatz zur Territorialtheorie des Heimathafens (port d'attache). Es ist das ähnlich wie bei der Schiffahrt (Ges. betr. das Flaggenrecht der Kauffahrteischiffe vom 22. Juni 1899); Art. 7 PLA. In Deutschland werden offene Handelsgesellschaften und Kommanditgesellschaften als Eigentümer in die Luftfahrzeugrolle eingetragen, wenn die persönlich haftenden Gesellschafter sämtlich Reichsangehörige sind (§ 2 Abs. 2 LuftVG.), bei juristischen Personen dagegen, wenn sie ihren Sitz im Inlande haben. Gegen die Nationalität des Heimathafens statt des Eigentümers spricht im internationalen Recht auch:

a) das Interesse des Hypothekengläubigers an der Eigentumsidentität mit dem Eintragungszeichen,
b) die Klarheit im Kriegsfalle.

Die eingetragenen Luftfahrzeuge müssen ein deutsches Hoheitszeichen führen. Dieses besteht aus einem großen lateinischen D, das auch auf dem Luftfahrzeug sichtbar anzubringen ist. Dieses D mit der Nummer des Eintragungszeichens bildet das sogenannte Abzeichen des Luftfahrzeuges z. B. D 1290.

Eingetragen wird ein Luftfahrzeug aber nur, wenn es zugelassen ist; der Zulassungsschein wird aber nur erteilt, wenn ein Luftfahrzeug den Anforderungen der Verkehrssicherheit genügt. Die sachverständige Prüfung eines neuen Typs (Musterprüfung) erfolgt hierbei regelmäßig durch die deutsche Versuchsanstalt für Luftfahrt in Berlin-Adlershof. Es besteht also sowohl ein Eintragungszwang wie ein Zulassungszwang für Luftfahrzeuge.

## 3. Gewerbepolizei.

Gewerbepolizeilicher Natur ist die Erteilung des Erlaubnisscheines für Luftfahrer und die Genehmigungspflicht zur gewerbsmäßigen Lehrausbildung. Hierher gehört auch die Genehmigungspflicht für Luftfahrtunternehmen. Der Zweck dieser Genehmigung ist zugleich statt eines planlosen Wettbewerbs den Luftverkehr sachgemäß aufzubauen. Auch bei der Genehmigungspflicht für Luftfahrtveranstaltungen z. B. auch bei dem Totalisatorbetrieb auf dem Flugplatz, handelt es sich der rechtlichen Natur nach um Gewerbeaufsicht und Gewerbepolizei.

Zuständig zur Genehmigung von Luftfahrtunternehmen und Veranstaltungen sind nach § 11 Abs. 2 LuftVG. folgende Behörden:

a) für dasselbe Land die Landeszentralbehörde nach Anhörung der Reichsregierung,

b) für mehrere Länder oder Ausland die Reichsregierung nach Anhörung der berührten Landeszentralbehörden.

In Preußen ist bei Luftfahrtveranstaltungen im Dienste der Schaulust bei einem Luftpolizeibezirk der Oberpräsident, sonst der Handelsminister zuständig.

Bei Flughäfen läßt § 10 LuftVG. den § 26 der GewO. gelten. Hiernach können die benachbarten Grundbesitzer wegen Belästigung nicht auf Einstellung des Flughafenbetriebes klagen, sondern nur Schutzeinrichtungen oder Schadenersatz verlangen.

## 4. Verkehrspolizei.

Die Genehmigung für Flughäfen ist dagegen schon mehr **verkehrspolizeilicher** Natur. Gerade das Gebiet der Verkehrspolizei, das dem öffentlichen Recht angehört, nimmt im Luftrecht einen erheblichen Raum ein. Hierher gehört das Landungsverbot innerhalb von Ortschaften.

Ein Landezwang kann aus Verkehrs- und polizeilichen Gründen von der Polizeibehörde gefordert werden. Hier gilt die „Verordnung über Landungsaufforderung für Luftfahrzeuge" vom 11. November 1924 (unten S. 142). Es gibt Luftsperrgebiete ganz z. B. über Forts oder in bestimmter Höhe z. B. über Städte, Heilanstalten. Hiervon sind die bloßen Warnungen zu unterscheiden, die z. B. vom Reichswehrministerium gegen das Überfliegen von Truppenübungsplätzen bei Scharfschießen erlassen werden oder die Warnungen des Aeronautischen Observatoriums in Lindenberg, da es seine Versuchsballons an Stahldrähten aufläßt.

Überfliegen von geschlossenen Ortschaften und Menschenansammlungen: Auf Grund eines Runderlasses des preußischen Ministers für Handel und Gewerbe, sowie des Innenministers vom 30. November 1927 haben die Oberpräsidenten der Provinzen Brandenburg, Sachsen, Hannover und Hessen-Nassau, sowie die anhaltische Regierung unter dem 23. November 1927 für Sachsen-Anhalt Polizeiverordnungen erlassen, die das Überfliegen von geschlossenen Ortsteilen und von Menschenansammlungen regeln (NfL. 1928 S. 117). Demnach dürfen Luftfahrzeuge Ortschaften nur in einer Höhe überfliegen, aus der sie bei Ausfall der Antriebskraft noch eine Landung außerhalb der Ortschaft bzw. auf einen Flugplatz in der Ortschaft im Gleitflug vornehmen können (§ 1). Außerhalb von Ortschaften ist das Überfliegen von Menschenansammlungen jeder Art, sowie von Badeanstalten und Freibädern unter 200 Metern Höhe verboten (§ 2). Kunst- und Geschicklichkeitsflüge dürfen in beiden Fällen nicht unter 400 Meter ausgeführt werden (§ 3). Das Unterfliegen von Brücken, ähnlichen Kunstbauten und Antennen ist verboten, ebenso die Annäherung an Bauwerke jeder Art unter einer Entfernung von 20 Meter (§ 4). Zuwiderhandlungen gegen diese Verordnungen werden mit Geldstrafen geahndet (§ 5). In einzelnen Fällen können Ausnahmen zugelassen werden.

Auf Grund des Beförderungsverbots des § 14 LuftVG. besteht auch ein behördlicher Erlaubniszwang, wenn die Luftfahrzeuge Waffen, Sprengstoffe, giftige Gase, Brieftauben, Lichtbildgerät mitführen.

Zum Schutze der Bevölkerung ist der **Abwurf** von Sachen im allgemeinen verboten, doch bestehen folgende Ausnahmen (Basarke S. 126):

a) als Ballastabwurf ist nach den deutschen Staatsverträgen nur der Abwurf von feinem Sand oder Wasser zugelassen;

b) der Abwurf von Flugblättern bedarf der vorherigen Genehmigung der Landespolizeibehörde (in Preußen des Regierungspräsidenten), PrMinErl. vom 6. November 1925 (MiV. 1925 S. 1171, 1253) und 30. April 1926 (MiV. 1926 S. 461), vgl. thüringische Polizei-VO. über das Abwerfen von Gegenständen aus Luftfahrzeugen vom 20. August 1927 (Flugsport 1927 S. 375);

c) der Abwurf von Sachen, z. B. Schokolade, bei Luftfahrtveranstaltungen bedarf der Genehmigung gemäß § 11 Abs. 1 LuftVG., also wie die Luftfahrtveranstaltung selbst;

d) das Ausstreuen von Giften über Wäldern oder von Sämereien über Äcker bedarf keiner Genehmigung, da es über privaten Grundstücken mit Einwilligung des Grundeigentümers erfolgt. Dasselbe gilt auch für den Abwurf von Postsäcken oder von Proviant für Alpenhütten (Döring S. 33).

Reklameflüge: Nach § 11 LuftVG. sind nur Unternehmen, die gewerbsmäßig Personen oder Sachen mit Luftfahrzeugen befördern, genehmigungspflichtig.

Unternehmen, die lediglich Reklameflüge — wenn auch gewerbsmäßig, aber ohne gewerbsmäßige Beförderung von Personen oder Sachen — ausführen, bedürfen einer solchen Genehmigung nicht. Die Ausübung von Reklameflügen, insbesondere über Städten, kann aber für die allgemeine Verkehrssicherheit von Bedeutung sein und die Erteilung einer polizeilichen Erlaubnis erforderlich machen; wenn die Reklamebetätigung im Abwerfen von Druckschriften besteht, ergibt sich die Notwendigkeit einer solchen Erlaubnis aus § 43 GewO. (NfL. 1927 S. 646).

Rauchschriftreklame: Wächst einmal die Zahl der Reklameflugzeuge mit Rauchschrift und zwar gerade über besonders schönen Ausflugsorten, so können Auswüchse durch die Gesetze gegen die Verunstaltung landschaftlich hervorragender Gegenden verhindert werden. Stören sich die Konkurrenzflugzeuge gegenseitig in den mit Rauch geschriebenen Warenzeichen, so gelten die Bestimmungen gegen unlauteren Wettbewerb (Mohr in DJZ. 1927 S. 1270).

Die polizeilichen Sicherungsmittel zur Vermeidung von Zusammenstößen, also eine Art Verkehrsordnung in der Luft, betreffen Ausweichbestimmungen, Landebestimmungen nach der Windrichtung und die verschiedenen Signale; so ist z. B. eine umfangreiche Polizeiverordnung für den Flugplatz Berlin-Tempelhof vom 9. Dezember 1926 (NfL. 1927 S. 13) erlassen worden (auf Grund §§ 5, 6 PolVerwGes. von 1850, §§ 143, 144 LVG., § 31 LuftVG.).

Für einen ordnungsmäßigen Nachtluftverkehr müssen sowohl die Luftfahrzeuge, wie auch die

Flughäfen durch Lichter gekennzeichnet sein, auch kommen hier besondere Leuchtfeuer in der Bodenorganisation als Wegweiser in Frage.

### 5. Enteignungsrecht.

a) Um die Bodeneinrichtungen zu schaffen, kann nach § 15 LuftVG. einem Luftfahrtunternehmen ein Enteignungsrecht verliehen werden. Unter den sogenannten Bodenorganisationen versteht man hierbei insbesondere Flughäfen, Landungsplätze, Luftwegweiser, Leuchtfeuer, Flugwetterwarten, Flugfunkanlagen.

b) Zu unterscheiden ist hiervon, die Enteignungsmöglichkeit des Reiches gegen bestehende Luftfahrtunternehmen und -anlagen selbst (§ 16 LuftVG.).

### 6. Strafrecht.

Auch das Strafrecht ist in dem großen Komplex des Luftrechts enthalten. Ähnlich wie bei Seeschiffen oder bei der Eisenbahn entsteht hier eine besondere Steigerung der Pflicht. Das Luftverkehrsgesetz kennt hierbei folgende besondere Strafvorschriften:

1. das Zuwiderhandeln gegen die Vorschriften zur Wahrung der öffentlichen Ordnung und Sicherheit (§ 31 LuftVG.);
2. Verstöße gegen die verschiedenen Genehmigungspflichten (§ 32 LuftVG.);
3. den Schutz des Luftverkehrs gegen rechtswidrige Angriffe, nämlich solche Handlungen, durch die Menschen in Gefahr gebracht werden (§ 33 LuftVG.). Beschädigt jemand vorsätzlich ein

Luftfahrzeug oder stört er die Fahrt eines Flugzeugs durch falsche Signale und werden hierdurch Menschenleben gefährdet, so wird der Täter mit Zuchthaus oder Gefängnis bestraft. Es handelt sich hier im Interesse des Verkehrs um eine ähnliche Strafbestimmung der Transportgefährdung wie sie zum Schutze der Eisenbahn und bei der Schiffahrt im Strafgesetzbuch §§ 315 und 322 erlassen ist.

In Fliegerkreisen entrüstete man sich vor kurzem über folgenden Fall: Anfang Februar 1926 erging in einem Seebade gegen einen Flugzeugführer eine polizeiliche Strafverfügung wegen groben Unfugs, weil er bei mehrmaligem Überfliegen des Ortes mit seinem Motor ohrenbetäubenden Lärm verursacht habe. Dabei geschah dies damals bei Versuchsflügen zum Messen der Geschwindigkeit.

Ein Verstoß gegen die einfachen Warnungen z. B. des Reichswehrministers gegen das Überfliegen von Truppenübungsplätzen oder die Warnungen des Aeronautischen Observatoriums, die ja im Interesse des Flugzeugs selbst ergehen, ist straffrei, im Gegensatz zu den Strafandrohungen bei Luftsperrzonen, die das Interesse des gesperrten Gebietes wahren. Immerhin ist in einem Erlaß des Reichsverkehrsministers für den Luftverkehr über Großfunkstellen darauf hingewiesen, daß die Großfunkstelle Nauen eine Anlage des öffentlichen Verkehrs, die dem drahtlosen Überseeverkehr des Deutschen Reiches dient und im Auftrag des Reichspostministeriums betrieben wird, in zahlreichen Fällen durch Flugzeuge in geringer Höhe überflogen worden ist. Bei der Wichtigkeit derartiger Anlagen müssen Beschädigungen, die durch Zusammenstoß mit den Antennentürmen oder auch sonstwie beim Überfliegen herbeigeführt werden können, unter allen Umständen vermieden werden; eine durch solche Beschädigungen hervorgerufene Betriebsgefährdung würde als Vergehen nach § 318 StGB. anzusehen sein. Der Reichsverkehrsminister hat daher den Luftfahrtbetrieben aufgegeben, ihren Flugzeugführern das Überfliegen der Großfunkstelle Nauen und ähnlicher Anlagen zu verbieten. Bei Zuwiderhandlungen werde die Entziehung des Luftfahrerscheins gemäß § 4 Abs. 5 LuftVG. erwogen werden (NfL. 1927 S. 646).

Die Verordnungen der Reichsregierung vom 13. Juli 1926 über Luftfahrzeugbau, über führerlose und Jagdflugzeuge und über Beschränkung der Flugausbildung enthalten für Verstöße Geldstrafen bis zu 1000 RM. bzw. Gefängnis bis zu drei Monaten.

Die Einziehung des instrumenti sceleris, also des Flugzeugs selbst, findet sich in der Verordnung über Luftfahrzeugbau (§ 3) und der VO. über führerlose und Jagdflugzeuge (§ 6) vom 13. Juli 1926.

## 7. Staatsrecht.

a) Das Staatsrecht betrifft im Luftrecht zunächst das Staatshoheitsrecht. Die staatliche Herrschaft erstreckt sich auch auf den gesamten Luftraum über dem Staate. Wenn also auch der private Grundeigentümer das Überfliegen seines Grundstücks in großen Höhen gestatten muß, so ist es doch völkerrechtlich anerkannter Grundsatz, daß der Staat die

Hoheit in der gesamten Luft besitzt. Während beim Meere nur die Dreimeilenzone dem Uferstaat zugeschrieben wird und das übrige Meer frei ist, gilt dies nicht für den Luftraum, der an den darunter liegenden Staat durch die Schwerkraft gebunden ist. Denn ein Schiff auf dem Meere bietet keine Gefahrenquelle für außerhalb befindliche Menschen und Güter, wohl aber kann ein Luftfahrzeug das darunter liegende bewohnte Land z. B. durch Geräusch, Spionage, Abwurf oder Absturz schädigen. Das Lufthoheitsrecht beruht daher auf dem Selbsterhaltungsrecht des Staates. Wäre dieser Grundsatz nämlich nicht anerkannten Rechts, so könnten ja kriegführende fremde Staaten ihre Kämpfe auch im Luftraum über einem nichtbeteiligten Staate austragen (Bredow-Müller S. 33).

Im Gegensatz zur Luftfreiheitstheorie ist daher jetzt die Souveränitätstheorie durchgedrungen. In Art. 1 des von 25 Staaten ratifizierten Pariser Luftverkehrsabkommens ist dementsprechend gesagt:

> „Die Vertragsstaaten erkennen an, daß jeder Staat vollkommene und ausschließliche Staatsgewalt im Luftraume über seinem Gebiete und seinen Hoheitsgewässern hat."

Zu den Hoheitsgewässern gehört auch die Dreimeilenzone. Eine Staatshoheit fehlt dagegen über offenem Meere und über staatenlosem Lande.

b) Im Deutschen Reiche ist das Luftverkehrsrecht **Reichsrecht**. Art. 7 der Reichsverfassung weist dem Reiche die Gesetzgebung über den Verkehr mit Kraftfahrzeugen in der Luft zu. Der Verfassungsänderung durch die Erweiterung auf antriebslose Luftfahrzeuge

(§ 1 Abs. 2 LuftVG.) ist durch die ⅔-Reichstagsmehrheit bei der Annahme des LuftVG. genügt (unten S. 55). Daß die reichsrechtliche Kodifikation des Luftfahrtrechts im Luftverkehrsgesetz keine ergänzende Gesetzgebung der Länder im Sinne des Artikel 12 Abs. 1 RVerf. zuläßt (Basarke S. 136), ist bestritten. Jedenfalls sind den Ländern hinsichtlich der Flughäfen oder hinsichtlich der Luftfahrtveranstaltungen nach den reichsrechtlichen Bestimmungen des Luftverkehrsgesetzes Einflußmöglichkeiten geblieben, um ihre Belange geltend zu machen.

c) Staatsverträge. Die Lufthoheit gibt jedem Staate das Recht der Verkehrsregelung über seinem Gebiete. Auch kann der Staat ein Flugverbot gegen ausländische Luftfahrzeuge erlassen; doch greifen hier Staatsverträge ein (vgl. Art. 2 PLA.). Um daher einen internationalen Luftverkehr zu ermöglichen, hat das Deutsche Reich, wie fast alle Staaten, insbesondere mit seinen Nachbarstaaten Sonderabkommen, besondere Staatsverträge geschlossen, durch die die Lufthoheit zwar anerkannt, aber dadurch beschränkt wird, daß den ausländischen zivilen Luftfahrzeugen das Einfliegen, Landen und Starten gestattet ist. Das Deutsche Reich hat solche Luftverkehrsabkommen mit allen Staaten ringsherum außer mit Polen abgeschlossen, so mit der Schweiz schon im Jahre 1920, Dänemark, den Niederlanden, Schweden, Österreich; ja es häufen sich geradezu die Luftverkehrsabkommen. Im Mai 1926 wurden endlich die Luftverkehrsabkommen mit Frankreich und Belgien abgeschlossen, wodurch die Strecke Berlin—Paris möglich wurde, und im Jahre

1927 mit der Tschechoslowakei, als deren Auswirkung die Strecke Berlin—Prag—Wien eröffnet wurde. Durch das Abkommen mit Italien von 1927 wurde die Linie München—Mailand in Aussicht genommen. Auch das Abkommen mit England wurde im Dezember 1927 ratifiziert. Ein deutsch-spanisches Luftverkehrsabkommen wurde im Dezember 1927 abgeschlossen, wodurch auch die Luftverkehrslinie Barcelona—Madrid von der Deutschen Lufthansa (gemeinsam mit der spanischen Iberia) betrieben werden kann. — Mit der Freien Stadt Danzig bildet das Deutsche Reich ein einheitliches Luftverkehrsgebiet durch behördliches Übereinkommen (PrMinErl. vom 6. Januar 1922 und 27. September 1923, MiV. S. 55 bzw. 997).

Bei Staaten ohne deutsches Abkommen, z. B. Jugoslawien ist dagegen für jedes deutsche Flugzeug zum Ein- oder Überflug (mit oder ohne Zwischenlandung) in jedem Einzelfall eine Genehmigung der ausländischen Regierung auf diplomatischem Wege einzuholen.

## 8. Organisation.

### a) Reichsverkehrsministerium.

Oberste reichsrechtliche Luftbehörde war früher das Reichsministerium des Innern, jetzt das Reichsverkehrsministerium. Auf Grund der Verordnung vom 26. November 1918 betr. die vorläufige Regelung der Luftfahrt wurde das Reichsluftamt durch Erlaß des Staatssekretärs des Innern vom 4. Dezember 1918 (RGBl. S. 1400) geschaffen. Durch die Zuweisung der Kraftfahrangelegenheiten erfolgte im

Jahre 1919 seine Umbenennung in Reichsamt für Luft- und Kraftfahrwesen.

Das Gesetz vom 3. Januar 1920 (RGBl. S. 14) ermächtigte die Reichsregierung die Bearbeitung der den Luftverkehr betreffenden Angelegenheiten auch anderen Behörden zu übertragen. Auf Grund des Erlasses der Reichsregierung vom 9. Januar 1920 über die Errichtung und den Geschäftskreis des Reichsverkehrsministeriums gliederte sich das Reichsverkehrsministerium in drei Abteilungen, wobei die Luftfahrtangelegenheiten der Abteilung III für Luft- und Kraftfahrwesen zugewiesen wurden (vgl. unten S. 144). Im Jahre 1926 kam die Abtrennung der Kraftfahrangelegenheiten, so daß also jetzt im Reichsverkehrsministerium eine selbständige Abteilung L für Luftfahrwesen (Luftfahrtabteilung) besteht.

### b) Deutsche Luft Hansa A.G.

Die Organisation des Luftverkehrs selbst ist dagegen privater Natur. Die erste deutsche Luftverkehrslinie wurde nach dem Kriege während der Nationalversammlung in Weimar im Jahre 1919 von der Deutschen Luftreederei eröffnet. Diese war die erste praktisch werdende Luftverkehrsgesellschaft. Der Staat unterstützte sie im Jahre 1920 durch finanzielle Zuwendungen. Außer der D.L.R. gab es damals besonders folgende Gesellschaften:

Lloyd-Luftverkehr Sablatning,
Deutscher Luft-Lloyd,
Lloyd-Ostflug,
Lloyd-Luftdienst,
Deutsch-Russische Luftverkehrsgesellschaft.

Schon im Jahre 1919 entstand die erste internationale Luftverkehrsstrecke, der sog. „Europa-Nordwest-Flug“, der die Strecke Kopenhagen—Hamburg—Amsterdam—London betraf. Die kleinen deutschen Gesellschaften mußten jedoch wegen der allgemeinen wirtschaftlichen Not und durch die Hemmungen der Entente (Londoner Ultimatum Mai 1921) ihren Betrieb einstellen. Der Luftverkehr in den Jahren 1923 bis 1925 lag im wesentlichen in den Händen der beiden Konzerne Aero-Lloyd AG. und Junkers Flugverkehr AG.

Mit dem Beginn des Jahres 1926 wurde endlich die einheitliche Organisation für das Deutsche Reich geschaffen und zwar die Deutsche Luft Hansa A. G. Diese ist keine juristische Person des öffentlichen Rechts, wenn sie auch dem öffentlichen Verkehr dient und eine Gesellschaft im öffentlichen Interesse ist. Sie ist rechtlich eine Privat-Aktiengesellschaft, wenn auch das Deutsche Reich durch das Reichsverkehrsministerium als Aufsichtsbehörde den maßgebenden Einfluß ausübt. Die Angestellten der Deutschen Lufthansa-Gesellschaft sind daher im Gegensatz zur Reichsbahngesellschaft keine Beamte im öffentlich-rechtlichen Sinne, sondern Privatangestellte. Die Deutsche Lufthansa erhielt am 15. Juni 1926 ihre endgültige Konstituierung als Aktiengesellschaft. Sie ist im Handelsregister von Berlin-Mitte eingetragen. In ihrem Aufsichtsrat sind Handel und Industrie, Verkehr und Banken, das Reich durch das Reichsverkehrsministerium, die Länder und die hauptsächlichen Großstädte vertreten. Die Deutsche Luft Hansa A.G. ist nunmehr der Exponent der gesamten deutschen Luftverkehrsbestrebungen. Das hindert aber nicht, daß noch gewisse regionale Luftverkehrsgesellschaften ohne eigenen Luftverkehr bestehen, wie z. B. die Schlesische Luftverkehrsgesellschaft, die Süddeutsche Lufthansa oder die Deutsche Luftverkehrsgesellschaft Ruhrgebiet. Diese Gesellschaften besitzen keine Flugzeuge, sie haben vielmehr nur eine ergänzende territoriale Tätigkeit und sind nur Mittler zwischen der Deutschen Lufthansa und den Kommunen.

Der Deutsch-Russischen Luftverkehrsgesellschaft (Deruluft) ist nach den im Herbst 1926 über ihren Ausbau in Moskau abgeschlossenen Verträgen das ausschließliche Recht zum Luftverkehr zwischen Deutschland und Rußland unter Zustimmung der deutschen und russischen Regierungen verblieben.

### c) Besondere Organisationen:

1. Die Zentralstelle für Flugsicherung ist zur einheitlichen Zusammenfassung des Flugsicherungsdienstes im Reiche durch VO. vom 23. Juli 1927 (RGBl. I S. 237 = NfL. 1927 S. 401) in Berlin errichtet; die örtlichen Flughafenfunkstellen sind ihr unterstellt. Sie untersteht als Reichsbehörde dem Reichsverkehrsministerium. Ihre Einrichtung, Gliederung und ihr Aufgabenkreis werden durch die Anordnung vom 24. November 1927 (RMBl. S. 584 = NfL. 1928 S. 1) geregelt.

2. Um die staatlichen Behörden durch technische Sachverständige zu beraten, ist seit 1923 ein Beirat für das Luftfahrwesen geschaffen (§ 17 Ziff. 4 LVG.). Dieser Beirat setzt sich zusammen aus Vertretern von Wissenschaft und Hochschulen, Industrie und

Verkehr, Sport und Presse, Arbeitgebern und Arbeitnehmern. Er wird zur Beratung in wichtigen Angelegenheiten hinzugezogen, so z. B. über die Ausgestaltung des Luftverkehrsnetzes. Durch Artikel II der Verordnung vom 5. Februar 1924 über die Änderung des Luftverkehrsgesetzes (RGBl. 1924 I S. 43 = NfL. 1924 S. 23) wurde die Verordnung vom 30. Juni 1923 über den Beirat über das Luftfahrwesen (NfL. 1923 S. 317) aufgehoben und der Beirat in seiner Zusammensetzung vereinfacht. Die Mitglieder (34) werden vom Reichsverkehrsministerium ernannt, Vorsitzender des Beirats ist ein Beamter des Reichsverkehrsministeriums.

3. Nicht zu verwechseln ist hiermit der „Deutsche Luftrat". Er hat keinen amtlichen Charakter. Er ist oberste Luftsportkommission, seine Mitglieder werden von den Luftsportverbänden gewählt. Seine Aufgaben beziehen sich besonders auf Luftsportveranstaltungen.

4. Die Deutsche Versuchsanstalt für Luftfahrt in Berlin-Adlershof hat dagegen einen behördenähnlichen Einfluß, da es von ihrer Prüfung als Sachverständige abhängt, ob ein Luftfahrzeug zugelassen werden kann, oder nicht.

5. Der „Deutsche Luftfahrt-Verband e. V." (DLV.) ist eine bedeutende Privatorganisation. Seit 1922 umfaßt er folgende Verbände:

den Deutschen Luftfahrerverband,
den Aeroklub von Deutschland,
den Allgemeinen Deutschen Flugverband,
den Bund Deutscher Flieger,
den Deutschen Flugsportverband.

## 9. Eisenbahn und Luftverkehr.

Nicht mit Unrecht ist der Luftverkehr dem Reichsverkehrsministerium unterstellt worden. Denn im gewissen Sinne handelt es sich um eine Art Aufstockung der Eisenbahn. Der Luftverkehr ist der Eisenbahn schon ein nicht zu unterschätzender Konkurrent geworden, der der Eisenbahn jährlich eine Menge Personen- und Güterbeförderung entzieht. Das Reichsluftkursbuch, das die Luftverkehrslinien enthält, wird vom Reichsverkehrsministerium herausgegeben.

Der Luftverkehr ist durch die größere Schnelligkeit und die gerade Linie im Vorteil. Wichtig sind Nachtflugstrecken mit Bodenorganisation, um die europäischen Hauptstädte auch über Nacht zu erreichen. Bei weiten Fahrten über 1200 km ohne Nachtflug würde sonst die Eisenbahn den am Tage gemachten Vorsprung des Luftfahrzeugs in der Nacht wieder einholen. Bei den Luftverkehrslinien lassen sich bereits unterscheiden:

1. die durchgehenden D-Linien, z. B. Berlin—Zürich, Berlin—Frankfurt a. M.,
2. die P-Linien mit Zwischenlandungen, z. B. in Halle/Leipzig, Erfurt.
3. die Güterlinien mit besonders gebauten Frachtmaschinen.

a) Im Personenverkehr kommt es auf Fahrpläne mit gegenseitigen Übergängen vom Flugzeug zur Eisenbahn an. Der Personenverkehr bedarf direkter Abfertigung, durchgehender Fahrkarten, Gepäckbeförderung durch Eisenbahn bei Luftreisen; so daß also derjenige, der von Berlin nach Rom fliegen will, gleichzeitig sein großes Gepäck mit der Eisenbahn befördern lassen kann.

b) Im Luft-Güterverkehr spielen Zubringerdienste durch die Eisenbahn zum Flughafen, Güterfahrpläne und Tarife eine besondere Rolle. Der von der Iata entworfene Luftfrachtbrief ist im wesentlichen auf dem Eisenbahnfrachtbrief des Berner Übereinkommens über den Eisenbahnfrachtverkehr aufgebaut. Die Internationale Handelskammer plant sogar durchgehende Frachtbriefe für einen kombinierten Eisenbahn-, Schiffs- und Lufttransport.

Für den Luftfrachtdienst ist der Flugeisenbahn-(Flei-)Verkehr wichtig, der am 1. Oktober 1927 begonnen hat. Der Flei-Verkehr ist eine gute Kombination zwischen Eisenbahn und Lufttransport, er dient besonders für eilige Frachten aus der Provinz. Er gibt den Anschluß aller Orte des Deutschen Reiches an den internationalen Luftfrachtverkehr. Der Flei-Verkehr ermöglicht die Luftfracht nur auf den wirklich bedeutenden Strecken zu benutzen und auf den Nebenstrecken den Expreßgutversand zu wählen mit raschem Übergang vom Flugzeug zur Eisenbahn und umgekehrt. Der Vertrag zwischen der Deutschen Reichsbahn und der Deutschen Lufthansa läuft bis zum 31. Dezember 1929 und dann automatisch weiter. Hiernach können Güter auf gemeinsamen Frachtformular zunächst als Expreßgut mit der Eisenbahn z. B. aus der Provinz nach Berlin rollen und dann z. B. von Berlin nach Moskau fliegen, wobei der Abflug um 2 Uhr (nachts) in Berlin und die Ankunft um 17 Uhr (abends) in Moskau erfolgt. Gerade der Nachtflugverkehr wird für den

Flei-Verkehr eine besondere Bedeutung gewinnen (Luftfahrt 1927 S. 273). Der Auftraggeber braucht also das Luftfrachtgut nicht erst an die Luftfahrtgesellschaft zur Weiterleitung senden, sondern kann es sofort an den letzten Empfänger adressieren und die gewünschten Beförderungsmittel streckenweise angeben. Bei Notlandungen wird umgehend durch Eisenbahnexpreß weitergeleitet. Dem Luftfrachtverkehr genügt die Lufthansa durch Einrichtung besonderer Luftfrachtstrecken Ähnlich wie im Eisenbahn- und Schiffverkehr besondere Frachtdampfer und Güterzüge bestehen, gibt es hier auch besondere Frachtflugzeuge (Luftfahrt 1927 S. 306). Durch die Frachtexpreßlinien ist aber der Frachtluftverkehr vom Personenluftverkehr nicht grundsätzlich getrennt, vielmehr transportieren alle Passagiermaschinen auch Güter.

Die B e n u t z u n g des Flei-Verkehrs geschieht durch Auflieferung bei allen Dienststellen der Deutschen Lufthansa und ihren besonderen Frachtannahmestellen, sowie bei allen für die Abfertigung von Expreßgut zugelassenen Reichsbahnstellen. Als Begleitpapiere ist lediglich ein Luftfrachtbrief in dreifacher Ausfertigung erforderlich, der bei allen Annahmestellen erhältlich ist, sowie bei allen Sendungen ins Ausland ein grüner statistischer Schein und die für das Bestimmungsland vorgeschriebenen Zollpapiere.

Die K o st e n des Flei-Verkehrs sind:

a) Luftfrachtgebühr für alle Strecken, in denen Flugzeugbeförderung vorgeschrieben ist, gemäß Tarif,
b) Expreßgutfrachtgebühr für die Bahnstrecken nach amtlichen Sätzen,
c) Behandlungsgebühr mit Nebengebühren.

## 10. Luftpost.

Auch das Reichspostministerium wird vom Luftverkehr betroffen. Für Luftfahrtunternehmen besteht ein Postbeförderungszwang (§ 11 des Luftverkehrsgesetzes). Hiernach müssen Luftfahrtunternehmen mit flugplanmäßigem Betriebe auf Verlangen der Postverwaltung Postsendungen gegen angemessene Vergütung befördern. Die Luftpost ist wichtig für rasche Briefbeförderung, Zeitungen, Warenmuster; es werden mit ihr auch oft hochwertige leichte Güter versandt: Arzneien, Maschinenersatzteile, Bücher, Wertsachen, leichtverderbliche Waren wie Blumen, Früchte. So braucht z. B. ein Brief von New York nach San Franzisko mit der Eisenbahn 5 Tage, mit dem Flugzeug dagegen nur 36 Stunden infolge ununterbrochenem Tag- und Nachtflugdienst. Der Nachtflugdienst ist insbesondere für eilige Sendungen wie Morgenzeitungen wichtig und wird daher weiter ausgebaut. Durch den Nachtflugverkehr können z. B. Wertpapiere, die noch auf der Mittagsbörse in Berlin im Arbitrageverkehr gehandelt worden sind, bereits am nächsten Morgen dem englischen Kontrahenten in London zur sofortigen Verfügung stehen, wodurch fast 2 Tage Zinsen gespart werden.

In Deutschland sind Bestimmungen über den Luftpostverkehr vom 1. April 1926 erlassen (Amtsblatt des Reichspostministeriums 1926 S. 144), vgl. § 63 der Postordnung vom 22. Dezember 1921 (RGBl. S. 1609).

Die Haftung für Luftpostsendungen ging früher auf Gefahr des Absenders, regelt sich aber jetzt nach den Vorschriften des Postgesetzes und der Weltpostvereinsverträge. Für den Luftpostverkehr mit dem Auslande ist Art. 74 des Weltpostvertrages vom 28. August 1924 (RGBl. 1925 II S. 545) maßgebend. Vgl. NfL. 1921 S. 753.

Bei den Einnahmen des Luftfahrtunternehmens sind zu unterscheiden:

a) die Vergütungsbeiträge; diese erfolgen pauschalmäßig von der Postverwaltung an die Luftfahrtunternehmungen für die Luftpostzuschläge;
b) die Luftverkehrsbeihilfen (Subventionen); diese erfolgen vom Reichsverkehrsministerium allgemein zur Unterstützung des Luftverkehrs; hierfür ergehen jährliche Richtlinien (Basarke S. 108).

Eine Weltpostkonferenz im Luftverkehr fand auf Anregung Rußlands durch das Berner Zentralbüro des Weltpostvereins im September 1927 im Haag statt, an der Luftverkehrsgesellschaften und Postbehörden teilnahmen. Das Abkommen ist von 38 Staaten unterzeichnet, wobei 23 europäische und 15 außereuropäische Postverwaltungen beteiligt sind. Es regelt die Luft-Briefpostbeförderung einheitlich und zwar beträgt der Höchstsonderzuschlag 25 Centimes für einen 20 g-Brief bis zu 1000 km Luftstrecke. Auch die gegenseitige Verrechnung zwischen den Postverwaltungen wurde klargestellt (vgl. Deutsche Verkehrszeitung 1927 S. 745).

## 11. Zollwesen.

Das Zollwesen besitzt ein eingehendes internationales Recht, doch ist es für den Luftverkehr etwas veraltet.

Ein allgemeiner Grundsatz ist: Alle Luftfahrzeuge, die sich in das Ausland begeben, dürfen nur von Zollflugplätzen abfliegen. Alle Luftfahrzeuge, die vom Auslande kommen, dürfen nur auf Zollflugplätzen zuerst landen. Die Luftfahrzeuge müssen die gewöhnlichen Luftwege innehalten und sich beim Überfliegen der Grenze durch die vereinbarten Signale zu erkennen geben. Die Zollkontrolle erfolgt auf dem Flugplatze. Jeder Flug eines deutschen Flugzeugs ins Ausland ist zollrechtlich eine Ausfuhr des Luftfahrzeugs samt Zubehör und Sachen. Das Luftfahrzeug samt Betriebsstoffen ist jedoch unter der Bedingung der Rückkehr, also der Wiedereinfuhr, zollfrei.

Ausländische Luftfahrzeuge einschl. der zugehörigen Ausrüstungsstücke, die bei dem Eingang über die Zollgrenze zur Beförderung von Personen oder Waren dienen oder dazu bestimmt sind, Personen oder Waren in das Ausland zu verbringen, sind nach § 6 Nr. 8 Abs. 1 Zolltarifgesetz, von der Verzollung befreit. Luftfahrzeuge, die im Luftverkehr zum vorübergehenden Gebrauch in das deutsche Zollgebiet eingeführt werden, können nach § 114 Vereinszollgesetz zollfrei belassen werden.

Für die Erhebung von Zollgebühren im Luftverkehr sind die Bestimmungen der Zollgebührenordnung maßgebend. Für den Reise- und Frachtverkehr gelten die „Vorläufigen Bestimmungen über die Zollabfertigung im Luftverkehr“ des Reichsministers der Finanzen vom April 1926 (unten S. 186).

## 12. Steuerrecht.

Die Flugveranstaltungen sind von der Vergnügungssteuer befreit, früher auch die Luftfahrzeuge von der ehemaligen Luxussteuer. Bei der Umsatz- und Vermögenssteuer entstehen übrigens für die internationalen Luftlinien Schwierigkeiten, da der eine Staat sämtliche Einnahmen im Lande erfaßt, der andere Staat aber die Einnahmen nach der Strecke berechnet (Döring S. 30).

## 13. Patentrecht.

Für den internationalen Luftverkehr hat die Bestimmung des § 5 Abs. 3 Patentgesetz eine besondere Bedeutung. Hiernach erstreckt sich die Wirkung des Patents nicht auf Einrichtungen an Fahrzeugen, welche nur vorübergehend in das Inland gelangen. Diese Bestimmung soll gerade den internationalen Verkehr vor Belästigung schützen, und da gerade das Luftfahrzeug bald das eine, bald das andere Land berührt, so würde sonst eine Patentverfolgung den Verkehrsbedürfnissen nicht gerecht werden. Hiernach sind nicht nur Einrichtungen an dem Luftfahrzeug von der Patentwirkung ausgeschlossen, sondern auch das Fahrzeug selbst, sofern das Patent in der Kombinierung der einzelnen Teile besteht. Diese Bestimmung kommt aber nicht für das Inverkehrbringen und das Feilhalten der Fahrzeuge, sondern nur für den vorübergehenden Gebrauch im Inlande in Frage. Reparaturen zur Fortsetzung der Reise sind hierbei inbegriffen und zulässig (Seligsohn, PatGes. S. 166).

Was hierbei die Zwangsvollstreckung an Luftfahrzeugen betrifft, so bestimmt Art. 18 PLA., daß ein ausländisches Luftfahrzeug bei Flug oder Landung von einer Beschlagnahme wegen Verletzung von Patenten, Mustern oder Modellen gegen Sicherheitsleistung befreit werden kann. Eine ähnliche Bestimmung befindet sich auch in den deutschen Staatsverträgen (Art. 17) mit Frankreich, Belgien, Italien und England.

In dem deutsch-italienischen und deutsch-englischen Abkommen ist z. B. im Art. 17 gesagt: Ein Luftfahrzeug, das in einen Vertragsstaat einfliegt oder sein Gebiet überfliegt und dort nur, soweit erforderlich, landet und Aufenthalt nimmt, kann sich einer Beschlagnahme wegen Patent- oder Musterschutzverletzung durch eine Sicherheitshinterlegung entziehen. Die Sicherheitshöhe ist mangels gütlicher Vereinbarung in möglichst kurzer Frist von der zuständigen Behörde des Beschlagnahmeortes festzusetzen.

## 14. Vertrag von Versailles.

Die berüchtigten sog. Begriffsbestimmungen haben die alliierten Regierungen mit der Begründung aufgestellt: Da Art. 198 des Versailler Vertrages alle deutschen Luftstreitkräfte für Heer und Marine untersage, bedürfe es einer Sicherstellung, um die zivile Luftfahrt von der verbotenen militärischen Luftfahrt zu unterscheiden. — Die scharfen Begriffsbestimmungen suchten besonders mit der Einschränkung der Motorenstärke, Steiggeschwindigkeit und Belastung die deutsche Luftfahrt zu knebeln. Doch der Pfeil sprang auf den Schützen zurück. Denn seit dem 1. Januar 1923 trat das freie Überflugsrecht der Entente für Deutschland außer Kraft. Deutschland mußte aber nach dem Friedensvertrag das Fliegen aller unvorschriftsmäßigen Zivilflugzeuge verbieten, dies traf also auch auf die Verkehrsflugzeuge der Vertragsgegner Deutschlands zu, die natürlich den Begriffsbestimmungen nicht entsprachen und damit als Einfuhr von Kriegsgerät (Art. 170 VV.) galten. Diese Flugzeuge mußten infolgedessen das deutsche Gebiet umgehen, ein Gebiet, das für den Weltluftverkehr als Herz Europas und Berlin als Luftkreuz Europas ein unentbehrliches Durchgangsland bildet. Die unhaltbaren Zustände führten im Dezember 1925 zur Einleitung der Pariser Verhandlungen und damit zu einer Lockerung der um die deutsche Luftfahrtpolitik gelegten Fesseln. Die Begriffsbestimmungen wurden zwar durch die Pariser Luftfahrtvereinbarungen 1926 aufgehoben, doch wurden der deutschen Regierung verschiedene Einschränkungen auferlegt, die sich auf Kriegsmaschinen, Jagdflugzeuge, Fliegerausbildung und Listenführung bezogen. In diesem Sinne sind dann die entsprechenden 4 Reichsverordnungen vom 13. Juli 1926 ergangen (unten S. 226). Aus diesen ergibt sich:

1. Verboten sind Luftfahrzeuge, die in irgendeiner Weise gepanzert oder geschützt sind oder die mit Einrichtungen zur Aufnahme von Kriegsmaschinen versehen sind.

2. Verboten sind führerlose Flugzeuge. Flugzeuge mit den technischen Merkmalen neuzeitlicher Jagdflugzeuge bedürfen der Genehmigung des Reichsverkehrsministers.

3. Verboten ist die Ausbildung und Fortbildung im

Fliegen, die einen militärischen Charakter entgegen Art. 198 VV. hat.

4. Fabriken, die Luftfahrzeuggerät herstellen, haben dies dem Reichsverkehrsminister anzuzeigen. Über die im Bau befindlichen oder fertiggestellten Luftfahrzeuge und Luftfahrzeugmotoren sind Listen zu führen. Listenzwang besteht auch für die Ausbildung von Flugschülern und für Unternehmer von Flughäfen.

Für das besetzte Gebiet kam insofern auch eine Erleichterung, als statt des Flugverbots der Ordonnanz 80 der Rheinlandkommission die Ordonnanz 309 den Erlaubniszwang einführte. Das Polizeifliegerverbot ist auch trotz der Pariser Luftfahrtvereinbarungen grundsätzlich geblieben. Für Deutschlands Luftfahrt sind also noch immer gewisse Einschränkungen vorhanden. Nur langsam beginnt es im internationalen Luftverkehr wieder Tag zu werden.

## 15. Völkerrecht.

Aber das deutsche Flugzeug macht nicht an den Grenzen des Deutschen Reiches Halt, es fliegt weiter und weiter.

Das Flugzeug ist für weite Entfernungen bestimmt, und wird bei Überfliegen von Land und Meer um so wirtschaftlicher. Der Luftverkehr drängt über die engen Grenzen seines Landes hinaus. Seine Stärke und seine Zukunft liegt in der Überquerung der Kontinente und Meere. Man denke nur an die auf der britischen Reichskonferenz beschlossenen Luftverbindungen Londons mit seinen Dominions Indien (4 Tage), Australien und Neuseeland (10—12 Tage), Kapstadt (6 Tage) und Kanada (2½ Tage) nebst Ausstrahlungen kleinerer Linien bzw. Zubringerrouten aus den überflogenen Territorien. Man denke an das alte englische K-Ziel: Kairo—Kapstadt und Kairo—Karachi—Kalkutta. Der Luftverkehr ist seiner Natur nach Weltluftverkehr und somit von vornherein international. Daher spielt das Luftrecht im Völkerrecht eine große Rolle und hat dort seine besondere Domäne.

### a) Internationales Privatrecht.

Schon ein Flug von Berlin nach London berührt einen fremden Staat, Holland, auf der Durchfahrt. Es können sich hier bereits die verschiedensten Arten von Rechtskonflikten und Kompetenzkonflikten entwickeln, die einer einheitlichen Regelung bedürfen. Während einer internationalen Luftreise tauchen die Fragen auf: Nach welchen Gesetzen richten sich die dinglichen Rechte an dem Luftfahrzeug, Eigentum und Übertragung, Pfandrecht und etwaiges Hypothekenrecht? Nach welchem Gesetz richtet sich das Obligationenrecht, der Frachtvertrag, Versicherungsvertrag und außervertraglicher Schadenersatz, z. B. bei Zusammenstößen? Es sind das die zwischenprivatrechtlichen Normen des Luftrechts (Makarov S. 152). Ein besonderes internationales Privatrecht als Spezialrecht der Luftfahrt gibt es im Sinne der Statutenkollision eigentlich noch nicht. In Deutschland gelten hier die Bestimmungen des Art. 7 EG.BGB., die allerdings für die Luftfahrt nicht genügen. In den Staatsverträgen fehlen Bestimmungen über den Zivilprozeß und die freiwillige Gerichtsbarkeit. Auch die Frage des Personenstandes z. B. Beurkundung von Geburten, Eheschließungen und Sterbefällen im reisenden Flugzeug ist nicht geregelt.

1. Was zunächst die Staatsangehörigkeit des Luftfahrzeugs betrifft, so stritten sich zwei Prinzipien miteinander:

a) die Staatsangehörigkeit des Eigentümers und

b) der Ort der Eintragung in die Luftfahrzeugrolle.

Gesiegt hat hier das Eintragungsprinzip (b), das sog. Immatrikulationsprinzip (Art. 6 PLA.). Es ist also allgemein anerkannt, daß ein Luftfahrzeug die Staatsangehörigkeit des Staates besitzt, in dessen Luftfahrzeugrolle es eingetragen ist.

Für die Form der Rechtsgeschäfte gilt sonst der Grundsatz „locus regit actum".

a) Für Rechtsgeschäfte während einer Luftreise innerhalb desselben Staates muß dieses Territorialprinzip stets gelten.

b) Bei einer internationalen Luftreise ist es aber oft praktisch unmöglich festzustellen, über welchem Staatsgebiet sich das Luftfahrzeug zur Zeit des Rechtsaktes befand, z. B. führt eine Luftreise Berlin—Konstantinopel über die verschiedensten Länder. Es besteht auch kein Interesse, bei durchfliegenden Flugzeugen die Rechtsgeschäfte den Gesetzen des überflogenen Landes zu unterwerfen. Hier ist es erforderlich, das Nationalgesetz des Luftfahrzeugs als lex loci actus zu fingieren. Die Rechtsgeschäfte richten sich also stets nach der Nationalität des eingetragenen Luftfahrzeugs. Eine Ausnahme besteht für das Territorialgesetz nur, sofern die öffentliche Ordnung des überflogenen Staates gefährdet wird. Dieser Grundsatz ist jetzt fast allgemein anerkannt (Art. 24, früher Art. 30 Code International de l'Air, früher Art. 23 Abs. 3 PLA.).

Interessant ist, daß Italien folgende besondere Bestimmungen hat; Geburten und Sterbefälle in italienischen Luftfahrzeugen, die im Auslande fliegen, sind in das Bordbuch einzutragen und am nächsten Landungsorte dem italienischen Konsul anzumelden. Derartige Geburten und Sterbefälle gelten dann als auf italienischem Gebiete erfolgt (Art. 46 und 48); vgl. auch Art. 10 des franz. Gesetzes.

Die International Law Association hat folgende These aufgestellt: Ein Luftfahrzeug über der offenen See oder einem staatenlosen Gebiet ist seinen Heimatgesetzen unterworfen. Auch über fremdem Staatsgebiet unterliegt es der Regel nach den Gesetzen des Staates, dessen Flagge es führt (Makarov S. 174). Diese Unterwerfung aller Sachen-, Obligationen-, Ehe-, Familien- und Erbrechtsverhältnisse, die an Bord eines fliegenden Luftfahrzeugs entstehen können, unter das Heimatrecht des Luftfahrzeugs ist sonst im Zwischenprivatrecht nicht üblich und hat daher auch Gegner gefunden, so der Gegenentwurf von Bar. Diese Grundsätze gelten aber nur für das Fliegen in der Luft.

2. Sachenrecht. Ähnlich wie bei Seeschiffen gilt für die dinglichen Rechte an Luftfahrzeugen nicht die lex rei sitae, sondern ihr Heimatgesetz. Dem Heimatgesetz unterliegen also Erwerb und Verlust des Eigentums. Auch eine Verpfändung eines Luftfahrzeugs kann nur nach dem Heimatgesetz erfolgen (Art. 50 Code In-

ternational de l'Air). Die Beschlagnahme des Luftfahrzeugs richtet sich allerdings ähnlich wie bei Seeschiffen nach der lex rei sitae.

3. Obligationenrecht. Beim Luftfahrtvertrag sind im allgemeinen die Grundsätze des Seefrachtvertrages anzuwenden. Für den Inhalt des Frachtvertrages wird das Gesetz des Errichtungsorts zuständig sein. Für die Form wird der Grundsatz locus regit actum zu gelten haben. Dasselbe muß auch für den Personenbeförderungsvertrag gelten.

Auch für Luftversicherungsverträge muß das Gesetz des Ortes ihrer Errichtung maßgebend sein (ähnlich wie im Seerecht).

Der Dienstvertrag, also z. B. die Rechtslage der Bedienungsmannschaft eines Luftfahrzeugs, richtet sich nach dem Heimatgesetz des Luftfahrzeugs.

Während diese Grundsätze zum Teil bestritten sind, ist die Frage der Zusammenstöße der Luftfahrzeuge im allgemeinen dahin geklärt, daß hier die Grundsätze, wie bei Seeschiffen auf offener See anzuwenden sind. Hierbei muß man unterscheiden, ob die zusammengestoßenen Luftfahrzeuge angehören:

a) demselben Staate — hier gilt Heimatgesetz der Luftfahrzeuge;

b) bei verschiedener Staatsangehörigkeit dagegen gilt das Territorialprinzip, also das Gesetz des Ortes. Bei staatenlosem Gebiet z. B. auf offener See gilt nach dem Code International de l'Air Art. 28 die lex fori nach Wahl der erst klagenden Partei.

Für die Schadenersatzansprüche der Luftreisenden sieht der von der internationalen Luftprivatrechtskonferenz der Staaten in Paris von Oktober/November 1925 aufgestellte Entwurf des internationalen Abkommens über die Haftung des Unternehmens bei internationalen Lufttransporten Bestimmungen im Interesse der Reisenden vor: Anspruchsberechtigung des Erben nach dem Heimatrecht, wahlweise Gerichtszuständigkeit nach dem Ort der Abfahrt, der Bestimmung oder des Unfalls bzw. Wohnort des Beklagten. Die Klage ist innerhalb zweier Jahre seit dem Anhalten des Luftfahrzeugs einzureichen. Weitergehend als dieser Entwurf regelt der Code International de l'Air alle Ersatzansprüche aus dem Luftverkehr.

So ist das Gebiet des internationalen Privatrechts noch gesetzes- und reformbedürftig. Jedenfalls ist man sich allgemein klar, daß eine Internationalisierung der zwischenprivatrechtlichen Normen zu erstreben ist, um Gesetzeskollisionen zu vermeiden. Denn nur mit weltgleichem Recht kann man hier dem Aufschwung des Luftverkehrs gerecht werden.

### b) Internationales Strafrecht.

Aber nicht nur im Zivilprozeß, auch im Strafrecht und Strafprozeß kann es fraglich werden, welches Recht und welcher Gerichtsstand gilt, wenn Delikte im Innern des Fahrzeugs begangen werden, z. B. Körperverletzungen oder Beleidigungen im oder vom Flugzeug. Nach welchem Recht und wo ist z. B. der Passagier zu bestrafen, der bei Durchfahrt über einem

Lande, z. B. Holland, aufreizende Presseartikel abwirft? Welches Gericht kann z. B. den Verbrecher verurteilen, der im Flugzeug entflieht und über offenem Meere einen Polizeibeamten abschießt, der ihn im Flugzeug verfolgt?

Im allgemeinen wird der Staat zuständig sein, in dessen Gebiet die Tat geschah. Bei fremdem Staatsgebiet ist das deutsche Gericht unter den Voraussetzungen des § 4 StGB. auch eingriffsberechtigt. Es fehlt aber die besondere internationale Regelung. Einheitliche internationale Bestimmungen sind hier notwendig und zwar käme es, ähnlich wie beim französischen Gesetz, darauf an, welcher Staat in seinen Belangen verletzt wird.

Die International Law Association hat hier auf ihrer Stockholmer Konferenz 1924 folgende Bestimmungen entworfen, die den Belangen der beteiligten Staaten gerecht werden:

a) Im fliegenden Flugzeug: Es besteht ein sofortiges Festnahmerecht, wenn jemand an Bord des fliegenden Luftfahrzeuges ein Verbrechen oder Vergehen begeht.

Der überflogene Staat ist strafrechtlich und strafprozessual zuständig bei einem Verbrechen oder Vergehen gegen die öffentliche Sicherheit, gegen militärische oder fiskalische Gesetze, gegen die Luftfahrtbestimmungen oder bei Auswirkungen des Vergehens im Staatsgebiete (Döring S. 22).

Der Staat der nächsten Landung ist zur Verhaftung und Auslieferung verpflichtet.

b) Fliegt das Flugzeug nicht, so ist ohne weiteres der Staat zuständig, wo sich das Flugzeug zur Zeit der Tat befindet. In allen sonstigen Fällen ist der Heimatstaat des Flugzeugs zuständig, also der Staat, dessen Eintragungszeichen es führt.

### c) Internationales Kriegsrecht.

1. Bei der Luftkriegsführung ist zu nennen:

a) der eigentliche Luftkampf (Luftfahrzeug gegen Luftfahrzeug),

b) der Krieg aus der Luft und zwar

   1. gegen erdgebundene Streitkräfte,
   2. gegen Seestreitkräfte,
   3. gegen das gegnerische Hinterland zur Erschütterung des Kriegswillens und zur Nachschubverhinderung. (Vgl. Luftwacht 1928 S. 131 ff.)

2. Das Kriegsrecht ist auch im Luftvölkerrecht ein wichtiges Kapitel. Im Kriege ist zu unterscheiden das Kriegsschauplatzgebiet, nämlich das Luftgebiet über den kriegführenden Staaten und über der freien See, sowie das neutrale Gebiet, nämlich das Luftgebiet über den neutralen Staaten. Zu diesem Luftkriegsrecht sei hier nur kurz bemerkt:

Ähnlich wie im Seekrieg besteht der Unterschied zwischen absoluter und relativer Konterbande. Ein Konterbande führendes Luftfahrzeug ist auch ein neutrales Fahrzeug, welches eine feindliche Truppenabteilung oder auch nur einzelne Personen zur Unterstützung des Feindes zuführt. Luftfahrzeuge können auch passiv nur Ware bei der Konterbande sein. Im übrigen gelten die Grundsätze des Seekriegsrechts, z. B. bei der Luftfahrzeugblockade.

Feindliche Kriegsluftfahrzeuge dürfen nicht neutrales Gebiet überfliegen. Bei Wasserluftfahrzeugen können allerdings die internationalen Bestimmungen des Seekriegsrechts in Frage kommen, daß sie nach Verproviantierung binnen der 24-Stunden-Frist wieder auf das Meer abfliegen müssen.

Bei Sanitätsluftfahrzeugen gilt die Genfer Konvention, ähnlich wie bei den Sanitätsschiffen. Lazarette mit dem Genfer Kreuz sind beim Belegen mit Bomben zu schonen (Kohler S. 27).

3. Über die zurzeit aktuelle Frage der Luftabrüstung hat die Konferenz in Genf im April 1927 folgenden Grundsatz angenommen: Militärische und zivile Luftfahrt sind voneinander zu trennen und unabhängig voneinander (auch im Personal) zu organisieren; das folgt schon aus der technischen Spezialisierung. Kein Abbau der Handelsflugzeuge; denn sonst müßte man auch die Eisenbahn abbauen.

## d) Internationale Organisationen.

Zum internationalen Weltluftverkehr bedarf es ganz besonders eines weltgleichen Rechts, das ist auf der letzten Pariser Konferenz 1925 und von der Internationalen Handelskammer ausdrücklich ausgesprochen; denn es ist zu befürchten, daß die verschiedenen Staaten verschiedene sich widersprechende Luftfahrtgesetze schaffen werden, wenn nicht der Abschluß eines allgemeinen Abkommens beschleunigt wird. Gerade im Hinblick auf den internationalen Charakter des Luftverkehrs wird nicht nur ein gleichmäßiger Wortlaut der Luftfahrtbestimmungen verlangt, sondern auch eine gleichmäßige Organisation mit einer durch einen Weltgerichtshof gewährleisteten Gerichtspraxis mit einheitlicher Rechtshilfe und einheitlicher Zwangsvollstreckung.

I. An sich wäre es nun möglich, ein weltgleiches Privatrecht der Luftfahrt von vornherein als beschlossenes Ganze den Staaten zur Annahme vorzulegen. Im diesem Sinne wird von dem Comité juridique International de l'aviation gearbeitet, das ein Weltluftgesetzbuch, einen Code de l'air entwirft, der das öffentliche und private Luftrecht umfaßt (abgedruckt „Septième Congrès International de Législation Aérienne du Comité Juridique International de l'Aviation, Anhang, Paris 1926). Auch die International law association (seit 1900) hat sich mit einer einheitlichen internationalen Regelung der privatrechtlichen Beziehungen befaßt. Dieser Weg ist zwar systematisch, jedoch praktisch zu langwierig; der allmähliche systematische Aufbau eines derartigen Weltgesetzbuches wird auch nicht den neu auftauchenden Fragen der Praxis gerecht, die einer raschen Lösung bedürfen (Schreiber in ZLR. 1 S. 26).

II. Ein anderer Weg ist, von Fall zu Fall zu arbeiten und entsprechend praktische Fortschritte wenigstens teilweise zu erringen. Hier ist z. B. schon ein wertvoller Markstein das in Paris 1925 entworfene Übereinkommen über die Unternehmerhaftung bei internationalen Lufttransporten. Und besonders sind die drei großen Organisationen zu erwähnen, die man bereits im internationalen Luftrecht unterscheiden kann:

die Iata wirtschaftlich, die Fai sportlich, und die Cina politisch:

1. Die **Iata**, das ist die Abkürzung für die Internationale Lufttransportvereinigung, nämlich „International Air Traffic Association“; sie ist ein wirtschaftlicher Zusammenschluß der Luftverkehrsunternehmungen der Luftfahrtnationen zur Förderung der internationalen Handelsluftfahrt. Deutschland gehört der Iata durch die Deutsche Luft Hansa A.G. an. Um den gegenseitigen Luftverkehr z. B. Berlin—London zu erleichtern, bedient man sich, ähnlich wie in der internationalen Seeschiffahrt, der Wirtschaftsgrundsätze des Pools, wonach die Luftfahrtgesellschaften an den Erträgen der gemeinsam beflogenen Linien wechselseitig beteiligt werden. Die nächstliegenden Bestrebungen der Iata gehen dahin, einen einheitlichen Luftfrachtbrief zu schaffen, einen durchgehenden Flugschein für sämtliche europäische Linien, auch einen einheitlichen europäischen Flugplan und eine einheitliche Luftverkehrsstatistik.

2. Die zweite internationale Organisation ist die **FAI**; sie ist die internationale Organisation für Luftsport. Sie leitet ihren Namen aus den Anfangsbuchstaben der „Fédération aéronautique internationale“ ab. Ihr gehören 28 Staaten an, auch Deutschland wieder seit 1926 und zwar vertreten durch den Deutschen Luftrat. Die Fai ist also auch für Deutschland oberste sportliche Instanz und hat schon verschiedene deutsche Weltrekorde anerkannt. Sie ist oberste

internationale Schiedsstelle für Meinungsverschiedenheiten.

Streitigkeiten zwischen den nationalen Verbänden, den Vereinen eines nationalen Verbandes, bzw. ihren Mitgliedern werden, wie dies in den Satzungen der Fai vorgeschrieben ist, unter der Bedingung beigelegt, daß keine nationale oder internationale Gerichtsbarkeit in Anspruch genommen werden soll. Wird der Streitfall doch vor die Gerichte gebracht, so ist die Disqualifizierung verwirkt.

3. Die **Cina**: Abkürzung aus „Commission internationale de la navigation aérienne". Die Cina ist mehr eine luftpolitische Organisation und zwar eine Art Völkerbund der Regierungen in der Luftpolitik; sie ist gleichzeitig auch internationales Gesetzgebungsorgan. Dieser Pariser Luftverkehrskonvention von 1919 gehören 25 Staaten an. Sie hat auch als Muster für verschiedene Sonderabkommen gedient. Deutschland ist ihr vorläufig noch nicht beigetreten. Doch ist sein Beitritt nur eine Frage der Zeit, sofern es im besetzten Gebiet und auch sonst luftpolitisch völlige Gleichberechtigung erhält; die antideutsche Fassung des Art. 5 ist inzwischen abgeändert, vgl. auch Art. 34 PLA.

Die Leitgedanken, die dem Pariser Luftverkehrsabkommen zugrunde liegen, sind besonders:

a) das volle Hoheitsrecht jedes Staates im Luftraum über seinem Land- und Seegebiet,

b) die Gleichberechtigung heimischer und ausländischer Luftfahrzeuge bezüglich Zulassung, Flughafenbenutzung und Gebührenpflicht,

c) jedes Luftfahrzeug hat nur eine Staatsangehörigkeit und zwar des Staates der Eintragung (Luftfahrt 1927 S. 98).

Bei Meinungsverschiedenheiten zwischen den verschiedenen Staaten über die Auslegung des Pariser Luftverkehrsabkommens wird die Streitfrage von dem internationalen Gerichtshof des Völkerbundes entschieden.

4. **Ciana,** Abkürzung aus „Convention ibéro-américaine de la navigation aérienne". Diese ist ein Abkommen zwischen Spanien, Portugal und dem lateinischen Amerika vom Oktober 1926, das aber noch nicht ratifiziert ist. Die Ciana (Madrider Entwurf) hat den gleichen Wortlaut wie die Cina mit Ausnahme der dort mangelnden Gleichberechtigung und der dortigen Abstellung auf den Weltkrieg und Völkerbund.

5. Auch die **Pan American Union** ist eine Nachbildung der Cina seitens der Vereinigten Staaten von Nordamerika, die das allamerikanische Luftfahrtrecht für die inneramerikanische Luftfahrt betrifft (abgedruckt im Supplement des American Journal of International Law, Bd. 20, Oktober 1926, S. 340). Eine allamerikanische Luftfahrtkonferenz fand im Jahre 1927 in Washington statt.

6. Die **Citeja,** Abkürzung aus „Comité international technique d'experts juridiques aériens" (seit 1926). Auf der Pariser Luftprivatrechtskonferenz im Oktober 1925 in Paris verhandelten die Vertreter von 48 Staaten (einschließlich Deutschland) über den Entwurf einer Konvention betr. die Haftung des Luftfrachtführers; gleichzeitig wurde damals die Citeja einge-

setzt (vgl. Wegerdt, Deutsche Wirtschafts-Zeitung 1927 S. 525 ff.; Schreiber, Der Entwurf eines internationalen Abkommens über die Haftung des Unternehmers bei internationalen Lufttransporten, ZLR. I S. 22). Die Citeja ist eine Regierungskommission in Paris unter Beteiligung Deutschlands. Während die Cina das öffentliche Recht betrifft, bezieht sich die Citeja nur auf privates Recht. Die Citeja hat folgende Konventionsentwürfe beraten:

a) über die Haftung des Luftfrachtführers (abgedruckt ZLR. I 1926 Beilage S. 1),
b) über den Luftfrachtbrief,
c) über die Gesetzeskonflikte bei dinglichen Rechten an Luftfahrzeugen,
d) über die Haftung gegenüber Dritten.

7. Die **Internationale Handelskammer** (juristische Kommission des Luftverkehrskomitees) hat folgende Konventionsentwürfe bearbeitet:

a) über die Haftung des Halters eines Luftfahrzeugs,
b) über die Versicherung der Besatzung von Luftfahrzeugen,
c) über den Luftfrachtbrief.

Überblickt man das bisherige internationale Luftrecht, so sieht man, daß große entwicklungsfähige Ansätze bereits gemacht sind. Hand in Hand mit dem Ausbau des Überländerflugverkehrs, mit dem Weltluftverkehr, muß sich auch das Weltluftrecht weiter entwickeln. Wohl ist der Weg weit, aber die gemeinsame Idee ist unsterblich.

# B. Deutsche Luftgesetzgebung.

## 1. Luftverkehrsgesetz
### vom 1. August 1922.

## a) Die Geschichte des LuftVG.

1. Der erste Entwurf eines Luftverkehrsgesetzes (1914) wurde am 31. Januar 1914 vom Bundesrat dem Reichstage vorgelegt. Der Reichstag erkannte in der Sitzung vom 12. März 1914 die Notwendigkeit an, daß es einer besonderen Regelung der neuartigen Luftrechtsverhältnisse bedarf, und überwies den Entwurf einer Kommission, doch wurden die Beratungen durch den Krieg unterbrochen.

2. Mit Kriegsende hörte die militärische Vorherrschaft in der Luft auf. Die VO., betr. die vorläufige Regelung der Luftfahrt, vom 26. November 1918 (RGBl. S. 1337) schuf die Grundlage für die durch Erlaß vom 4. Dezember 1918 (RGBl. S. 1400) erfolgte Errichtung des Reichsluftamts. Das Reichsluftamt erhielt durch § 12 der VO., betr. die vorläufige Regelung des Luftfahrtrechts, vom 7. Dezember 1918 (RGBl. S. 1407) die Befugnis „im Einzelfalle Luftfahrt zuzulassen". Gemäß dieser Verordnung hat das Reichsluftamt den Luftverkehr geregelt, indem es von Fall zu Fall die Bedingungen für seine Zulassung den allgemeinen Bedürfnissen anpaßte. Die VO. vom 7. Dezember 1917 hatte die Erlassung grundlegender Bestimmungen, insbesondere Überprüfung und Zulassung der Luftfahrzeuge und ihrer Führer, sowie über Kennzeichnung und Verkehr der Luftfahrzeuge außerhalb und innerhalb der Flughäfen vorbehalten.

Die vorläufige Regelung mußte jedoch durch die ordentliche Gesetzgebung ersetzt werden. Hierfür sprachen folgende Gründe:

a) Luftfahrschulen, Flughäfen, Luftfahrtunternehmen und die Luftfahrzeugindustrie erfordern einen bedeutenden Aufwand persönlicher und wirtschaftlicher Kräfte, die nicht lediglich einem vorläufigen Rechtszustand ausgesetzt werden konnten.

b) Das Schadenersatzrecht bedurfte einer grundsätzlichen Regelung.

c) Internationale Rücksichten erforderten eine endgültige Regelung. Nach Art. 313 ff. des Friedensvertrages hatten bis zum 1. Januar 1923 innerhalb des deutschen Gebiets und der deutschen Hoheitsgewässer die Luftfahrzeuge der verbündeten Mächte volle Flug- und Landungsfreiheit und dieselben Vergünstigungen wie deutsche; ferner freien Durchgangsverkehr, auch das Landungsrecht in Flughäfen, und zwar alle diese Befugnisse bei Beobachtung der von Deutschland etwa erlassenen Vorschriften. Ferner war Deutschland nach Art. 319 VV. verpflichtet, jedes über deutschem Gebiet fliegende deutsche Luftfahrzeug den Vorschriften über Lichter und Signale, über Flug, Luftverkehr und Flughäfen zu unterwerfen, wie sie im Pariser Luftverkehrsabkommen festgelegt sind.

3. Der **Regierungsentwurf 1921** paßte sich den veränderten politischen wirtschaftlichen und luftverkehrstechnischen Verhältnissen an. Er wollte der Luftfahrt die für ihre Entwicklung unentbehrlichen Rechtsgrundlagen geben und besonders der zwischenstaatlichen Regelung der Luftfahrt die Wege bahnen. Das Luftverkehrsgesetz von 1922 betrifft alles für eine Bewegung im Luftraum bestimmte Geräte und weicht damit vom Entwurfe des Jahres 1914 ab, der sich nur auf Luftschiffe, Flugzeuge und Freiballone bezog; es geht ferner über den Rahmen des Art. 7 Nr. 19 der Reichs-

verfassung (1919) hinaus, der dem Reiche die Gesetzgebung über den „Verkehr mit Kraftfahrzeugen in der Luft“ zuweist. Diese einheitliche Reichsregelung war auch im Hinblick auf die internationale Luftfahrtkonvention erforderlich, da diese sich nicht auf Luftfahrzeuge mit mechanischem Antrieb beschränkt.

Das Reichsverkehrsministerium, das an Stelle des Reichsluftamts trat (Ges. v. 3. 1. 1920, RGBl. S. 14), legte am 8. Juli 1921 den Entwurf des Luftverkehrsgesetzes nach Genehmigung des Reichsrats dem Reichstage vor (Reichstagsdrucksache I 1920/21 Nr. 2504).

4. Der 33. Ausschuß des Reichstags hat an dem Regierungsentwurf 1921 verschiedene Änderungen vorgenommen in deren Fassung der Entwurf Gesetz wurde. Da Art. 7 Nr. 19 RVerf. nur den Verkehr mit Kraftfahrzeugen in der Luft der Reichsgesetzgebung vorbehält, das LuftVG. aber allgemein Luftfahrzeuge betrifft, war für die Verfassungsänderung eine zweidrittel Mehrheit im Reichstag erforderlich. (Art. 76 RVerf.) Mit dieser Mehrheit wurde es im Reichstag angenommen (18. 7. 1922).

5. Inkrafttreten: Das Gesetz trat mit seinem zweiten Abschnitt (Haftpflicht) am 1. September 1922 und mit dem ersten und dritten Abschnitt (Luftverkehr, Strafvorschriften) am 1. Oktober 1923 in Kraft. (§ 34 LuftVG.)

6. Das LuftVG. hat folgende **Abänderungen** erhalten:

1. Durch die VO. vom 5. Februar 1924 (RGBl. I S. 43) hinsichtlich § 17 Nr. 4 über die Bildung des Beirats für das Luftfahrwesen.

2. Durch die VO. vom 6. Februar 1924 (RGBl. I S. 42) hinsichtlich § 23 über die Haftpflichthöchstsummen.

7. Das Gesetz besteht **inhaltlich** aus folgenden Abschnitten:

1. Abschnitt: Luftverkehr.
2. Abschnitt: Haftpflicht.
3. Abschnitt: Strafvorschriften und Schlußbestimmungen

8. Ausführungsbestimmungen:

Zur **Ausführung** des Gesetzes sind ergangen:

1. Die VO. über den Beirat für das Luftfahrwesen vom 30. Juni 1923 in der Fassung der VO. vom 5. Februar 1924 (RGBl. I S. 43), s. unten S. 137).

2. Die VO. über Landungsaufforderung für Luftfahrzeuge vom 11. September 1924 (RGBl. I S. 706).

3. Keine eigentlichen Ausführungsvorschriften (§ 17) sind die internen „vorläufigen Richtlinien des Reichsverkehrsministers zur Ausführung des Luftverkehrsgesetzes"; diese sind nicht durch die Strafvorschrift des § 31 LuftVG. geschützt. (Stenglein S. 622, Müller Ergänzungsheft S. 42, Wegerdt S. 161ff, unten S. 145). Diese vorläufigen Richtlinien bestehen aus folgenden Abschnitten:

1. Zulassung von Flugzeugen,
2. Prüfung von Luftfahrern,
3. Anlegung von Flughäfen und Landungsplätzen,
4. Besondere Bedingungen für die Zulassung von Luftfahrtunternehmen.
5. Vorschriften für Luftfahrtunternehmen, die mit Genehmigung des Reichsverkehrsministeriums planmäßigen Luftverkehr betreiben (Konzessionsbedingungen).

Die **Preußischen Ausführungsvorschriften** betreffen:

a) Überwachung des Luftverkehrs:

| | |
|---|---|
| Erl. v. 2. 9.21 (MBl. i. V. 294), | Erl. v. 27. 9.23 (MBl. i. V. 997), |
| „ 2. 7.23 ( „ 761), | „ 30.11 26 ( „ 1061), |
| „ 6. 8 23 ( „ 853), | „ 15. 4 27 ( „ 453), |

b) Kontrolle des Luftverkehrs:

| | |
|---|---|
| Erl. v. 21.12.22 (MBl. i V. 124), | Erl. v. 25. 6.25 (MBl. i. V. 742), |
| „ 4. 6.24 ( „ 629), | „ 20.11.25 ( „ 1236), |
| „ 9. 2.25 ( „ 191), | „ 21. 1.26 ( „ 80), |
| „ 6. 5.25 ( „ 529), | |

c) Zuständigkeit in Luftfahrangelegenheiten:

Erl. v. 27. 10. 25. (MBl. i. V. 1233),

d) Verkehrsberichte:

Erl. v. 19. 5. 23 (MBl. i. V. 567), Erl. v. 30. 4. 26 (MBl. i. V. 459),
„ 24. 3. 26 ( „ 318), „ 5. 6. 26 ( „ 547),

e) Luftverkehrsstatistik:

Erl. v. 9. 2. 25 (MBl i. V. 191), Erl. v. 31. 10. 27 (MBl. i. V. 1057),
„ 4. 8. 27 ( „ 816),

f) Verwaltungsgebühren in Luftfahrangelegenheiten:

Erl. v. 18. 2 27 (MBl. i. V. 214), Erl. v. 18. 7. 27 (MBl. i. V 743),

g) Unfälle im Luftverkehr:

Erl. v. 27. 11. 25 (MBl i. V 1236), Erl v. 28. 9. 26 (MBl. i. V. 923),
„ 5. 3. 26 ( „ 239), „ 10. 12. 26 ( „ 1105),
„ 12. 7 26 ( „ 697),

h) Zulassung von Luftfahrzeugen:

Erl. v. 20. 4. 26 (MBl i. V. 423), Erl. v 11. 9. 26 (MBl i. V. 873)
„ 22. 6. 26 ( „ 619), „ 16. 9. 26 ( „ 875),
„ 2 7. 26 ( „ 681), „ 6. 10. 26 ( „ 923),

i) Prüfungen der Luftfahrer:

Erl v. 4. 5. 26 (MBl. i V. 462), Erl. v. 25. 10. 26 (MBl. i. V 973)
„ 17. 9. 26 ( „ 875), „ 22. 12. 26 ( „ 1134),

k) Nachweis der Unbescholtenheit beim Antrag zum Flugzeugführerschein:

Erl. v. 11 11 27 (MBl. i. V. 1077),

l) Flughäfen und Verkehrslandeplätze:

Erl. v. 18. 2. 26 (MBl. i. V. 167), Erl. v. 17. 9 26 (MBl. i. V. 876),
„ 16. 4. 26 ( „ 394), „ 27. 9. 26 ( „ 907),
„ 5. 6. 26 ( „ 573), „ 29. 10. 26 ( „ 973),
„ 2. 7. 26 ( „ 646), „ 4. 12. 26 ( „ 1080),

m) Flugveranstaltungen:

| | | | |
|---|---|---|---|
| Erl. v. 15. 1. 25 (MBl. i. V. 49), | Erl. v. 4. 11 26 (MBl i. V. 985), |
| „ 14. 4. 26 ( „ 392), | „ 20. 11. 26 ( „ 1037), |
| „ 19. 8. 26 ( „ 791), | „ 6 12 26 ( „ 1081), |
| „ 6. 9 26 ( „ 857), | „ 20. 4. 27 ( „ 455), |
| „ 13. 9. 26 ( „ 874), | „ 15 7 27 ( „ 723), |

n) Segelflug:

Erl. v. 28. 12. 26 (MBl. i. V. 27 S. 19),

o) Überfliegen von geschlossenen Ortschaften und Menschenansammlungen:

Erl v. 30. 11. 27 (MBl i V. 1121),

p) Reklameflüge:

Erl. v. 12. 12. 27 (MBl i V. 1153)

## b) Luftverkehrsgesetz.

**Vom 1. August 1922 (RGBl. 1922 I S. 681).**

**Der Reichstag hat das folgende Gesetz beschlossen, das mit Zustimmung des Reichsrats hiermit verkündet wird:**

### Erster Abschnitt.

### Luftverkehr.

### A. Luftfahrzeuge und Luftfahrer.

**Luftfreiheit; Luftfahrzeuge (Begriff).**

**§ 1.**

**Die Benutzung des Luftraums durch Luftfahrzeuge ist frei, soweit sie nicht durch dieses Gesetz und die zu seiner Ausführung erlassenen Anordnungen beschränkt ist.**

**Luftfahrzeuge im Sinne dieses Gesetzes sind Luftschiffe, Flugzeuge, Ballone, Drachen und ähnliche für eine Bewegung im Luftraum bestimmte Geräte.**

**Abs. 1. Luftfreiheit.**

Das Recht zur freien Benutzung des Luftraums durch Luftfahrzeuge ist die grundlegende Vorbedingung jeden Luftverkehrs. Seine Verweisung auf besondere Verkehrswege ist technisch unmöglich, seine Einschränkung etwa auf die Benutzung des Luftraums über den sonstigen Verkehrsstraßen würde auch für die Allgemeinheit das Gegenteil von Sicherung bedeuten.

1. Schon der Entwurf von 1914 wollte der Luftfahrt den freiem Verkehr nicht versagen, hielt ihn aber durch § 905 BGB für genügend gewährleistet und sprach daher den Grundsatz der Luftfreiheit nicht besonders aus. Gemäß dem Regierungsentwurfe von 1921 hat aber das Luftverkehrsgesetz das Luftfreiheitsrecht festgelegt, um jeden Zweifel auszuschließen, da das Luftfreiheitsrecht trotz § 905 BGB. nicht unbestritten war. Denn ohne die zweifelsfreie Sicherung des Luftverkehrs gegen die Einengung durch Grundeigentümer ist Luftfahrt nicht möglich. Die Verkehrsfreiheit als Grundlage jeden Luftverkehrs ist auch in den anderen ausländischen Luftverkehrsgesetzen anerkannt; vgl. Art. 1, 2, 15 und 32 PLA.

2. Der in § 1 Abs. 1 ausgesprochene Grundsatz der Luftfreiheit hat nur **zivilrechtliche**, nicht völkerrechtliche Bedeutung. Völkerrechtlich ist der Grundsatz der Luftsouveränität eines jeden Staates anerkannt. (Art. 1 PLA). Die Bedeutung des § 1 Abs. 1 liegt darin, daß er das Recht des Grundeigentümers einschränkt, Einwirkungen aus dem Luftverkehr zu verbieten, auch wenn er an deren Ausschließung nach § 905 Satz 2 ein Interesse hätte, z. B. bei niedrigem Flug wegen des Geräuschs oder bei hohem Flug wegen der besonderen Zerstörungskraft etwa sich loslösender Teile. Es

besteht aber nur eine Duldungspflicht des Grundeigentümers, keine Pflicht zur sonstigen Unterlassung, z. B. eines Schornsteinbaus (vgl. aber § 15 LuftVG. und § 226 BGB.).

3. Die Beschränkungen, die das Luftverkehrsgesetz dem freien Luftverkehr auferlegt, sind im Schutzbedürfnisse der Allgemeinheit begründet. Hierdurch sollen die für die Öffentlichkeit mit dem freien Luftverkehr verbundenen Gefahren für die Allgemeinheit auf das mögliche Mindestmaß herabgesetzt werden; die zugelassene Luftfahrt soll sich hierbei so gestalten, daß der Grundeigentümer kein als berechtigt anzuerkennendes Interesse mehr an ihrer Ausschließung hat. Die Beschränkungen können sein:

a) räumlich:
  aa) durch die Sperrzone, für die ganz oder bis zu einer bestimmten Höhe ein Flugverbot besteht (§ 13),
  bb) beim Landen, z. B. nicht innerhalb geschlossener Ortschaften (§ 12);

b) sachlich:
  aa) indem die Luftfahrzeuge erst nach Prüfung der Lufttüchtigkeit zugelassen werden (§§ 2 und 3),
  bb) durch das Beförderungsverbot gefährlicher Sachen (§ 14);

c) persönlich:
  aa) durch das Prüfungserfordernis des Luftfahrers (§ 4) und die Erlaubnispflicht des Lehrers (§ 5),
  bb) durch die Genehmigungspflicht des Luftfahrtunternehmens (§ 11).

4. Als Äquivalent für die Freiheit des Luftverkehrs auf der einen Seite besteht eine allgemeine Schadenersatzpflicht auf der anderen Seite (§§ 19—30).

5. Die Freiheit des Luftraums gibt noch kein Recht auf Betreten des Grundstücks. Aus der Benutzung des Luftraums folgt zwar das Recht zum Abwurf von Ballast; dagegen ist der Abwurf von Flugblättern nicht mit einbegriffen; ein solcher Abwurf kann als Übertretung nach § 366

Nr. 8 und 10 StGB. strafbar sein und bei gewerbsmäßiger Verteilung würde er behördlicher Erlaubnis bedürfen (§ 43 GewO.).

**Abs. 2. Luftfahrzeuge.**

6. A. Bei den Luftfahrzeugen, die der Absatz 2 aufführt sind nach dem Antrieb zu unterscheiden:

I. Luftfahrzeuge mit Antrieb:
 a) schwerer als Luft: Kraftflugzeuge (zu Lande oder zu Wasser),
 b) leichter als Luft: Luftschiffe (unstarre, halbstarre oder starre).

II. Luftfahrzeuge ohne Antrieb:
 a) schwerer als Luft: motorlose Flugzeuge (Drachen, Segelflugzeuge),
 b) leichter als Luft: Ballone (Freiballone, Fesselballone).

Eine andere Unterscheidung besteht:

B. Nach den Staatsverträgen in:
 1. Militärluftfahrzeuge, d. h. solche, die von einer hierzu beauftragten Militärperson befehligt werden (Art. 30/31 PLA.).
 2. Privatluftfahrzeuge, die nicht Staatsluftfahrzeuge sind, d. h. nicht Militär, Post, Zoll und Polizei angehören.

C. In dem Streit um den Versailler Vertrag Art. 198: Statt der früheren Begriffsbestimmungen gelten jetzt für die Militärfahrzeuge die Reichsverordnungen über Luftfahrzeugbau, führerlose Flugzeuge und Flugzeuge mit dem technischen Merkmal neuzeitlicher Jagdflugzeuge, vom 13. Juli 1926 (unten S. 228).

7. Der Gesetzentwurf von 1914 erfaßte nur den Luftverkehr der Flugzeuge, Luftschiffe und Freiballone. Hiernach wurden zwar die Luftfahrzeuge mit Kraftantrieb (I), aber nicht alle Luftfahrzeuge ohne Triebwerk (II) betroffen.

Nach Art. 7 Nr. 19 der Reichsverfassung ist der Reichsgesetzgebung nur der „Verkehr mit Kraftfahrzeugen in der Luft" zugewiesen. An sich würde also der Verkehr der Luftfahrzeuge ohne Maschinenkraft (II) d. h. Frei- und Fesselballone, Drachen und sonstigen luftfahrzeugähnlichen Geräte der reichsgesetzlichen Zuständigkeit nicht unterstehen. Das Luftverkehrsgesetz wurde aber mit der verfassungsändernden Mehrheit im Reichstage angenommen (Art. 76 RVerf.).

8. Begriffe:

a) Luftschiff ist ein Luftfahrzeug mit eigenen Antriebsmitteln, das ein Gas, leichter als Luft, als Tragmittel benutzt (PLA Anhang D Begriffsbestimmungen).

b) Flugzeug ist ein Land- oder Wasserflugzeug (mit Schwimmern oder Bootskörper) oder ein anderes Luftfahrzeug mit eigenen Antriebsmitteln, das schwerer als Luft ist (PLA Anhang D).

c) Ballon ist ein am Fesseldraht befindliches oder freies Luftfahrzeug ohne eigene Antriebsmittel, das ein Gas, leichter als Luft, als Tragmittel benutzt (PLA Anhang D).

d) Drachen ist ein am Fesseldraht befindliches Luftfahrzeug ohne eigene Antriebsmittel, das schwerer als Luft ist.

e) „Ähnliche für eine Bewegung im Luftraum bestimmte Geräte" sind nur solche mit Steigkraft; es ergibt sich das aus der Nebeneinanderstellung mit „Luftschiffen, Flugzeugen, Ballonen, Drachen." Daher gehören Fallschirme nicht zu den Luftfahrzeugen. Die Luftfahrtveranstaltungen mit Fallschirmabsprüngen unterliegen aber der behördlichen Genehmigung gemäß § 11 LuftVG. (Preuß. Min. Erl. vom 28. Dezember 1926 S. 17). Ob das Luftfahrzeug bemannt ist, dem Verkehr oder dem Krieg dient, ist für die Begriffsbestimmung Luftfahrzeug unerheblich.

Eintragungszwang (Luftfahrzeugrolle).

## § 2.

**Luftfahrzeuge dürfen in Deutschland nur verkehren, wenn sie in das Verzeichnis der deutschen Luftfahrzeuge (Luftfahrzeugrolle) eingetragen sind.**

**Die Eintragung erfolgt nur, wenn das Luftfahrzeug zugelassen (§ 3) ist und im ausschließlichen Eigentume von Reichsangehörigen steht. Ihnen werden gleichgeachtet offene Handelsgesellschaften und Kommanditgesellschaften, wenn die persönlich haftenden Gesellschafter sämtlich Reichsangehörige sind; andere Handelsgesellschaften, eingetragene Genossenschaften und juristische Personen, wenn sie im Inland ihren Sitz haben, Kommanditgesellschaften auf Aktien jedoch nur dann, wenn die persönlich haftenden Gesellschafter sämtlich Reichsangehörige sind.**

**Eingetragene Luftfahrzeuge haben ein deutsches Hoheitszeichen zu führen. Form und Art der Führung bestimmt die Reichsregierung.**

**Die Eintragung ist zu löschen, wenn die Voraussetzungen nach Abs. 2 nicht mehr vorliegen.**

Der § 2 stellt den Eintragungszwang fest; er fehlte noch im Regierungsentwurf von 1921. Vgl. Art. 5 PLA. Der Eintragungszwang fließt aus der Staatshoheit, die für den Luftraum eines jeden Staates völkerrechtlich anerkannt ist.

### Abs. 1.

1. Nur die in die Deutsche Luftfahrzeugrolle eingetragenen Luftfahrzeuge dürfen in Deutschland verkehren. Verkehren ist hierbei die bestimmungsgemäße Verwendung des Luftfahrzeugs als solches. Sache der Ausführungsbestimmungen (§§ 13 und 17) ist es, anzuordnen, wo der Luftverkehr erfolgen kann.

**Abs. 2.**

2. Voraussetzungen der Eintragungen sind:

a) Prüfung auf Lufttüchtigkeit,

b) Zulassung nach a), d. h. nur die zugelassenen werden eingetragen,

c) ausschließliches Eigentum von Reichsangehörigen. rigen.

Als Eigentümer ist zu unterscheiden:

1. eine natürliche Person; hier ist ohne weiteres deren Staatsangehörigkeit maßgebend. Bei mehreren Miteigentümern müssen diese sämtlich dem Eintragungsstaate angehören (Art. 7 PLA, § 2 LuftVG.) Die Reichsangehörigkeit regelt sich nach dem Reichs- und Staatsangehörigkeitsgesetz vom 22. Juli 1913 (RGBl. S. 583), § 38 abgeändert durch Ges. vom 5. November 1923 (RGBl. I S. 1077).
2. eine juristische Person. Maßgebend ist, daß die juristische Person eine einheimische ist.

Es ist erforderlich:

a) bei offenen Handelsgesellschaften und Kommanditgesellschaften — Reichsangehörigkeit der persönlich haftenden Gesellschafter,

b) bei anderen Handelsgesellschaften, eingetragenen Genossenschaften und juristischen Personen — Inlandsitz. — Also bei den juristischen Personen des Handelsverkehrs mit Rechtsfähigkeit und Firma, d. h. A.G., eingetragene Genossenschaft, G. m. b. H., ist der Sitz in Deutschland erforderlich. Eine Ausnahme gilt jedoch für die Aktienkommanditgesellschaft.

Für Kauffahrteischiffe gibt das Gesetz betr. das Flaggenrecht der Kauffahrteischiffe vom 22. Juni 1899 (RGBl. S. 319) ähnliche Vorschriften.

Nach dem PLA Art. 7 wird vorausgesetzt, daß der Direktor und $^2/_3$ der Verwaltungspersonen die betreffende

Staatsangehörigkeit haben und die Gesellschaft dem Gesetze des Eintragungsstaates entspricht.

**Abs. 3.**

3. Das Hoheitszeichen, d. h. das Abzeichen der Nationalität, ist eine Art Flaggenrecht. Für Deutschland ist das Hoheitszeichen ein großes lateinisches D, das beim Luftfahrzeug oben und unten sichtbar anzubringen ist. Das Hoheitszeichen D mit der Eintragungsnummer der Luftfahrzeugrolle ist das Abzeichen des deutschen Luftfahrzeugs, z. B. D 1230. Vgl. Art. 19 PLA., Art. 5 deutsch-franz. Luftverkehrsabkommen.

**Abs. 4.**

4. Eine Mußvorschrift für die Löschung besteht nach Wegfall der Zulassung (§ 3) oder nach Änderung der Staatsangehörigkeit des Eigentümers.

5. **Ausnahmen** vom Eintragungszwang bestehen nach § 5 und zwar:

a) wenn sich das Luftfahrzeug innerhalb eines Flughafens aufhält und nur das Bedienungspersonal mit sich führt (§ 5 Satz 1), da die technische Versuchstätigkeit nicht unterbunden werden soll;

b) weitere vom Reichsverkehrsminister allgemein zugelassene Ausnahmen (§ 5 Satz 2), falls die Allgemeinheit nicht gefährdet erscheint, bzw. das Interesse an der technischen Weiterentwicklung überwiegt, z. B. bei Segelflugzeugen. Die Ausnahmen des § 5 gelten aber nur für § 2 Abs. 1, nicht für § 2 Abs. 2; hiernach könnten zwar nicht eingetragene Luftfahrzeuge in Deutschland verkehren, nicht aber Luftfahrzeuge fremder Staatsangehörigkeit in die deutsche Luftfahrzeugrolle eingetragen werden.

6. Strafbarkeit: Ein Verstoß gegen den Eintragungszwang, dadurch, daß nicht oder nicht mehr eingetragene Luftfahrzeuge verkehren, ist sowohl für den Führer wie für

den Halter strafbar (§ 32 Abs. 1 Nr. 1 und 2, bei Fahrlässigkeit Abs. 2).

**Zulassungszwang.**

§ 3.

**Luftfahrzeuge dürfen nur in Betrieb genommen werden, wenn sie zugelassen sind.**

**Die Zulassung erfolgt nur, wenn das Luftfahrzeug den Anforderungen der Verkehrssicherheit genügt.**

**Die Zulassung gilt für das ganze Reichsgebiet; sie wird durch einen Zulassungsschein nachgewiesen. Sie ist zurückzuziehen, wenn ein Luftfahrzeug den Anforderungen der Verkehrssicherheit nicht mehr genügt; der Zulassungsschein ist in diesem Falle einzuziehen.**

Gesetzeszweck: Der Zulassungszwang für Luftfahrzeuge bezweckt den Schutz der Allgemeinheit sowie derer, die sich der Luftverkehrsmittel bedienen; denn die Zulassung zum Luftverkehr wird erst dann ausgesprochen, wenn ihre Flugtüchtigkeit und Verkehrssicherheit geprüft ist. Sache der Ausführungsbestimmungen ist es, die Eintragung in eine Liste der zugelassenen Luftfahrzeuge zu regeln. Vgl. Art. 11 PLA.

**Abs. 1.**

1. **Objekt** der Zulassung sind an sich die Luftfahrzeuge, wie sie § 1 Abs. 2 LuftVG. aufgezählt sind. Ausnahmen vom Zulassungszwang bestehen aber und zwar:

a) wenn sich das Luftfahrzeug innerhalb eines Flughafens aufhält und nur das Bedienungspersonal mit sich führt (§ 5 Satz 1), da die technische Versuchstätigkeit nicht unterbunden werden soll;

b) weitere Ausnahmen, die die Reichsregierung d. h. der Reichsverkehrsminister allgemein zuläßt (§ 5 Satz 2), falls die Allgemeinheit nicht gefährdet erscheint bzw. das

Interesse an der technischen Weiterentwicklung überwiegt, z. B. bei Segelflugzeugen.

2. Der Entwurf von 1914 verlangte dagegen die Zulassung nur für solche Luftschiffe, Flugzeuge und Freiballone, die von Menschen bemannt sind. Der Regierungsentwurf von 1921 ging darüber hinaus, doch stellte er das Zulassungserfordernis nicht für alle Luftfahrzeuge im Sinne des § 1 Abs. 2 auf, da die Öffentlichkeit nicht durch alle im gleichen Maße betroffen wird. Nach dem Regierungsentwurf von 1921 (§ 2 Abs. 1 Satz 1) bedurften der Zulassung Luftschiffe, Flugzeuge und Freiballone schlechthin, ohne Rücksicht darauf, ob sie bemannt oder, was durch Ausgestaltung der drahtlosen Steuerung im Bereiche der Möglichkeit liegt, unbemannt sind. Die Einbeziehung der Freiballone war schon in Anpassung an Art. 19 PLA. erforderlich, wonach auch Freiballone Flugtüchtigkeitszeugnisse haben müssen. Dagegen erschien es im Hinblick auf die Erfordernisse der Sicherheit als ausreichend, Fesselballone und Drachen nur dann der Zulassungspflicht zu unterwerfen, wenn sie zur Aufnahme von Menschen bestimmt sind.

Ohne den Regierungsentwurf 1921 sachlich ändern zu wollen, wurde vom Reichstagsausschuß statt der einzelnen Fahrzeuge der allgemeine Ausdruck „Luftfahrzeuge" gewählt,und zwar gerade deswegen, weil nach § 5 Satz 2 die Reichsregierung weitere Ausnahmen zulassen kann.

Ob etwa das Reich Luftfahrzeughalter ist, macht keine Ausnahme im Zulassungszwang.

3. Amphibische Fahrzeuge, die sowohl in der Luft, wie auch auf dem Lande und auf dem Wasser sich fortbewegen sollen, bedürfen als Luftfahrzeug der Zulassung nach § 3 LuftVG, als Landkraftfahrzeug noch der Zulassung nach § 1 KFG und als Motorboot keiner besonderen Zulassung.

4. **Inbetriebnahme** eines Luftfahrzeugs umfaßt die Vorbereitung für den Verkehr, und zwar beginnt sie mit der

letzten Handlung, die das Flugzeug für den Flug fertigmachen soll; vgl. Müller-Bredow S. 86, wonach der Beginn der Inbetriebnahme im allgemeinen Interesse möglichst früh und nicht erst mit dem Erheben in die Luft anzusetzen ist.

**Abs. 2.**

5. Die Zulassung erfolgt nur bei Lufttüchtigkeit, d. h. wenn das Luftfahrzeug den Anforderungen der Verkehrssicherheit genügt.

Bei der Prüfung ist zu unterscheiden:

a) die Musterprüfung. Diese erste Prüfung eines neuen Typs erfolgt regelmäßig durch die Deutsche Versuchsanstalt für Luftfahrt e. V. Bei der Zulassung wird das Flugzeug gleichzeitig in eine der Klassen A—C eingereiht. Hierbei ist auch die Verordnung über Luftfahrzeugbau und über führerlose und Jagdflugzeuge vom 13. Juli 1926 zu beachten;

b) die Stückprüfung, d. h. der Nachbau eines bereits zugelassenen Typs.

Die Zulassung der Luftfahrzeugmuster erfolgt vom Reichsverkehrsministerium, die Zulassung der Nachbauten von der Landesbehörde, in Preußen von dem Minister für Handel und Gewerbe, wobei der Antrag dem Polizeipräsidenten einzureichen ist.

Sache der Ausführungsbestimmungen aus § 17 ist Voraussetzung und Verfahren der Zulassung zu regeln. Vgl. Vorläuf. Richtlinien Abschnitt 1 (unten S. 145).

**Abs. 3.**

6. Die Zulassung wird durch einen **Zulassungsschein** nachgewiesen. Der Zulassungsschein ist also nur Beweismittel. Er entspricht dem Lufttüchtigkeitszeugnis des Art. 11 PLA. Über das Muster eines Zulassungsscheines vgl. RfL. 1926 S. 234. Die Zulassung ist aber erst mit Aushändigung des Zulassungsscheins an den Beteiligten als wirksam anzusehen,

nicht schon mit der Mitteilung der Behörde, so Stenglein S. 625. Der Betrieb eines nicht zugelassenen Luftfahrzeugs ist nach § 31 wegen fehlender Zulassung strafbar. Müller-Bredow macht den Unterschied zwischen behördlicher Mitteilung der Zulassung und Aushändigung des Scheines und will hier nach § 31 nur wegen nicht mitgeführten Ausweises bestrafen.

7. Die Zulassung bzw. ihre Belassung setzt voraus, daß die Lufttüchtigkeit fortbesteht. Hieraus folgt eine gewisse Überwachungspflicht. Der Nachprüfung haben sich Verkehrsflugzeuge jährlich, sowie nach jeder Beschädigung und halbjähriger Ruhezeit vor der Indienststellung zu unterziehen. Nach dem Erlaß des Reichsverkehrsministeriums von Anfang 1925 (PrMinErl. vom 24. Februar 1925, MiB. S. 265) hat die Deutsche Versuchsanstalt für Luftfahrt die zugelassenen Flugzeuge jährlich im Winter nachzuprüfen. Auch falls die Zulassung befristet ist, ist das Luftfahrzeug gut zu überholen (vgl. MiB. 1922 S. 83, 1127; 1924 S. 309 und 1925 S. 265). Der Lufttüchtigkeitserneuerungsschein wird bei positivem Prüfungsergebnis erteilt.

8. Die Zurückziehung erfolgt:

a) bei negativem Nachprüfungsergebnis,

b) sofort nach schweren Unfällen (PrMinErlasse vom 22. Juni, 2. Juli und 16. September 1926, MiB. S. 619, 681 u. 785).

Die Zurückziehung ist mit ihrer Bekanntgabe an den Berechtigten wirksam. Bei nicht freiwilliger Ablieferung gilt das landesrechtliche Verfahren.

9. Strafbarkeit: § 31.

### Erlaubnispflicht für Luftfahrer (Luftfahrerschein).

### § 4.

**Wer bestimmungsgemäß ein Luftfahrzeug führt oder bedient (Luftfahrer), bedarf der Erlaubnis. Der**

**Nachweis der Erlaubnis ist durch eine Bescheinigung (Luftfahrerschein) zu erbringen.**

**Bei Übungs- und Prüfungsfahrten in Begleitung von Lehrern gelten die Lehrer als diejenigen, die das Luftfahrzeug führen oder bedienen.**

**Der Luftfahrerschein ist zu erteilen, wenn der Bewerber seine Befähigung nachgewiesen, das 21. und, wenn es sich um Führer von Luftschiffen handelt, das 25. Lebensjahr vollendet hat und ferner keine Tatsachen vorliegen, die den Bewerber zur Führung oder Bedienung eines Luftfahrzeugs ungeeignet erscheinen lassen.**

**Mit Zustimmung des gesetzlichen Vertreters kann auch Bewerbern, die das 19. Lebensjahr vollendet haben, die Erlaubnis erteilt werden, wenn besondere Umstände dies rechtfertigen.**

**Die Erlaubnis gilt für das ganze Reichsgebiet. Sie ist zu entziehen, wenn sich Tatsachen dafür ergeben, daß der Inhaber zur Führung oder Bedienung eines Luftfahrzeugs ungeeignet ist; der Luftfahrerschein ist in diesem Falle einzuziehen.**

Gesetzeszweck: Wie ein Luftfahrzeug aus Gründen der Verkehrssicherheit lufttüchtig sein muß und daher eine Zulassung nach § 3 bedarf, so müssen auch Führer und Bedienungsmannschaft eines Luftfahrzeugs ihre Eignung nachweisen, indem sie die erforderlichen Kenntnisse und Erfahrungen durch Ablegung einer Prüfung darlegen. Diesem Zwecke dient der Erlaubniszwang.

1. Der Regierungsentwurf von 1921, § 3 Abs. 1 u. 2, hat die jetzige Fassung des § 4 Abs. 1 u. 2 erhalten, Abs. 3 ist geringfügig geändert, Abs. 4 u. 5 decken sich mit dem Entwurf.

**Abs. 1.**

2. **Luftfahrzeuge** sind diejenigen des § 1 Abs. 2 unter Berücksichtigung der Ausnahmen des § 5, vgl. § 3 Anm. 1.

3. Führer ist, wer das Luftfahrzeug unter eigener Verantwortung leitet. Gegenüber dem Betriebspersonal hat er die Befehlsgewalt. Auch der Fernsteuernde ist Führer. Falls mehrere nacheinander das Fahrzeug führen, bedarf jeder der Erlaubnis.

4. Derjenige bedient das Luftfahrzeug, der unmittelbar an den Flugeinrichtungen des Luftfahrzeugs arbeitet. Eine Bedienung der Passagiere durch den Kellner gehört nicht zu den Bedienen des Fahrzeugs, ebensowenig das Flughafenpersonal. Über die Ausnahmen vgl. § 5.

5. **Bestimmungsgemäß** bedeutet „nach den vor Antritt des Flugs getroffenen Maßnahmen“, Müller-Bredow S. 106; anderer Meinung Stenglein S. 626, wonach die Einführung des Wortes „bestimmungsgemäß“ überflüssig ist.

6. **Ausnahmen** vom Erlaubniszwang bestehen nach § 5:

a) wenn sich das Luftfahrzeug innerhalb der Flughafenzone aufhält und nur das Bedienungspersonal mit sich führt (§ 5 Satz 1). Der Grund liegt darin, daß die Lerntätigkeit und der Probedienst nicht unterbunden werden sollen.

b) Weitere vom Reichsverkehrsminister allgemein zugelassene Ausnahmen (§ 5 Satz 2).

c) Außerhalb der Flughäfen für Übungs- und Prüfungsfahrten in Begleitung einer Lehrperson (§ 4 Abs. 2).

7. Der **Luftfahrerschein** ist wie der Zulassungsschein Beweismittel. Die Erlaubnis wird nach außen erst mit der Aushändigung des Luftfahrerscheins wirksam (so Stenglein S. 626, a. M. Müller-Bredow S. 323 B. 1). Eine ähnliche Bestimmung findet sich in § 2 Abs, 2 KFG.

**Der Luftfahrerschein verkörpert nicht die Erlaubnis. Auch wenn der Schein verloren geht, genügt als Beweismittel die**

Berufung auf behördliche Auskunft über die erteilte Erlaubnis. Wird der Luftfahrerschein bei erteilter Erlaubnis nicht mitgeführt, so besteht zwar keine Strafbarkeit nach § 32 Abs. 1 Nr. 3, wohl aber nach § 31.

**Abs. 2.**

8. Abs. 2 trägt der Notwendigkeit Rechnung, daß ein Lernender auch ohne Luftfahrschein ein Luftfahrzeug führen oder bedienen darf.

Die Übungsfahrten sollen die Eignung zum Führen oder Bedienen vorbereiten, die Prüfungsfahrten sollen sie nachweisen.

Für Übungs- und Prüfungsfahrten gilt der Lehrer, nicht der Schüler als Führer oder Bediener des Luftfahrzeugs. Diese Fiktion gilt auch in strafrechtlicher Beziehung. Eine ähnliche Bestimmung findet sich in § 3 Abs. 2 KFG.

Diese Bestimmung entspricht der früheren Rechtsprechung des Reichsgerichts aus § 276 BGB., wonach zur besonderen Vorsicht Anfänger nur in den Grenzen des Flughafens ohne Überfliegen der Ortschaft angelernt werden dürfen.

**Abs. 3**

9. Der Luftfahrschein ist zu erteilen. Hiernach besteht eine Mußvorschrift zur Erteilung, wenn die gesetzlichen Voraussetzungen erfüllt sind. Ein numerus clausus oder ein Abhängigmachen vom Bedürfnis ist unzulässig.

10. Sache der Ausführungsbestimmungen ist es, zu bestimmen, worauf sich die Prüfung zu erstrecken hat und welche Anforderungen an sie zu stellen sind (§ 17 Nr. 1 LuftVG). Vgl. Vorläuf. Richtlinien Abschnitt 2 (unten S. 148). Die Landesbehörde wird bei der Eignungsprüfung nachzuprüfen haben:

a) die körperliche Eignung (z. B. Gesundheit, Hör- und Sehkraft); über gesundheitliche Anforderungen an Luftfahrer vgl. NfL. 1926 S. 73.

b) die geistige Eignung (z. B. Technik, Geographie, Geistesgegenwart),

c) die sittliche Eignung (z. B. keine strafrechtlichen Übertretungen),

d) das Lebensalter: Vor Vollendung des 21. Lebensjahres wird im allgemeinen die für einen Führer erforderliche Reife nicht vorhanden sein; nur ausnahmsweise mag sie früher zwar in Anpassung an Art. 12 PLA in Verbindung mit Anlage E, V Nr. 2 b bereits mit dem 19. Lebensjahr angenommen werden können (§ 4 Abs. 4). Eine größere Reife, insbesondere in Behandlung und Anstellung der unterstellten Mannschaft, muß beim Führer eines Luftschiffs gefordert werden; deswegen ist hier das Mindestalter 25 Jahre.

Richtlinien für die Prüfung sind vom Reichsverkehrsministerium Ende 1924 neu herausgegeben (NfL. 1925 S. 97, 352, 557; 1926 S. 230, 315; Erlasse d. Pr. Min. d. Innern u. f. Handel u. Gewerbe v. 31. 12. 1924, 18. 12. 1925, 4. Mai, 17. Sept., 25. Okt. 1926, MiB. S. 462, 875, 973).

Für Luftfahrzeugführer gibt es 4 Prüfungsarten:

1. für Kraftflugzeuge (Führerschein für Flugzeugklasse A, B oder C),
2. für Luftschiffe,
3. für Freiballons,
4. für Segelflugzeuge.

**Abs. 4.**

**11.** Über gesetzliche Vertreter vgl. BGB. Gegen die Entscheidung aus Abs. 4 gibt es die Anfechtung im Verwaltungsstreitverfahren (§ 18).

**Abs. 5.**

**12.** Die Mußvorschrift, die Erlaubnis zu entziehen, besteht, wenn sich die Ungeeignetheit herausstellt. Auch vor der Erteilung liegende Tatsachen genügen hierbei, wenn diese Tatsachen bei der Erteilung noch nicht bekannt waren. Als Gründe der Ungeeignetheit können auch gelten unwahre Angaben für die Erteilung.

Die zwangsweise Einziehung des Luftfahrerscheins erfolgt ähnlich wie die zwangsweise Einziehung des Zulassungsscheins (§ 3). Der Entziehungsbeschluß ist nach § 18 beim Luftfahrerschein des § 4 anfechtbar, nicht dagegen beim Zulassungsschein des § 3 LuftVG.

**13.** § 37 GewO. über die Regelung des öffentlichen Verkehrs durch die Ortspolizeibehörde innerhalb der Orte kommt gegenüber dem Luftverkehrsgesetz nicht in Betracht.

**14. Strafbarkeit:**

a) Wer ein Luftfahrzeug ohne Erlaubnis oder nach Zurückziehung der Erlaubnis führt oder bedient, macht sich nach § 32 Nr. 3 strafbar. Im Falle des Notstandes (§ 54 StGB.) kann z. B. ein Passagier ohne Erlaubnis zum Betriebe herangezogen werden.

b) Auch der Schwarzflieger, d. h. der ohne Wissen des Halters fliegt, ist ohne Führererlaubnis strafbar. Der unbefugte Verbrauch von Betriebsstoffen ist bei Schwarzflügen Diebstahl (RG. in JW. 1907 S. 553).

c) Übt der Schüler ohne Lehrer außerhalb des Flughafens oder werden innerhalb des Flughafens Personen, die nicht zum Betriebspersonal gehören, mitgenommen (§ 4 Abs. 2 und § 5 Satz 1), so machen sich diese strafbar (§ 32 Nr. 3).

d) Auch der Halter macht sich strafbar, der ein Luftfahrzeug durch eine erlaubnispflichtige Person ohne Besitz des Luftfahrzeugscheines oder nach Entziehung der Erlaubnis führen oder bedienen läßt (§ 32 Nr. 4).

e) Auch die Fahrlässigkeit ist bei § 32 Nr. 3 u. 4 strafbar (§ 32 Abs. 2).

Ausnahmen.

## § 5.

**§ 2 Abs. 1, § 3 Abs. 1 und § 4 Abs. 1 gelten nicht innerhalb eines Flughafens, wenn nur zum Betriebe des Luftfahrzeugs bestimmte Personen beteiligt sind. Weitere Ausnahmen von den Vorschriften des § 2 Abs. 1, des § 3 Abs. 1 und des § 4 Abs. 1 kann die Reichsregierung zulassen.**

Dieser § 5 ist vom Reichstagsausschuß unter Abänderung der §§ 2—4 in den Entwurf erst nachträglich eingefügt worden.

Die Ausnahmen gelten:

a) im Falle des § 2 Abs. 1 für den Eintragungszwang des Flugzeugs,
b) im Falle des § 3 Abs. 1 für die Zulassung des Luftfahrzeugs,
c) im Falle des § 4 Abs. 1 für das Erfordernis des Luftfahrerscheines.

1. Kraft Gesetzes gilt die Ausnahmevorschrift aber nur unter der doppelten Voraussetzung, daß das Luftfahrzeug innerhalb eines Flughafens fliegt und nur die zum Betriebe des Luftfahrzeugs bestimmten Personen beteiligt sind.

Die Ausnahmen zu a und b haben für noch nicht eingetragene und noch nicht zugelassene Luftfahrzeuge Bedeutung, die zunächst ausprobiert werden sollen. Die Ausnahme zu c soll für Luftfahrerschüler gelten, die im Flughafen ohne Lehrer üben.

2. Von der Reichsregierung bzw. dem Reichsverkehrsministerium können weitere Ausnahmen zugelassen werden (Satz 2), und zwar:

Zu a u. b z. B. für unbemannte Drachen und Segelflugzeuge. Da nur Luftkraftfahrzeuge und Freiballone zulassungs- und eintragungspflichtig sind, liegt eine stillschweigende Ermächtigung der Reichsregierung (§ 5 Satz 2) vor, daß

Drachen, Fesselballons, Gleit- und Segelflugzeuge nicht zugelassen und eingetragen zu werden brauchen, um in Betrieb genommen zu werden.

Zu c z. B. außerhalb des Flughafens und seiner Zone zur Ausprobierung eines Fahrzeugs. Da von den Luftfahrern nur die Luftfahrzeugführer, nach der Praxis aber nicht die Bedienungsmannschaft (Flugzeugwart, Motorwart) eine förmliche Erlaubnis haben müssen, liegt auch hier für die Bedienungsmannschaft eine Art Ausnahme der Reichsregierung (§ 5 Satz 2) vor (Basarke S. 97).

Über das Verwaltungsstreitverfahren vgl. § 18 LuftVG.

**Genehmigungspflicht für Ausbildung.**

## § 6.

**Wer gewerbsmäßig Personen zu Luftfahrern ausbilden will, bedarf der Genehmigung.**

**Die Genehmigung ist zu erteilen, wenn der Bewerber seine Befähigung durch eine Prüfung nachgewiesen hat und keine Tatsachen dafür vorliegen, daß er für den Lehrbetrieb sonst ungeeignet ist.**

**Die Genehmigung ist zurückzuziehen, wenn sich Tatsachen dafür ergeben, daß der Lehrbetrieb unzuverlässig ist.**

Der Zweck des Genehmigungszwanges für den gewerbsmäßigen Lehrbetrieb ist: die ordnungsmäßige Ausbildung der Luftfahrer zu gewährleisten und eine Ausbeutung Lernender zu vermeiden.

**Abs. 1.**

1. Gewerbsmäßigkeit liegt vor bei Absicht auf Gewinnerzielung (RGSt. 54 S. 230), nicht z. B. bei Ausbildung in einer Flugzeugfabrik zu deren eigenem Bedürfnis.

2. Lehrunternehmer ist derjenige, auf dessen Rechnung der Lehrbetrieb geht und der für diesen verantwortlich

ist (Bredow-Müller S. 120). Der angestellte Lehrer bedarf dagegen keiner Genehmigung, da hier ein Gewerbe fehlt.

**Abs. 2.**

Die für die Genehmigung zuständige Landesbehörde wird die Fachkenntnis, Erfahrung und persönliche Zuverlässigkeit des antragstellenden Unternehmers zu prüfen haben. Nach § 4 Abs. 2 bedarf es zur Ausbildung eines Flugschülers eines Luftfahrerscheins, doch genügt dieser nicht zur gewerbsmäßigen Ausbildung. Dem Unternehmer können besondere Bedingungen auferlegt werden (§ 32 Nr. 5 LuftVG.). Der Unternehmer muß zur Sicherung der Schadenersatzforderung gemäß § 29 LuftVG. Sicherheit leisten. Die Versagung ist nach § 18 LuftVG. anfechtbar. Die Genehmigung erstreckt sich nur auf den Bezirk der Genehmigungsbehörde; vgl. dagegen § 3 Abs. 3 und § 4 Abs. 5 für das Reichsgebiet.

**Abs. 3.**

Tatsachen für die Unzuverlässigkeit des Lehrbetriebes können in der Mangelhaftigkeit der Lehrfahrzeuge und des Lehrpersonals gefunden werden. Bei Nichtausübung der Ausbildung kann die Genehmigung als Verzicht oder wegen Unzuverlässigkeit des Lehrbetriebs zurückgezogen werden. Die Entziehung ist nach § 18 LuftVG. anfechtbar.

Strafen: Bei Verstoß gegen die Genehmigungspflicht macht sich der Unternehmer nach § 32 Nr. 5 LuftVG. strafbar, der Lehrer gegebenenfalls nach § 31 LuftVG.

## B. Flughäfen.

**Flughafengenehmigung.**

### § 7.

**Flughäfen dürfen nur mit gemeinsamer Genehmigung der Reichsregierung und der Landeszentral-**

**behörde oder der von diesen zu bestimmenden Behörden beibehalten oder angelegt werden.**

**Die Genehmigung ist zu versagen, wenn Tatsachen dafür vorliegen, daß der Flughafen oder der in Aussicht genommene Platz ungeeignet ist, oder dafür, daß der Betrieb unzuverlässig geführt werden wird; ergeben sich später solche Tatsachen, so ist die Genehmigung zurückzuziehen.**

**Die vorstehenden Vorschriften gelten nicht für Reichs- und Staatsbetriebe, die im öffentlichen Interesse liegen.**

1. Zweck: Die Genehmigungspflicht für Flughäfen ist aus folgenden Gründen erforderlich:

a) Die Flughäfen bilden grundsätzlich Ausgangs- und Endpunkt des gesamten Luftverkehrs, in ihnen erfolgt regelmäßig die Erprobung von Luftfahrzeugen und Bemannung vor Zulassung und vor Erteilung des Luftfahrerscheins.

b) Die Anlage muß deshalb unter dem Gesichtspunkt der Zweckmäßigkeit für den gesamten Luftverkehr (Lage und Entfernung der einzelnen Flughäfen zueinander) erfolgen.

c) Die technisch geeignete Gestaltung ist zu beachten.

d) Die Interessen der außerhalb stehenden Allgemeinheit, insbesondere der durch den Betrieb des Flughafens berührten Nachbarschaft müssen entsprechende Berücksichtigung finden.

**Abs. 1.**

2. Flughäfen sind Flächen, die zum Aufstieg, zur Landung, zur Instandsetzung und Unterbringung von Luftfahrzeugen bestimmt sind. Nach den Vorläuf. Richtlinien Abschnitt 3 (unten S. 157) ist der Begriff: „Flughafen sind Anlagen, die nach der Art und dem Maß ihrer Einrich-

tungen geeignet und dazu bestimmt sind, dem öffentlichen Luftverkehr zu dienen."

3. Zuständigkeit: Die Zweckmäßigkeit der Anlage kann am besten von der Reichsstelle und zwar dem Reichsverkehrsministerium beurteilt werden, da dieses die gesamten Luftverkehrsverhältnisse übersieht. Die Berücksichtigung der örtlichen Interessen macht ein Zusammenwirken der Reichsbehörde mit der Landesbehörde notwendig. Die Genehmigung erteilt für Flughäfen das RVM., doch hat es die Genehmigung für Wasserflughäfen an die örtlichen Wasserstraßenverwaltungen, also in Preußen dem Oberpräsidenten, übertragen.

4. Sache der Ausführungsbestimmungen ist es, einheitliche Grundsätze über die Anforderungen aufzustellen, die an die Ausstattung der Flughäfen im allgemeinen Sicherheitsinteresse zu stellen sind (§ 17 Ziff. 1 LuftVG.), sowie das Verfahren zu regeln, das für die Auslegung des Planes zur Ermöglichung von Einsprüchen zu beachten ist. Die Bestimmungen der Gewerbeordnung finden auf den Betrieb von Flughäfen soweit keine Anwendung. Vgl. PrMinErl., betr. PolizeiVO. über den Betrieb und den Verkehr in Flughäfen oder Verkehrslandeplätzen, vom 5. Juni 1926 (MiV. S. 573); Richtlinien des RVM. für die Anlegung von Flughäfen und Landeplätzen vom August 1925 (NfL. 1925 S. 377).

### Abs. 2.

5. Eine Versagung der Genehmigung muß erfolgen (Mußvorschrift):

a) wenn der Hafen oder der Platz ungeeignet ist, z. B. wegen der Beschaffenheit oder Umgebung,
b) wenn der Hafenbetrieb unzuverlässig geführt wird, z. B. durch Nachlässigkeit im Dienst, in der Nachtbefeuerung, in der Betriebsstoffzufuhr.

### Abs. 3.

6. Eine Ausnahme von der Genehmigungspflicht gilt für

Reichs- und Staatsbetriebe im öffentlichen Interesse, z. B. für Personenverkehr, Postbeförderung.

7. Strafen: Ein Verstoß gegen die Genehmigungspflicht wird nach § 32 Abs. 1 Nr. 5 und Abs. 2 LuftVG. bestraft.

8. Im Internationalen Recht besteht nach Art. 24 PLA. die Gleichberechtigung der Angehörigen eines Vertragsstaates, einen ausländischen Flughafen zu benutzen; auch sind für in- und ausländische Luftfahrzeuge gleiche Flughafengebühren festgesetzt.

**Flughafenzone.**

## § 8.

**Als Flughafen gilt auch die festgesetzte Flughafenzone.**

1. Zweck: Es sind technische Gründe, die eine gewisse Bewegungsfreiheit erforderlich machen.

Für die Bewegung in der Luft wird also eine Flughafenzone festgesetzt, deren Luftbereich als zum Flughafen gehörig anzusehen ist.

2. Die Flughafenzone erweitert nur die Luftsäule des Flughafens, nicht aber das Flughafengelände. (§ 12 Abs. 1). Der Zonenverkehr hat seine Bedeutung für § 2 (Eintragung), § 3 (Zulassung) und § 4 (Führererlaubnis). Die Festsetzung der Flughafenzone ist nicht anfechtbar § 18.

**Polizeiflugwachen.**

## § 9.

**Die zur Einrichtung von Polizeiflugwachen in Flughäfen erforderlichen Räumlichkeiten hat der Unternehmer unentgeltlich bereitzustellen und zu unterhalten.**

1. Für die Polizeiflugwachen kommen in Frage:

die Unterbringungs-Räumlichkeiten für die Polizeimannschaft, die polizeilichen Geräte und Betriebsmittel.

2. Organisation: Zentralinstanz in Luftfahrtangelegenheiten ist in Preußen das Ministerium für Handel und Gewerbe, doch gehören die Organisationen und die Beamtenangelegenheiten der Luftpolizei zur Zuständigkeit des Ministeriums des Innern. In Preußen gibt es 11 Luftpolizeibezirke (aus 13 Provinzen, denen die betr. Oberpräsidenten vorstehen). Der Luftpolizeibezirk Berlin untersteht dem Polizeipräsidenten von Berlin. Dem Oberpräsidenten als Bezirksvorsteher steht als Leiter des luftpolizeilichen Überwachungsdienstes ein Polizeimajor zur Seite. Die Luftpolizeiabteilungen mußten infolge des Verbots der Polizeiflugzeuge und der Forderungen der Verbandsmächte nur zu einem „Luftpolizeilichen Überwachungsdienst" herabgesetzt werden (Erl. vom 30. Juni 1921, MiV. 21 S. 209 und 24. Mai 1922; 19. Januar und 30. November 1926; MiV., S. 80, 1061; Basarke S. 145). Die Flugwachen eines jeden Flughafens bestehen meist aus 10 Polizeibeamten und unterstehen ihrem Polizeipräsidenten.

3. Für die Aufgaben der Flugwachen ist besonders der PrMinErl. vom 21. September 1922 (MiV. 22 S. 949) maßgebend; vgl. Überwachungsrichtlinien des pr. Min. Erl. v. 2. Juli 1923 (MiV. 1923 S. 71). Ein Startverbot aus Witterungsgründen darf nur in besonderen Ausnahmefällen und nur vom Leiter der Polizei-Flugwache ausgesprochen werden, wenn er und die Wetterberatungsstelle der Überzeugung sind, daß infolge der herrschenden Wetterlage das Fliegen ohne Gefahr für Leib und Leben der Insassen und der überflogenen Bevölkerung darstellt. (Runderlaß des Pr. Min. f. Handel u. Min. d. Innern vom 15. Januar 1927, MiV. Nr. 4 NfL. 1927 S. 113).

4. Die Verwaltungsentscheidungen aus § 9 sind nach § 18 anfechtbar.

**Immissionen.**

## § 10.

**Die Vorschriften des § 26 der Gewerbeordnung gelten für Flughäfen entsprechend. Dies gilt auch dann, wenn der Flughafen nicht gewerblichen, sondern öffentlichen Zwecken dient.**

1. Zweck. Die Anziehung des § 26 Gewerbeordnung bezweckt, daß der Eigentümer des Nachbargrundstücks nicht auf Betriebseinstellung des Flughafens, sondern nur auf Abwehreinrichtungen klagen kann; falls diese Abwehreinrichtungen nicht möglich sind, so ist nur ein Anspruch auf Schadenersatz gegeben.

2. Der angezogene § 26 GewO. lautet:

> „Soweit die bestehenden Rechte zur Abwehr benachteiligender Einwirkungen, welche von einem Grundstück aus auf ein benachbartes Grundstück geübt werden, dem Eigentümer oder Besitzer des letzteren eine Privatklage gewähren, kann diese Klage einer mit obrigkeitlicher Genehmigung errichteten gewerblichen Anlage gegenüber niemals auf Einstellung des Gewerbebetriebs, sondern nur auf Herstellung von Einrichtungen, welche die benachteiligende Einwirkung ausschließen, oder, wo solche Einrichtungen untunlich oder mit einem gehörigen Betriebe des Gewerbes vereinbar sind, auf Schadloshaltung gerichtet werden."

3. § 26 GewO. kommt für die vom Flughafengrundstück ausgehenden Einwirkungen in Frage. Vgl. RG. 93 S. 100; 104 S. 81; 105 S. 213. Privatrechtlich sind auch die Ansprüche aus § 906 BGB. (Zuführung unzulässiger Immissionen, wie Gase, Dämpfe, Gerüche, Rauch, Ruß, Wärme, Geräusch und Erschütterungen), § 907 BGB. (Beseitigung störender Anlagen) und §§ 862 und 869 BGB. (Besitzstörung) eingeschränkt.

4. Die Beweispflicht des Klägers erstreckt sich:
1. auf Eigentum oder Besitz,
2. auf die störenden Immissionen.

Die Beweislast des beklagten Flughafens erstreckt sich
1. auf die behördliche Genehmigung seines Flughafens,
2. auf die unwesentliche oder ortsübliche Beeinträchtigung unter Berücksichtigung der Luftfreiheit des § 1 LuftVG.
3. auf die Untunlichkeit Abwehrvorrichtungen herzustellen.

5. Der letzte Satz des § 10 gibt den Flughäfen für öffentliche Zwecke die gleichen Rechte wie den Flughäfen für gewerbliche Zwecke.

## C. Luftfahrtunternehmen und -veranstaltungen.

Begriff, Genehmigung.

### § 11.

**Unternehmen, die gewerbsmäßig Personen oder Sachen durch Luftfahrzeuge befördern (Luftfahrtunternehmen), und öffentliche Veranstaltungen im Dienste des Wettbewerbes oder der Schaulust, woran Luftschiffe, Flugzeuge oder Ballone beteiligt sind (Luftfahrtveranstaltungen), bedürfen der Genehmigung.**

**Die Genehmigung wird erteilt:**

1. **bei Luftfahrtunternehmen und Luftfahrtveranstaltungen, deren Luftfahrtbereich sich auf ein Land beschränkt, von der Zentralbehörde des Landes oder der von dieser zu bestimmenden Behörde nach Anhörung der Reichsregierung;**
2. **bei Luftfahrtunternehmen oder Luftfahrtveranstaltungen, deren Luftfahrtbereich mehrere Länder oder das Ausland berührt, von der Reichsregierung nach Anhörung der Zentralbehörden der berührten Länder;**
3. **bei Ballonveranstaltungen von der Zentralbehörde des Landes, von dem aus die Fahrt veranstaltet wird.**

**Die Genehmigung ist zu versagen, wenn kein Bedürfnis besteht oder Tatsachen dafür vorliegen, daß die öffentliche Sicherheit oder Ordnung gefährdet werden kann; ergeben sich später solche Tatsachen, so ist die Genehmigung zurückzuziehen. Die Genehmigung kann versagt werden, wenn der Unternehmer Luftfahrzeuge verwenden will, die nicht als sein Eigentum in die Luftfahrzeugrolle eingetragen sind.**

**Die vorstehenden Vorschriften gelten nicht für Reichs- und Staatsbetriebe, die im öffentlichen Interesse liegen.**

**Luftfahrtunternehmen mit einem flugplanmäßigen öffentlichen Betriebe müssen auf Verlangen der Postverwaltung mit jeder flugplanmäßigen Luftfahrt Postsendungen gegen angemessene Vergütung befördern. Der Umfang der Verpflichtung bemißt sich nach den Bedürfnissen des Luftfahrtunternehmens und der Postverwaltung. Er ist im Streitfall vom Reichsverkehrsminister und Reichspostminister festzusetzen; das gleiche gilt für die Höhe der Vergütung.**

1. Zweck: Der Genehmigungspflicht für Luftfahrtunternehmen liegt folgender Gedanke zugrunde: Da die gewerbsmäßige Luftbeförderung im Verkehrsleben eine bedeutungsvolle Ergänzung der Verkehrsmittel bildet und immer mehr bilden will, so sollen sich die Luftfahrtunternehmen nicht in planlosem Wettbewerb unsachgemäß aufbauen; durch die Genehmigungspflicht sollen die Verkehrsinteressen der Allgemeinheit gewahrt werden. Den Unternehmen sind hierbei die Luftfahrtveranstaltungen gleich gestellt. Der Genehmigungszweck bei öffentlichen Luftfahrtveranstaltungen ist das polizeiliche Interesse, daß die öffentliche Sicherheit und Ordnung gewahrt wird.

**Abs. 1.**

Das Gesetz gibt folgende Definitionen:

2. **Luftfahrtunternehmen** sind Unternehmen, die gewerbsmäßig Personen oder Sachen durch Luftfahrzeuge befördern. Hiernach sind folgende Voraussetzungen:

a) Gewerbsmäßigkeit,

b) die Beförderung, d. h. die Fortbewegung. Hierher gehören auch Rundflüge, die an denselben Aufstiegort zurückführen. Auch der gewerbsmäßige Abwurf von Flugblättern ist eine Sachbeförderung, hierfür Genehmigungspflicht nach § 43 GewO.; vgl. PrMinErl., betr. Abwurf von Druckschriften aus Luftfahrzeugen, vom 30. April 1926 (MiB. S. 461).

c) Sachen, z. B. auch Briefe, Zeitungen.

3. **Luftfahrtveranstaltungen** sind öffentliche Veranstaltungen im Dienste des Wettbewerbes oder der Schaulust, woran Luftschiffe, Flugzeuge oder Ballone beteiligt sind. Hiernach sind die Voraussetzungen folgende:

a) Öffentlichkeit der Veranstaltung, d. h. die Ermöglichung aktiver oder passiver Teilnahme, z. B. als Zuschauer.

b) Der Wettbewerb setzt einen bestimmten Plan voraus zur Erzielung einer bestimmten Leistung. „Im Dienste des Wettbewerbs" ist eine Luftfahrtveranstaltung, bei der mehrere Kraftflugzeuge, Luftschiffe oder Ballons in Wettbewerb treten z. B. in Geschwindigkeit, Ziel, Höhe, Dauer, Zuverlässigkeit, Geschicklichkeit (Basarke S. 103).

c) Im Dienste der Schaulust ist die andere Möglichkeit, der die öffentliche Veranstaltung dienen kann. Die Schaulust muß sich auf die Luftfahrtveranstaltung selbst beziehen. Dieser Fall liegt vor, wenn die Vorführung durch erhöhte Geschicklichkeit die Schaulust anregt und besonders für Schauzwecke erfolgt.

Fallschirmabsprünge von einem Luftkraftfahrzeug oder Ballon sind nach § 11 Abs. 1 genehmigungspflichtig; pr. Erl. vom 18. Dezember 1925 (MiB. 1926 S. 17) und 25. Mai 1925 (MiB. 1925 S. 651).

Bei der Genehmigung sind zu berücksichtigen:

a) öffentliche Verkehrsinteressen;
b) Landesverteidigung;
c) Schutz der Umgebung gegen schädliche Betriebswirkung;
d) ob das Verkehrsgewerbe mit gemieteten Luftfahrzeugen ausgeübt wird (§ 11 Abs. 3).

**Abs. 2.**

4. Die Zuständigkeit ist so geregelt, daß die Einheitlichkeit in der Handhabung der Genehmigung gewährleistet erscheint, ohne daß die Interessen der einzelnen Länder unberücksichtigt bleiben (Begründung). Die gewerbliche Beförderung mit Luftfahrzeugen und die Luftfahrtveranstaltungen finden hier ihre ausschließliche und erschöpfende Regelung; die Bestimmungen der Gewerbeordnung, z. B. §§ 37 und 76, kommen insoweit nicht in Anwendung. Die Genehmigungsvorschrift des § 11 LuftVG. erfordert nicht noch einen Wandergewerbeschein nach § 55 Ziff. 4 RGewO. (vgl pr. Erlaß vom 19. August 1926, MiB. S. 791). Über Anträge auf behördliche Genehmigung von Luftfahrtveranstaltungen vgl. NfL. 1925 S. 43.

Zuständig zur Genehmigung sind folgende Behörden:

a) für dasselbe Land die Landeszentralbehörde nach Anhörung der Reichsregierung (des Reichsverkehrsministers).
b) für mehrere Länder oder in das Ausland die Reichsregierung (Reichsverkehrsminister) nach Anhörung der beteiligten Landeszentralbehörden.
c) bei Ballonveranstaltungen die Landeszentralbehörde des Abflugortes.

In Preußen ist bei Luftfahrtveranstaltungen im Dienste der Schaulust bei einem Luftpolizeibezirk der Oberpräsident, sonst der Handelsminister zuständig.

5. Die erforderliche Anhörung bedeutet die Ermöglichung einer vorherigen Stellungnahme. Eine Auslegung des Planes wird im übrigen zur Ermöglichung von Einsprüchen vorzusehen sein.

**Abs. 3.**

6. Eine „Muß"vorschrift besteht für die Versagung:

a) bei fehlendem Bedürfnis oder

b) bei Gefährdung der öffentlichen Sicherheit oder Ordnung.

Aus denselben Gründen kann auch die Genehmigung zurückgezogen werden (Bredow-Müller S. 162).

7. Eine „Kann"vorschrift besteht für die Versagung bei Verwendung fremder Luftfahrzeuge. Hinsichtlich der besonderen Zulassungsbedingungen von Luftfahrtunternehmen und hinsichtlich der Konzessionsbedingungen für planmäßigen Luftverkehr vgl. Vorläufige Richtlinien Abschnitt 4 und 5 (unten S. 169—175).

8. Die Anfechtbarkeit der Entscheidungen in Abs. 1—3 folgt aus § 18. Strafbestimmungen sind § 32 Abs. 1 Nr. 5 und Abs. 2 der LuftVG.

**Abs. 4.**

9. Die Ausnahme für Reichs- oder Staatsbetriebe im öffentlichen Interesse dient deren berechtigten Belangen, vgl. § 18 Verwaltungsstreitverfahren.

**Abs. 5.**

10. Der **Postbeförderungszwang** dient den Interessen der Reichspost. Die Voraussetzungen hierfür sind:

1. ein Luftfahrtunternehmen, d. h. ein Unternehmen, das gewerbsmäßig Personen oder Sachen durch Luftfahrzeuge befördert,

2. ein öffentlicher Betrieb, d. h. jedem zugänglich unter gewissen Bedingungen,
3. ein flugplanmäßiger Betrieb, d. h. mit bestimmter Strecke und bestimmten Zeiten,
4. gemäß den Bedürfnissen des Luftfahrtunternehmens und der Postverwaltung.
5. gegen angemessene Vergütung.

11. Der Zwang kann sich nur auf die Beförderung selbst beziehen, nicht auf das Ein- und Ausladen. Ein Postbeförderungszwang befindet sich auch im Eisenbahnpostgesetz vom 20. Dezember 1875 (RGBl. S. 318), abgeändert mit Gesetz vom 19. Mai 1921 (RGBl. S. 711). Maßgebend sind die „Bestimmungen über den Luftpostverkehr" vom 1. April 1926 (Amtsbl. d. RPostMin. 1926 S. 144) nebst Luftpostgebühren.

12. Gegen die Entscheidung des Reichsverkehrsministers und Reichspostministers über die Postbeförderungsverpflichtung und die Höhe der Vergütung geht die Klage im Verwaltungsstreitverfahren an das Reichswirtschaftsgericht (§ 18 Abs. 2 LuftVG.).

## D. Verkehrsvorschriften.

**Landungsbeschränkung.**

### § 12.

**Luftfahrzeuge dürfen, außer in Notfällen, nur in Flughäfen und außerhalb geschlossener Ortschaften nur auf nichteingefriedigten Grundstücken oder auf Wasserflächen landen. Für einzelne Gebiete, Grundstücke oder Wasserflächen kann ein Landungsverbot erlassen werden.**

**Die Besatzung ist verpflichtet, über die Persönlichkeit des Halters und Führers des Luftfahrzeugs dem Berechtigten Auskunft zu geben. Nach Feststellung der Persönlichkeiten darf der Berechtigte die Weiterfahrt**

**oder die Abbeförderung des Luftfahrzeugs nicht verhindern.**

1. Zweck: Die Landung der Luftfahrzeuge wird regelmäßig in den Flughäfen und auf anderen besonders hergerichteten Plätzen erfolgen. Wenn aber der Luftverkehr der Allgemeinheit nützlich sein soll, so darf er nicht auf solche Landungsplätze beschränkt bleiben. Wirtschaftliche und technische Gründe machen es unmöglich, eine solche Anzahl von Landungsplätzen bereit zu stellen, daß damit der Luftverkehr in seinen voraussichtlichen Anwendungsfällen den etwaigen Ansprüchen genügen könnte. Im Interesse des allgemeinen Verkehrs- und Wirtschaftlebens hat daher die Luftfahrt das Recht, auch außerhalb von Flughäfen und Landungsplätzen auf fremden Grundstücken zu landen, unabhängig von dem schon durch § 904 BGB. gesicherten Rechte der Notlandungen. Oft wird auch kaum festzustellen sein, ob eine Landung gewollt oder unfreiwillig war. Die Interessen des Grundeigentümers sowie ferner der Allgemeinheit gegen Gefahr für Leib und Leben sind dadurch gewahrt, daß die Landung nur außerhalb geschlossener Ortschaften auf nicht eingefriedigten Grundstücken und auf Wasserflächen zulässig ist, und daß die Landesbehörde für einzelne Grundstücke oder Wasserflächen ein Landungsverbot erlassen kann. Dadurch können insbesondere auch wirtschaftlich wertvolle Anlagen vor Landungsschaden geschützt werden. Der Flugzeugführer wird auch schon im eigenen Interesse und in dem des Halters des Luftfahrzeugs darauf bedacht sein, nur in wirklich dringendem Falle nicht ohne Not da zu landen, wo er Schaden anrichten könnte. So schon früher die VO. betr. vorläufige Regelung des Luftverkehrs vom 31. März 1920.

**Abs. 1.**

2. I. Ein Landungsverbot besteht also innerhalb geschlossener Ortschaften, ausgenommen in Flughäfen. Geschlossene Ortschaften sind Stadt oder Landort, deren Gebäude

in einer örtlichen Zusammengeschlossenheit stehen, im Gegensatz zu vereinzelten in der offenen Feldmark gelegenen Häusern.

II. Eine Landungserlaubnis besteht:

1. in Flughäfen,
2. außerhalb geschlossener Ortschaften
   a) auf nicht eingefriedigten Grundstücken, d. h. mit erkennbarer Einfriedigung, wobei Warnungstafeln nicht genügen, vgl. RGSt. 11 S. 293,
   b) auf Wasserflächen, auch bei Einfriedigung.

III. Ein Landungsverbot kann von der Behörde im Einzelfall zu II erlassen werden.

6. Bei Notfällen gelten § 904 BGB. (Nothilfe), § 228 BGB. (Notstand) und § 54 StGB. (straffreier Notstand). In anderen Fällen ist ein Verstoß gegen das Landungsverbot nach § 31 LuftVG. strafbar, auch kann Hausfriedensbruch nach § 123 StGB. vorliegen.

### Abs. 2.

7. Eine Landung (erlaubt oder unerlaubt) hat zur Folge:

1. Die Verpflichtung der Besatzung, über die Persönlichkeit des Halters und Führers Auskunft zu geben;
2. Die Verpflichtung des Halters zum etwaigen Schadenersatz. Der Schadenersatz für den bei einer Landung angerichteten Schaden ergibt sich:
   a) bei Unfällen im Betriebe aus § 19 LuftVG.
   
   Diese Pflicht des Fahrzeughalters zum Ersatz des durch Landung, Weiterflug oder Abbeförderung des Luftfahrzeugs entstandenen Schadens ist eine selbstverständliche Forderung des Ausgleichs. Sie ergibt sich aus den allgemeinen Regeln des zweiten Abschnittes §§ 19ff. LuftVG. und bedürfte hier keiner besonderen Festlegung.
   
   b) bei Verschulden aus §§ 823, Abs. 1 und 2, 278, 831, 618 BGB.,

c) in anderen Fällen als zu a und b als Äquivalent für die Duldungspflicht des Grundeigentümers gegenüber Einwirkungen nach § 905 BGB. (RG. 100 S. 69; 101 S. 102),

d) bei Notlandung auf verbotenem Platze nach § 904 BGB.

8. Strafe: Bei Verweigerung der Auskunft kann sich die Besatzung nach § 32 Nr. 6 LuftVG. strafbar und gemäß § 823 Abs. 2 BGB. besonders schadenersatzpflichtig machen.

9. Ein Zurückbehaltungsrecht nach § 273 BGB. wegen angerichteten Schadens ist nur bis zur Feststellung der Persönlichkeit des Halters und Führers zulässig. Die Verpflichtung des Besitzers eines Grundstücks oder einer Wasserfläche, den Weiterflug und die Abbeförderung gelandeter Luftfahrzeuge zu gestatten ist eine notwendige Folge seiner Pflicht zur Duldung der Landung. Zwecks Sicherung etwaiger Schadenersatzansprüche kann der Besitzer verlangen, daß zuvor die Persönlichkeit des Halters und Führers festgestellt wird. Das wird grundsätzlich durch die vorgeschriebene Kennzeichnung des Luftfahrzeugs und die Urkunden möglich sein, die der Führer nach den Anordnungen mitführen muß. Ein Recht, das Luftfahrzeug zur Durchsetzung des Schadenersatzes zurückzuhalten, würde das Landungsrecht hinfällig machen und damit eine unerträgliche Fesselung des Luftverkehrs bedeuten, auch Nachteile bringen können, die vielfach außer Verhältnis zu dem angerichteten Schaden stehen.

Luftsperrgebiete.

## § 13.

**Bestimmte Gebiete können vorübergehend oder dauernd für den Luftverkehr ganz oder unter einer bestimmten Flughöhe gesperrt werden (Luftsperrgebiete).**

1. Die Luftsperrzone ist eine Ausnahme von der Luftfrei-

heit (§ 1). Zweck: Das Bedürfnis im Interesse der öffentlichen Sicherheit Luftsperrgebiete festzusetzen, ist sowohl von Art. 3 PLA., wie auch von ausländischen Gesetzen anerkannt.

2. Bei den Luftsperrgebieten ist zu unterscheiden, ob diese:

1. **ganz** sperren über Festungen, Truppenübungsplätzen, Sprengstoffabriken. Gerät ein Luftfahrzeug über eine verbotene Zone, so hat es Notzeichen zu geben und sobald und so nahe wie möglich auf einem außerhalb gelegenen Flughafen zu landen; so Art. 4 deutsches Abkommen mit Italien, Großbritannien usw.
2. nur für eine **bestimmte Höhe**, also nur für die untere Luftschicht sperren, z. B. über Städten, Heilanstalten. Hiervon sind die bloßen Warnungen zu unterscheiden, die z. B. vom Reichswehrministerium gegen das Überfliegen von Truppenübungsplätzen bei Scharfschießen erlassen werden; auch das aeronautische Observatorium in Lindenberg, das seine Versuchsballone an Stahldrähten aufläßt, erläßt ebenfalls nur Warnungen. Ein Verstoß gegen diese einfachen Warnungen, die im Interesse des Flugzeugs selbst ergehen, ist straffrei im Gegensatz zu den Strafandrohungen bei Luftsperrzonen, die das Interesse des gesperrten Gebiets wahren. (Basarke S. 122).

3. Die Strafbarkeit aus § 31 LuftVG. entfällt bei § 54 StGB.. Vgl. Ges. gegen den Verrat militärischer Geheimnisse vom 3. Juni 1914 (RGBl. S. 195).

**Erlaubnispflichtiges Gerät.**

### § 14.

**Luftfahrzeuge dürfen im Luftverkehre Waffen, Schießbedarf, Sprengstoffe, giftige Gase, Brieftauben, Lichtbildgerät und Gerät zur drahtlosen Nachrichten-**

**übermittlung nur mit behördlicher Erlaubnis mitführen.**

1. Zweck: Das Verbot der Mitführung verbotener Gegenstände bezweckt die Interessen der allgemeinen Sicherheit und der Landesverteidigung. Ein derartiges Verbot befindet sich auch in Art. 14, 26 und 35 Abs. 1c PLA.

2. Verboten ist das „Mitführen"; hierzu gehört nicht das „Befördern" der betreffenden Gegenstände als Gepäck, wenn ihre Verwendungsmöglichkeit ausgeschlossen ist. (Bredow-Müller S. 187, Basarke S. 124).

3. Die Gegenstände, deren Mitführung einer behördlichen Erlaubnis bedarf, sind:

1. Waffen, d. h. hier Kriegswaffen (Art. 26 PLA.); anders der Begriff im StGB.,
2. Schießbedarf, vgl. Art. 26 PLA.,
3. Sprengstoffe, vgl. Sprengstoffgesetz,
4. Giftige Gase,
5. Brieftauben, vgl. Ges., betr. den Schutz der Brieftauben, vom 28. Mai 1894 (RGBl. S. 463),
6. Lichtbildgerät,
7. Funkgerät; deren Mitnahme wird sogar zur Sicherheit des Luftverkehrs vorgeschrieben werden (deutsch-dänisches Abkommen). Vgl. VO. zum Schutze des Funkverkehrs vom 8. März 1924 (RGBl. I S. 273).

4. Zuständig zur Erlaubniserteilung ist im allgemeinen:

für Waffen, Schießbedarf, Sprengstoffe das Reichswehrministerium; für das Mitführen von Lichtbild und F.T.Gerät das Reichsverkehrsministerium; Erl. des RVM. vom 23. 4. 1923, (NfL. 1923 S. 205) und PrMinErl. vom 2. Juli 1923 (MiV. 23, S. 761).

5. Strafe: § 31.

## E. Enteignung.

**Grundstücksenteignung.**

### § 15.

**Bei öffentlichem Bedürfnis können Eigentum und sonstige Rechte an Grundstücken für Zwecke der Luftfahrt durch Enteignung gegen angemessene Entschädigung entzogen oder beschränkt werden, wenn keine Einigung zwischen dem Unternehmer und dem Berechtigten zustande kommt. Die Beschränkung kann auch in der Kennzeichnung von Orten für die Luftfahrt bestehen.**

**Bis zur Erlassung eines Reichsgesetzes bestimmt sich das Verfahren nach den Landesgesetzen.**

1. Zweck: § 15 gibt den Luftverkehrsunternehmen ein Enteignungsrecht, um besonders die Bodenorganisationen schaffen zu können. Unter der sog. Bodenorganisation des Luftverkehrs versteht man u. a. Flughäfen, Landungsplätze, Luftwegweiser, Leuchtfeuer, Flugwetterwarten, Flugfunkanlagen. Ein wichtiger Sonderfall, die Kennzeichnung von Orten, an dazu geeigneten Stellen für die Luftfahrt ist besonders erwähnt. Denn zur Erleichterung sicherer Ortsfeststellung und der Fahrtrichtung bedarf es beim Fliegen besonderer Kennzeichnung z. B. auf Dächern, auch mit Leuchtzeichen, ähnlich wie Seezeichen bei der Schiffahrt. Die hierdurch erhöhte Sicherheit des Luftverkehrs vermindert gleichzeitig seine Gefahren für die Allgemeinheit.

**Abs. 1.**

2. Die reichsrechtliche Regelung ergibt sich aus Art. 7 Nr. 12, Art. 153 RVerf. (vgl. Art. 109 EG.BGB.) und die überlassene landesgesetzliche Regelung des Verfahrens aus Art. 12 RVerf.

Reichsrechtlich ähnliche Vorschriften finden sich z. B. im Ges. über Enteignungen und Entschädigungen aus Anlaß des

Friedensvertrages vom 31. August 1919 (RGBl. S. 1527) und im Reichsheimstättengesetz vom 10. Mai 1920 (RGBl. S. 962). Ein Enteignungsrecht im Interesse des Verkehrswesens ist landesrechtlich mehrfach vorgesehen, z. B. im preußischen Gesetz über die Eisenbahnunternehmungen vom 3. November 1838 (GS. S. 505) und auf dem Gebiete des Strombaues im preußischen Gesetz, betr. die Befugnisse der Strombauverwaltung gegenüber den Uferbesitzern an öffentlichen Flüssen, vom 20. August 1883 (GS. S. 333).

3. Voraussetzungen für die Enteignung sind:

a) öffentliches Bedürfnis. Im Preuß. Enteignungsgesetz geschieht die Enteignung entsprechend aus „Gründen des öffentlichen Wohls", worunter auch die Enteignung im Interesse eines dem öffentlichen Wohle dienenden Verkehrsunternehmens fallen kann.

b) für Zwecke der Luftfahrt. Als Beispiel ist im Satz 2 die Kennzeichnung von Orten für die Luftfahrt erwähnt.

c) vorheriger Versuch gütlicher Verständigung.

d) angemessene Entschädigung.

e) Eigentumsentziehung oder Eigentumsbeschränkung, z. B. Grunddienstbarkeit (§ 1018 BGB.).

### Abs. 2.

4. Das vorgesehene Reichsgesetz ist noch nicht erlassen. Zuständigkeit und Enteignungsverfahren richten sich vorläufig nach den Landesgesetzen, also in Preußen Enteignungsgesetz vom 11. Juni 1874 mit Gesetz über ein vereinfachtes Enteignungsverfahren vom 26. Juli 1922. Nach dem preuß. Enteignungsgesetz von 1874 sind folgende Stadien des Enteignungsverfahrens zu unterscheiden:

1. Verleihung des Enteignungsrechts,
2. Feststellung des Planes,
3. Feststellung der Entschädigung,

4. Vollziehung der Enteignung, sobald Plan und Entschädigung rechtskräftig festgestellt und die Entschädigung gezahlt oder hinterlegt ist. Das Eigentum geht über mit der Zustellung an das Unternehmen und den Enteigneten.

**Betriebsenteignung.**

**§ 16.**

**Das Reich kann Luftfahrtunternehmen oder das Eigentum oder das Recht der Ausnutzung von Anlagen, die der Beförderung von Personen oder Gütern mit Luftfahrzeugen dienen, gegen angemessene Entschädigung übernehmen. Das Nähere regelt ein Reichsgesetz.**

**Nach dem 1. April 1922 getroffene Vereinbarungen oder abgeschlossene Rechtsgeschäfte, durch die das Übernahmerecht des Reichs aufgehoben, beschränkt oder beeinträchtigt wird, sind dem Reiche gegenüber unwirksam.**

1. Die Enteignungsbefugnis des Reichs nach Art. 156 und 153 Abs. 2 RVerf. ist in § 16 nochmals ausgesprochen. Während § 15 LuftVG. dem Luftfahrtunternehmen ein Enteignungsrecht zur Schaffung von Bodeneinrichtungen verleiht, gibt § 16 dem Reich die Enteignungsmöglichkeit gegen bestehende Luftfahrtunternehmen und -Anlagen selbst, also bereits bestehende Bodeneinrichtungen. Vgl. § 2 und 4 Sozialisierungsgesetz der Elektrizitätswirtschaft vom 31. Dezember 1919 (RGBl. 1920 S. 19). § 16 ist erst nachträglich vom Reichstagsausschuß eingefügt worden.

2. Zweck: Dieses Enteignungsrecht wurde mit Rücksicht darauf besonders festgelegt, falls die Subventionierung der Luftverkehrsunternehmen statt einer Verstaatlichung für das öffentliche Interesse nicht genügen könnte. Ob aber die Ver-

kehrsluftfahrt durch Verstaatlichung in den Reichsbetrieb übergehen soll, hängt von der künftigen Entwicklung ab.

## F. Gemeinsame Bestimmungen.

Ausführungsvorschriften.

### § 17.

**Die Reichsregierung erläßt mit Zustimmung des Reichsrats und eines Ausschusses des Reichstags:**

**1. Vorschriften zur Ausführung der §§ 2 bis 15 und des § 29,**

**2. Vorschriften für das Überfliegen der Reichsgrenzen oder Zollgrenzen,**

**3. die sonstigen zur Wahrung der öffentlichen Ordnung und Sicherheit erforderlichen Vorschriften über Verkehr und Betrieb von Luftfahrzeugen,**

**4. Vorschriften über die Bildung eines zur Mitwirkung in Angelegenheiten des Luftfahrwesens berufenen Beirats.**

**Die Landesregierungen können sich durch Vermittlung der Reichsregierung des Beirats bedienen.**

§ 17 betrifft die Ausführungsbestimmungen und zwar:

1. Zur Ausführung der §§ 2—15 (Luftfahrzeuge, Luftfahrer, Flughäfen, Luftfahrtunternehmen und Veranstaltungen, Verkehrsvorschriften, Enteignung) und des § 29 (Sicherheitsleistung). Diese Ausführungsbestimmungen sind noch nicht erlassen, da sich Reich und Länder hierüber bisher nicht einigen konnten. Die nicht amtlich veröffentlichten „Vorläufigen Richtlinien" siehe unten S. 145 ff.).

2. Vorschriften für das Überfliegen der Zollgrenze, z. B. Zollvorschriften, Außenhandelsbestimmungen. Vgl. Art. 33 und 36 Abs. 2 PLA. Die Druckfehlerberichtigung RGBl. 1922 I S. 758.

3. Verkehrs- und Betriebsvorschriften zur Wahrung der öffentlichen Ordnung und Sicherheit. Ein Verstoß hiergegen ist nach § 31 LuftVG. strafbar. Hierher gehören z. B. die VO. über Landungsaufforderung für Luftfahrzeuge vom 11. September 1924 (RGBl. I S. 706), unten S. 142, sowie die VO. über Errichtung einer Behörde für den Flugsicherungsdienst im Reiche vom 27. Juli 1927 (RGBl. I S. 237), durch die die „Zentralstelle für Flugsicherung" geschaffen wurde.

4. Der Beirat für das Luftfahrwesen ist durch die Verordnung vom 30. Mai 1923 über den Beirat für das Luftfahrwesen geschaffen worden. (RMBl. d. J. 1923 S. 726, NfL. 1923 S. 317). Durch die Verordnung über die Änderung des LuftVG. und des Kraftfahrzeuggesetzes (RGBl. 1924 I S. 43, NfL. 1924 S. 33) Art. II wurde die VO. vom 30. Juni 1923 aufgehoben und die bisher umständliche und langwierige Bildung des Beirats und seine Verfassung vereinfacht; siehe unten S. 137.

Abs. 2 von § 17 Ziff. 4 bestimmte früher:

„Der Beirat ist vor Erlassung der in Nr. 1—3 erwähnten Vorschriften zu hören."

Dieses Recht des Beirats ist durch die VO. vom 5. Februar 1924 weggefallen. Als Abs. 2 von Ziff. 4 ist somit nur der zweite Satz geblieben, wonach sich die Landesregierungen durch Vermittlung der Reichsregierung des Beirats bedienen können. Für die Reichsregierung, den Reichsrat und den Reichstagsausschuß ist es also nur noch Ermessensfrage, den Beirat heranzuziehen.

Die Reichsregierung ist dagegen allein zuständig:

a) zur Bestimmung von Form und Art des Hoheitszeichens bei Luftfahrzeugen (§ 2 Abs. 3 LuftVG.);
b) für weitere Ausnahmen von dem Zulassungs- und Eintragungszwang für Luftfahrzeuge und dem Erlaubniszwang für Luftfahrer (§ 5 LuftVG.).

c) zur Genehmigung von Luftfahrtunternehmen und Veranstaltungen bezüglich mehrerer Länder oder Ausland (§ 11 Abs. 2 LuftVG.) nach Anhörung der Zentralbehörde der berührten Länder.

Hierbei ist die Tätigkeit der Reichsregierung zu a) und b) rechtsverordnend, zu c) Verwaltungsakt (Basarke S. 132).

**Verwaltungsstreitverfahren.**

## § 18.

**Die Entscheidungen der Verwaltungsbehörden auf Grund des § 2 und der §§ 4 bis 7, 9 und 11 Abs. 1 bis 3 können, unbeschadet der Befugnisse der Behörde zur vorläufigen Durchführung der Maßnahme, im Wege des Verwaltungsstreitverfahrens oder, wo ein solches nicht besteht, im Wege des Rekurses nach den §§ 20, 21 der Gewerbeordnung angefochten werden.**

**Gegen die Entscheidung nach § 11 Abs. 5 Satz 3 kann innerhalb zweier Wochen seit Zustellung das Reichswirtschaftsgericht angerufen werden.**

1. § 18 betrifft die Anfechtung der Verwaltungsentscheidungen. Er ist erst nachträglich vom Reichstagsausschuß (33. Ausschuß) eingefügt.

**Abs. 1.**

2. Die Zulässigkeit des Verwaltungsstreitverfahrens bzw. des Rekurses besteht in folgenden Fällen:

§ 2 Eintragung von Luftfahrzeugen,
§ 4 Luftfahrerschein,
§ 5 Ausnahmen innerhalb des Flughafens,
§ 6 Ausbildungsgenehmigung,
§ 7 Flughafengenehmigung,
§ 9 Polizeiflugwachen,
§ 11 Abs. 1—3 Genehmigung von Luftfahrtunternehmen oder Veranstaltungen.

3. Das Anfechtungsverfahren richtet sich nach den Landesgesetzen, also in Preußen gemäß § 127 Landesverwaltungsgesetz vom 30. Juli 1883 (GS. S. 195). Fehlt das Landesgesetz, so gelten subsidiär §§ 20 und 21 GewO.: § 20 Abs. 1 Rekursfrist 14 Tage.

Abs. 2 Rekursbescheid — schriftlich und mit Gründen.

§ 21. 1. kollegiale Behörde.

2. u. 3. Entscheidungen in öffentlicher Sitzung nach Ladung und Anhörung.

4. Parteien sind Antragsteller und die Einwendungen erhebenden Personen.

5. Ausschluß und Beschränkung der Öffentlichkeit nach §§ 172—175 GVG.

**Abs. 2.**

4. Das Reichswirtschaftsgericht ist als Beschwerdeinstanz zuständig gegen die Entscheidung des Reichsverkehrs- und Reichspostministers über die Postbeförderungspflicht. Anfechtbar ist sowohl der Umfang der Verpflichtung, wie auch die Höhe der Vergütung. Anfechtsfrist: 2 Wochen.

## Zweiter Abschnitt.

## Haftpflicht.

**Schadenersatz.**

### § 19.

**Wird beim Betrieb eines Luftfahrzeugs durch Unfall jemand getötet, sein Körper oder seine Gesundheit verletzt oder eine Sache beschädigt, so ist der Halter des Fahrzeugs verpflichtet, den Schaden zu ersetzen.**

**Benutzt jemand das Fahrzeug ohne Wissen und Willen des Fahrzeughalters, so ist er an Stelle des Halters zum Ersatze des Schadens verpflichtet. Daneben bleibt der Halter zum Ersatze des Schadens verpflichtet, wenn die Benutzung des Fahrzeugs durch sein Verschulden ermöglicht worden ist.**

1. Zweck: § 19 geht von der Anschauung aus, daß die Haftung nur für Verschulden nicht dem Bedürfnis entspricht, das sich aus den der Allgemeinheit aufgenötigten Gefahren des Luftverkehrs ergibt.

2. Schon der Entwurf des Luftverkehrsgesetzes vom Jahre 1914 sah daher im Anschluß an das Kraftfahrzeuggesetz die grundsätzliche Schadenersatzpflicht des Halters für den beim Betrieb eines Luftfahrzeugs entstandenen Schaden vor; diese Ersatzpflicht sollte daher ausgeschlossen sein, wenn der Unfall weder durch Verschulden des Halters oder einer beim Betriebe beschäftigten Person noch durch einen Fehler in der Beschaffenheit des Fahrzeugs oder durch ein Versagen seiner Verrichtungen verursacht worden ist. Diese Regelung stieß bei der ersten Lesung im Reichstag auf fast einmütigen Widerstand, und auch die Presse verlangte die ungeschwächte Erfolgshaftung.

Das jetzige Luftverkehrsgesetz von 1922 stellt sich daher im § 19 im Gegensatz zu dem Entwurf von 1914 auf den Boden der reinen Erfolgshaftung; es geht also über die Grundsätze der Gefährdungshaftung des Kraftfahrzeuggesetzes hinaus. Es entspricht dem § 7 Abs. 1 und 3 KFG. ohne Abs. 2 (Ausschluß bei unabwendbarem Ereignis). Vgl. RG. 100 S. 69; 101 S. 102; 108 S. 310; DJZ. 1920 S. 913. Die Haftung nach dem LuftVG. ist also stärker als in den anderen Gesetzen: dem Reichshaftpflichtgesetz von 1871, dem preuß. Eisenbahngesetz vom 3. November 1838 und dem Kraftfahrzeuggesetz von 1909, da es im Gegensatz zu diesen auch bei höherer Gewalt haften läßt, vgl. anliegende Tabelle S. 103.

**Abs. 1.**

3. Die Haftung des LuftVG. erstreckt sich auch gegenüber Vertragspersonen (Fahrgäste, Eigentümer der beförderten Sachen und Betriebstätige.)

Der frühere Entwurf 1914 nahm, entsprechend dem § 8 KFG. von der Haftpflichtregelung die Fälle aus, in denen der Verletzte die besondere Gefahr freiwillig übernommen hat. Der Regierungsentwurf von 1921 weicht davon ab: „Wenn die Luftfahrt sich in den allgemeinen Verkehr hineinstellt, dann müssen, ebenso wie im Eisenbahnverkehr, auch diejenigen gegen die besonderen Gefahren des Luftverkehrs geschützt werden, die sich des Luftfahrzeugs bedienen oder ihm dienen. Der Gesichtspunkt, daß sie die Gefahr freiwillig übernehmen, muß hinter die Erwägung zurücktreten, daß solche Gefahrübernahme, die im Interesse der Allgemeinheit liegende Entwicklung des neuen Verkehrsmittels fördert. Das Recht des Halters, seine Haftpflicht in den zulässigen Grenzen durch besondere Abmachungen einzuschränken, wird dadurch nicht berührt." (Begründung zu dem früheren § 15).

4. Der Ausdruck **„beim Betrieb eines Luftfahrzeugs"** bedeutet nicht dasselbe, wie „bei der Fahrt eines Luftfahrzeugs". Vielmehr ist ein Schaden beim Betrieb auch dann entstanden, wenn er bei den Vorbereitungen für den Aufstieg, bei Einbringung des Fahrzeugs in die Halle, bei Verankerung eines auf freiem Felde gelandeten Fahrzeugs, bei dessen Abbeförderung oder bei ähnlichen Anlässen auftritt.

Der Ausdruck beim Betrieb eines Luftfahrzeugs entspricht dem Muster des § 1 des Reichshaftpflichtgesetzes, wo der Ausdruck beim Betriebe einer Eisenbahn gewählt ist. Da im engeren Sinne zu den Triebkräften eines Luftfahrzeuges nur Auftrieb und Strömungskräfte gehören und anderseits der Begriff „Betrieb" nicht das Luftfahrtunternehmen als allgemeines Ganzes umfassen kann, so beginnt der Betrieb beim Flugzeug mit dem Anwerfen des Motors, beim Ballon mit dem Anheben der Gondel und beim Segelflugzeug mit dem Wirkenlassen des Windes. Dieser „Betrieb" endet erst mit dem Halten auf der Erde. Unter „Betrieb" eines Flugzeugs ist aber noch zu rechnen, wenn das Flugzeug mit der Luftschraube in oder aus der Halle bewegt wird, aber nicht beim Schieben mit der Hand (Bredow-Müller S. 220, 222). Der Zweck des Fliegens ist für die Frage des Betriebes unerheblich.

## Haftungsübersicht.

| Haftung bei | Reichshaftpflichtgesetz v. 7. 6. 1871, § 1 | Preußisches Eisenbahngesetz v. 3. 11. 1838 (GS 505) | Kraftfahrzeuggesetz v. 3. 5. 1909 (RGBl. S. 437) | Luftverkehrsgesetz v. 1. 8. 1922 § 19 |
|---|---|---|---|---|
| Personen- oder Sachschaden | Nur Personenschaden, nicht Sachschaden | Personen- und Sachschaden | Personen- und Sachschaden; aber nicht b. Vertragspersonen (Fahrgäste und Betriebstätige) | Personen- u. Sachschaden, auch bei Vertragsperson |
| eigenem Verschulden | nicht bei eigenem Verschulden | nicht bei eigenem Verschulden | nicht bei verursachendem Verhalten | nicht bei schuldhafter Mitwirkung |
| höhere Gewalt | nicht bei höherer Gewalt | nicht bei unabwendbaren Zufällen | nicht bei unabwendbaren Ereignissen | auch bei höherer Gewalt |

5. Ein Unfall „beim Betrieb" setzt ursächlichen Zusammenhang voraus und zwar in adäquater Weise, so daß der Vorgang allgemein geeignet ist, den Erfolg herbeizuführen. Scheut z. B. ein Pferd vor einem besonders niedrig fliegenden Flugzeug und wirft den Wagen um, so haftet das Luftfahrtunternehmen — nicht dagegen, wenn ein besonders schreckhaftes Pferd vor einem ruhig dastehenden Flugzeug scheut. Auch der Abwurf von Sachen fällt unter die Eigenart des Luftfahrzeugbetriebs, da infolge der Geschwindigkeit der Aufschlagsort ungewiß ist. (Bredow-Müller S. 73f.). Dagegen unterfällt nicht dem Betriebe der Grundstücksschaden durch Zusammenströmen der Menschenmassen. (Meyer, Schadenersatzrecht S. 69).

6. Zu den Luftfahrzeugen gehören die in § 1 Abs. 2 genannten, also auch Drachen und Segelflugzeuge.

7. **Unfall** ist ein bestimmtes plötzliches Betriebsereignis, das eine Person oder Sache schädigt. Zu unterscheiden ist:

a) Personenschaden. Die geschädigte Person kann sein ein Fahrgast, ein unbeteiligter Dritter oder ein Angestellter des Unternehmens. Bei Angestellten haftet jedoch die Berufsgenossenschaft nach § 537 RVO. (vgl. aber § 898 RVO. bei Vorsatz). Döring, Versicherung S. 29.

Der Schaden kann sein: Tötung, Körperverletzung und Verletzung der Gesundheit.

b) Sachschaden. Sachen sind körperliche Gegenstände (§ 90 BGB.). Der Schaden kann Sachbeschädigung oder Sachvernichtung sein.

8. **Ersatzpflichtig** ist der Halter des Luftfahrzeugs. Träger der Ersatzpflicht soll nach dem Vorgang des Kraftfahrzeuggesetzes § 7 der Halter des Fahrzeugs sein, d. h. wer es für eigene Rechnung in Gebrauch hat und diejenige umfassende Verfügungsgewalt darüber besitzt, die solchen Gebrauch voraussetzt; dabei ist es gleichgültig, ob der als Halter in Anspruch Genommene Eigentümer des Fahr-

zeugs ist oder ob er es als Nießbraucher, Pächter, Mieter oder Entleiher verwendet (RGZ. 78 S. 179; 93 S. 223; 77 S. 348; 87 S. 137; 91 S. 269); vgl. den Tierhalter in § 833 BGB.

Für eigene Rechnung ist der Betrieb, wenn die Nutzungen aus dem Fahrzeug gezogen und die Kosten der Unterbringung, Instandhaltung, Bedienung und Betriebsmittel getragen werden. Unter letzterem Gesichtspunkt ist der Fluggast nie Halter, auch wenn er sich täglich ein Sonderflugzeug bestellt.

Nur der Halter, nicht auch der Führer haftet neben ihm — anders dagegen nach § 18 KFG. Die Mitverantlichkeit des Führers ist aber im Luftverkehr entbehrlich, da ihm der Entlastungsbeweis wegen Zeugenmangels kaum gelingen wird und er überdies sein Leben nicht durch leichtsinnige Berufsausübung aufs Spiel setzen wird.

9. **Ersatzberechtigt** ist der Verletzte (§§ 20, 22 und 24) und bei Tötung der geschädigte Dritte.

10. **Beweispflichtig** ist der Verletzte für den ursächlichen Zusammenhang des Unfalls, dagegen der Beklagte für das eigene Verschulden des Verletzten (§ 20).

### Abs. 2. Schwarzfahrt.

11. Der Luftfahrzeugführer haftet bei sog. Schwarzfahrten, also wenn er ohne Wissen und Willen des Halters das Fahrzeug benutzt. § 19 Abs. 2 LuftVG. entspricht wörtlich dem § 7 Abs. 3 KFG. Neben dem Führer haftet der Halter nach Satz 2 nur dann, wenn die Schwarzfahrt durch sein Verschulden, also z. B. durch schlechte Beaufsichtigung, möglich war. Vgl. hierzu die Gefährdungshaftung des Tierhalters im § 833 BGB.

**Konkurrierendes Verschulden.**

## § 20.

**Hat bei Entstehung des Schadens ein Verschulden des Verletzten mitgewirkt, so gilt § 254 des Bürger-**

**lichen Gesetzbuchs; bei Beschädigung einer Sache steht das Verschulden desjenigen, der die tatsächliche Gewalt darüber ausübt, dem Verschulden des Verletzten gleich.**

1. Der Grundsatz des § 254 BGB. soll auch gegenüber der besonderen Ersatzpflicht des Luftverkehrsgesetzes zur Anwendung kommen; zugleich wird die Frage, ob bei einer Sachbeschädigung einem mitwirkenden Verschulden des Sachinhabers die gleiche Bedeutung zukommt wie dem eigenen Verschulden des Verletzten, ausdrücklich bejaht (Begrd.). Vgl. die ähnliche Bestimmung in § 9 KFG.

2. Der angezogene § 254 BGB. lautet:

„Hat bei der Entstehung des Schadens ein Verschulden des Beschädigten mitgewirkt, so hängt die Verpflichtung zum Ersatze sowie der Umfang des zu leistenden Ersatzes von den Umständen, insbesondere davon ab, inwieweit der Schaden vorwiegend von dem einen oder dem anderen Teile verursacht worden ist.

Dies gilt auch dann, wenn sich das Verschulden des Beschädigten darauf beschränkt, daß er unterlassen hat, den Schuldner auf die Gefahr eines ungewöhnlich hohen Schadens aufmerksam zu machen, die der Schuldner weder kannte noch kennen mußte, oder daß er unterlassen hat, den Schaden abzuwenden oder zu mindern. Die Vorschrift des § 278 findet entsprechende Anwendung."

Hiernach kommt es auf die überwiegende Verursachung an. Inwieweit § 278 (nicht bei Entstehung des Schadens) und § 831 BGB. Anwendung finden können vgl. RGR.Kom. zu § 254, Müller-Bredow S. 247.

3. Bei Sachschaden kommt es nicht darauf an, ob der Dritte, der die tatsächliche Gewalt über die Sache ausgeübt hat, zu dem beschädigten Eigentümer in irgendeiner rechtlichen Beziehung steht. Es genügt hier die tatsächliche Ausübung der Gewalt.

4. Das mitwirkende Verschulden kann sowohl beim Unfall selbst wie auch später in der Unterlassung der Schadensminderung bestehen. Bei der Abwägung der überwiegenden Verursachung ist auch die Betriebsfähigkeit zu berücksichtigen

Tötung.

## § 21.

**Bei Tötung umfaßt der Schadenersatz die Kosten versuchter Heilung sowie den Vermögensnachteil, den der Getötete dadurch erlitten hat, daß während der Krankheit seine Erwerbsfähigkeit aufgehoben oder gemindert oder sein Fortkommen erschwert oder seine Bedürfnisse vermehrt waren. Außerdem sind die Kosten der Bestattung dem zu ersetzen, der sie zu tragen verpflichtet ist.**

**Stand der Getötete zur Zeit des Unfalls zu einem Dritten in einem Verhältnis, vermöge dessen er diesem gegenüber kraft Gesetzes unterhaltspflichtig war oder werden konnte, und ist dem Dritten infolge der Tötung das Recht auf Unterhalt entzogen, so hat der Ersatzpflichtige ihm soweit Schadenersatz zu leisten, wie der Getötete während der mutmaßlichen Dauer seines Lebens zur Gewährung des Unterhalts verpflichtet gewesen sein würde. Die Ersatzpflicht tritt auch dann ein, wenn der Dritte zur Zeit des Unfalls erzeugt, aber noch nicht geboren war.**

1. Die Ersatzpflicht ist in Anlehnung an die Vorschriften der §§ 10 ff. KFG. geregelt. Es betreffen:

a) § 21 Abs. 1 die Ersatzansprüche des Erben,

b) § 21 Abs. 2 die Ersatzansprüche des Unterhaltsberechtigten,

c) § 22 die Ersatzansprüche des Verletzten.

Von einer noch weiteren Ausdehnung der Haftpflicht etwa in Richtung der Bestimmung des § 845 BGB. (Ersatz für entgehende Dienste), hat der Gesetzgeber angesichts der Ausgestaltung der Haftpflicht zur reinen Erfolgshaftung abgesehen. Der Schadenersatz bei Tötung oder Körperverletzung erschöpft sich in §§ 21 und 22 (vgl. aber § 28), der Schadenersatz bei Sachbeschädigung regelt sich dagegen nach dem BGB. (nur im Höchstsatz durch § 23 LuftVG. beschränkt).

**Abs. 1.**

2. Bei Tötung umfaßt der Schadenersatz des **Erben:**

a) die Kosten versuchter Heilung,
b) die Aufhebung oder Minderung der Erwerbsfähigkeit,
c) die Vermehrung der Bedürfnisse,
d) die Erschwerung des Fortkommens,
e) die Bestattungskosten.

Das Kraftfahrzeuggesetz betrifft in § 10 nur a, b, c und e.

Nach dem Bürgerlichen Gesetzbuch besteht die Ersatzpflicht:

für a nach § 823,
für b und c nach § 843,
für d nach § 844 Abs. 1.
für e nach § 844 Abs. 2.

**Abs. 2.**

3. Abs. 2 gibt dem **unterhaltsberechtigten** Dritten einen Schadenersatzanspruch (ebenso § 10 KFG. und § 844 Abs. 2 BGB.). Die Voraussetzungen des Schadenersatzes für das entzogene Unterhaltsrecht sind:

1. Kraft Gesetzes muß die Unterhaltspflicht sein; hierher gehören Ehe, Verwandtschaft, uneheliche Kindschaft (§§ 1360, 1578, 1601, 1708, 1715 BGB.), dagegen nicht vertragliche Ansprüche.

## Schadenersatz

### I. bei Tötung.

| | Luft-VG. § 21 | KFG. § 10 | BGB. |
|---|---|---|---|
| A. dem Erben | | | |
| a) Kosten versuchter Heilung | ja | ja | ja (§ 823) |
| b) Aufgehobene oder geminderte Erwerbsfähigkeit . | ja | ja | ja (§ 843) |
| c) Vermehrte Bedürfnisse . . | ja | ja | ja (§ 843) |
| d) Erschwertes Fortkommen | ja | — | ja (§ 842) |
| e) Bestattungskosten . . . | ja | ja | ja (§ 844 Abs. 1) |
| B dem Dritten | | | |
| a) Entzogenes Unterhaltsrecht . . . . . . . . . . . | ja | ja | ja (§ 844 Abs 2) |
| b) Entgehende Dienste . . | — | — | ja (§ 845) |

### II. bei Körper- und Gesundheitsverletzung.

| | Luft-VG. § 22 | KFG. § 11 | BGB. |
|---|---|---|---|
| a) Heilungskosten . . . . . . | ja | ja | ja (§ 823) |
| b) Aufgehobene oder geminderte Erwerbsfähigkeit . . | ja | ja | ja (§ 843) |
| c) Vermehrte Bedürfnisse . . | ja | ja | ja (§ 843) |
| d) Erschwertes Fortkommen . | ja | — | ja (§ 842) |

2. Zur Zeit des Unfalls muß das Verhältnis bestanden haben, dagegen braucht damals noch nicht der Unterhaltsanspruch vorhanden gewesen sein.

3. Das Unterhaltsrecht (nicht der Unterhalt) muß dem Dritten durch die Tötung entzogen sein. Falls an Stelle des Getöteten ein anderer Unterhaltsverpflichteter mit selbständiger Unterhaltspflicht tritt, so wird der Ersatzanspruch nicht dadurch ausgeschlossen, daß ein anderer dem Verletzten Unterhalt zu gewähren hat (§ 24 Abs. 2 LuftVG. in Verbindung mit § 843 Abs. 4 BGB.). Inwieweit der Unterhalt bei auf die Erben übergegangener Unterhaltspflicht entzogen sein kann vgl. RG. 74 S. 376, Bredow-Müller S. 260.

4. Bei der Enthaftungsklausel, durch die die gesetzliche Haftung zwischen dem Fahrzeughalter und dem Getöteten vertraglich ausgeschlossen ist, hat weder der Erbe noch der unterhaltsberechtigte Dritte einen Schadenersatzanspruch gegenüber dem Halter. Die Haftung entfällt schon stillschweigend z. B. bei Mitnahme aus reiner Gefälligkeit (vgl. RG. 65 S. 317).

5. Der Ersatzanspruch ist durch die mutmaßliche Lebensdauer des Getöteten befristet. Das Unterhaltsrecht des zur Zeit des Unfalls erzeugten aber noch nicht geborenen Kindes ist im Abs. 2 letzter Satz gesichert.

**Körperverletzung.**

## § 22.

**Bei Verletzung des Körpers oder der Gesundheit umfaßt der Schadenersatz die Heilungskosten sowie den Vermögensnachteil, den der Verletzte dadurch erleidet, daß infolge der Verletzung zeitweise oder dauernd seine Erwerbsfähigkeit aufgehoben oder gemindert oder sein Fortkommen erschwert ist oder seine Bedürfnisse vermehrt sind.**

1. § 22 betrifft ähnlich wie § 11 den Schadenersatz des Verletzten, § 21 dagegen den Schadenersatz des Erben und Unterhaltsberechtigten.

2. Bei Körper- und Gesundheitsverletzung umfaßt der Schadenersatz des **Verletzten:**

a) Heilungskosten,
b) die zeitweise oder dauernde Aufhebung oder Minderung der Erwerbsfähigkeit,
c) die Vermehrung der Bedürfnisse,
d) die Erschwerung des Fortkommens.

Das Kraftfahrzeuggesetz betrifft im § 11 nur a—c. Nach dem Bürgerlichen Gesetzbuch besteht die Haftpflicht:

für a nach § 823,
für b und c nach § 843,
für d nach § 842;

außerdem gibt das Bürgerliche Gesetzbuch einen Schadenersatz für entgehende Dienste (§ 845) und für den Schaden, der nicht Vermögensschaden ist (§ 847).

**Höchstsätze.**

### § 23.

**Der Ersatzpflichtige haftet:**

**1. wenn jemand getötet oder verletzt wird, nur bis zu fünfundzwanzigtausend Reichsmark Kapital oder bis zu eintausendfünfhundert Reichsmark Jahresrente,**

**2. wenn mehrere durch dasselbe Ereignis getötet oder verletzt werden, unbeschadet der Grenze in Nr. 1 nur bis zu insgesamt fünfundsiebzigtausend Reichsmark Kapital oder bis zu insgesamt viertausendfünfhundert Reichsmark Jahresrente,**

**3. wenn Sachen beschädigt werden, nur bis zu insgesamt fünftausend Reichsmark.**

**Übersteigen die Entschädigungen, die mehreren auf Grund desselben Ereignisses nach Abs. 1 Nr. 1 und 3 oder die Entschädigungen, die im Falle des § 21 Abs. 2**

**mehreren Unterhaltsberechtigten nach Abs. 1 Nr. 1 zu leisten sind, insgesamt die Höchstbeträge in Nr. 2 und 3, so verringern sich die einzelnen Entschädigungen in dem Verhältnis, wie ihr Gesamtbetrag zum Höchstbetrage steht.**

**Bei wesentlicher Änderung der wirtschaftlichen Verhältnisse kann die Reichsregierung mit Zustimmung des Reichsrats die Beträge (Abs. 1) anderweitig festsetzen.**

1. Gesetzeszweck: Die beschränkten Haftungshöchstsätze sollen den Abschluß von Haftpflichtversicherungen fördern (vgl. Begründung) und den Luftverkehr nicht zu sehr belasten. Die wirtschaftliche Sicherung des Durchschnitts der Schadenersatzansprüche ist so wertvoll, daß dagegen die Möglichkeit eines seltenen Deckungsausfalles in Kauf genommen werden kann.

Die Höchstsätze gelten nicht, soweit wegen Verschuldens nach dem Bürgerlichen Gesetzbuch der Schaden ohne Einschränkung zu ersetzen ist. Darüber, wie § 23 infolge der Enthaftungsklausel und die Haftpflichtversicherung in der Praxis des Luftverkehrs an Bedeutung verloren hat, vgl. oben S. 10.

**Abs. 1.**

2. Zu unterscheiden sind:

I. **Personen**schäden:

1. bei Tod oder Verletzung einer Person ist der Höchstbetrag 25 000 RM Kapital oder bis zu 1500 RM Jahresrente. Bei mitwirkendem Verschulden vgl. RG. 87 S. 407 zu § 12 Nr. 1 KFG.
2. bei Tod oder Verletzung mehrerer Personen durch dasselbe Ereignis ist der Höchstbetrag insgesamt nur 75 000 RM Kapital oder insgesamt 4500 RM Jahresrente.

II. **Sach**schäden: Höchstbetrag nur insgesamt 5000 RM.

3. Die früheren Papiermarksummen des Luftverkehrsgesetzes vom 1. August 1922 wurden auf Grund des Ermächtigungsgesetzes vom 8. Dezember 1923 (RGBl. I S. 1179) durch die Verordnung der Reichsregierung zur Änderung der Haftpflichthöchstsummen im Kraftfahrzeug- und im Luftverkehr vom 6. Februar 1924 (RGBl. I S. 42) auf Goldmark erhöht. Statt der Goldmark ist die Reichsmark Rechnungseinheit geworden (§ 2 der 2. Verordnung zur Durchführung des Münzgesetzes (RGBl. 1924 II S. 254) vom 12. Dezember 1924 (RGBl. I S. 775).

Abs. 2.

4. Eine verhältnismäßige Herabsetzung der Schadenersatzbeträge erfolgt im Verhältnis Gesamtbetrag zum Höchstbetrage:

a) bei Verletzung oder Tod mehrerer Personen durch dasselbe Ereignis oder bei Beschädigung mehrerer Sachen,

b) bei Tod nur einer Person, wodurch aber mehrere Personen unterhaltsberechtigt werden.

Abs. 3.

5. Das weitere Erfordernis der Zustimmung des Reichstagsausschusses ist durch die Verordnung zur Änderung der Haftpflichthöchstsumme im Kraftfahrzeug- und Luftverkehr vom 6. Februar 1924 fortgefallen.

Geldrente

§ 24.

**Der Schadenersatz für Aufhebung oder Minderung der Erwerbsfähigkeit, für Erschwerung des Fortkommens oder für Vermehrung der Bedürfnisse des Verletzten und der nach § 21 Abs. 2 einem Dritten zu gewährende Schadenersatz ist für die Zukunft durch Geldrente zu leisten.**

**§ 843 Abs. 2 bis 4 des Bürgerlichen Gesetzbuchs und § 708 Nr. 6 der Zivilprozeßordnung gelten entsprechend. Für die dem Verletzten zu entrichtende Geldrente gilt entsprechend § 850 Abs. 3 und für die dem Dritten zu entrichtende Geldrente § 850 Abs. 1 Nr. 2 der Zivilprozeßordnung.**

**Bei Verurteilung zu einer Geldrente kann der Berechtigte noch nachträglich Sicherheitsleistung oder Erhöhung einer solchen verlangen, wenn sich die Vermögensverhältnisse des Verpflichteten erheblich verschlechtert haben. Diese Bestimmung gilt bei Schuldtiteln des § 794 Nr. 1, 2 und 5 der Zivilprozeßordnung entsprechend.**

1. § 24 betrifft die Art und Weise des Schadenersatzes; vgl. § 13 KFG. Hierbei regeln Abs. 2 und 3 die Sicherheitsleistung für den entstandenen Schaden; dagegen betrifft § 29 die allgemeine Sicherheitsleistung für künftige Schäden.

**Abs. 1.**

2. I. Eine Geldrente ist für die Zukunft zu leisten:
a) für Aufhebung der Minderung der Erwerbsfähigkeit,
b) für Erschwerung des Fortkommens,
c) für Vermehrung der Bedürfnisse,
d) einem Dritten für das entzogene Unterhaltsrecht.

II. Dagegen handelt es sich um kapitalisierte Ansprüche:
a) bei Sachbeschädigung,
b) bei Heilungs- und Bestattungskosten,
c) bei den Ansprüchen zu I für die Vergangenheit.

**Abs. 2.**

3. § 843 Abs. 2—4 lauten:

„Auf die Rente finden die Vorschriften des § 760 Anwendung. Ob, in welcher Art und für welchen Betrag der Ersatzpflichtige Sicherheit zu leisten hat, bestimmt sich nach den Umständen.

Statt der Rente kann der Verletzte eine Abfindung in Kapital verlangen, wenn ein wichtiger Grund vorliegt.

Der Anspruch wird nicht dadurch ausgeschlossen, daß ein anderer dem Verletzten Unterhalt zu gewähren hat."

Der in § 843 Abs. 2 angezogene § 760 BGB. lautet:

„Die Leibrente ist im voraus zu entrichten.

Eine Geldrente ist für drei Monate voraus zu zahlen. Bei einer anderen Rente bestimmt sich der Zeitabschnitt, für den sie im voraus zu entrichten ist, nach der Beschaffenheit und dem Zwecke der Rente.

Hat der Gläubiger den Beginn des Zeitabschnitts erlebt, für den die Rente im voraus zu entrichten ist, so gebührt ihm der volle auf den Zeitabschnitt entfallende Betrag."

4. § 708 Nr. 6 ZPO. bestimmt:

„Auch ohne Antrag sind für vorläufig vollstreckbar zu erklären:

6. Urteile, welche die Verpflichtung zur Entrichtung von Alimenten oder zur Entrichtung einer nach den §§ 843, 844 BGB. geschuldeten Geldrente aussprechen, soweit die Entrichtung für die Zeit nach der Erhebung der Klage und für das der Erhebung der Klage vorausgehende letzte Vierteljahr zu erfolgen hat."

5. § 850 ZPO. betrifft die unpfändbaren Ansprüche und bestimmt für den Dritten:

in Abs. 1:

„Der Pfändung sind nicht unterworfen:

2. Die auf gesetzlicher Vorschrift beruhenden Alimentenforderungen und die nach § 844 BGB. wegen der Entziehung einer solchen Forderung zu entrichtende Geldrente."

Abs. 3, der für den Verletzten gilt, bestimmt:

„Die nach § 843 BGB. wegen einer Verletzung des Körpers oder der Gesundheit zu entrichtende Geldrente ist der Pfändung nur nach Maßgabe der Verordnung über Lohnpfändung vom 25. Juni 1919 (RGBl. 1919 S. 589, 1921 S. 1657, 1923 I S. 1186, 1924 I S. 25) unterworfen."

**Abs. 3.**

6. Der Berechtigte kann noch nachträglich (ähnlich wie in § 324 ZPO.) Sicherheitsleistung bzw. deren Erhöhung bei erheblicher Vermögensverschlechterung des Verpflichteten verlangen; (Druckfehlerberichtigung RGBl. 1922 I S. 722). Diese Bestimmung gilt analog bei folgenden Schuldtiteln des § 794 Nr. 1 (2) und 5 ZPO.

§ 794 Nr. 1 lautet in der Neufassung der ZPO.:

„Vergleiche, welche nach Erhebung der Klage oder in einem Güteverfahren zwischen den Parteien oder zwischen einer Partei und einem Dritten zur Beilegung des Rechtsstreits seinem ganzen Umfange nach oder in betreff eines Teils des Streitgegenstandes vor einem deutschen Gericht oder vor einer Gütestelle der im § 495a Abs. 1 Nr. 1 bezeichneten Art abgeschlossen sind, sowie aus Vergleichen, die gemäß § 118a zu richterlichem Protokoll genommen sind."

§ 794 Nr. 2 betraf „Vergleiche, welche im Falle des § 510c vor dem Amtsgericht abgeschlossen sind" und ist infolge Wegfalls von § 510c zu Nr. 1 genommen.

§ 794 Nr. 5 betrifft:

„Urkunden, welche von einem deutschen Gericht oder von einem deutschen Notar innerhalb der Grenzen seiner Amtsbefugnisse in der vorgeschriebenen Form aufgenommen sind, sofern die Urkunde über einen Anspruch errichtet ist, welcher die Zahlung einer bestimmten Geldsumme oder die Leistung einer bestimmten Quantität anderer vertretbarer Sachen oder Wertpapiere zum

Gegenstande hat, und der Schuldner sich in der Urkunde der sofortigen Zwangsvollstreckung unterworfen hat. Als ein Anspruch, welcher die Zahlung einer Geldsumme zum Gegenstande hat, gilt auch der Anspruch aus einer Hypothek, einer Grundschuld oder einer Rentenschuld."

7. Von diesem Anspruch auf nachträgliche Sicherheitsleistung, der in § 24 Abs. 3 LuftVG. ähnlich wie in § 324 ZPO. ausgesprochen ist, ist der § 323 ZPO. zu unterscheiden, wonach für wesentlich geänderte Verhältnisse nach Klageerhebung der Ersatzberechtigte eine Erhöhung bzw. der Ersatzpflichtige eine Minderung der Rente selbst nachträglich verlangen kann.

Verjährung (2 Jahre).

## § 25.

**Die Schadenersatzansprüche nach §§ 19 bis 24 verjähren in zwei Jahren, nachdem der Ersatzberechtigte von dem Schaden und der Person des Ersatzpflichtigen Kenntnis erhalten hat, ohne Rücksicht auf diese Kenntnis in dreißig Jahren vom Unfall an.**

**Schweben zwischen dem Ersatzpflichtigen und dem Ersatzberechtigten Verhandlungen über den Schadenersatz, so ist die Verjährung gehemmt, bis ein Teil die Fortsetzung der Verhandlungen verweigert.**

**Im übrigen richtet sich die Verjährung nach den Vorschriften des Bürgerlichen Gesetzbuchs.**

1. Gesetzeszweck: Die Verjährungsabkürzung des § 25 und die befristete Anzeigepflicht des § 26 soll dem Ersatzpflichtigen seine stärkere Haftpflicht erleichtern. Denn da die Beweispflicht hinsichtlich der Ursachen des Unfalls dem Ersatzpflichtigen obliegt, hat er ein berechtigtes Interesse

an der alsbaldigen Feststellung des Tatbestandes. Die §§ 25 und 26 entsprechen den §§ 14 und 15 KFG.

**Abs. 1**

2. Die dreijährige Verjährungsfrist des § 852 BGB. ist in § 25 LuftVG. auf 2 Jahre abgekürzt. Die zweijährige Verjährungsfrist bezieht sich auf amtliche Schadenersatzansprüche aus §§ 19—24 LuftVG., dagegen nicht auf die Ansprüche aus unerlaubter Handlung nach dem Bürgerlichen Gesetzbuch. Hierher gehört auch der Anspruch auf Erhöhung einer Sicherheit (§ 24 Abs. 2) oder der Schadenersatzleistung selbst (§ 323 ZPO.), Bredow-Müller S. 276. Im letzteren Falle beginnt die Verjährungsfrist mit der Kenntnis des Ersatzberechtigten von der wesentlichen Veränderung der Verhältnisse.

3. Die Verjährungsfrist beginnt in § 25 LuftVG. und wie in § 852 BGB. mit der Kenntnis von dem Schaden und der Person des Ersatzpflichtigen, dagegen in § 8 Reichshaftpflichtgesetz mit dem Unfall. Bei der Kenntnis des Schadens kommt es auf den Schaden als einheitliches Ganzes an.

Bei mehreren Ersatzberechtigten beginnt eine Verjährungsfrist jedem gegenüber seit dessen Kenntnis. Bei mehreren Ersatzpflichtigen beginnt jedesmal eine Frist seit Kenntnis von dem betreffenden Ersatzpflichtigen.

**Abs. 2.**

4. Die Hemmung der Verjährung bei Verhandlungen soll Klagen vermeiden, die nur die Verjährungseinrede verhindern sollen. Voraussetzungen der Verjährungshemmung sind aber:

1. Verhandlungen, die den Schadenersatzanspruch klären sollen,
2. nur die zwischen dem Ersatzpflichtigen und dem Ersatzberechtigten schwebenden Verhandlungen.

## § 26.

Anzeigepflicht.

**Der Ersatzberechtigte verliert die Rechte, die ihm nach diesem Gesetze zustehen, wenn er nicht spätestens drei Monate, nachdem er von dem Schaden und der Person des Ersatzpflichtigen Kenntnis erhalten hat, diesem den Unfall anzeigt. Der Rechtsverlust tritt nicht ein, wenn die Anzeige infolge eines Umstandes unterblieben ist, den der Ersatzberechtigte nicht zu vertreten hat, oder wenn der Ersatzpflichtige innerhalb der Frist auf andere Weise vom Unfall Kenntnis erhalten hat.**

1. Es besteht eine Anzeigepflicht binnen drei Monaten seit Kenntnis des Unfalls und der Person des Ersatzpflichtigen. Der Gesetzeszweck dieser Ausschlußfrist ist den Ersatzpflichtigen zu schützen. Die Bestimmung entspricht § 15 KFG., doch ist die Frist im KFG. nur 2 Monate.

2. „Nach diesem Gesetz" bedeutet nur Luftverkehrsgesetz und ergreift nicht die Ansprüche nach bürgerlichem Recht (§ 28 LuftVG.).

3. Der Unfall, der anzuzeigen ist, ist das plötzliche schädigende Betriebsereignis (Bredow-Müller S. 279), dagegen bedarf es keiner Anzeige der Verschlimmerung. Die Fristberechnung richtet sich nach §§ 187 ff. BGB.

4. Die unterlassene Anzeige gibt dem Ersatzpflichtigen ein Einrederecht, daß seine Ersatzpflicht hierdurch weggefallen ist. Ausnahmsweise entsteht kein Rechtsverlust,

a) wenn der Ersatzpflichtige den Unfall des Verletzten auf andere Weise fristgerecht erfahren hat,

b) wenn den Ersatzberechtigten bei der Unterlassung kein Verschulden trifft (§ 276 BGB.).

Beweispflichtig ist der Ersatzpflichtige für die Zeit der Kenntnis des Ersatzberechtigten, der Ersatzberechtigte dagegen für seine Beachtung der Ausschlußpflicht.

**Mehrere Ersatzpflichtige.**

## § 27.

**Wird ein Schaden durch mehrere Luftfahrzeuge verursacht, und sind die Fahrzeughalter einem Dritten kraft Gesetzes zum Schadenersatze verpflichtet, so hängt im Verhältnis der Fahrzeughalter untereinander Pflicht und Umfang des Ersatzes von den Umständen, insbesondere davon ab, wieweit der Schaden überwiegend von dem einen oder anderen verursacht worden ist. Dasselbe gilt, wenn der Schaden einem der Fahrzeughalter entstanden ist, bei der Haftpflicht, die einen anderen von ihnen trifft.**

**Abs. 1 gilt entsprechend, wenn neben dem Fahrzeughalter ein anderer für den Schaden verantwortlich ist.**

1. Wird ein Schaden durch mehrere Luftfahrzeuge, z. B. durch einen Zusammenstoß von zwei Personenflugzeugen verursacht, so haften die Fahrzeughalter:

1. nach außen dem Verletzten als Gesamtschuldner § 840 Abs. 1 BGB.,
2. im Innenverhältnis würden sie nach § 426 BGB. den Schaden stets zu gleichen Teilen zu tragen haben.

Eine solche Innenverteilung der Haftung zu 2 wird aber den tatsächlichen Verhältnissen und den Anforderungen der Billigkeit nicht immer gerecht. Ähnlich wie § 17 Abs. 1 KFG. gibt deshalb § 27 dem Richter die Möglichkeit, in jedem einzelnen Falle alle in Betracht kommenden Umstände gegeneinander abzuwägen und danach den Anteil zu bestimmen, den jeder der Fahrzeughalter in ihrem Verhältnis zueinander zu tragen hat (Begründung). Hiernach regelt sich die Ausgleichspflicht nach der überwiegenden Verursachung des Schadens.

2. In § 27 sind folgende Fälle erwähnt; in denen ersatzpflichtig sind:

Abs. 1. a) Satz 1: Die Halter mehrerer Luftfahrzeuge einem Dritten, vgl. §§ 823, 278, 254 BGB.; RG. 93 S. 97.

b) Satz 2: Ein Halter dem geschädigten anderen Halter. Mitwirkendes Verschulden ist hier auch die Gefährdungshaftung des geschädigten Halters.

Abs. 2. Neben dem Fahrzeughalter ist ein anderer (nicht Fahrzeughalter) verantwortlich. Im Gegensatz zu § 840 Abs. 3 BGB. ist im Innenverhältnis nicht der Dritte allein ersatzpflichtig, sondern es kommt gemäß § 27 auf die überwiegende Verursachung an.

3. Die Ausgleichsbestimmung ist also nicht auf die Fälle beschränkt, in denen die Ersatzpflicht auf den besonderen Vorschriften des Luftverkehrsgesetzes beruht, sondern ergreift auch einen Anspruch, der sich auf die allgemeinen Grundsätze des bürgerlichen Rechts stützt. Die Ausgleichsvorschrift erfordert noch in anderer Richtung eine erweiterte Anwendung. Schon in § 17 Abs. 2 KFG. ist sie auf die Fälle ausgedehnt, in denen neben dem Fahrzeughalter eine Eisenbahn oder ein Tierhalter für den Schaden verantwortlich ist. Darüber hinaus gibt § 27 Abs. 2 LuftVG. in allen Fällen, in denen neben dem Halter eines Luftfahrzeugs ein anderer ersatzpflichtig ist, dem Richter die Möglichkeit, den Schaden unter die Ersatzpflichtigen unter Würdigung aller Umstände des Falls zu verteilen. Als anderer Ersatzpflichtiger kann hier sowohl ein Eisenbahnunternehmen, der Halter eines Kraftfahrzeugs, ein Tierhalter, der Halter eines Luftfahrzeugs, auch jeder sonst zum Schadenersatz Verpflichtete in Frage kommen (Begründung).

**Reichsgesetzliche Haftung.**

## § 28.

**Unberührt bleiben die reichsgesetzlichen Vorschriften, wonach für den beim Betrieb eines Luftfahrzeugs ent-**

**stehenden Schaden der Halter oder Benutzer (§ 19 Abs. 2) in weiterem Umfang oder der Führer oder ein anderer haftet.**

1. § 28 stellt klar, daß die Erfolgshaftung des § 19 LuftVG. nur die sonstigen gesetzlichen Haftungsbestimmungen ergänzt. Soweit ein Schadenersatzanspruch nach den allgemeinen Grundsätzen des bürgerlichen Rechts geltend gemacht werden kann, bestimmt sich auch der Umfang der Haftung nach diesen Grundsätzen. Vgl. ähnlich § 16 KFG.

2. Als reichsgesetzliche Vorschriften über weitere Haftung für den beim Betrieb eines Luftfahrzeugs entstehenden Schaden kommen insbesondere in Betracht die Vorschriften über die Haftung aus unerlaubten Handlungen. Fällt dem Fahrzeughalter oder dem Führer nachweisbar ein persönliches Verschulden zur Last, so ist ihre Ersatzpflicht weder dem Betrage nach begrenzt, noch auf die in §§ 21 und 22 bezeichneten Schäden beschränkt; vielmehr haben sie darüber hinaus alle Nachteile zu ersetzen, die der Unfall herbeiführt. Auch kann der Verletzte unter den bezeichneten Voraussetzungen eine billige Entschädigung in Geld wegen des Schadens verlangen, der nicht Vermögensschaden ist (§ 847 BGB.), vgl. Bgrd.

Der **weitere Umfang** der Haftung gegenüber dem LuftVG. ist also:

a) unbeschränkte Haftung, während § 23 LuftVG. beschränkte Höchstsätze aufstellt,

b) Ersatzanspruch des Dritten für entgehende Dienste (§ 845 BGB.), der im § 21 LuftVG. fehlt,

c) billige Entschädigung für den Nicht-Vermögensschaden (847 BGB.), die im § 22 LuftVG. fehlt.

3. Diese weiteren Ansprüche zu 2a—c setzen ein Verschulden voraus und können sich hierbei gründen auf:

a) § 823 Abs. 1 BGB.

b) § 823 Abs. 2 BGB. Verletzte Schutzgesetze können hierbei sein:
   § 3 LuftVG. Zulassung,
   § 11 LuftVG. Genehmigung,
   § 12 LuftVG. Auskunftspflicht.

c) §§ 278 und 831 BGB.

d) § 618 BGB. Dienstvertragsanspruch des Führers gegen den Halter.

4. Die haftenden Personen können sein:

a) der Halter oder Benutzer (Schwarzfahrer § 19 Abs. 2),

b) der Führer oder

c) folgende „andere": Bedienungspersonal, Flughafenunternehmer, Fahrzeughersteller; in Frage kommen können auch der Sachverständige für die Zulassung eines Flugzeugs, ein Tierhalter, der Eisenbahnunternehmer usw. (Bredow-Müller S. 291).

Haftpflichtversicherung.

## § 29.

**Zur Sicherung der Schadenersatzforderungen muß der Halter eines Luftfahrzeugs vor der Zulassung (§ 3) sowie der Unternehmer eines Flughafens (§ 7), eines Luftfahrtunternehmens und einer öffentlichen Flugveranstaltung (§ 11) vor Erteilung der Genehmigung nachweisen, daß er in einer ihm bekanntzugebenden Höhe eine Haftpflichtversicherung abgeschlossen oder durch Hinterlegung von Geld oder Wertpapieren Sicherheit geleistet hat. Dies gilt nicht, wenn Halter oder Unternehmer das Reich oder ein Land ist.**

**Die Sicherheit kann zur Befriedigung von Schadenersatzforderungen verwandt werden:**

**1. wenn das Konkursverfahren über das Vermögen**

**des Hinterlegers eröffnet wird, oder wenn er seine Zahlungen eingestellt hat;**

**2. wenn der Hinterleger sein Unternehmen aufgibt.**

**Ist die Sicherheit durch Befriedigung von Schadenersatzforderungen verringert oder erschöpft, so ist sie innerhalb eines Monats nach Aufforderung wieder auf den ursprünglichen Betrag zu bringen.**

**Die Rückgabe der Sicherheit kann erst verlangt werden, wenn das Unternehmen aufgegeben worden ist und seitdem vier Monate verstrichen sind. Der Anspruch beschränkt sich auf den Rest nach Deckung der Schadenersatzforderungen. Schon vor Ablauf der Frist kann die Rückgabe verlangt werden, wenn glaubhaft gemacht wird, daß keine Schadenersatzforderungen bestehen.**

1. Gesetzeszweck ist, die etwa möglichen Ansprüche künftiger Geschädigter allgemein zu sichern. Die Schadenersatzansprüche müssen im Interesse der Berechtigten sicher gestellt werden. Da der Weg einer Zwangsversicherungsgenossenschaft nicht in Frage kommen soll, wird die Sicherstellung am zweckmäßigsten erreicht durch die Verpflichtung des Halters oder Unternehmers, vor seiner Zulassung zum Luftverkehr eine Versicherung gegen Haftpflicht abzuschließen oder Sicherheit zu leisten. Die Zulassung bzw. Genehmigung erfolgt daher erst, wenn die Haftpflichtversicherung abgeschlossen ist.

Während § 24 im Einzelfall den Geschädigten nach erfolgtem Schaden sichert, soll § 29 allgemein etwa zu Schaden kommende von vornherein vor dem Unfall in ihren Ansprüchen sichern. In § 24 Abs. 2 (§ 843 Abs. 2 BGB.) bestimmt der Richter die Sicherheit, in § 29 behördliche Anordnung. Das KFG. hat keine entsprechende Bestimmung.

**Abs. 1.**

2. Verpflichtet zur Sicherung ist:

a) der Halter eines Luftzeugs,

b) der Unternehmer eines Flughafens, eines Luftfahrtunternehmens und einer öffentlichen Flugveranstaltung.

Das Reich und die Länder sind jedoch zu a) und b) von der Schadenersatzsicherung befreit.

3. Die Sicherung kann sein:

I. der Abschluß einer **Haftpflichtversicherung**. Hier kommen die Bestimmungen des Gesetzes über den Versicherungsvertrag vom 30. Mai 1908 (RGBl. 1908 S. 263) in Frage; vgl. insbesondere §§ 12, 23, 67, 149, 151—153, 155, 157 VVG.

II. Eine **Hinterlegung** von Geld oder Wertpapieren. Nur für diese gelten die Absätze 2—4 des § 29, da in diesen lediglich von „Sicherheiten" gesprochen ist. Ein Pfandrecht aus § 233 BGB. besteht nicht, da es sich um eine künftige Forderung und einen unbestimmten Berechtigten handelt. Die Bestimmung der Höhe der erforderlichen Sicherheit, ihre Verwaltung, Verwendung und Rückgabe ist Sache der Landesbehörde.

Das Reichsverkehrsministerium hat Vorschriften und Richtlinien zu § 29 LuftVG. vom 1. April 1923 erlassen (NfL. 1923 S. 146). Diese Vorschriften beziehen sich:

a) auf den Inhalt des Versicherungsvertrages,

b) auf die Hinterlegung.

Falls der Luftfahrzeughalter statt der Haftpflichtversicherung die Sicherheitsleistung wählt, so hat er den Kapitalhöchstsatz von 75 000 RM. (§ 23 Ziff. 2 LuftVG.) zu hinterlegen (vgl. Döring, Versicherung und Luftverkehr, sowie NfL. 1925 S. 477).

**Abs. 2.**

4. Die Sicherheit (Hinterlegung) darf nur zur Sicherung der Schadenersatzansprüche dienen. Ausnahmsweise ist nach

dem Gesetze eine unmittelbare Befriedigung aus ihr zugelassen:

1. bei Konkurseröffnung oder Zahlungseinstellung, da es sich hier ohne weiteres um eine ungünstige Vermögenslage handelt,
2. bei Aufgabe des Unternehmens, zumal hier die Sicherheit nicht mehr zu bestehen braucht.

Der Schadenersatzberechtigte wird in das Vermögen des Schuldners auf Grund des Urteils vollstrecken und hierbei auch den Anspruch auf Sicherheitsrückgabe finden. Zugleich wird er aber in den Fällen des Abs. 2 bei der Behörde die Befriedigung aus der Sicherheit beantragen.

**Abs. 3.**

5. Abs. 3 betrifft die Verpflichtung, die Sicherheit auf die erforderliche Höhe aufzufüllen, andernfalls kann die Behörde die Zulassung bzw. die Genehmigung nach Fristsetzung zurückziehen.

**Abs. 4.**

6. Eine Rückgabe der Sicherheit erfolgt erst:

a) wenn keine Schadenersatzansprüche mehr entstehen können, d. h. mit der Einstellung des Betriebs und
b) wenn keine Ansprüche mehr geltend gemacht werden können, d. h. nach 4 Monaten Sperrfrist, da der Verletzte binnen 3 Monaten seit Kenntnis den Unfall anzeigen muß (§ 26). Ausnahmsweise bedarf es der Sperrfrist nicht, wenn glaubhaft gemacht wird, daß keine Ersatzansprüche bestehen.

**Reichsgericht. Gerichtsstand des Unfalls.**

## § 30.

**In bürgerlichen Rechtsstreitigkeiten, wo durch Klage oder Widerklage ein Anspruch auf Grund dieses Gesetzes geltend gemacht ist, wird die Verhandlung und**

**Entscheidung letzter Instanz im Sinne des § 8 des Einführungsgesetzes zum Gerichtsverfassungsgesetze dem Reichsgerichte zugewiesen.**

**Für Klagen, die auf Grund dieses Gesetzes erhoben werden, ist auch das Gericht zuständig, in dessen Bezirk der Unfall eingetreten ist.**

**1.** § 30 entspricht den §§ 19 und 20 des KFG. und in seinem Abs. 1 dem Art. 6 EG.BGB.

**Abs. 1.**

**2.** Gesetzeszweck ist in der Rechtsprechung des Luftverkehrs durch das Reichsgericht als letzte Instanz die nötige Einheitlichkeit zu gewähren.

**3.** Der angezogene § 8 des EG. zum GVG. lautet:

„Durch die Gesetzgebung eines Bundesstaates, in welchem mehrere Oberlandesgerichte errichtet werden, kann die Verhandlung und Entscheidung der zur Zuständigkeit des Reichsgerichts gehörenden Revision und Beschwerden in bürgerlichen Rechtsstreitigkeiten einem obersten Landesgerichte zugewiesen werden.

Diese Vorschrift findet jedoch auf bürgerliche Rechtsstreitigkeiten, welche . . . durch besondere Reichsgesetze dem Reichsgerichte zugewiesen werden, keine Anwendung."

§ 30 Abs. 1 LuftVG. ist hier das besondere Reichsgesetz, das in § 8 Abs. 2 EG.BGB. genannt ist. Praktische Bedeutung hat § 30 nur für Bayern, da nur in diesem Bundesstaat ein Oberstes Landesgericht errichtet ist; die Revision gegen das Urteil eines bayrischen Oberlandesgerichts geht also nicht an das bayrische Oberste Landesgericht, sondern an das Reichsgericht.

**4.** Das Reichsgericht ist aber in letzter Instanz nur zuständig:

a) nur für bürgerliche Rechtsstreitigkeiten (nicht Strafsachen) und zwar
b) bei Klage oder Widerklage (nicht Einrede).

5. Auf Grund des LuftVG. können Ansprüche geltend gemacht sein:
a) vom Verletzten (§ 19),
b) vom geschädigten Dritten bei Unterhaltsberechtigung (§ 21 Abs. 2),
c) vom ausgleichsberechtigten Fahrzeughalter (§ 27).

**Abs. 2.**

6. Als örtlicher Gerichtsstand kommt in Frage
a) § 12 ZPO. (allgemein),
b) § 21 ZPO. (Niederlassung),
c) § 23 ZPO. (Vermögen des Ausländers),
d) Gerichtsstand der unerlaubten Handlung (§ 332 ZPO.).

Nach RG. 60 S. 300 gehören auch § 833, 835 BGB., § 1 Reichshaftpflichtgesetz hierher.

Der Gerichtsstand des Unfallortes ist in § 30 Abs. 2 ausdrücklich wahlweise als zuständig erklärt. Die Zuständigkeit des Gerichts, in dessen Bezirk das schädigende Ereignis stattgefunden hat, für Klagen auf Grund dieses Gesetzes ist damit außer Zweifel gestellt.

## Dritter Abschnitt.

## Strafvorschriften und Schlußbestimmung.

Vorbemerkung: Die Strafandrohung der §§ 31 und 32 sind den Bestimmungen des Kraftfahrzeuggesetzes nachgebildet.

§ 33 gewährt dem Luftverkehr Schutz gegen rechtswidrige Angriffe, ähnlich wie ihn die Eisenbahnen und die Schiffahrtlinien genießen. Mit Strafe bedroht werden nur solche Handlungen oder ihr Versuch, durch die Menschen in Gefahr gebracht werden.

### Verstoß gegen Verkehrsvorschriften.

### § 31.

**Wer den zur Wahrung der öffentlichen Ordnung und Sicherheit in diesem Gesetz oder sonst erlassenen Vorschriften über Verkehr und Betrieb von Luftfahrzeugen zuwiderhandelt, wird mit Geldstrafe oder mit Haft bestraft, soweit nicht nach anderen Strafgesetzen eine höhere Strafe verwirkt ist.**

1. § 31 ist ein Blankettstrafgesetz mit jeweiligen auswechselbarem Vorschrifteninhalt (Stenglein S. 640). Es handelt sich um ein Hilfsstrafgesetz, das nur subsidiär gilt, soweit nicht nach anderen Strafgesetzen eine höhere Strafe verwirkt ist.

2. Die Vorschriften können sein:

a) gesetzliche Vorschriften z. B. § 12 LuftVG.,

b) polizeiliche Vorschriften und zwar

1. Polizeiverordnungen z. B. für Luftsperrgebiete gemäß § 13 LuftVG.,
2. Polizeiverfügungen z. B. besondere Bedingungen bei Zulassung, Erlaubnis oder Genehmigung.

Zuständig zum Vorschriftenerlaß sind:

a) die Reichsregierung mit Zustimmung des Reichsrats und des Reichstagsausschusses (§ 17),

b) die Länderregierungen, soweit ihnen die Befugnis delegiert ist.

Rechtsunkenntnis der im LuftVG. erlassenen Vorschrift schließt die Strafbarkeit nicht aus, wohl aber die Unkenntnis einer Verwaltungsvorschrift analog einem Tatsachenirrtum (Stenglein S. 641).

3. Die Vorschriften müssen zur Wahrung der öffentlichen Ordnung und Sicherheit erlassen sein (vgl. 10 II 17 ALR.). Diese tatsächliche Voraussetzung, nicht ihre Zweckmäßigkeit ist vom Gericht nachprüfbar (Stenglein S. 641, Bredow-Müller S. 316).

4. Die Vorschriften betreffen Verkehr und Betrieb von Luftfahrzeugen.

5. Strafbar ist der Verletzer, bei Übungs- und Prüfungsfahrten (§ 4 Abs. 2) der Lehrer.

6. Die Geldstrafe lautete ursprünglich im Gesetz 1500 M. Durch die VO. über Vermögensstufen und Bußen vom 6. Februar 1924 (RGBl. I S. 44) Art. I, wurden die Geldstrafen auf Goldmark und durch die 2. VO. zur Durchführung des Münzgesetz vom 12. Dezember 1924 (RGBl I S. 775) auf Reichsmark gebracht. Es kann also bei der Geldstrafe auf 1—150 RM., bei der Haftstrafe auf 1 Tag bis 6 Wochen erkannt werden.

In § 31 handelt es sich um eine Übertretung; zuständiges Gericht ist hierfür der Amtsrichter, §§ 24 Nr. 1, 25 Abs 1 Nr. 1 GVG.

**Verstoß gegen Eintragungs-, Zulassungs- und Genehmigungspflicht.**

## § 32.

**Mit Gefängnis bis zu zwei Jahren und Geldstrafe oder mit einer dieser Strafen wird bestraft, wer vorsätzlich**

1. **ein Luftfahrzeug führt, das eintragungspflichtig (§ 2), aber nicht oder nicht mehr eingetragen ist;**
2. **als Halter ein eintragungspflichtiges (§ 2), aber nicht oder nicht mehr eingetragenes Luftfahrzeug durch Dritte gebrauchen läßt;**
3. **ein Luftfahrzeug führt oder bedient, ohne die Erlaubnis (§ 4) zu haben, oder nachdem sie zurückgezogen ist;**
4. **als Halter ein Luftfahrzeug durch eine erlaubnispflichtige Person (§ 4) führen oder bedienen läßt,**

**die nicht im Besitze des Luftfahrerscheins ist oder der die Erlaubnis entzogen ist;**

**5. ohne Genehmigung oder entgegen den Bedingungen gewerbsmäßig Personen zu Luftfahrern ausbildet (§ 6), Flughäfen (§ 7) anlegt oder unterhält, Luftfahrtunternehmen (§ 11) betreibt oder Luftfahrtveranstaltungen (§ 11) unternimmt;**

**6. sich der Verpflichtung nach § 12 Abs. 2 Satz 1 entzieht.**

**Wer in den Fällen der Nr. 1 bis 5 fahrlässig handelt, wird mit Gefängnis bis zu drei Monaten oder Geldstrafe oder Haft bestraft.**

**Abs. 1.**

Nr. 1—5 dienen dem Schutze des Eintragungszwangs § 2, der Führererlaubnis § 4 und der Genehmigungspflichten für Lehrausbildung § 6, Flughäfen § 7, Luftfahrtunternehmen und -Veranstaltungen § 11.

1. Eintragungspflichtig ist ein Luftfahrzeug nach § 2, wobei seine Zulassung nach § 3 Voraussetzung ist.

Strafbar macht sich der Führer, nicht das weitere Luftfahrerpersonal. Führer ist nur eine Person, doch kann es zeitlich nacheinander mehrere Führer geben. Bei Übungsfahrten macht sich der Lehrer strafbar. Das Führen eines nicht zugelassenen Luftfahrzeugs (§ 3) ist nach § 31 zu bestrafen. Für Probefahrten gibt es Ausnahmen nach § 5. Nicht mehr zugelassen wird ein Fahrzeug:

a) durch Zeitablauf bei zeitlicher Befristung der Zulassung,
b) durch behördliche Zurückziehung der Zulassung.

2. Während Nr. 1 den Führer bestraft, wird nach Nr. 2 auch der Halter strafbar. Über Halter vgl. § 19 S. 104.

Gebrauchen lassen bedeutet das Fahrzeug zum Luftverkehr im Sinne des § 2 Abs. 1 verwenden lassen.

3. Fehlt die Erlaubnis nach § 4 zum bestimmungsgemäßen Führen und Bedienen des Luftfahrzeugs, so ergibt sich die Straffreiheit aus § 32 Nr. 3. Dagegen tritt die mildere Bestrafung des § 31 ein, wenn zwar die Erlaubnis erteilt ist, aber vor Erteilung des Luftfahrerscheins ohne diesen ein Fahrzeug geführt oder bedient wird.

Über Lehrer vgl. § 4 Abs. 2.

4. Der Halter des Luftfahrzeugs muß sich den Luftfahrerschein als Nachweis der erteilten Erlaubnis (§ 4 Abs 1) vorzeigen lassen.

5. I. Voraussetzung ist:

a) ohne Genehmigung d. h.
   1. vor erteilter Genehmigung,
   2. nach behördlich mitgeteilter Zurücknahme, oder
b) entgegen den Bedingungen, die von der Behörde bei der Erteilung der Genehmigung auferlegt sind.

II. Das Handeln kann sein:

a) gewerbsmäßiges Ausbilden zu Luftfahrern,
b) das Anlegen (vorbereitend) oder Unterhalten von Flughäfen,
c) das Betreiben von Luftfahrtunternehmen,
d) das Unternehmen von Luftfahrtveranstaltungen.

6. Die **Auskunftspflicht** des § 12 Abs. 2 besteht nur:

a) auf Verlangen und nur
b) seitens der Besatzung.

Das sich Entziehen der Ausweispflicht verlangt vorsätzliches Unterlassen der Auskunft.

7. Die Strafe ist wahlweise Gefängnis bis zu 2 Jahren und Geldstrafe oder eine dieser Strafen. Die Geldstrafe kann auf 3—10 000 RM (bei Gewinnsucht bis 100 000 RM.) lauten (§§ 27, 27a und c StGB.). Für dieses Vergehen sind Amtsrichter oder Schöffengericht zuständig (§§ 24 Nr. 2, 25 Abs. 1 Nr. 2c, 28, 29 GVG.).

**Abs. 2.**

7. Die **Fahrlässigkeits**bestimmung bezieht sich nur auf die Fälle Nr. 1—5 des Abs. 1.

8. Trotz der wahlweisen Strafandrohung handelt es sich um ein Vergehen. Der Strafrahmen ist Gefängnis von 1 Tag bis 3 Monate oder Geldstrafe von 3—10 000 RM. (bei Gewinnsucht bis 100 000 RM.) oder Haft von 1 Tag bis 6 Wochen. Vgl. § 29 StGB. Zuständig ist der Amtsrichter (§§ 24 Nr. 2, 25 Nr. 2b GVG.).

**Fahrzeug- und Fahrtstörung.**

## § 33.

**Wer Menschenleben dadurch gefährdet, daß er vorsätzlich ein Luftfahrzeug beschädigt, zerstört oder sonst unbrauchbar oder unzuverlässig macht oder vorsätzlich die Fahrt eines Luftfahrzeugs durch falsche Zeichen oder sonst stört, wird mit Gefängnis nicht unter drei Monaten bestraft.**

**Der Versuch ist strafbar.**

**Ist infolge der Handlung eine schwere Körperverletzung (§ 224 des Reichsstrafgesetzbuchs) oder der Tod eines Menschen eingetreten, so ist die Strafe Zuchthaus, bei mildernden Umständen Gefängnis nicht unter sechs Monaten.**

**Ist eine dieser Handlungen fahrlässig begangen, so ist die Strafe Gefängnis bis zu sechs Monaten und Geldstrafe oder eine dieser Strafen, und wenn infolge der Handlung der Tod eines Menschen eingetreten ist, Gefängnis nicht unter einem Monat.**

**Abs. 1.**

1. Täter kann jeder sein (Unbeteiligter, Fahrzeughalter, Fluggast).

2. Die strafbaren Handlungen sind:

I. **Fahrzeugstörung:**

1. Beschädigung ist eine Verletzung der Substanz unter Beeinträchtigung der Brauchbarkeit (vgl. § 303 StGB.).
2. Zerstörung ist ein erhöhter Grad der Beschädigung derart, daß die Sache für ihre Zwecke völlig unbrauchbar wird (Frank § 303 StGB.).
3. Die Unbrauchbarmachung wird allgemein als Oberbegriff hinsichtlich des Zwecks nochmals hervorgehoben.
4. Unzuverlässig ist ein Fahrzeug gemacht, wenn seine Verkehrssicherheit (Lufttüchtigkeit, Betrieb) beeinträchtigt ist.

II. **Fahrtstörung** durch falsche Zeichen. Diese können erfolgen:

a) vom Lande, Wasser, von einem fremden oder demselben Luftfahrzeug,

b) optisch, akustisch, funkentelegraphisch.

3. Strafvoraussetzung ist:

a) objektiv, daß das Handeln die Gefährdung von Menschenleben wahrscheinlich macht,

b) subjektiv, daß der Täter das Bewußtsein der Gefährdungsmöglichkeit hat. Absicht ist nicht erforderlich.

**Abs. 2.**

4. Über Versuch vgl. §§ 43—46 StGB.

Zuständig sind für Abs. 1 und 2 der Amtsrichter oder das Schöffengericht (§§ 24 Nr. 2, 25 Abs. 1 Nr. 2c, 28, 29 GVG.).

**Abs. 3.**

5. Strafschärfend ist der eingetretene Erfolg, nämlich:

a) **schwere Körperverletzung (§ 224 StGB.) oder**

b) **der Tod eines Menschen.**

Ursächlicher Zusammenhang ist erforderlich. Zuständig ist das Schwurgericht (§§ 80, 24 Nr. 3 GVG., vgl. § 134 GVG.).

**Abs. 4.**

6. Die Fahrlässigkeit der Fahrzeugstörung (I 1—4) oder Fahrtstörung wird milder bestraft. Zuständig ist der Amtsrichter. Sie qualifiziert sich bei Tod eines Menschen. Zuständig sind dann Amtsrichter oder Schöffengericht (§§ 24 Nr. 2, 25 Abs. 1 Nr. 2b bzw. 2c, 28, 29 GVG.).

**Inkrafttreten.**

## § 34.

**Es treten in Kraft**

**die Vorschriften des zweiten Abschnitts dieses Gesetzes mit dem 1. September 1922,**

**die übrigen Vorschriften mit dem 1. Oktober 1923, jedoch kann die Reichsregierung diese schon zu einem früheren Zeitpunkt in Kraft setzen; mit diesem Zeitpunkt treten alle auf Grund der Verordnung, betreffend die vorläufige Regelung der Luftfahrt, vom 26. November 1918 (Reichsgesetzbl. S. 1337) erlassenen Vorschriften außer Kraft.**

**Berlin, den 1. August 1922.**

**Der Reichspräsident.**

**Der Reichsverkehrsminister.**

1. Aufgehoben sind durch § 34 alle auf Grund der VO., betr. die vorläufige Regelung der Luftfahrt, vom 26. November 1918 (RGBl. S. 1337) erlassenen Vorschriften, also:

die VO., betr. die vorläufige Regelung des Luftfahrtrechts, vom 7. Dezember 1918 (RGBl. S. 1407),

die VO., betr. die vorläufige Regelung der Luftfahrt, vom 30. April 1920 (RGBl. S. 857), die VO., betr. die vorläufige Regelung des Luftverkehrs, vom 31. März 1920 (RGBl. S. 455).

2. Dagegen sind erst durch Gesetz zur Durchführung der Art. 177, 178 und 198 des Vertrages von Versailles vom 8. Juni 1926 § 1 aufgehoben:

das Gesetz über die Beschränkung des Luftfahrzeugbaues vom 29. Juni 1921 (RGBl. S. 789),

die VO. über Luftfahrzeugbau vom 5. Mai 1922 (RGBl. I S. 476) und 29. September 1923 (RGBl. I S. 927).

# 2. Ergänzungsbestimmungen zum LuftVG.

## a) Verordnung über die Änderung des Luftverkehrsgesetzes und des Gesetzes über den Verkehr mit Kraftfahrzeugen.

Vom 5. Februar 1924 (RGBl. 1924 I S. 43).

Auf Grund des Ermächtigungsgesetzes vom 8. Dezember 1923 (Reichsgesetzbl. I S. 1179) verordnet die Reichsregierung nach Anhörung eines Ausschusses des Reichsrats und des Reichstags:

Artikel I.

§ 17 Nr. 4 Abschnitt 2 des Luftverkehrsgesetzes vom 1. August 1922 (Reichsgesetzbl. I S. 681) und § 6 Abs. 1 Nr. 4 Abschnitt 2 des Gesetzes über den Verkehr mit Kraftfahrzeugen vom 3. Mai 1909 in der Fassung des Gesetzes vom 21. Juli 1923 (Reichsgesetzbl. I S. 743) erhalten folgende Fassung:

„Die Landesregierungen können sich durch Vermittlung der Reichsregierung des Beirats bedienen."

Artikel II.

Die Verordnung über den Beirat für das Luftfahrwesen vom 30. Juni 1923 (Reichsministerialbl. S. 726) erhält folgende Fassung:

§ 1.

Zur Mitwirkung in Angelegenheiten des Luftfahrwesens wird ein Beirat für das Luftfahrwesen gebildet.

§ 2.

Der Beirat hat die Aufgabe, in grundsätzlichen und sonstigen besonders wichtigen Fragen auf dem Gebiete des Luftfahrwesens Gutachten abzugeben.

§ 3.

Der Vorsitzende des Beirats und sein Stellvertreter werden vom Reichsverkehrsminister aus den Beamten des Reichsverkehrsministeriums für die Dauer ihres Hauptamts ernannt.

Zum Mitglied kann jeder Deutsche bestellt werden, der zum Reichstag wählbar ist.

Die Mitglieder werden vom Reichsverkehrsminister ernannt.

§ 4.

Die Mitgliedschaft erlischt, wenn das Mitglied die Fähigkeit zur Bekleidung öffentlicher Ämter verliert, oder wenn über sein Vermögen das Konkursverfahren eröffnet wird.

§ 5.

Die Mitglieder sind ehrenamtlich tätig; auf Kostenerstattung aus der Reichskasse haben sie keinen Anspruch.

§ 6.

Der Beirat wird vom Reichsverkehrsminister nach

Bedarf einberufen. Zeit und Ort der Beratung bestimmt der Reichsverkehrsminister.

§ 7.

Der Reichsverkehrsminister kann aus den Mitgliedern des Beirats Ausschüsse bilden. Die Vorsitzenden dieser Ausschüsse ernennt der Reichsverkehrsminister.

§ 8.

Der Reichsverkehrsminister und die Regierungen der Länder entsenden zu den Beratungen nach Bedarf Beauftragte.

Das gleiche gilt von den obersten Reichsbehörden, soweit sie an den auf der Tagesordnung stehenden Angelegenheiten beteiligt sind.

Der Reichsverkehrsminister zieht zu den Beratungen nach Bedarf Sachverständige hinzu.

Die rechtzeitige Einladung unter Beifügung einer Tagesordnung veranlaßt der Reichsverkehrsminister.

Die Beauftragten und Sachverständigen haben nicht die Stellung von Mitgliedern. Die Beauftragten haben das Recht, jederzeit zu den einzelnen Punkten der Tagesordnung das Wort zu ergreifen. Die Beauftragten der Landesregierungen sind außerdem berechtigt, jederzeit Anträge und Anfragen zu stellen und die Stellungnahme des Beirats hierzu zu verlangen.

**Der Reichskanzler.**

**Der Reichsverkehrsminister.**

## b) Verordnung zur Änderung der Haftpflichthöchstsummen im Kraftfahrzeug- und im Luftverkehre.

Vom 6. Februar 1924 (RGBl. 1924 I S. 42).

Auf Grund des Ermächtigungsgesetzes vom 8. Dezember 1923 (Reichsgesetzbl. I S. 1179) verordnet die Reichsregierung nach Anhörung eines Ausschusses des Reichsrats und des Reichstags:

### Artikel I.

§ 12 des Gesetzes über den Verkehr mit Kraftfahrzeugen vom 3. Mai 1909 (Reichsgesetzbl. S. 437) in der Fassung des Gesetzes vom 23. Dezember 1922 (Reichsgesetzbl. 1923 I S. 1) und der Verordnung vom 3. Oktober 1923 (Reichsgesetzbl. I S. 932) sowie § 23 des Luftverkehrsgesetzes vom 1. August 1922 (Reichsgesetzbl. I S. 681) werden wie folgt geändert:

a) Die Beträge im Abs. 1 werden wie folgt festgesetzt:
   in Nr. 1 der Kapitalbetrag auf fünfundzwanzigtausend Goldmark, der Rentenbetrag auf eintausendfünfhundert Goldmark;
   in Nr. 2 der Kapitalbetrag auf fünfundsiebzigtausend Goldmark, der Rentenbetrag auf viertausendfünfhundert Goldmark;
   in Nr. 3 der Betrag auf fünftausend Goldmark.

b) Am Schlusse des Abs. 1 wird folgender Satz hinzugefügt:

Die Goldmark wird nach dem vom Reichsminister der Finanzen fortlaufend veröffentlichten Goldumrechnungssatze (§ 2 der Durchführungsbestimmungen zur Aufwertungsverordnung vom 13. Oktober 1923 [Reichsgesetzbl. I S. 951]) berechnet.

c) Abs. 3 erhält folgende Fassung:

Bei wesentlicher Änderung der wirtschaftlichen Verhältnisse kann die Reichsregierung mit Zustimmung des Reichsrats die Beträge (Abs. 1) anderweitig festsetzen.

Artikel II.

Die Beträge im Artikel I Abschnitt a Nr. 1 und 2 sind auch dann zugrunde zu legen, wenn das schädigende Ereignis vor Inkrafttreten dieser Verordnung eingetreten ist; in diesem Falle ist der Schaden insoweit zu ersetzen, als die Billigkeit nach den Umständen, insbesondere den Verhältnissen der Beteiligten, eine Schadloshaltung erfordert und dem Ersatzpflichtigen nicht die Mittel entzogen werden, deren er zum standesmäßigen Unterhalt sowie zur Einhaltung seiner gesetzlichen Unterhaltspflichten bedarf. Der Betrag im Artikel I Abschnitt a Nr. 3 ist zugrunde zu legen, wenn das schädigende Ereignis nach Inkrafttreten dieser Verordnung eingetreten ist.

**Der Reichskanzler.**

**Der Reichsverkehrsminister.**

## c) Verordnung über Landungsaufforderung für Luftfahrzeuge.

Vom 11. September 1924 (RGBl. 1924 I S. 706).

(Veröffentlicht im Deutschen Reichsanzeiger und Preußischen Staatsanzeiger Nr. 217 vom 13. September 1924.)

Die Reichsregierung verordnet nach Zustimmung des Reichsrats und eines Ausschusses des Reichstags auf Grund des § 17 des Luftverkehrsgesetzes vom 1. August 1922 (Reichsgesetzbl. I S. 681) was folgt:

### § 1.

Um Luftfahrzeuge zum sofortigen Landen zu veranlassen, hat die Polizei folgende Zeichen zu geben:

a) bei Tage: 3 mit etwa 10 Sekunden Zeitabstand abgefeuerte Signalschüsse, die bei ihrer Explosion eine schwarze oder gelbe Rauchwolke entwickeln;

b) bei Nacht: 3 mit etwa 10 Sekunden Zeitabstand abgefeuerte Signalschüsse, die bei ihrer Explosion grüne Leuchtzeichen oder Sterne entwickeln.

### § 2.

Alsbald nach Abgabe des Zeichens hat das Luftfahrzeug auf eine Höhe von 100 m herunterzugehen. Die Landung hat, wenn die Landungsaufforderung von einem Flughafen ausgeht, auf diesem, in allen anderen Fällen an der nächsten geeigneten Stelle zu erfolgen.

§ 3.

Die Luftfahrzeuge dürfen nach erfolgter Zwischenlandung ihren Flug erst fortsetzen, wenn hierzu die Erlaubnis von der Polizei erteilt ist.

§ 4.

Die Polizei ist berechtigt, den Weiterflug solcher Luftfahrzeuge, die der Aufforderung zum Landen nicht Folge leisten, zwangsweise zu verhindern.

§ 5.

Als Polizei im Sinne dieser Verordnung gelten nur die von der obersten Landesbehörde bezeichneten Beamten.

§ 6.

Der Reichsverkehrsminister erläßt Vorschriften über die zu verwendenden Signalmittel.

§ 7.

Zuwiderhandlungen gegen die §§ 2 und 3 unterliegen den Strafvorschriften der §§ 31 und 32 des Luftverkehrsgesetzes.

§ 8.

Die Verordnung tritt am 17. September 1924 in Kraft.

**Der Reichskanzler.**

**Der Reichsverkehrsminister.**

## d) Erlaß, betreffend die Errichtung und den Geschäftskreis des Reichsverkehrsministeriums.

Vom 9. Januar 1920.

Zur Ausführung sämtlicher dem Reiche nach der Reichsverfassung auf dem Gebiete des Verkehrs obliegenden Aufgaben, mit Ausnahme der Postangelegenheiten, ist eine besondere oberste Reichsbehörde unter dem Namen „Reichsverkehrsministerium“ errichtet worden. Der Chef dieser Behörde führt die Bezeichnung „Reichsverkehrsminister“.

Dem Reichsverkehrsministerium obliegt zunächst, die dem allgemeinen Verkehr dienenden Eisenbahnen und Wasserstraßen sowie die Seezeichen in das Eigentum und die Verwaltung des Reichs zu überführen, und die Liquidation der Eisenbahnen in Elsaß-Lothringen vorzunehmen.

Die Hauptaufgabe des Reichsverkehrsministeriums ist die Zusammenfassung des gesamten Verkehrswesens in einer einheitlichen Zentralstelle. Es unterstehen ihm die auf das Reich übernommenen Eisenbahnen und Wasserstraßen sowie der Verkehr mit Kraftwagen und der Verkehr zu Wasser und in der Luft.

Über die nicht vom Reiche verwalteten Eisenbahnen des allgemeinen Verkehrs übt das Reichsverkehrsministerium die Reichsaufsicht aus. Das Reichsverkehrsministerium zerfällt in die Eisenbahnabteilungen, die Abteilung für Wasserstraßen und die Abteilung für Luft- und Kraftfahrwesen (Reichsamt für Luft- und Kraftfahrwesen). Die ehemalige Schiffahrtsabteilung beim Chef des Feldeisenbahnwesens ist ihm als „Schifffahrtsabteilung beim Reichsverkehrsministerium" angegliedert.

**Der Reichspräsident.**

**Der Reichskanzler.**

## e) Vorläufige Richtlinien des Reichsverkehrsministers zur Ausführung des Luftverkehrsgesetzes

Vom 1. August 1922.

(Abgedruckt bei Wegerdt S. 161, Müller-Bredow Ergänzungsheft S. 42).

1.

**Zulassung von Flugzeugen.**

Bis zum Erlaß der Ausführungsbestimmungen zum Luftverkehrsgesetz vom 1. August 1922 (RGBl. I S. 681) ist der Antrag auf Zulassung von Flugzeugen beim Reichsverkehrsministerium, Berlin W 66, Wilhelmstr. 80, zu stellen.

Die Zulassung kann erfolgen, wenn das betreffende Flugzeug:

A. einem Baumuster entspricht, das von der Deutschen Versuchsanstalt für Luftfahrt E. V., Berlin-Adlershof, geprüft und lufttüchtig erklärt ist;

B. von der Deutschen Versuchsanstalt für Luftfahrt E. V. oder von einem anerkannten Stückprüfer besichtigt und als lufttüchtig erklärt ist.

Zu Punkt A.

Für die technische Prüfung neuer Flugzeugmuster durch die Deutsche Versuchsanstalt für Luftfahrt E. V., Berlin-Adlershof, gilt vorläufig der Entwurf einer „Prüfordnung für Luftfahrzeuge, Luftfahrzeugmotoren und Luftfahrzeugbauteile", der durch die Kanzlei W des Reichsverkehrsministeriums gegen portofreie Einsendung von 6 RM bezogen werden kann.

Zu Punkt B.

Die technische Prüfung von Stückflugzeugen richtet sich ebenfalls nach der unter Punkt A. erwähnten Prüfordnung.

Der Antrag auf Zulassung eines Flugzeuges kann vom Eigentümer, Halter oder Hersteller gestellt werden; beizufügen sind:

1. der in der Prüfordnung näher bezeichnete Lufttüchtigkeitsschein;
2. der „Fragebogen für Flugzeuge" nebst je zwei unaufgezogenen Lichtbildern des Flugzeugs von vorn und von der Seite gesehen (9×12 cm); die Bilder müssen auf der Rückseite die Anschrift des Herstellers, die Musterbezeichnung und die Werknummer des Flugzeugs tragen (vgl. NfL. vom 19. März 1925, S. 112); der Preis eines Fragebogenmusters beträgt bei Bezug durch die Kanzlei W des Reichsverkehrsministeriums: 1.— RM;
3. der Nachweis des Eigentumerwerbs am Flugzeug;
4. der Nachweis des Abschlusses eines den Halter des Flugzeugs deckenden Haftpflichtversicherungs-Vertrags entsprechend § 29 LuftVG. vom 1. August 1922 (RGBl. I S. 681); die Haftpflichthöchstsummen sind durch Verordnung vom 6. Februar 1924 (RGBl. I S. 42/43) neu festgesetzt worden;

   der Nachweis ist durch Vorlage einer von der Versicherungsgesellschaft vollzogenen Zweitschrift des Haftpflicht-Versicherungsscheins nebst Prämienquittung zu erbringen;

   soll die Sicherung etwaiger Schadenersatzforderungen durch Hinterlegung von Geld oder Wertpapieren (§ 29 LuftVG.) erfolgen, so ist Entsprechendes besonders zu beantragen;

5. 1.50 RM für den Zahlungsschein;

6. eine Einverständniserklärung des Eigentümers oder des Halters, falls der Antrag nicht von ihnen gestellt wird.

Soll ein bereits zugelassenes Flugzeug für einen neuen Eigentümer oder einen neuen Halter zugelassen werden, so muß in gleicher Weise verfahren werden, jedoch ist an Stelle der unter 1. aufgeführten Unterlagen der gültige Zulassungsschein des Flugzeugs oder, falls die Zulassung bereits abgelaufen ist, der Zulassungsschein und ein von der Deutschen Versuchsanstalt für Luftfahrt E. V., Berlin-Adlershof, ausgestellter Lufttüchtigkeits-Erneuerungsschein vorzulegen. (Vgl. NfL. vom 28. Mai 1925, S. 248.)

Die Zulassung eines Flugzeugs tritt außer Kraft zu dem im Zulassungsschein vermerkten Zeitpunkt oder bei Beschädigung betriebswichtiger Flugzeugbauteile. In diesen Fällen ist der Zulassungsschein zurückzugeben.

Wird für ein Flugzeug, dessen Zulassung außer Kraft ist, die Verlängerung der Zulassung beantragt, ohne daß eine Änderung des Halters oder des Eigentümers eintritt, so ist nur der Zulassungsschein nebst dem von der Deutschen Versuchsanstalt für Luftfahrt ausgestellten Lufttüchtigkeits-Erneuerungsschein vorzulegen. An die Stelle des Lufttüchtigkeits-Erneuerungsscheins für Flugzeuge der Deutschen Versuchsanstalt für Luftfahrt kann der von einem amtlich anerkannten Stückprüfer ausgestellte Lufttüchtigkeitsschein für einen Flugzeugbauteil treten, wenn die Wiederherstellung des Flugzeugs lediglich durch Auswechselung der beschädigten Teile mit fabrikneuen Bauteilen vorgenommen ist. Der amtlich anerkannte Sachverständige hat die Auswechselung im Luftfahrzeug zu bescheinigen.

Formblätter für Lufttüchtigkeitsscheine und Lufttüchtigkeits-Erneuerungsscheine können durch die Deutsche Versuchsanstalt für Luftfahrt E. V., Berlin-Adlershof, bezogen werden.

## 2.

## Prüfung von Luftfahrern.

1. Die Flugzeuge mit Motorenantrieb werden in folgende Klassen eingeteilt:

Klasse A: Einsitzige Flugzeuge sowie zweisitzige Flugzeuge bis zu 150 Std./km Eigengeschwindigkeit und bis zu 1200 kg Gesamtgewicht.

Klasse B: Ein- und mehrsitzige Flugzeuge bis zu 2500 kg Gesamtgewicht, soweit sie nicht der Klasse A angehören.

Klasse C: Flugzeuge über 2500 kg Gesamtgewicht.

Die Zugehörigkeit der Flugzeuge zu einer der Klassen wird nach dem Ergebnis der Musterprüfung bestimmt und im Zulassungsschein vermerkt.

Die Schnelligkeit wird bei einer Luftdichte von 1,1 kg/cbm gemessen.

In Grenzfällen werden bei der Entscheidung über die Zuteilung zu einer Klasse Verwendungszweck und Flugeigenschaften des Flugzeuges berücksichtigt.

2. Die gemäß § 4 des LuftVG. geforderte Erlaubnis zur Führung von Flugzeugen wird auf Grund von Prüfungen in Form von Flugzeugführerscheinen der Klassen A, B und C erteilt.

Klasse A: berechtigt zum Führen von Flugzeugen der Klasse A, jedoch nicht zur gewerbsmäßigen Personenbeförderung.

Klasse B: berechtigt zum Führen von Flugzeugen der Klassen A und B auch im gewerbsmäßigen Luftverkehr.

Klasse C: berechtigt zum Führen von Flugzeugen aller Klassen auch im gewerbsmäßigen Luftverkehr.

Im Führerschein ist anzugeben, ob er für Land- oder Seeflugzeuge oder für beide Arten gilt.

3. Die Führerprüfungen erstrecken sich auf den Nachweis der Befähigung zum Führen der verschiedenen Klassen von Flugzeugen. Sie erfolgen durch einen von der Landesbe-

hörde bestellten Sachverständigen und bestehen aus einem praktischen und einem theoretischen Teil. Jede Prüfung ist auf einem Flugzeug der Klasse abzulegen, für welche der Führerschein gelten soll und das vom Reichsverkehrsminister als geeignet für die Ablegung von Prüfungen ausdrücklich bezeichnet ist.

### 4. Flugzeugführerprüfungen.

#### Klasse A.

Es werden nur solche Bewerber zur Prüfung zugelassen, die 30 Alleinflüge nachgewiesen haben.

Bei der praktischen Prüfung werden verlangt:

im ersten Teil:

1. ein Geschicklichkeitsflug,
2. drei Ziellandungen;

im zweiten Teil:

3. ein Höhenflug mit anschließender Ziellandung,
4. ein Überland- oder Überseeflug von 300 km Länge mit 2 Außenlandungen an vorgeschriebenen Plätzen.

Zu 1: Der Geschicklichkeitsflug ist in fünfmal wiederholten Rechts- und Linkswendungen um zwei 500 m voneinander entfernte Punkte (Schleifenflug in ∞ Form) in etwa 200 m Höhe über dem Boden oder Wasserspiegel auszuführen. Bei der Landung müssen die Motoren auf Leerlauf abgedrosselt sein. Das Flugzeug ist in einem Zielfeld von 50 : 250 m Größe zu landen.

Das Zielfeld ist in der Richtung vor dem Fluge so abzustecken, daß es aus der Luft gut zu erkennen ist.

Zu 2: Die drei Ziellandungen sind aus Höhen zwischen 500 und 800 m auszuführen. Der Motor ist bei jedem Ansatz zur Landung in dem Augenblick auf Leerlauf abzudrosseln, in dem sich das Flugzeug senkrecht über dem Zielfeld befindet; bis zum Stillstand des Flugzeuges darf nicht wieder Gas gegeben werden.

Bei jeder der drei Ziellandungen ist das Zielfeld beim Ansetzen zur Ziellandung in anderer Richtung zu überfliegen, und zwar einmal quer zum Wind, einmal mit dem Wind und einmal gegen den Wind. Diese Bedingung ist in höchstens 6 Flügen zu erfüllen.

Zu 3: Beim Höhenflug ist wenigstens eine Stunde lang in 2000 m Mindesthöhe über dem Boden oder Wasserspiegel zu verbleiben und mit einem ununterbrochenen Kurven- und Spiralgleitflug mit wiederholten Rechts- und Linkswendungen aus wenigstens 1500 m Höhe zu landen; der Motor ist hierbei auf Leerlauf abzudrosseln. Die Landung muß, ohne wieder Gas zu geben, in dem unter zu 1 bezeichneten Zielfeld erfolgen.

Zu 4: Der Überlandflug ist mit demselben Flugzeug innerhalb 8 Stunden zu beenden und hat zum Ausgangspunkt zurückzuführen.

Der Bewerber ist vor dem Abflug über seinen Flugweg zu unterrichten und mit einer Karte zu versehen.

Diese 4 Prüfungen sind mit Ballast in Höhe von $^2/_3$ der für das Flugzeug zulässigen Nutzlast auszuführen.

Der Verlauf des Höhen- und Überlandfluges ist durch einen Höhenmesser in einem Schaubild aufzuzeichnen, das vom Sachverständigen zu unterzeichnen ist.

Nach Ablegung der theoretischen Prüfung und des 1. Teils der praktischen Prüfung erhält der Prüfling durch eine von der Landesbehörde ermächtigte Dienststelle einen Ausweis, der ihn berechtigt, Übungsflüge und die zur Ablegung des 2. Teils der praktischen Prüfung erforderlichen Flüge außerhalb der Flughafenzone auszuführen.

Dieser Ausweis ist zeitlich und auf Flüge ohne Fluggast zu beschränken und mit abgestempeltem Lichtbild zu versehen; bei Ausstellung des Führerscheins, spätestens aber nach 6 Monaten, ist er einzuziehen.

Der 2. Teil der praktischen Prüfung muß spätestens 6 Monate nach Ablegung des 1. Teils stattfinden. Andernfalls ist der 1. Teil zu wiederholen. In besonders begründeten Ausnahmefällen ist die Entscheidung vom Reichsverkehrsministerium einzuholen.

Jeder Bewerber um den Führerschein für Seeflugzeuge muß eine praktische seemännische Ausbildung nachweisen. Er muß außerdem mit einem Seeflugzeug drei Landungen etwa bei Seegang 2 in offener See ausführen; dabei ist dreimal der Motor auf dem Wasser abzustellen und der Treibanker auszubringen; er ist ferner über die praktische Handhabung von Flugzeugen auf dem Wasser, Rollen, Treiben und Geschlepptwerden, Bergen und Einsetzen zu prüfen.

Seeflugschüler, die den obigen Ausweis besitzen und 60 Alleinflüge nachgewiesen haben, können zu ihren Übungs- und Prüfungsflügen über See einen Fluggast mitnehmen.

Bei der theoretischen Prüfung werden verlangt:

1. die Kenntnis der Hauptteile des vorgeführten Flugzeuges, des Motors und der hauptsächlichen Betriebsstörungen;
2. die Beurteilung der Verkehrssicherheit eines Flugzeuges vor Antritt des Fluges;
3. Kenntnis des Verhaltens in besonderen Fällen (z. B. bei Gewitter und Nebel, über Gebirgen, bei Notlandung);
4. Kenntnis der einschlägigen gesetzlichen, insbesondere der Verkehrsvorschriften;
5. bei Seeflugzeugführern außerdem die Kenntnis der schiffahrtpolizeilichen Bestimmungen und der Ortung über See;
6. Wetterkunde;
7. Kartenlesen;
8. Meßgerätekunde.

Klasse B.

Der Bewerber muß den Führerschein für Klasse A besitzen und entweder

1. einen Lehrgang von etwa 9 Monaten auf einer staatlich anerkannten Verkehrsfliegerschule mit Erfolg besucht haben, oder

2. den Nachweis erbringen, daß er entweder als 2. Führer von Flugzeugen Klasse B mindestens 15 000 km und als 1. Führer von Flugzeugen der Klasse A mindestens 5000 km über Land oder See oder als 1. Führer von Flugzeugen der Klasse A mindestens 15 000 km über Land oder See geflogen sowie 3 Monate praktisch in einer Motorenwerkstatt gearbeitet hat, und
3. eine theoretische und praktische Prüfung ablegen.

Die Prüfung für den Führerschein B für gewerbsmäßige Personenbeförderung ist bei der Deutschen Verkehrsfliegerschule, Berlin-Staaken, abzulegen.

Soll der Flugzeugführerschein B nicht für gewerbsmäßige Personenbeförderung gelten, so ist nur ein Drittel der unter Ziffer 2 verlangten Flugstrecken und die Hälfte der Ausbildungszeit nachzuweisen.

Wird die Prüfung auf Flugzeugen der Klasse B mit weniger als 6 Sitzplätzen abgelegt, so wird auch der Führerschein entsprechend beschränkt. Bei der praktischen Prüfung werden verlangt:

1. drei Ziellandungen, entsprechend Ziffer 4 und 2,
2. ein Überland- oder Überseeflugzeug von 500 km mit 2 Außenlandungen an vorgeschriebenen Plätzen,
3. zwei Nachtlandungen in ein Zielfeld von 50 × 250 m.

Die Nachtlandungen können auf Flugzeugen der Klasse A ohne Nutzlast und ohne Beschränkung der Drehzahl der Motoren ausgeführt werden.

Alle übrigen Aufgaben der praktischen Prüfung sind mit vollen Betriebsstoffbehältern und voller Zuladung, aber ohne Fluggast auszuführen.

Der Überlandflug ist nach Ziffer 4 Absatz zu 4 durchzuführen.

Bei der theoretischen Prüfung werden verlangt:

1. Flugzeugkunde: Kenntnis der wichtigsten Arten, der Herstellung und des Aufbaues von Flugzeugen (Metall- und Holzflugzeugen), der Arbeitsweise und Handhabung

ihrer Teile; Grundlage der Statik, einfache Aufgaben in der Festigkeitslehre, Grundbegriffe von Luftwiderstand;

2. Motorenkunde: Eingehende Kenntnis der Verbrennungsmaschinen und ihrer Arbeitsweise; allgemeine Kenntnis der Herstellung, des Aufbaues und der Eigenschaften der Luftfahrzeugmotoren. Der Bewerber muß in der Lage sein, die Ursache von Betriebsstörungen sicher zu erkennen und die üblichen einfachen Ausbesserungsarbeiten selbst vorzunehmen;
3. Stoffkunde: Allgemeine Kenntnis der in der Luftfahrt verwendeten Bau- und Betriebsstoffe;
4. Instrumentenkunde: Allgemeine Kenntnis der Einrichtung und Wirkungsweise von Drehzahl-, Luftdruck-, Höhen-, Wärmegrad-, Wind-, Staudruck- und Neigungsmesser (Wirkung von Pendeln und Kreiseln), Kompaßkunde (Bauarten, Einbau, Fehler, Ausgleichung), Funkgerät (Hauptbestandteile, Einbau und Bedienung einer Bordfunkstelle), Lichtbildgerät (Unterschied von gewöhnlichem und Meßbildgerät);
5. Wetterkunde: Allgemeine Kenntnis der Wettererscheinungen, ihrer Beobachtung und Beurteilung; gebräuchliche Darstellungsweise von Winden, Bewölkung, Niederschlägen; Beurteilung von Wetterlagen nach der Wetterkarte;
6. Geographische und astronomische Grundbegriffe, Kartenkunde, Sternenkunde;
7. Physik: Allgemeine Eigenschaften der starren, flüssigen und gasförmigen Körper; einfachere Sätze aus deren Mechanik sowie aus der Lehre des Schalls, der Wärme, der Elektrizität und des Magnetismus;
8. Allgemeine Kenntnis des deutschen Luftverkehrsrechts sowie der wichtigsten Grundbegriffe der einschlägigen ausländischen Bestimmungen, Kenntnis der Führung der im Lufverkehr vorgeschriebenen Bücher, ferner Kenntnis der Unfallverhütungsvorschriften der Berufsgenossenschaft.

Für Seeflugzeugführer gelten die in Ziff. 4 vorletzter Absatz enthaltenen besonderen Vorschriften auch hier, die Landungen sind etwa bei Seegang 3 auszuführen.

Fliegerschulen, welche Flugzeuge der Klasse B besitzen, können für die Schüler mit Führerschein A, die 30 Alleinflüge auf solchen Flugzeugen nachgewiesen und die 3 Ziellandungen ausgeführt haben, bei dem zuständigen Sachverständigen die Ausstellung eines Ausweises beantragen, der zu Überland- oder Überseeflügen auf Flugzeugen der Klasse B mit Fluggästen — aber nicht zur gewerbsmäßigen Personenbeförderung — berechtigt. Sind die Ziellandungen auf Flugzeugen mit mehr als zwei Sitzplätzen ausgeführt, so ist der Ausweis so auszustellen, daß er für Flugzeuge mit Sitzplätzen bis zu dieser Zahl gültig ist. Seeflugzeugführer haben außerdem vorher die besonderen Seeprüfungen auszuführen. Für sechs- und mehrsitzige Flugzeuge wird diese Bescheinigung in der Regel erst erteilt, wenn der Flugschüler bereits 5000 km Flugstrecke nachgewiesen hat.

### Klasse C.

Der Schein wird nur an solche Inhaber des Führerscheins für die Klasse B erteilt, die seit mindestens 6 Monaten im Besitz dieses Scheines sind und als Führer mehrsitziger Flugzeuge der Klasse B im planmäßigen Luftverkehr mindestens 20 000 km, einen Teil auch bei Nacht, geflogen haben. Sie haben dies nachzuweisen. Die Erteilung dieses Scheines erfolgt nur in besonders begründeten Fällen und nach Abnahme von 3 Ziellandungen in das Zielfeld durch den Sachverständigen.

5. Jeder Teil einer Prüfung ist innerhalb eines Monats durchzuführen. Entsteht durch Verschulden des Prüflings ein Schaden an dem Flugzeug, so gilt die praktische Aufgabe nicht als erfüllt.

Jede praktische Aufgabe kann zweimal versucht werden.

Der Sachverständige hat die Prüfung abzubrechen, wenn der Antragsteller bei der praktischen Prüfung Unkenntnis und Unsicherheit zeigt. Die Prüfung kann in diesem Falle erst nach einem Monat wiederholt werden.

6. Der Sachverständige hat dem Bewerber ein Gutachten über Ausführung und Ergebnis der einzelnen Leistungen auszuhändigen; eine Abschrift des Gutachtens verbleibt beim Sachverständigen. Das Gutachten muß das Flugzeugmuster benennen, auf dem die praktische Prüfung vorgenommen wurde. Der Sachverständige hat außerdem über die von ihm geprüften Personen ein Verzeichnis unter fortlaufender Nummer zu führen. In diesem ist die Klasse anzugeben, für welche die Prüfung abgelegt wurde.

7. Bewerber, die vor dem Jahre 1919 die Erlaubnis zum Führen von Motorflugzeugen erhalten haben, können den Führerschein Klasse A oder B erhalten, wenn sie diese Erlaubnis und eine angemessene Flugtätigkeit[1]) nachweisen. Sie haben außerdem die unter Ziffer 4 zu 2 geforderten Ziellandungen mit einem der Klasse entsprechenden Flugzeug vor dem Sachverständigen auszuführen.

Der nach dieser erleichterten Prüfung ausgestellte Führerschein B gilt nicht für die gewerbsmäßige Beförderung von Personen und erhält einen entsprechenden Vermerk. Soll er auch für diese Gültigkeit haben, so muß der Bewerber außer den Ziellandungen nachweisen, daß er in den letzten 2 Jahren entweder als 2. Führer von Flugzeugen der Klasse B und C 5000 km oder als 1. Führer von Flugzeugen der Klasse A oder B 2500 km Flugstrecke zurückgelegt hat, und

2 Nachtlandungen in ein Zielfeld von 50 × 250 m ausführen.

Der Flugzeugführerschein B wird entsprechend beschränkt,

---

[1]) Beendete Ausbildung ohne weitere praktische Flugtätigkeit ist nicht als angemessene Flugtätigkeit anzusehen.

wenn die Tageszziellandungen nicht auf sechssitzigen Flugzeugen ausgeführt wurden.

Inhabern des Führerscheins A, welche eine angemessene Flugtätigkeit vor dem Jahre 1919 und mindestens 2500 km Flugstrecke oder 25 Flugstunden als 1. Führer von Flugzeugen nach Erwerbung des Flugzeugführerscheins A nachweisen, kann in besonders begründeten Fällen der Flugzeugführerschein A für die gewerbsmäßige Beförderung von Personen mit Flugzeugen der Klasse A erweitert werden.

8. In begründeten Fällen können die Führerscheine auf besondere Flugzeugmuster oder auf Flüge ohne Fluggäste beschränkt werden. Die Beschränkung ist im Führerschein einzutragen.

9. Jeder Flugzeugführer hat mit Flugzeugmustern, die er vorher noch nicht geführt hat, 3 selbständige Flüge auszuführen, bei denen außer der Besatzung fremde Personen nicht an Bord sein dürfen. Auf Verlangen sind diese Flüge nachzuweisen.

10. a) Kunstflüge.

Die öffentliche Vorführung von Kunstflügen sowie die Beteiligung an Wettbewerben dieser Art ist nur solchen Flugzeugführern gestattet, die eine besondere Ausbildung auf diesem Fluggebiet nachweisen können. Zur öffentlichen Vorführung von Kunstflügen gehören auch solche Kunstflüge, die zu Propaganda- und Reklamezwecken ausgeführt werden.

Der Nachweis dieser Ausbildung ist durch einmalige, von einem Sachverständigen für Flugzeugführerprüfungen anerkannte Bescheinigungen zweier Sportzeugen zu erbringen, welche vom deutschen Luftrat zu diesem Zwecke ernannt sind. Diese Sportzeugen müssen eigene Erfahrungen im Kunstflug besitzen. Auf Antrag und nach Vorlage dieser Bescheinigung kann ein entsprechender Vermerk im Flugzeugführerschein erteilt werden.

Diese Eintragung im Flugzeugführerschein oder diese Bescheinigung der Sportzeugen berechtigen nicht zur Ausführung von Kunstflügen über Menschenansammlungen oder Gebäuden sowie in einer geringeren Höhe als 200 m.

Als Kunstflüge sind anzusehen:

1. alle halben und ganzen Drehungen um die Längsachse des Flugzeuges,
2. Überschlag (Looping),
3. Rückenflug,
4. Sturzflüge,
5. übertrieben steiles Steigen,
6. Fluglagen, bei denen die normale Mindestgeschwindigkeit des Flugzeuges unterschritten wird (sogenanntes Segeln),
7. hochgezogene Kehrkurven (sog. Immelmann-Turn),
8. Vereinigung vorstehend aufgeführter Flugarten.

b) Geschicklichkeitsflüge.

Für die Vorführung von Geschicklichkeitsflügen sowie für die Teilnahme an Wettbewerben dieser Art und an Flugzeugrennen genügt der Nachweis ausreichender Flugerfahrung durch Vorlage jedes Flugzeugführerscheines, der zur gewerbsmäßigen Personenbeförderung berechtigt, oder eines Flugzeugführerscheins B oder C auch ohne diese Berechtigung. Flugzeugführer, welche nur den Führerschein A ohne Erweiterung auf gewerbsmäßige Personenbeförderung besitzen, müssen vor der Teilnahme an derartigen Veranstaltungen ihre Befähigung durch eine von einem Sachverständigen anerkannte einmalige Bescheinigung zweier Sportzeugen des deutschen Luftrats nachweisen. Die Bescheinigung zu a) gilt auch für die Flüge zu b).

3.

**Anlegung von Flughäfen und Landeplätzen.**

Der Luftfahrt stehen in Deutschland Flughäfen und Landeplätze zur Verfügung.

**Flughäfen** sind Anlagen, die nach der Art und dem Maß ihrer Einrichtungen geeignet und dazu bestimmt sind, dem öffentlichen Luftverkehr zu dienen. Ein Flughafen soll so angelegt sein, daß Flugzeuge jeder Art dort abfliegen, landen und Unterkunft finden können. Dazu ist vor allem ein entsprechend großes Gelände unerläßlich.

Ein Flughafen erfordert eine ebene Fläche, die möglichst nicht in nebelreichen Niederungen liegt, Flugzeugen in allen Richtungen zum Abflug oder zur Landung ein Rollen über wenigstens 600 m (Rollänge) gestattet und unmittelbar anschließend daran eine Steigmöglichkeit im Winkel 1 : 15 bietet. Eine Rollänge von 1000 m in jeder Richtung ist anzustreben; sie ist innerhalb geschlossener Ortsteile unbedingt erforderlich. Das zu Abflug und Landung geeignete Gelände (Rollfeld) soll eine feste Grasnarbe haben. Das Gelände soll so liegen, daß die Flughafenzone (der zum Flughafen gehörende Luftraum) frei von Luftfahrthindernissen bleibt.

Die untere Begrenzung der Flughafenzone ist im allgemeinen außer dem Flughafengelände der Mantel eines Kegelstumpfes von folgender Lage und Größe:

1. Die Achse des Kegelstumpfes ist lotrecht.
2. Der Mittelpunkt des unteren kleineren Grundflächenkreises ist der Flughafenmittelpunkt.
3. Der Mantel ist gegen die Grundfläche im Verhältnis 1 : 15 geneigt.
4. Der Halbmesser des unteren Grundflächenkreises hat eine Länge von 300 m, der des oberen von 10 km.

Danach kann z. B ein Gebäude, das 1200 m vom Flughafenmittelpunkt entfernt liegt, 60 m hoch sein, ohne in die Flughafenzone hineinzuragen. Die Flughafenzone soll den Luftraum über geschlossenen Ortsteilen nicht umfassen, sie wird daher jeweils bei der Genehmigung des Flughafens (vgl. unten) festgesetzt.

Die Flughäfen dürfen erst dann in Betrieb genommen werden, wenn sie hinsichtlich der örtlichen und baulichen

Grundlagen den Mindestforderungen genügen, die bezüglich der Einrichtungen zum Abflug und zur Landung, zur Einnahme von Betriebsstoffen, zu Instandsetzungen und zur Wahrung der öffentlichen Sicherheit gestellt werden müssen. Dazu gehört:

a) Einebnung und Befestigung des Rollfeldes in der oben angegebenen Mindestausdehnung,
b) Kenntlichmachung von Luftfahrthindernissen, und zwar auch bei Nacht,
c) sichere Lagerung von Betriebsstoffen,
d) Vorhandensein einer Werkstatt mit den notwendigen Ersatzteilen zu Instandsetzungen,
e) ein 2 m langer Windsack von 0,5 m größtem Durchmesser (Mindestmaße) an gut sichtbarer Stelle,
f) Fernsprechanschluß,
g) Unterkunftsräume für die Polizeiflugwache,
h) Sicherstellung ärztlicher Hilfeleistung,
i) Feuerschutz,
k) Absperrung des Flughafens gegen das Publikum.

Ein ausgebauter Flughafen soll in der Regel folgende Einrichtungen aufweisen:

1. Luftfahrzeughallen mit Heiz- und Beleuchtungseinrichtungen; Zahl und Ausmaße richten sich nach dem Umfang des Luftverkehrs und den hierfür vorgesehenen Luftfahrzeugen.
2. Unterirdische Betriebsstoffbehälter, deren Zahl und Fassungsvermögen von der Genehmigungsbehörde festzusetzen ist.
3. Eine heizbare Werkstatt mit dem nötigen Fachpersonal, in der an mindestens 2 Flugzeugen gleichzeitig, auch bei Nacht, alle Instandsetzungen vorgenommen werden können, die für gewöhnlich nicht in einer Fabrik bewerkstelligt werden.
4. Eine Wiegevorrichtung für Flugzeuge.
5. Eine Flugwetterkarte.

6. Eine Flughafenfunkstelle mit einer Reichweite und einer Ausstattung, die der Bedeutung des Flughafens entspricht; die Luftleiter sollen nicht in die Flughafenzone hineinragen.
7. Einrichtungen für Landbeleuchtung und Befeuerung.
8. Unterkunftsmöglichkeit für Luftfahrer, die im Interesse des Flugbetriebs im Flughafen übernachten müssen.
9. Verwaltungsgebäude mit Aufenthaltsraum und den erforderlichen Wohlfahrtseinrichtungen für Luftfahrer und Fluggäste sowie getrennten Räumlichkeiten für Flugleitung, Wetterdienst, Funkdienst, Paß-, Zoll- und Poststelle, Polizeiflugwache und Unfallstelle, die für erste Hilfeleistung auszustatten ist.
10. Wasser- und Elektrizitätsversorgung.
11. Bahnanschluß.
12. Gepäckdienst und gute Kraftwagenverbindung zu den Verkehrsmitteln auf der Erde.

Außerdem sollen die für die unter Nummer 3 genannten Arbeiten im allgemeinen nötigen Ersatzteile vorgehalten werden.

Je nach der Bedeutung des Flughafens kann zu seiner einfacheren Ausgestaltung auf Antrag von der Schaffung einzelner Einrichtungen abgesehen werden.

Für Wasserflughäfen sind die Erfordernisse sinngemäß. Die Rollängen müssen in jeder Richtung 1500 m messen, die Wassertiefe soll möglichst 4 m, mindestens aber 1,5 m betragen. Einrichtungen zum Zuwasser- und Aufbringen von Luftfahrzeugen müssen vorhanden sein.

Ist im Flughafen nicht ununterbrochener Betrieb eingerichtet, so muß an einer Tafel deutlich angegeben sein:

1. Wohnung des Flughafenbetriebsleiters und seines Stellvertreters,
2. nächste Stelle zur Entnahme von Betriebsstoffen,
3. nächste Fachwerkstatt,

4. nächste Fernsprechstelle,
5. nächste Polizeiwache,
6. nächster Personen- und Güterbahnhof,
7. nächster Arzt (Wohnung und Fernruf).

Flughäfen werden in der Regel, wenn nicht die Gemeinden selbst als Flughafenunternehmer auftreten, von gemeinnützigen Gesellschaften angelegt, in denen sich die Gemeinden einen entsprechenden Einfluß sichern.

Zur Erlangung der nach § 7 Abs. 1 LuftVG. erforderlichen Genehmigung zur Anlegung eines Flughafens muß ein Antrag in dreifacher Ausfertigung an die zuständige Landesbehörde eingereicht werden. Jeder Ausfertigung des Antrags sind beizufügen:

1. ein ausgefüllter Fragebogen für die Anlegung eines Flughafens (s. u.),
2. ein Lageplan im Maßstab 1 : 10 000 mit Höhenschichtlinien, auf dem — außer den genauen Grenzen des Flughafens und des Rollfeldes — auch die Umgebung des Flughafens bis zu 1 km von der Flughafengrenze unter besonderer Berücksichtigung der Luftfahrthindernisse und der Notlandemöglichkeiten eingetragen ist,
3. der Entwurf einer Flughafenbetriebsordnung,
4. ein Vorschlag für die Festsetzung der Flughafenzone,
5. im Bedarfsfalle ein Antrag auf Verleihung des Enteignungsrechts.

Bemerkt wird hierbei, daß die unmittelbare Vorlage des Antrages an den Reichsverkehrsminister die Erledigung nicht beschleunigen, sondern verzögern würde.

Nach der Genehmigung zur Anlegung eines Flughafens, die bedingt erteilt werden kann, ist nach Fertigstellung der Anlagen die Erlaubnis zur Eröffnung des Betriebes — und zwar ebenfalls bei der Landesbehörde — zu beantragen. Auf Antrag kann die Erlaubnis zur Eröffnung des Betriebes schon gegeben werden, wenn der Flughafen sich zwar noch im Bau befindet, die Erfüllung der eingangs unter a—k erwähnten Mindestbedingungen aber durch behördliche Prüfung festgestellt worden ist. Der Ausbau des Flughafens muß entsprechend den Bedingungen, zu denen die Genehmigung zur Anlegung erteilt wurde, beendet werden.

Landeplätze sind Anlagen für den öffentlichen oder privaten Luftverkehr mit einfacheren Betriebs-, Unterkunfts- und Wohlfahrtseinrichtungen, besonders hinsichtlich der Größe des Rollfeldes, je nach der Art ihrer Sonderbestimmung. Bei einem kleineren Rollfeld muß auf das Vorhandensein eines von Hindernissen freien Anschweberaumes entsprechend der hindernisfreien Flughafenzone besonders geachtet werden.

Landeplätze werden von Privatpersonen für ihren eigenen Bedarf angelegt. Ferner können sie, und zwar auch von Gemeinden oder Gesellschaften für Zwecke des öffentlichen Luftverkehrs, angelegt werden, wenn ein zur Verfügung stehendes Gelände hinsichtlich seiner Abmessungen den Anforderungen, die an einen Flughafen gestellt werden müssen, nicht voll genügt.

Soll öffentlicher Luftverkehr auf ihnen betrieben werden, so greift dasselbe Genehmigungsverfahren wie für Flughäfen Platz. Die Genehmigung solcher Verkehrslandeplätze wird dann unter Berücksichtigung der jeweiligen Verhältnisse erteilt. Beispielsweise wird ein Landeplatz mit nur 400 m kleinster Rollänge als Verkehrslandeplatz nur unter der Bedingung genehmigt werden können, daß er nur von solchen Luftfahrzeugen angeflogen werden darf, für die hinsichtlich ihrer Abflug- und Landeeigenschaften ein derartig kleiner Platz nachweislich ausreicht.

Vor der Einrichtung von solchen Landeplätzen, die dem öffentlichen Luftverkehr zu dienen nicht bestimmt sind, sowie vor der Aufnahme ihres Betriebes ist der Landesbehörde mit den gleichen Unterlagen wie beim Genehmigungsantrag für Flughäfen Anzeige zu erstatten. Die Landesbehörde kann den Betrieb untersagen, wenn der Platz ungeeignet ist oder der Betrieb unzuverlässig geführt wird.

Aus der verschiedenen Benennung können die Luftfahrer erkennen, auf welchen Anlagen — nämlich den Flughäfen — sie immer und mit jedem Flugzeug, und auf welchen Anlagen — nämlich den Landeplätzen — sie nur bedingt landen können. Anderseits wird die Sicherheit dadurch erhöht, daß Versuchs- oder Übungsflüge nur auf wirklich dazu geeignetem Gelände zugelassen werden, denn die Ausnahmebestimmungen des § 5 Satz 1 LuftVG. gelten nur für Flughäfen.

Viele Gemeinden, für die sich die Anlage eines Flughafens oder Landeplatzes vorläufig noch nicht lohnt, tragen den Erfordernissen der Luftfahrtentwicklung dadurch Rechnung, daß sie ein zur späteren Anlage solcher Einrichtungen geeignetes Gelände weitschauend zunächst als Notlandeplatz bereithalten. Notlandeplätze erhöhen die Sicherheit der Luftfahrt, weil Luftfahrzeuge bei Betriebsstörungen dort landen können. Außerdem bieten sie die Möglichkeit, daß Luftfahrzeuge auch aus anderer Veranlassung auf ihnen landen, und daß Luftfahrtveranstaltungen, für die besondere Baulichkeiten nicht errichtet zu werden brauchen, dort abgehalten werden, sofern das Gelände den Anforderungen genügt.

Zu Notlandeplätzen eignen sich ebene Flächen ohne Gräben und Zäune (Wiesen, Weiden, Kleeschläge und ähnliche), wenn in dem oben angedeuteten Umkreis keine sonstigen Lufthindernisse (Drahtleitungen, Häuser, Bäume u. dgl.) vorhanden sind.

### Fragebogen für die Anlegung eines Flughafens oder Verkehrslandeplatzes.

I. 1. In Aussicht genommene Bezeichnung:

II. 2. Name, Wohnort (Sitz) und Anschrift des Unternehmers:

III. Angaben über die örtlichen Verhältnisse des Flughafens.

a) Lage.

3. Lage zur nächsten Stadt:
4. Geographische Lage (Länge östl. Greenwich und Breite):
5. Höhe über NN:
6. Magnetische Mißweisung:
7. Angaben, die ankommenden Luftfahrern die Auffindung des Flughafens erleichtern,
   a) bei Tage:
   b) bei Nacht:

b) Gelände.

8. Ausdehnungsform:
9. Größe des Flughafengeländes in $m^2$:
10. Größte Länge und Breite in m:
11. Größe des Rollfeldes in $m^2$:
12. Rollänge in den verschiedenen Richtungen in m:
13. Also kleinste Rollänge in m:
14. Beschaffenheit und Bodenart des Geländes (Grasnarbe, Sandboden, Grundwasserstand, Entwässerung, Neigung zu Sumpfbildung usw.):
15. Welche Veränderungen müssen vorgenommen werden?

Bei Wasserflughäfen außerdem:

16. Wassertiefe der Rollbahnen in m:
17. Wassertiefe am Landeufer in m:

c) Vorgelände.

18. Welche Bauten, Bäume, Drahtleitungen und sonstigen Luftfahrthindernisse sind innerhalb einer Entfernung bis zu 300 m von der Flughafengrenze vor-

handen (genaue Angabe der Richtung, Entfernung vom Flughafenmittelpunkt und Höhe in m über Rollfeld mit Hinweis auf den einzureichenden Plan)?

a) Nordseite:
b) Westseite:
c) Südseite:
d) Ostseite:
e) auf dem Flughafen selbst:

19. Welche Gegenstände sind innerhalb einer Entfernung bis zu 1 km von der Flughafengrenze höher als 20 m über Rollfeld (Beschreibung wie oben)?

20. Welche Notlandemöglichkeiten gibt es in der Umgebung?

d) Eigentumsverhältnisse.

21. Angabe etwa auf dem Platz ruhender Dienstbarkeiten (Wegerechte u. a.):

22. Welche Rechte anderer Personen bestehen an dem Gelände?

23. Welche Vereinbarungen mit den Berechtigten sichern die Benutzung des Flughafens?

24. Wie lange?

IV. Geplante oder vorhandene bauliche Einrichtungen.

a) Unterkunft für Luftfahrzeuge.

25. Zahl der Luftschiffhallen:

| | |
|---|---|
| 26. Größe in m²: | für jede Halle besonders, Maße in m |
| 27. Länge: | |
| 28. Breite: | |
| 29. Höhe: | |
| 30. Spannweite der Tore: | |
| 31. Höhe der Tore: | |

32. Verankerungsmöglichkeiten für Luftschiffe:

33. Zahl der Flugzeughallen:

| | |
|---|---|
| 34. Größe in m² | für jede Halle besonders, Maße in m. |
| 35. Länge: | |
| 36. Breite: | |
| 37. Höhe: | |
| 38. Spannweite der Tore: | |
| 39. Höhe der Tore: | |

b) Instandsetzungswerkstätten.

40. Größe in m²:
41. Ausstattung:
42. Zahl des Personals:
43. Wo und in welcher Entfernung vom Flughafen ist außerdem die Instandsetzung von Luftfahrzeugen möglich?
44. Welche Luftfahrzeugbauunternehmungen sind am Orte ansässig?

c) Betriebsstoffanlagen.

45. Bauart:
46. Fassungsvermögen:
47. Wo und in welcher Entfernung vom Flughafen werden außerdem Betriebsstoffe vorgehalten?
48. Ist Gasversorgung für Luftschiffe vorgesehen?
49. Welche Gase sind verfügbar?

d) Unterkunft für Personen.

50. Wie werden Luftfahrer, die im Interesse des Flugbetriebes im Flughafen übernachten müssen, untergebracht?
51. Wo und in welcher Entfernung vom Flughafen liegt das nächste Gasthaus?

e) Verwaltungsgebäude.

52. Angaben über Aufenthaltsräume und Wohlfahrtseinrichtungen für Luftfahrer und Fluggäste sowie über die Räume für Flugleitung, Wetterdienst, Funk-

dienst, Paß-, Zoll- und Poststelle, Polizeiflugwache und Unfallstelle:

f) 53. Wie ist Wasser- und Elektrizitätsversorgung sichergestellt?

g) Bahnanschluß.

54. Welches ist der nächste Güterbahnhof?

55. Zu welchem Güterbahnhof führt das Anschlußgleis?

56. Warum soll kein Bahnanschluß hergestellt werden?

h) Bei Wasserflughäfen.

57. Beschreibung der Einrichtungen zum Zuwasser- und Aufbringen von Luftfahrzeugen (Maße der Ablaufbahnen und Hebezeuge):

V. Verkehrseinrichtungen.

58. Wie ist der Zubringerdienst aus der Stadt zum Flughafen geregelt?

59. Verbindungen und Entfernungen in km und Wegminuten bei den verschiedenen Verkehrsmitteln:

| Nach | km | Wegminuten | | | |
|---|---|---|---|---|---|
| | | zu Fuß | bei Benutzung | | |
| | | | von Kraftwagen | der Straßenbahn | usw. |
| dem Stadtinnern . | | | | | |
| der nächsten Straßenbahn-Haltestelle . . . . . | | | | | |
| dem nächsten Personenbahnhof . | | | | | |
| dem Haupt- oder Fernbahnhof . . | | | | | |
| dem Güterbahnhof | | | | | |
| dem Seeflughafen usw. | | | | | |

60. Fernsprechanschluß (Amt und Nummer):
61. Ist die Anlage einer besonderen Flughafenfunkstelle geplant?
62. Angabe der nächsten Funkstelle und der Verbindung dorthin (Fernsprechamt und Nummer):

VI. Wetterdienst.

63. Angaben über die meteorologischen Verhältnisse (vorherrschende Windrichtung, Niederschlagsmenge, Nebelhäufigkeit):
64. Ist die Einrichtung einer besonderen Flugwetterwarte vorgesehen?
65. Angabe der nächsten Wetterwarte und der Verbindung dorthin (Fernsprechamt und Nummer):

VII. 66. Entwurf der Gebührenordnung:

VIII. Sicherheitseinrichtungen.

67. Wie wird der Flughafen für das Publikum abgesperrt?
68. Welche Vorkehrungen werden für erste Hilfe bei Unfällen getroffen (Unfallstelle mit Verbandskasten, Krankenkraftwagen)?
69. Wo und in welcher Entfernung vom Flughafen wohnt der nächste Arzt (Wohnung, Fernsprechamt und Nummer)?
70. Angaben über die Feuerlöscheinrichtungen:

IX. 71. Wie wird dem Erfordernis des § 29 LuftVG. Rechnung getragen? (Sicherheitsleistung durch Hinterlegung oder Haftpflichtversicherung. Vgl. Verordnung zur Änderung der Haftpflichthöchstsummen im Kraftfahrzeug- und im Luftverkehre vom 6. Februar 1924. Reichsgesetzbl. I S. 42; NfL. 24/5—6. 1.)

X. 72. Besondere Angaben, soweit vorstehend noch nicht berührt:

(Ort und Datum):

(Unterschrift des Unternehmers):

### 4.

### Besondere Bedingungen für die Zulassung von Luftfahrtunternehmen.

Die Zulassung von Luftfahrtunternehmen erfolgt nur unter nachstehenden besonderen Bedingungen:

1. Reklameflüge und Luftfahrtveranstaltungen bedürfen der Genehmigung der Landeszentralbehörde oder der von dieser bestimmten Behörde. Die Ausbildung von Luftfahrern ist untersagt.
2. Anwendung und Mitführung, nicht einfache Beförderung, von Lichtbild- und F. T.-Gerät bedarf der besonderen Genehmigung des Reichsverkehrsministeriums.
3. Bis zur Bekanntgabe näherer Bestimmungen sind nur Flüge innerhalb des Deutschen Reiches gestattet.
4. Die Flüge dürfen nur mit den vom Reichsverkehrsministerium zugelassenen Flugzeugführern erfolgen. Für den Flugzeugführer und das Flugzeug sind die Zulassungsbescheinigungen auf allen Flügen mitzuführen.
5. Bis zur Bekanntgabe weiterer Bestimmungen haben die Flugzeuge als Kennzeichen die ihnen zugeteilten Erkennungsmale und Nummern in der vorgeschriebenen Abmessung auf den Tragflächen unten und oben und am Rumpf zu beiden Seiten zu führen; Erkennungsmal und Nummer sind in Balkenschrift mit schwarzer Schrift auf hellem Untergrunde des Flugzeugs und in weißer Schrift auf dunklem Untergrunde des Flugzeugs anzubringen. Außerdem ist die zulässige Höchstbelastung deutlich sichtbar mit 10 cm großen Buchstaben an der Außenseite des Rumpfes neben der Vorrichtung zum Besteigen des für Passagiere bzw. Nutzlast vorgesehenen Raumes anzugeben. (Höchstbelastung . . . kg, einschließlich Betriebsstoffe.)
6. Kunst- und Schauflüge über bewohnten Ortschaften außerhalb der Flughäfen sind verboten.
7. Der Flugzeughalter und seine Organe haben sich allen

vom Reichsverkehrsministerium und von den Landes-, Orts- usw. Behörden für die Regelung und Überwachung des Luftverkehrs getroffenen Maßnahmen zu unterziehen.

8. Jedem Flugzeug ist ein Ausweis mitzugeben, aus dem der Auftrag des Flugzeuges, der Flugweg und die Personalien der Besatzung sowie die beförderten Güter einwandfrei hervorgehen.
9. Einrichtung und Betrieb planmäßiger Fluglinien bedürfen der besonderen Genehmigung des Reichsverkehrsministeriums.
10. Die Ergänzung der vorstehenden vorläufigen Bestimmungen bleibt vorbehalten.
11. Verstöße gegen die Bestimmungen des Reichsverkehrsministeriums haben die sofortige Einziehung der Genehmigungsurkunde zur Folge.

## 5.

## Vorschriften für Luftfahrtunternehmen, die mit Genehmigung des Reichsverkehrsministeriums planmäßigen Luftverkehr betreiben.

(Konzessionsbedingungen.)

### Artikel I.

### Gesetzliche Bestimmungen.

1. Für den Luftverkehr über Deutschland sind die Vorschriften des Luftverkehrsgesetzes vom 1. August 1922 (Reichsgesetzbl. I S. 681), und die in Ausführung und Ergänzung dieses Gesetzes erlassenen Gesetze, Verordnungen und allgemeinen Verwaltungsanordnungen maßgebend. Dies bezieht sich insbesondere auf die Zulassung von Luftfahrtunternehmen, von Flugzeugen und von Flugzeugführern.
2. Die dem Unternehmen bei der Zulassung gemäß § 11

LuftVG. auferlegten besonderen Bedingungen bleiben hierneben bestehen.

### Artikel II.

### Flugplan und Zubringerdienst.

1. Der Flugplan ist dem Reichspostministerium und dem Reichsverkehrsministerium zur Genehmigung vorzulegen. Die amtliche Veröffentlichung des Flugplanes erfolgt in den „Nachrichten für Luftfahrer".
2. Der planmäßige Luftverkehr ruht grundsätzlich an Sonntagen; an Feiertagen, die auf Wochentage fallen, dagegen nicht.
3. Der planmäßige Luftverkehr ist für die bei der Veröffentlichung der Flugpläne vorgesehene Zeit durchzuführen. Er darf vorzeitig nur mit Genehmigung des Reichsverkehrsministeriums und Reichspostministeriums eingestellt oder eingeschränkt werden.
4. Änderungen der Flugpläne innerhalb der bei ihrer Veröffentlichung bekanntgegebenen Betriebsperiode können nur in unabweisbar notwendig erscheinenden Ausnahmefällen genehmigt werden. Die Anträge hierzu sind dem Reichspostministerium und dem Reichsverkehrsministerium spätestens zwei Wochen vor der beabsichtigten Neuregelung vorzulegen.
5. Das Unternehmen ist verpflichtet, die Beförderung der Fluggäste und ihres Gepäcks sowie grundsätzlich der Post vom Stadtinnern zum Flughafen und zurück in Kraftfahrzeugen auszuführen. Ausnahmen können in besonderen Fällen auf Antrag zugelassen werden, wenn ein beschleunigter Zubringerdienst auf andere Weise, z. B. durch die Straßenbahn, gewährleistet wird. Der Zubringerdienst ist als Teil des Flugplanes anzusehen und so zu gestalten, daß die Flugzeuge flugplanmäßig abfliegen können. Daher müssen auch eintreffende Fluggäste unverzüglich mit dem Kraftwagen abbefördert wer-

den. Auf die Ankunft anderer Flugzeuge darf grundsätzlich nicht länger als eine Viertelstunde gewartet werden.

### Artikel III.

### Beförderungstarif.

Gleichzeitig mit den Flugplänen sind dem Reichsverkehrsministerium die von dem Unternehmen für die Beförderung von Fluggästen und -gütern aufgestellten Tarife und die allgemeinen Beförderungsbedingungen zur Genehmigung vorzulegen. Die Personentarife haben sich auf die Beförderung von Flughafen zu Flughafen zu beziehen und schließen den Zubringerdienst (Artikel II, Ziffer 5) ein.

Für die Beförderung des nicht im Flugzeug mitgeführten Gepäcks ist das in Nr. 9, S. 99 der „Nachrichten für Luftfahrer" Jahrgang 1926 veröffentlichte Verfahren anzuwenden.

### Artikel IV.

### Postbeförderung.

Die Hinzuziehung des Unternehmens zur Postbeförderung wird durch unmittelbare Verträge zwischen dem Reichspostministerium und dem Unternehmen geregelt.

### Artikel V.

### Personal und Betriebsmittel.

1. Die leitenden Angestellten des Unternehmens, das Personal auf den Flughäfen, soweit es von dem Unternehmen selbst bereit gehalten wird, und die Flugzeugbesatzungen müssen die deutsche Reichsangehörigkeit besitzen. Ausnahmen sind dem Reichsverkehrsministerium zur Genehmigung vorzulegen.
2. Die Flugzeugbesatzungen sind in ständiger Übung zu erhalten. Jeder für die einzelnen Flugstrecken vorgesehene Flugzeugführer soll in der Regel während der Monate April bis August monatlich durchschnittlich mindestens

20 und nicht mehr als 100 Flugstunden geflogen haben. Es darf kein Flugzeugführer verwendet werden, der nicht das auf einer bestimmten Strecke eingesetzte Flugzeugmuster einwandfrei geflogen und sich durch Sonderflüge oder als zweiter Führer die erforderlichen Streckenkenntnisse erworben hat.

3. Für den Verkehr sind nur moderne Kabinenflugzeuge zu verwenden. Sie sind mit allen Einrichtungen zu versehen, um den Fluggästen höchste Sicherheit und möglichste Bequemlichkeit zu bieten. Die Gesellschaft hat in dem mehrmotorigen Flugzeugen vom Reichsverkehrsministerium unter besonderen Bedingungen zur Verfügung gestelltes F. T.-Gerät einzubauen, mitzuführen oder zu verwenden. Ehemalige Heeres- oder Marineflugmuster dürfen auch nach Abänderung nicht eingesetzt werden.

4. Die Flugzeuge, die darin verwendeten Motoren und das Bordgerät müssen grundsätzlich von deutschen Firmen aus deutschem Material hergestellt sein.

   Ausnahmen von dieser Bestimmung werden vom Reichsverkehrsministerium nur bei Vorliegen besonderer Gründe auf Antrag zugelassen werden.

5. Auf jedem planmäßig angeflogenen Flughafen und Landeplatz müssen angemessenes Fachpersonal und die erforderlichen Ersatzteile (Motoren usw.) bereit gehalten werden. Der Flugpark muß im Laufe des Flugjahres dauernd gut imstande gehalten und nötigenfalls unverzüglich entsprechend ergänzt werden.

6. Das Unternehmen reicht dem Reichsverkehrsministerium Verzeichnisse in doppelter Ausfertigung ein, in denen enthalten sein müssen:
   a) der Sitz der Geschäftsleitung. Namen und Wohnort der verantwortlichen Vorstandsmitglieder. Die Namen der Flugleiter sind neben dem Beschäftigungsort mitzuteilen;

b) die Namen der Flugzeugführer mit Angabe der bisherigen Flugleistungen.

Hierbei ist anzugeben, welche Führer nach dem Jahre 1918 ausgebildet worden sind;

c) die zur Verwendung kommenden Flugzeuge;

d) die Werften und Ersatzteillager.

Der Luftverkehr auf einer Strecke darf erst eröffnet werden, wenn sich das Reichsverkehrsministerium mit dem vorgeschlagenen Einsatz des Personals und Materials einverstanden erklärt hat.

Etwaige Veränderungen sind dem Reichsverkehrsministerium monatlich bis zum 12. anzuzeigen.

7. Die Flugzeuge dürfen werktäglich grundsätzlich zu einem anderen Zweck als zu dem vorgesehenen Streckendienst nur verwendet werden, wenn dieser dadurch nicht beeinträchtigt wird. Die Ersatzflugzeuge sind auf den einzelnen Strecken möglichst so unterzubringen, daß ein Ausfall planmäßiger Flüge wegen Flugzeugmangels ausgeschlossen ist.

8. Für Wettermeldungen sind die vom Reichsverkehrsministerium vorgeschriebenen Wetterzettel zu verwenden. Sie müssen dem Flugzeugführer vor dem Fluge ausgehändigt werden und ihm während des Fluges leicht zugänglich sein.

9. Jeder Unfall, bei dem Personen verletzt oder getötet worden sind, ist von dem Unternehmen sofort telegraphisch an die Flugfunkleitung des Reichsverkehrsministeriums über die Flughafenfunkstelle Tempelhof zu melden. Außer der telegraphischen Meldung ist, soweit möglich, das Reichsverkehrsministerium telephonisch zu benachrichtigen.

10. Das Unternehmen ist verpflichtet, dem Reichsverkehrsministerium nachzuweisen, daß der Betrieb der Strecken finanziell und die Benutzung oder Mitbenutzung von Flughäfen und Flughafeneinrichtungen rechtlich und

finanziell gesichert ist. Etwa zur Verfügung stehende Beihilfen sind durch Vorlage der darüber abgeschlossenen Verträge zu belegen.

### Artikel VI.

### Beaufsichtigung des Unternehmens.

1. Das Unternehmen ist verpflichtet, vom Reichsverkehrsministerium bestellten Kommissaren jederzeit offenen Einblick in den technischen Betrieb und den Verwaltungsbetrieb zu gewähren. Die Kommissare sind berechtigt, Auskünfte über alle sich auf den Luftverkehr beziehenden Fragen zu verlangen.
2. Der dauernden Beaufsichtigung unterliegen insbesondere alle Flugzeuge, Ersatzmotoren und Bordgeräte, und zwar sowohl hinsichtlich ihres Vorhandenseins wie hinsichtlich ihres Unterhaltungszustandes.
3 Das Unternehmen verpflichtet sich, dem Reichsverkehrsministerium zum Zwecke der Durchführung einer Luftfahrtsstatistik laufend alle erforderlichen Angaben nach vom Reichsverkehrsministerium aufgestellten Mustern zu machen.

### Artikel VII.

### Schlußbestimmungen.

1. Bei Zuwiderhandlungen gegen vorstehende Bestimmungen und die dem Unternehmen etwa auferlegten besonderen Verpflichtungen wird die Genehmigung zum Luftverkehr zurückgezogen werden.
2. Das Reichsverkehrsministerium behält sich vor, erforderlichenfalls die Konzessionsbedingungen zu ergänzen und abzuändern. Diese Änderungen werden dem Unternehmen spätestens 2 Wochen vor dem Inkrafttreten bekanntgegeben werden.

# 3. Luftreiseverkehr.

## a) Beförderungsbedingungen im Luftverkehr.

(NfL. 1927 S. 233).

Der Reichsverkehrsminister hat die nachstehenden allgemeinen Beförderungsbedingungen für den deutschen Luftverkehr genehmigt:

### Personenverkehr.

1. Jeder Fluggast muß im Besitze eines gültigen Flugscheines und, sofern es sich um einen Flug in das Ausland handelt, eines ordnungsmäßigen Passes mit den erforderlichen Sichtvermerken sein, ohne daß die Luftverkehrsgesellschaft verpflichtet ist, auf das Vorhandensein des Passes und der Sichtvermerke zu achten.

Der Flugschein hat nur für den in ihm näher bezeichneten Flug, Tag, die darin genannte Person und das planmäßige Flugzeug Geltung, soweit nicht Stellung eines Sonderflugzeuges vereinbart ist; er ist nur mit Genehmigung der jeweils befördernden Luftverkehrsgesellschaft übertragbar.

Rückflugscheine sind nur innerhalb der auf ihnen angegebenen Frist gültig. Die Platzbelegung hat bei Rückflugscheinen in derselben Weise zu erfolgen, wie bei einfachen Flugscheinen.

2. Die Fluggäste haben sich so rechtzeitig vor der festgesetzten Startzeit auf dem Flugplatz einzufinden, daß die nötigen Paß-, Zoll- und Gepäckvorschriften erledigt werden können.

3. Von der Beförderung ausgeschlossen sind:

a) Geisteskranke und mit ansteckenden Krankheiten behaftete oder unter dem Einflusse von Alkohol, Drogen oder sonstigen Betäubungsmitteln stehende Personen;

b) Waffen, Munition, explosive, feuergefährliche, ätzende oder sonst dem Flugzeuge, den Fluggästen, oder Gütern gefahrbringende Gegenstände;

c) einfuhrverbotene Gegenstände sowie solche, deren Beförderung über einem der zu überfliegenden Länder behördlich verboten ist;

d) Gegenstände, durch die eine Belästigung der Mitreisenden verursacht werden kann oder die wegen ihres Umfanges, ihres Gewichtes oder ihrer sonstigen Beschaffenheit sich zur Beförderung mit einem Flugzeuge eines der an der Beförderung beteiligten Unternehmens nicht eignen. Die Mitnahme lebendiger Tiere kann in Ausnahmefällen auf Grund besonderer Vereinbarungen gestattet werden.

4. Die Beförderung von Kindern in Begleitung Erwachsener erfolgt bis zu einem Alter von drei Jahren unentgeltlich, bei einem Alter von drei bis sieben Jahren zum halben Preise. Minderjährige haben nur dann Anspruch auf Beförderung, wenn sie im Besitze einer schriftlichen Einwilligungserklärung des gesetzlichen Vertreters für den Flug nach Maßgabe der Beförderungsbedingungen sind. Eine Verpflichtung für die Flugleitung, die Einwilligungserklärung sich vorlegen zu lassen oder einzusehen, besteht nicht.

5. Die Luftverkehrsgesellschaften behalten sich das Recht vor, Beförderung von Passagieren oder Reisegepäck bei irgendeinem Fluge zu verweigern, ohne damit Verpflichtungen gegenüber dem Passagier einzugehen mit Ausnahme der Rückzahlung des Flugpreises. Wird auf einen Flugschein einer Luftverkehrsgesellschaft die Beförderung durch ein Flugzeug einer anderen oder mehrerer anderer Luftverkehrsgesellschaften ausgeführt, so sind die Ausführenden für ihre Ausführung jeweils allein Vertragsgegner.

Ein Anspruch auf Rückerstattung des gezahlten Flugpreises besteht nicht, wenn ein angemeldeter Fluggast zu dem betreffenden Fluge nicht oder zu spät eintrifft. Will der Fluggast von einem Fluge zurücktreten, so erhält er den gezahlten Flugpreis unter Abzug von 10% für Abbestellgebühren und der durch die Abbestellung entstehenden Telegramm- oder Fernsprechkosten zurückerstattet, sofern der Flugschein und die Anzeige des Rücktritts bei den zuständigen Stellen spätestens 24 Stunden vor der vorgesehenen Startzeit eingeht. Eine Rückzahlung für einen Platz, der später als 24 Stunden und wenn der Flugpreis RM. 80,— übersteigt, 48 Stunden vor der vorgesehenen Startzeit abbestellt wird, kann nur erfolgen, wenn der Flugschein anderweitig verkauft wird. Fällt ein Flug wegen schlechten Wetters, aus Verkehrs- oder anderen Gründen aus oder kehrt das Flugzeug nach Antritt des Fluges ohne Unterbrechung desselben zum Ausgangshafen zurück, so ist der Fluggast berechtigt, die Rückzahlung des Flugpreises zu beanspruchen. Bei Unterbrechung des Fluges hat der Fluggast Anspruch auf Rückerstattung des Flugpreises für die nicht geflogenen Kilometer. Rückzahlungsansprüche müssen innerhalb vier Wochen, von der Ausstellung des Flugscheines an gerechnet, geltend gemacht werden.

6. Die Teilnahme am Fluge, sowie die Mitnahme von Gepäck erfolgt der Luftverkehrsgesellschaft, ihren Angestellten, den Unternehmungen und Personen, deren sie sich zur Erfüllung ihrer Verbindlichkeiten bedient, sowie den verausgabenden Agenturen gegenüber auf alleinige Gefahr der Fluggäste.

Mit der Annahme des Flugscheines oder der Teilnahme am Fluge verzichtet der Fluggast insbesondere für sich und etwa in Betracht kommende andere Personen auf den Ersatz des Schadens, der ihm mittelbar oder unmittelbar bei der Benutzung des Flugzeuges oder sonst im Zusammenhange mit der Luftreise, insbesondere im Zubringerdienste, an seiner Person, seinen Sachen oder dem aufgegebenen Gepäck erwächst. Er hat auch keinen Anspruch auf Schadenersatz wegen Ausschlusses vom Fluge, Ausfall des Fluges, Verspätung oder Unterbrechung eines Fluges.

7. Allen auf den Flugdienst bezüglichen Anordnungen des Personals der Luftverkehrsgesellschaften haben die Fluggäste unbedingt zu folgen. Wer den Anordnungen des Personals oder den Beförderungsbedingungen nicht entspricht, haftet für den sich daraus ergebenden Schaden und kann von der Beförderung ausgeschlossen werden.

Das eigenmächtige Betreten des Flugplatzes sowie der Aufenthalt in der Nähe des Flugzeuges ist ohne besondere Erlaubnis untersagt. Das Besteigen oder Verlassen des Flugzeuges darf erst nach Aufforderung durch die Flugleitung erfolgen.

Die Einsteigtüren dürfen von den Mitreisenden nicht geöffnet werden. Das Hinauswerfen von Gegenständen aus dem Flugzeuge ist wegen der damit verbundenen Gefahr untersagt.

Das Rauchen und Anzünden von Streichhölzern im Flugzeuge ist gestattet, sofern nicht entgegenstehende Bestimmungen behördlich erlassen oder durch Anschlag im Flugzeuge bzw. durch das Flugpersonal mündlich bekanntgegeben sind. Zum Rauchen ist die Zustimmung der Mitreisenden erforderlich.

8. Die Mitnahme und Berechnung von Gepäck erfolgt nach Tarif, soweit es die Freigrenze übersteigt. Die Abfertigung erfolgt auf dem Flugplatze. Die Mitnahme von Gepäck über 20 kg Gesamtgewicht kann nur nach Maßgabe des verfügbaren Raumes erfolgen. Für die einzelnen Gepäckstücke werden Gepäckscheine ausgegeben.

Das Gepäck wird entsprechend der zulässigen Belastung des Flugzeuges nach Möglichkeit mit demselben Flugzeuge befördert. Nachsendung von Gepäck kann als Luftfracht erfolgen.

Die Agenturen und Flugleitungen erteilen Auskunft über die in den einzelnen Ländern geltenden Bestimmungen für den Gepäcktransport durch andere Transportmittel.

9. Beschwerden sind schriftlich an die Direktion der Hauptniederlassung der befördernden Luftverkehrsgesellschaft zu

richten. Ansprüche erlöschen nach Ablauf von sechs Monaten, gerechnet vom Zeitpunkte der Ankunft am Bestimmungsorte oder der anderweitigen Beendigung der Luftreise.

Reklamationen, die sich auf Reisegepäck beziehen, können nur berücksichtigt werden, wenn sie schriftlich der Direktion der Luftverkehrsgesellschaft innerhalb einer Frist von drei Tagen übergeben werden, gerechnet vom Zeitpunkte, an dem das Gepäck ordnungsmäßig im Bestimmungshafen derselben hätte ausgeliefert werden müssen.

Für Reklamationen, die sich auf die Beförderung von Fluggästen beziehen, gilt eine Frist von zehn Tagen, gerechnet vom Verlassen des Flugzeuges ab.

Ist der Beförderungsvertrag von mehreren Luftverkehrsgesellschaften ausgeführt, so können der Fluggast oder etwa in Betracht kommende andere Personen nur dasjenige Unternehmen in Anspruch nehmen, das die Beförderung zur Zeit des Ereignisses ausgeführt hat, auf das der Anspruch gestützt wird.

10. Für die Entscheidung aller Streitigkeiten aus dem Beförderungsvertrage ist das Recht des Landes und das Gericht der Hauptniederlassung der für die Klage in Frage kommenden Luftverkehrsgesellschaften zuständig.

11. Sofern in einem Lande zwingende gesetzliche Bestimmungen bestehen, die mit diesen Beförderungsbedingungen nicht übereinstimmen, sollen die gesetzlichen Vorschriften, soweit sie zwingend sind und auf die einzelne Beförderung Anwendung finden müssen, diese Beförderungsbedingungen ergänzen. Im übrigen sollen die Beförderungsbedingungen unberührt bleiben.

## Frachtverkehr.

### Geltungsbereich.

1. Die Beförderungsbedingungen für den Luftfrachtverkehr finden auf alle Arten von Gütern Anwendung, die zur Beförderung auf dem Luftwege auf Grund eines Frachtbriefes

der Internationalen Lufttransportvereinigung innerhalb des Gebietes eines der unten angegebenen Länder*) oder aus dem Gebiete eines solchen Landes in das Gebiet eines anderen dieser Länder von einer Luftverkehrsgesellschaft angenommenen werden.

Die Luftverkehrsgesellschaften behalten sich vor, für einzelne Strecken besondere Bedingungen festzusetzen.

2. Die Bedingungen finden keine Anwendung, soweit die Beförderung in einem der für den Transport in Frage kommenden Länder dem Postzwange unterworfen ist.

Die Luftverkehrsgesellschaften behalten sich das Recht vor, die Annahme von Gütern zu verweigern.

### Von der Beförderung ausgeschlossene Gegenstände.

3. Von der Beförderung ausgeschlossen sind:

a) Waffen, Munition, explosive, feuergefährliche, ätzende oder sonst dem Flugzeuge oder den Fluggästen gefahrbringende Gegenstände;

b) aus- und einfuhrverbotene Gegenstände sowie solche, deren Beförderung auch nur über einem der für den Transport in Frage kommenden Länder behördlich verboten ist;

c) Gegenstände, durch die eine empfindliche Belästigung der Mitreisenden verursacht werden kann oder die wegen ihres Umfanges, ihres Gewichtes oder ihrer sonstigen Beschaffenheit nicht zur Beförderung mit dem Flugzeuge auch nur einer der am Transporte beteiligten Luftverkehrsgesellschaften geeignet ist. Über die Möglichkeit der

---

*) Verzeichnis der Länder: Deutschland, Belgien, Dänemark, Freistaat Danzig, England, Estland, Frankreich, Finnland, Italien, Jugoslawien, Litauen, Lettland, Niederlande, Norwegen, Österreich, Polen, Rumänien, Rußland, Schweden, Schweiz, Spanien, Tschechoslowakei, Türkei, Ungarn.

Mitnahme lebendiger Tiere wird von Fall zu Fall entschieden.

### Anforderungen an Luftgüter.

4. Die Abmessungen der Luftgüter sollen in der Regel 100×50×50 cm nicht übersteigen. Wegen Beförderung von Luftgütern mit größerer Abmessung ist vorherige Anfrage und Vereinbarung mit der Flugleitung des Abgangsflughafens erforderlich.

5. Die Güter haben den allgemeinen Anforderungen an Transportfähigkeit zu entsprechen; alle Güter sind mit haltbarer, lesbarer Adresse in lateinischen Buchstaben zu versehen, aus der Absender und Empfänger deutlich hervorgehen.

### Frachtbrief.

6. Jede Sendung muß von einem in allen Teilen ausgefüllten Frachtbriefe der Internationalen Lufttransportvereinigung begleitet sein.

Der Absender bzw. sein Beauftragter hat den Frachtbrief zu unterzeichnen. Der Absender haftet für die Richtigkeit der darin enthaltenen Angaben.

Jeder Frachtbrief ist vom Absender in mindestens drei Ausfertigungen in der von der Luftverkehrsgesellschaft vorgesehenen Form vorzulegen. Der Absender ist berechtigt, eine vierte Ausfertigung beizufügen, die ihm dann von der Luftverkehrsgesellschaft mit gehöriger Beglaubigung zurückzugeben ist.

Auf den Bestand und die Wirksamkeit des Transportvertrages ist ohne Einfluß, wenn die Urkunde nicht oder nicht gehörig ausgestellt ist oder wenn sie verloren geht.

### Begleitpapiere.

7. Der Absender ist verpflichtet, dem Frachtbriefe diejenigen Begleitpapiere beizugeben, die zur Erfüllung der etwa bestehenden Zoll-, Steuer- oder Polizeivorschriften vor

der Ablieferung an den Empfänger erforderlich sind. Er haftet der Luftverkehrsgesellschaft für alle Folgen, die aus dem Mangel der Unzulänglichkeit oder Unaufrichtigkeit dieser Papiere entstehen. Der Luftverkehrsgesellschaft liegt eine Prüfung ihrer Richtigkeit und Vollständigkeit nicht ob.

### Fracht, Nachnahme.

8. Die Beförderung erfolgt zu den Sätzen des besonders bekanntgegebenen Tarifes unter Frankatur durch den Absender oder Überweisung der Fracht auf den Empfänger. Die Sendungen können mit Nachnahme belastet werden. Die Luftverkehrsgesellschaft behält sich das Recht vor, Frankatur zu verlangen.

### Haftung, Versicherung.

9. Die Beförderung erfolgt der Luftverkehrsgesellschaft, ihren Angestellten, den Unternehmungen und Personen, deren sie sich zur Erfüllung ihrer Verbindlichkeiten bedient, sowie den Agenturen gegenüber auf alleinige Gefahr der Absender oder sonstiger Berechtigter. Insbesondere besteht eine Haftung nicht für Verlust, Beschädigung oder Verspätung, die unmittelbar oder mittelbar bei der Beförderung durch das Flugzeug oder sonst im Zusammenhange mit der Luftreise, insbesondere im Zubringerdienste, eintreten. Dies gilt für alle Verrichtungen der Luftverkehrsgesellschaft, gleich, ob es sich um Fracht-, Lager- oder sonstige Verrichtungen handelt.

Wird ein Versicherungswert im Luftfrachtbriefe angegeben, so gilt die Luftverkehrsgesellschaft damit als beauftragt, das Frachtstück zu diesem Versicherungswerte auf Kosten des Absenders zu versichern. Dem Absender wird auch sonst bei den Agenturen und Flugeinrichtungen die Möglichkeit geboten, die Frachtstücke gegen Transportgefahr einschließlich An- und Abfuhr versichern zu lassen.

10. Die Luftverkehrsgesellschaften übernehmen keine Haftung für Einhaltung einer bestimmten Beförderungsfrist,

eines bestimmten Beförderungsweges — auch wenn eine besondere Anweisung in dieser Beziehung erteilt ist — oder für die Beförderung mit einem bestimmten Flugzeuge.

Bei Notlandungen und längeren Unterbrechungen und in Fällen, in denen die Luftverkehrsgesellschaft aus irgendeinem Grunde Waren nicht befördern oder absenden kann, ist die Luftverkehrsgesellschaft berechtigt, die Frachtstücke einem anderen Beförderungsunternehmen zur Beförderung bzw. Weiterbeförderung zu übergeben, ohne daß ein Anspruch auf Rückerstattung der gezahlten Fracht besteht.

### Zuführung der Güter.

Soweit nicht andere Vereinbarungen getroffen sind, wird der Empfänger telephonisch oder schriftlich von der Ankunft des Gutes verständigt. Der Empfänger ist berechtigt, das Gut selbst abzuholen. Holt er das Gut nicht ab, so wird es ihm gegen Erstattung der Kosten zugeführt.

### Reklamationen.

12. Nimmt der Empfänger die Ware vorbehaltlos ab, so erlischt damit der Anspruch auf Reklamation. Jedoch kann der Empfänger, soweit der Tatbestand ihm zur Zeit der Ablieferung nicht bekannt sein konnte, der Luftverkehrsgesellschaft oder deren Agenten am Ablieferungsorte den Vorbehalt noch innerhalb einer Frist von drei Tagen erklären. Jeder Vorbehalt muß auf den Frachtbrief gesetzt oder in anderer Weise schriftlich erklärt werden. Die Luftverkehrsgesellschaft ist berechtigt, sofortige Feststellung des Tatbestandes durch ihren Beauftragten zu verlangen.

### Unanbringlichkeit der Sendung.

13. Im Falle der Unanbringlichkeit der Sendung, gleichviel aus welchen Gründen, haftet der Absender für alle dadurch entstehenden Kosten einschließlich der etwaigen Kosten für Rücktransport. In diesem Falle sind bei leicht verderb-

lichen Waren oder Unmöglichkeit des Rücktransportes die Luftverkehrsgesellschaften oder deren Bevollmächtigte berechtigt, das Frachtstück zur Deckung etwaiger ungedeckter Kosten sofort freihändig zu veräußern.

Weiterbeförderung.

14. Ist die Weiterbeförderung der Frachtstücke nach Beendigung des Lufttransportes auf einem anderen Wege, z. B. mit der Eisenbahn, erforderlich, so hat der Absender in den Begleitpapieren diejenige Stelle am Orte des Zielhafens anzugeben, die den Weitertransport übernehmen soll. Diese Übernahmestelle gilt der Luftverkehrsgesellschaft gegenüber als Empfänger. Die Luftverkehrsgesellschaften übernehmen auf Wunsch selbst die Weiterleitung der Sendungen an ein anderes Beförderungsunternehmen. Sie sind berechtigt, sich hierzu eines Spediteurs zu bedienen.

Verjährung von Ansprüchen.

15. Ansprüche an die Luftverkehrsgesellschaften erlöschen nach Ablauf von sechs Monaten, gerechnet vom Tage der Ankunft am Bestimmungsorte oder der anderweitigen Beendigung der Reise. Ist der Lufttransportvertrag von mehreren Luftverkehrsgesellschaften ausgeführt, so kann nur die Gesellschaft in Anspruch genommen werden, die den Transport ausgeführt hat, in dessen Verlauf das Ereignis, auf das der Anspruch gestützt ist, eingetreten ist. Ist dem Berechtigten der Name dieser Gesellschaft nicht bekannt, und erhält er ihn auf Anfrage mittels eingeschriebenen Briefes, gerichtet an die erste oder die letzte Luftverkehrsgesellschaft, die an der Beförderung beteiligt war, nicht innerhalb vier Wochen mitgeteilt, so ist der Absender berechtigt, die erste, der Empfangsberechtigte die letzte beteiligte Luftverkehrsgesellschaft in Anspruch zu nehmen.

Für die Entscheidung aller Streitigkeiten ist das Recht des Landes und das Gericht der Hauptniederlassung der für den Anspruch in Frage kommenden Luftverkehrsgesellschaft zuständig.

Gesetzliche Bestimmungen.

16. Sofern in einem Lande zwingende gesetzliche Bestimmungen bestehen, mit denen diese Beförderungsbedingungen nicht übereinstimmen, so sollen die gesetzlichen Vorschriften, soweit sie zwingend sind und auf die einzelne Sendung Anwendung finden müssen, diese Beförderungsbedingungen ergänzen. Im übrigen sollen die Beförderungsbedingungen unberührt bleiben.

## b) Vorläufige Bestimmungen des Reichsministers der Finanzen über die Zollabfertigung im Luftverkehr.

(RfL. 1927 S. 221, vgl. 1926 S. 173.)



### A. Allgemeines.

Nr. 1.

Die Beförderung von Waren im Luftverkehr über die Zollgrenze ist bei Tag und Nacht gestattet und nicht an bestimmte Grenzübergangsstellen gebunden.

Im übrigen gelten für den Warenverkehr im Luftwege die Zoll- und Verbrauchssteuergesetze und die für die Ein-, Aus- oder Durchfuhr von Waren erlassenen Verbote und Beschränkungen.

Nr. 2.

Luftfahrzeuge des Zollverkehrs dürfen außer in Notfällen nur in einem Zollflughafen landen und von einem solchen abfliegen.

Im Sinne der folgenden Bestimmungen ist Eingangsflughafen der erste nach dem Überfliegen der Grenze angeflogene deutsche Zollflughafen, Zielflughafen der deutsche Zollflughafen, in dem die Luftbeförderung von Personen, Gepäck oder Gütern beendet ist, und Ausgangsflughafen der Zollflughafen, von dem der Abflug eines Luftfahrzeugs unmittelbar ins Zollausland erfolgt.

Nr. 3.

Die Abfertigung des Zollguts im Luftverkehr erfolgt durch die Flughafenzollstellen. Wenn solche noch nicht eingerichtet oder vorübergehend außer Tätigkeit sind, werden die Zollbelange durch besonders verpflichtete Beamte der Flugpolizei wahrgenommen.

Nr. 4.

Die Luftverkehrsgesellschaften haben den Flughafenzollstellen die Flugpläne für den grenzüberschreitenden Luftverkehr und deren Änderungen vor dem Inkrafttreten mitzuteilen.

Nr. 5.

Bei Notlandungen von Luftfahrzeugen des Zollverkehrs im Zollgebiet hat der Führer des Fahrzeugs die nächstgelegene Zollstelle oder, wenn diese nicht in angemessener Zeit erreichbar ist, die örtliche Polizeibehörde zur Wahrung der Zollbelange unverzüglich zu benachrichtigen.

Nr. 6.

Der Führer des Luftfahrzeugs hat bei der Einreise in das deutsche Zollgebiet nach der Landung im Eingangsflughafen das Luftfahrzeug unter Angabe der darin vorhandenen Räume und Behältnisse, der mitgeführten Ausrüstungsstücke und Ersatzteile der Zollstelle schriftlich zur Abfertigung anzumelden. Dabei kann auf zollamtlich beglaubigte Verzeichnisse der Räume, Behältnisse, Ausrüstungsstücke und Ersatzteile Bezug genommen werden. Zugleich ist die Erklärung abzugeben, daß weitere Waren als im Bordbuch und in den Frachtpapieren verzeichnet in dem Luftfahrzeug nicht vorhanden sind. Etwa unterwegs im Falle der Not abgeworfene Waren sind der Zollstelle zu melden. Anmeldung und Erklärung können mit der Ladeliste verbunden werden.

Nr. 7.

Die Leistung einer Zollsicherheit für den Fall des Verbleibs eines ausländischen Luftfahrzeugs im Zollinlande ist außer in Verdachtsfällen nicht zu fordern.

Nr. 8.

Luftfahrzeuge des Zollverkehrs dürfen erst abfliegen, nachdem die Zollabfertigung beendet ist.

Nr. 9.

Die Oberbeamten der Zollverwaltung, denen die Überwachung des Luftverkehrs und der Zollabfertigung in den Flughäfen obliegt, sind befugt, zum Zwecke dienstlicher Nachforschungen die Luftfahrzeuge solange zurückzuhalten, als die von ihnen für nötig erachtete und möglichst zu beschleunigende Dienstverrichtung es erfordert, ferner innerhalb der Verkehrsstunden die Betriebsräume der Verkehrsgesellschaften zu betreten und darin die notwendigen Diensthandlungen vorzunehmen. Dabei darf über das Maß des zur Sicherung der

Zollbelange Erforderlichen nicht hinausgegangen werden. Jede nicht unbedingt gebotene Störung des Betriebes ist zu vermeiden.

## B. Luftreiseverkehr.

### I. Eingangsabfertigung.

#### Nr. 10.

Das Gepäck der Luftreisenden wird in der Regel bei der Zollstelle des Eingangsflughafens endgültig abgefertigt. In Ausnahmefällen kann Überweisung mit Gepäckverzeichnis (vgl. §§ 21, 22 Eisenbahnzollordnung) an die Zollstelle des Zielflughafens erfolgen. Die Luftreisenden haben den Zollbeamten ihr Hand- und Reisegepäck so vorzuführen, daß die Beschau ordnungsmäßig vorgenommen werden kann. Auch müssen sie die dazu nötigen Handreichungen nach Anweisung der Beamten verrichten. Sie brauchen die mitgeführten zollpflichtigen Waren nur mündlich anzumelden. Es steht ihnen auch frei, statt einer bestimmten Antwort auf die Frage der Zollbeamten nach einfuhrverbotenen oder zollpflichtigen Waren sich sogleich der zollamtlichen Nachschau zu unterwerfen. In diesem Falle sind sie nur für Waren verantwortlich, die sie zu verheimlichen versucht haben. Auf Handelsware und zollpflichtigen Warenproben und Muster findet diese erleichterte Abfertigungsweise keine Anwendung. Reisende, die verdächtig sind, Waren unter den Kleidern verborgen zu haben, können der körperlichen Durchsuchung unterworfen werden.

Durchfuhrgepäck ist mit Gepäckverzeichnis (Abs. 1) zu überweisen.

#### Nr 11.

Vom Zoll befreit sind Gebrauchsgegenstände aller Art, auch neue, die die Besatzung des Luftfahrzeugs und die Reisenden zum persönlichen Gebrauch oder zur Ausübung ihres Berufes auf der Reise mit sich führen oder die ihnen zu diesem Zweck vorausgeschickt oder nachgesandt werden, ferner Verzehrungsgegenstände, die von ihnen zum eigenen Verbrauch während der Reise mitgeführt werden. An Tabakerzeugnissen sind abgabefrei 10 Zigarren, 25 Zigaretten in angebrochener Packung, feingeschnittener Rauchtabak, Pfeifentabak und Schnupftabak in Mengen unter 50 g, Kautabak bis drei Stück, verpackte Zigaretten und Kautabak in Mengen bis zu 30 g.

### II. Ausgangsabfertigung.

#### Nr. 12.

Das Reisegepäck der nach dem Ausland reisenden Fluggäste wird in der Regel zollamtlich nicht beschaut.

Im Reisegepäckverkehr vom deutschen Zollgebiet auf dem Luftwege über das Zollausland (mit oder ohne Zwischenlandungen in diesem) nach dem deutschen Zollgebiet — Zwischenauslandsverkehr — haben die Reisenden ihr Gepäck im Ausgangshafen zur Zollabfertigung anzumelden und dabei zu erklären, ob es zur Durchfuhr durch das Zollausland unter amtlichem Verschluß abgefertigt werden soll.

Beim Eingang im Zielflughafen unterliegt das ohne Verschluß abgelassene Gepäck der zollamtlichen Beschau; das durch Verschluß gesicherte Gepäck wird nach Abnahme des Verschlusses ohne besondere Beschau freigegeben.

## C. Luftfrachtverkehr.

### I. Einfuhr.

#### 1. Abfertigungsverfahren beim Eingangsflughafen.

#### Nr. 13.

Abfertigung von Luftfrachtgütern, deren Luftbeförderung beendet ist.

Die Entladung eines aus dem Ausland eingehenden Luftfahrzeuges darf nur mit Einverständnis der Zollstelle des

Flughafens erfolgen. Das eingegangene Luftfrachtgut wird in zollamtlichen Gewahrsam genommen und ist alsbald durch den Bevollmächtigten der Luftverkehrsgesellschaft mit Wareneingangsanmeldung unter Übergabe der Frachtpapiere zur Abfertigung anzumelden. Die Anmeldung muß über Namen und Wohnort des Empfängers, über Zahl und Art, Zeichen und Nummer der Frachtstücke sowie über Gattung und Menge der Waren Aufschluß geben und mit der Versicherung der Richtigkeit der gemachten Angaben und der Unterschrift des Bevollmächtigten versehen sein. Sind die vorhandenen Frachtpapiere zur Anfertigung der vorgeschriebenen Anmeldung unzureichend, so ist zu erklären, daß eine zuverlässige Anmeldung nicht abgegeben werden könne, und Antrag auf Vornahme der amtlichen Beschau zu stellen.

Nr. 14.

Die Abfertigung des Zollguts zum freien Verkehr hat der Verfügungsberechtigte im Zollpapier zu beantragen[1]).

Bei der eingehenden Beschau des Zollgutes durch die Zollstelle hat der Antragsteller nach deren Anweisung die nötigen Handreichungen zu leisten oder leisten zu lassen. Wenn nicht Zahlungsaufschub gegen Sicherheitsleistung bewilligt ist, werden die Luftfrachtgüter erst nach Entrichtung der fälligen Abgaben verabfolgt.

Nr. 15.

Die Überweisung auf eine andere Zollstelle im Bahn-, Post-, Schiffs- oder sonstigen Verkehr erfolgt, soweit nicht besondere Erleichterungen vorgesehen sind, auf Zollbegleitschein. Der Antrag auf Begleitscheinerteilung ist vom Verfügungsberechtigten, der die Verpflichtung des Begleitscheinnehmers einzugehen hat (vgl. Nr. 17), im Zollpapier zu stellen.

---

[1]) Auf Wunsch übernimmt die Luftverkehrsgesellschaft die Herbeiführung der Abfertigung gegen mäßige Gebühr.

Die Zollstelle des Flughafens nimmt in der Regel eine allgemeine Beschau der Ware vor. Der Begleitscheinnehmer hat für die Abgaben Sicherheit zu leisten. Die Freigabe der Sicherheit erfolgt erst, nachdem die im Begleitschein bezeichnete Erledigungszollstelle bescheinigt hat, daß den übernommenen Verpflichtungen völlig genügt worden ist.

Nr. 16.

Abfertigung von Luftfrachtgütern, die unverzollt auf einen anderen Flughafen im Luftverkehr abgelassen werden sollen. Ansagverfahren.

Luftfrachtgüter können ohne Ausladung oder unter Umladung in ein anderes Luftfahrzeug auf einen anderen deutschen Flughafen im Luftfrachtverkehr unter Anwendung des zollamtlichen Ansageverfahrens abgelassen werden, durch welches die zollamtliche Abfertigung an die Zollstelle des Zielflughafens verlegt wird. Für die Anwendung dieses Verfahrens sollen die zur Aufnahme des Zollguts bestimmten Räume oder Behältnisse des Luftfahrzeugs zollsicher verschließbar hergerichtet sein. Der Bevollmächtigte der Luftverkehrsgesellschaft hat die Frachtpapiere mit entsprechendem Antrag der Zollstelle zu übergeben. Diese fertigt einen Ansagezettel aus, der mit den Frachtpapieren in versiegeltem Umschlag dem Führer des Luftfahrzeugs zur Abgabe an die Zollstelle des Zielflughafens ausgehändigt wird.

Zur Sicherung der Zollbelange werden die Luftfrachtgüter unter Raum- oder Packstückverschluß genommen oder zollamtlich gekennzeichnet. Zollverschlüsse fremder Staaten werden nach Maßgabe der allgemeinen Bestimmungen anerkannt.

Nr. 17.

Begleitscheinverfahren.

Soweit das Ansageverfahren nicht Platz greift, werden die aus dem Ausland eingegangenen Luftfrachtgüter vom Eingangsflughafen nach dem Zielflughafen unverzollt im Begleitscheinverfahren abgelassen. Der Bevollmächtigte der Luftverkehrsgesellschaft hat unter Abgabe der Frachtpapiere die abzufertigenden Frachtgüter auf amtlichem Vordruck anzumelden.

Die Beschau durch die Zollstelle ist in der Regel eine allgemeine. Die Packstücke werden zollamtlich verschlossen. Der Begleitschein wird dem Bevollmächtigten der Luftverkehrsgesellschaft unter Rückgabe der Frachtpapiere ausgehändigt. Die Luftverkehrsgesellschaft als Begleitscheinnehmer übernimmt mit der Unterzeichnung des Begleitscheines die Haftung für die Gefälle und die Verpflichtung, die im Begleitschein bezeichneten Waren in unveränderter Gestalt und Menge und in der vorgeschriebenen Zeit bei der Zollstelle des Zielflughafens zur weiteren Abfertigung zu stellen.

## 2. Abfertigungsverfahren beim Zielflughafen.

### Nr. 18.

### Abfertigung der im Ansageverfahren eingehenden Luftfrachtgüter.

Die von der Zollstelle des Eingangshafens im Ansageverfahren abgelassenen Frachtgüter dürfen nach der Landung des Luftfahrzeugs im Zielflughafen nur mit Einverständnis der Zollstelle des Flughafens entladen werden. Sie werden nach der Entladung in zollamtlichen Gewahrsam genommen. Der Bevollmächtigte der Verkehrsgesellschaft oder der Führer des Luftfahrzeugs hat den Ansagezettel mit den dazugehörigen Frachtpapieren der Zollstelle zu übergeben, die sie nach Prüfung zur Anfertigung der Waren-Eingangs-Anmeldung dem Bevollmächtigten zurückgibt.

Nr. 19.

Abfertigung der im Begleitscheinverfahren eingehenden Luftfrachtgüter.

Begleitscheingut hat die Luftverkehrsgesellschaft unter Vorlegung des Begleitscheins alsbald der Zollstelle des Zielflughafens zu stellen, oder, sofern eine solche nicht eingerichtet oder vorübergehend nicht in Tätigkeit ist, dem nächsten Zollamt zuzuführen.

Nr. 20.

Das weiter einzuhaltende Verfahren ist verschieden, je nachdem die Luftfrachtgüter in den freien Verkehr übergeführt oder unverzollt im gebundenen Bahn-, Post-, Schiffs- oder sonstigen Verkehr weiter versandt werden sollen, und regelt sich nach Nr. 14 und 15.

## II. Ausfuhr.

Nr. 21.

Abfertigung von Gütern des freien Verkehrs.

Der Absender hat die zur Ausfuhr bestimmten Luftfrachtgüter mit einem grünen statistischen Anmeldeschein zur Beförderung aufzuliefern. Der Bevollmächtigte der Luftverkehrsgesellschaft legt die statistischen Anmeldungen der Zollstelle vor. Die Zollstelle ist zur Beschau aller ausgehenden Luftfrachtgüter befugt, nimmt diese jedoch nur stichprobenweise vor, um die Beachtung der bestehenden Ausfuhrverbote sicherzustellen.

Nr. 22.

Abfertigung von Gütern des gebundenen Verkehrs.

Absender von Waren, deren Ausfuhr nachzuweisen ist, haben diese der Luftverkehrsgesellschaft unter Übergabe der vorgeschriebenen Zollbegleitpapiere aufzuliefern.

Die Ausgangsabfertigung findet in der Regel bei der Zollstelle des Ausgangsflughafens statt und wird tunlichst auf Prüfung und Abnahme der Zollverschlüsse beschränkt. Auf Antrag kann die endgültige Ausgangsabfertigung bereits durch die Zollstelle des Annahmeflughafens vorgenommen werden. In diesem Falle sind die einzelnen Packstücke im Bordbuch zu vermerken und mit roten Zetteln mit dem Aufdruck „in Deutschland zollpflichtig" zu bekleben.

Nr. 23.

Wenn im Luftverkehr mit anderen Staaten ein Zusammenwirken der deutschen mit den ausländischen Zollstellen in der Zollbehandlung der Luftfahrzeuge stattfindet, so hat die Luftverkehrsgesellschaft auf Verlangen vor dem Abflug eines Luftfahrzeugs ins Ausland der Flughafenzollstelle des Ausgangsflughafens eine Ladeliste in einem oder mehreren Stücken über die sämtlichen in dem Fahrzeug verladenen Güter vorzulegen. Die Zollstelle bescheinigt diese Liste nach Prüfung auf Übereinstimmung mit der Ladung durch Namensunterschrift und Dienststempelabdruck und sendet sie der ausländischen Eingangsflughafenstelle zu.

## III. Durchfuhr.

Nr. 24.

Zur Durchfuhr bestimmtes Luftfrachtgut ist, wenn der Eingangsflughafen nicht gleichzeitig Ausgangshafen ist, nach Maßgabe der Nr. 16, 17 im Ansage- oder Begleitscheinverfahren abzulassen. Soll das Luftfrachtgut ohne Ausladung vom Eingangsflughafen unmittelbar wieder ausgeführt werden, so ist zollamtliche Anmeldung nicht erforderlich, wenn das Luftfahrzeug bis zum Abflug unter Zollaufsicht genommen wird.

### IV. Zwischenauslandsverkehr.

Nr. 25.

Luftfrachtgüter, die aus dem freien Verkehr des deutschen Zollgebiets stammen und von dort aus über das Zollausland (mit oder ohne Zwischenlandungen in diesem) wieder ins deutsche Zollgebiet versandt werden sollen, sind wegen Erlangung der Zollfreiheit beim Wiedereingang bei der Zollstelle des Ausgangs- oder des Verladehafens anzumelden und nach den Vorschriften des § 111 des Vereinszollgesetzes zu behandeln.

## c) Paßnachschau im Luftverkehr.

Richtlinien des RM. d. J. vom 16. April 1923 (RfL. 1923 S. 220).

I Der regelmäßige Luftverkehr.

a) Bei Reisenden, die nur eine bestimmte Strecke innerhalb Deutschlands fliegen, findet eine Paßnachschau in der Regel nicht statt.

b) Bei Reisenden, die aus dem Auslande auf dem Luftwege nach Deutschland kommen, findet die Paßnachschau in dem Flughafen statt, in dem das Flugzeug nach dem Überfliegen der Reichsgrenze zum ersten Male landet.

c) Bei Reisenden, die auf dem Luftwege das Reichsgebiet verlassen, ist die Paßnachschau in dem letzten Flughafen vorzunehmen, der von dem Flugzeug vor dem Überfliegen der Reichsgrenze berührt wird.

II. Notlandungen.

Bei Notlandungen, die nicht auf öffentlichen Flugplätzen erfolgen, ist zur Prüfung der Ausweispapiere der Reisenden die für den Ort der Notlandung zuständige Polizeibehörde berufen.

Im übrigen ist zu unterscheiden:

a) Der Verkehr vom Auslande nach Deutschland und umgekehrt.

Die Reisenden müssen mit den Papieren versehen sein, die nach den allgemeinen Paßbestimmungen für den Grenzübertritt vorgeschrieben sind. Reisende mit ungenügenden Papieren sind ebenso wie im übrigen Verkehr zu behandeln.

b) Der Verkehr vom Auslande über Deutschland nach dem Auslande.

Reisende, die ohne die nach den allgemeinen Bestimmungen vorgesehenen Papiere und Vermerke für die Einreise nach Deutschland oder für die Durchreise durch Deutschland angetroffen werden, sind von der für den Notlandungsort zuständigen Polizeibehörde der nächsten Paß- und Sichtvermerksbehörde zwecks Beschaffung der erforderlichen Papiere und Vermerke zuzuführen.

Von diesem Verfahren kann abgesehen werden, falls begründete Aussicht besteht, daß die Reisenden mit dem Flugzeug innerhalb von 24 Stunden ihren Flug fortsetzen. Die genannte Polizeibehörde hat alsdann in geeigneter Weise (unter anderem durch Eintragung auf höchstens 24 Stunden befristeter Aufenthaltsvermerke in die vorhandenen Reisepapiere) dafür Sorge zu tragen, daß die Reisenden bis zu ihrem Weiterflug den Landungsort oder die nächstgelegene Ortschaft nicht verlassen.

# C. Der Vertrag von Versailles und seine Auswirkungen.

## 1. Gesetz über den Friedensschluß zwischen Deutschland und den alliierten und assoziierten Mächten.

Vom 16. Juli 1919 (RGBl. 1919 S. 687).

Die verfassunggebende deutsche Nationalversammlung hat das folgende Gesetz beschlossen, das nach Zustimmung des Staatenausschusses hiermit verkündet wird:

**Art. 1.** Dem am 28. Juni 1919 unterzeichneten Friedensvertrage zwischen Deutschland und den alliierten und assoziierten Mächten und dem dazugehörenden Protokolle sowie der am gleichen Tage unterzeichneten Vereinbarung über die militärische Besetzung der Rheinlande wird zugestimmt.

Der Friedensvertrag, das Protokoll und die Vereinbarung werden nachstehend veröffentlicht.

**Art. 2.** Dieses Gesetz tritt mit dem Tage der Verkündung[1]) in Kraft.

[1]) Verkündet 19. August 1919.

### Friedensbedingungen.

Die Vereinigten Staaten von Amerika, das Britische Reich, Frankreich, Italien und Japan, die in dem gegenwärtigen Vertrage als die alliierten und assoziierten Hauptmächte bezeichnet sind,

Belgien, Bolivien, Brasilien, China, Cuba, Ecuador, Griechenland, Guatemala, Haïti, Hedschas, Honduras, Liberia, Nicaragua, Panama, Peru, Polen, Portugal, Rumänien, der serbisch-kroatisch-slovenische Staat, Siam, die Tschechoslowakei und Uruguay,

die mit den obenbezeichneten Hauptmächten die alliierten und assoziierten Mächte bilden,

einerseits

und Deutschland

andererseits,

sind nach Austausch ihrer für gut und richtig befundenen Vollmachten über folgende Bestimmungen übereingekommen:

Mit dem Inkrafttreten[1]) des gegenwärtigen Vertrags nimmt der Kriegszustand ein Ende.

[1]) Friedensvertrag in Kraft seit 10. 1. 20.

## Teil III.

## Politische Bestimmungen über Europa.

### Abschnitt 3. **Linkes Rheinufer.**

**Art. 42.** Es ist Deutschland untersagt, auf dem linken Ufer des Rheines und auf dem rechten Ufer westlich einer 50 km östlich des Stromes verlaufenden Linie Befestigungen beizubehalten oder anzulegen.

**Art. 43.** Ebenso ist in der im Artikel 42 bezeichneten Zone die ständige oder zeitweise Unterhaltung oder Sammlung von Streitkräften untersagt. Das gleiche

**gilt für jedwede militärischen Übungen und die Beibehaltung aller materiellen[1]) Vorkehrungen für eine Mobilmachung[2]).**

[1]) Im englischen Text heißt es „ständigen" statt „materiellen".

[2]) Die Botschafterkonferenz sieht in Flughäfen Mobilmachungsvorkehrungen gemäß Art. 43 (Beschluß der Botschafterkonferenz v. 15. 12. 20) und verbietet deutsche Flughäfen auch in der geräumten Zone und in der demilitarisierten 50-km-Zone. Erst mit den Pariser Luftfahrtvereinbarungen vom Mai 1926 wurden 4 Flughäfen (Köln, Frankfurt am Main, ein Ort nördlich von Köln und ein Ort südlich von Frankfurt a. M.), sowie 12 weitere Verkehrsladeplätze zugestanden.

## Abschnitt 8. Polen.

**Art. 89.** Polen verpflichtet sich, dem Personen-, Güter-, Schiffs-, Boots-, Wagen-, Eisenbahnwagen- und Postverkehr zwischen Ostpreußen und dem übrigen Deutschland durch das polnische Gebiet einschließlich der Hoheitsgewässer völlige Durchgangsfreiheit zuzugestehen und ihm hinsichtlich der Verkehrserleichterungen oder -beschränkungen sowie in jeder anderen Hinsicht zum mindesten dieselbe günstige Behandlung zuteil werden zu lassen, wie dem Verkehr von Personen, Gütern, Schiffen, Booten, Wagen, Eisenbahnwagen und Postsendungen, die polnischer Nationalität, polnischen Ursprungs, polnischer Herkunft, polnisches Eigentum sind oder von einem polnischen Abgangsort kommen; wird einer anderen Nationalität eine noch günstigere Behandlung als der polnischen gewährt, so ist diese Behandlung maßgebend.

Durchfuhrgüter bleiben von allen Zoll- oder ähnlichen Abgaben frei.

## Abschnitt 9. **Ostpreußen.**

**Art. 98.** Deutschland und Polen werden binnen Jahresfrist nach Inkrafttreten des gegenwärtigen Vertrages Übereinkommen[1]) abschließen, deren Wortlaut im Streitfalle von dem Rate des Völkerbundes festgesetzt wird und die einerseits Deutschland für den Eisenbahn-, Draht- und Fernsprechverkehr zwischen Ostpreußen und dem übrigen Deutschland durch das polnische Gebiet die volle Möglichkeit geeigneter Betätigung gewährleisten und andererseits Polen für seinen Verkehr mit der Freien Stadt Danzig durch das etwa auf dem rechten Weichselufer zwischen Polen und der Freien Stadt Danzig liegende deutsche Gebiet die gleiche Möglichkeit sichert.

[1]) Gesetz, betreffend das Abkommen zwischen Deutschland, Polen und der Freien Stadt Danzig über den freien Durchgangsverkehr zwischen Ostpreußen und dem übrigen Deutschland, vom 12. 7. 21 (RGBl. 1921 S. 1069). Dem Abkommen wurden von Deutschland und Polen Erklärungen über den vertretenen Standpunkt beigegeben (Reichstagsdrucks. 1921 Nr. 2191 S. 95, Wegerdt S. 154).

1. Deutschlands Standpunkt: Deutschland hat das Recht auf Luftverkehr aus folgenden Gründen:
   a) Alle Fragen des Durchgangsverkehrs sind in Art. 89 und 98 des Versailler Vertrags geregelt.
   b) Die auf Grund des Art. 319 VV. geschlossenen Konvention v. 13. 10. 19 betrifft nicht den Verkehr zwischen zwei Teilen desselben Landes, sondern den zwischen Ländern über ein drittes, so daß diese Konvention nicht in Frage kommt.

c) Deutschland hat besonders das Recht auf Postdurchgangsverkehr, da der Postverkehr den Luftpostverkehr schon vor dem Kriege in sich schloß.

2. Polens Standpunkt:

a) Art. 89 VV. beziehe sich nur auf den Verkehr zu Wasser und zu Lande.

b) Art 89 VV. stimme mit Art. 314 überein, wonach die Alliierten Mächte ohne Gegenseitigkeit das deutsche Gebiet überfliegen könnten.

c) Gemäß Art. 5 der Pariser Luftkonvention von 1919 (in Art. 319 VV. vorgesehen) habe Polen nur auf Grund einer besonderen und befristeten Ermächtigung das Recht, den Luftverkehr seitens Nichtverbandsstaaten über seinem Gebiet zu dulden. Deutschland gehöre aber der Pariser Luftkonvention nicht an.

## Teil V.

## Bestimmungen über Landheer, Seemacht und Luftfahrt.

### Abschnitt 1. Bestimmungen über das Landheer.

#### Heeresergänzung und militärische Ausbildung.

**Art. 177.** Unterrichtsanstalten, Hochschulen, Kriegervereine, Schützengilden, Sport- oder Wandervereine, überhaupt Vereinigungen jeder Art, ohne Rücksicht auf das Alter ihrer Mitglieder, dürfen sich nicht mit militärischen Dingen befassen.

Es ist ihnen namentlich untersagt, ihre Mitglieder im Waffenhandwerk oder im Gebrauch von Kriegswaffen auszubilden oder zu üben oder ausbilden oder üben zu lassen.

Diese Vereine, Gesellschaften, Unterrichtsanstalten und Hochschulen dürfen in keinerlei Verbindung mit dem Kriegsministerium oder irgendeiner anderen militärischen Behörde stehen.

**Art. 178.** Alle Mobilmachungsmaßnahmen oder solche, die auf eine Mobilmachung hinzielen, sind untersagt.

In keinem Falle dürfen bei Truppenteilen, Behörden oder Stäben Stämme für Ergänzungsformationen vorhanden sein.

**Art. 179.** Deutschland verpflichtet sich, vom Inkrafttreten des gegenwärtigen Vertrags an in keinem fremden Lande irgendeine Mission des Landheeres, der Seemacht oder der Luftstreitkräfte zu beglaubigen, keine solche Mission dorthin zu senden oder abreisen zu lassen; es verpflichtet sich außerdem, durch geeignete Maßnahmen zu verhindern, daß Reichsdeutsche sein Gebiet verlassen, um in das Heer, die Flotte oder den Luftdienst irgend einer fremden Macht einzutreten, oder in ein Zugehörigkeitsverhältnis zu ihr zu treten zu dem Zwecke, die Ausbildung zu fördern oder überhaupt in einem fremden Lande beim Unterricht im Heeres-, Marine- oder Luftwesen mitzuwirken.

Die alliierten und assoziierten Mächte vereinbaren ihrerseits, vom Inkrafttreten des gegenwärtigen Vertrags an keinen Reichsdeutschen in ihr Heer, ihre Flotte oder ihre Luftstreitkräfte einzureihen oder zur Förderung der militärischen Ausbildung in ein Zugehörigkeitsverhältnis zu ihnen treten zu lassen, überhaupt keinen Reichsdeutschen als Lehrer im Heer-, Marine- und Luftfahrwesen anzustellen.

## Abschnitt 3. **Bestimmungen über militärische und Seeluftfahrt.**

**Art. 198**[1]). **Deutschland darf Luftstreitkräfte weder zu Lande noch zu Wasser als Teil seines Heerwesens unterhalten.**

[1]) Abs. 2 bis 4 des Art. 198 (beschränkte Luftstreitkräfte) sind durch Zeitablauf (1. 10. 19) gegenstandslos geworden. Durch Art. 198 Abs. 1 VV. sind für Deutschland Luftstreitkräfte zu Lande und zu Wasser verboten. Auch dürfen weder Missionen für militärische Luftfahrt unterhalten noch Reichsangehörige in den Dienst einer fremden Luftmacht treten (Art. 179 VV.).

**Art. 199.** Demobilisierung des Personals ist überholt.

**Militärische Flugzeuge.**

**Art. 200.** **Bis zur völligen Räumung des deutschen Gebiets durch die alliierten und assoziierten Truppen sollen die Luftfahrzeuge der alliierten und assoziierten Mächte in Deutschland freie Fahrt**[1]) **im Luftraum sowie Durchflugs- und Landungsfreiheit haben.**

[1]) Was den Eingriff des Versailler Vertrages in das deutsche Lufthoheitsrecht betrifft, so ist dieses gegenüber den militärischen und Marineluftfahrzeuge der Besatzungsmächte aufgehoben (Art. 200 VV.). Auch die VO. 309 der Interalliierten Rheinlandkommission vom 17. August 1926 betr. Regelung der Luftfahrt in den besetzten Gebieten verlangt für das Überfliegen der besetzten Gebiete mit deutschen Luftfahrzeugen eine besondere Erlaubnis der Rheinlandkommission.

**Art. 201.** 6 Monate befristetes Bau- und Einfuhrverbot ist überholt.

**Art. 202.** Abs. 1. **Mit Inkrafttreten des gegenwärtigen Vertrags ist das ganze militärische und Ma-**

rineluftfahrzeugmaterial mit Ausnahme der in Art. 198 Abs. 2 und 3 vorgesehenen Apparate den Regierungen der alliierten und assoziierten Hauptmächte auszuliefern[1]).

Abs. 3. Zu diesem Material gehört im besonderen dasjenige, das für kriegerische Zwecke im Gebrauch oder bestimmt ist oder im Gebrauch oder bestimmt gewesen ist, namentlich:

Abs. 7. Die Lenkluftschiffhallen[2]) und Behausungen aller Art für Luftfahrzeuge.

Abs. 8. Bis zu ihrer Auslieferung sind die Lenkluftschiffe auf Kosten Deutschlands mit Wasserstoffgas gefüllt zu halten. Die Geräte zur Herstellung von Wasserstoffgas ebenso wie die Behausungen für Luftschiffe können nach freiem Ermessen der genannten Mächte Deutschland bis zur Auslieferung der Lenkluftschiffe belassen werden.

[1]) Art. 202 ist durch Ablieferung des militärischen Materials erledigt (Note der Botschafterkonferenz v. 14. 4. 22, RfV. 1922 S. 213).

[2]) Die Forderung, die Friedrichshafener Luftschiffhalle zu zerstören (vgl. Art. 202 VV.), ist von den Verbandsmächten erst in den Pariser Luftfahrtvereinbarungen v. 21. 5. 26 fallengelassen.

## Abschnitt 4. **Interalliierte Überwachungsausschüsse.**

**Art. 203 bis 207** betrifft sämtliche Überwachungsausschüsse.

**Art. 203.** Ausschüsse.

**Art. 204.** Überwachung der Zerstörung.

**Art. 205.** Sitz Berlin.

**Art. 206.** Entgegenkommen der Regierung.

**Art. 207.** Unterhalt zu Lasten Deutschlands.

**Interalliierte Luftfahrt-Überwachungsausschuß.**

**Art. 210.** Der interalliierte Luftfahrt-Überwachungsausschuß[1]) vertritt die Regierungen der alliierten und assoziierten Hauptmächte bei der deutschen Regierung in allem, was die Durchführung der Bestimmungen über die Luftfahrt betrifft.

Dieser Ausschuß ist namentlich dazu berufen, den Bestand des auf deutschem Boden befindlichen Luftfahrzeugmaterials aufzunehmen, die Werkstätten für Flugzeuge, Ballons und Luftfahrzeugmotoren, die Fabriken von Waffen, Munition und Sprengstoffen, die von Luftfahrzeugen verwandt werden können, zu besichtigen, alle Flugplätze, Hallen, Landungsplätze, Parks und Lager zu besuchen und gegebenenfalls die Verbringung des erwähnten Materials an einen anderen Ort zu veranlassen und seine Auslieferung entgegenzunehmen.

Die deutsche Regierung hat dem interalliierten Luftfahrt-Überwachungsausschuß alle Auskünfte und Unterlagen, deren Inhalt gesetzliche, Verwaltungsbestimmungen oder innere Dienstvorschriften bilden, sowie Unterlagen sonstigen Inhalts zu liefern, die er für nötig erachtet, um sich über die vollständige Durchführung der Bestimmungen über die Luftfahrt zu vergewissern, namentlich eine zahlenmäßige Aufstellung über das Personal im Dienste aller deutschen Flugverbände, sowie über das fertig vorhandene, in Herstellung befindliche oder bestellte Material, ferner eine vollständige Liste aller für die Luftfahrt arbeitenden Betriebsstätten nebst Angabe ihrer Lage, sowie aller Hallen und Landungsplätze.

[1]) Art. 210 betrifft den interalliierten Luftfahrtüberwachungsausschuß. Dieser wurde durch das Luftfahrt-Garantie-Komitee zur Kontrolle der zivilen und militärischen Begriffsbestimmungen ersetzt (Note der Botschafterkonferenz v. 14. 4. 22). Die Pariser Luftfahrtvereinbarungen v. 21. 5. 26 hatten das Gesetz zur Durchführung der Art. 177, 178 und 198 VV. v. 8. 7. 26 nebst den vier Verordnungen v. 13. 7. 26 zur Folge, worauf das Luftfahrt-Garantie-Komitee am 1. 9. 26 aufgelöst wurde.

### Abschnitt 5. **Allgemeine Bestimmungen.**

**Art. 213.** Solange der gegenwärtige Vertrag in Kraft bleibt, verpflichtet sich Deutschland, jede Untersuchung[1]) zu dulden, die der Rat des Völkerbundes mit Mehrheitsbeschluß für notwendig erachtet.

[1]) Die Botschafterkonferenz vertrat bei den Pariser Luftfahrtvereinbarungen v. 22. 5. 26 den Standpunkt, daß Art. 213 auf Art. 42 und 43 Anwendung finde und für die Flughäfen und Verkehrslandeplätze der demilitarisierten Zone die Möglichkeit des Investigationsrechtes nicht behindere. Die deutsche Regierung vertrat demgegenüber den Standpunkt, das Investigationsrecht beziehe sich nicht auf Art. 42 und 43, sondern nur auf die Bestimmungen des Teils V des Versailler Vertrages.

## Teil XI.

## Luftfahrt.

Die Art. 313 bis 320 VV. betrafen die Flug-Durchgangs- und Landungsfreiheiten der Zivilflugzeuge der alliierten und assoziierten Mächte über deutschem Gebiet. Sie traten gemäß Art. 320 mit dem 1. Januar 1923 außer Kraft.

**Flugfreiheit.**

**Art. 313.** Die den alliierten und assoziierten Mächten angehörigen Luftfahrzeuge haben innerhalb des deutschen Gebietes und der deutschen Hoheitsgewässer volle Flug- und Landungsfreiheit und genießen dieselben Vergünstigungen wie deutsche Luftfahrzeuge, besonders in Notfällen zu Land oder See.

**Durchgangsverkehr.**

**Art. 314.** Vorbehaltlich der Erfüllung der von Deutschland etwa erlassenen Vorschriften, die aber in gleicher Weise auf deutsche Luftfahrzeuge und solche der alliierten und assoziierten Länder anwendbar sein müssen, genießen die den alliierten und assoziierten Mächten angehörigen Luftfahrzeuge im Durchquerungsverkehr nach irgendeinem anderen Land das Recht, ohne zu landen, das deutsche Gebiet und die deutschen Hoheitsgewässer zu überfliegen.

**Flugplätze.**

**Art. 315.** Die in Deutschland angelegten und dem heimischen öffentlichen Luftverkehr zugänglichen Flugplätze stehen auch den Luftfahrzeugen der alliierten und assoziierten Mächte offen; diese erfahren daselbst in bezug auf Abgaben jeder Art einschließlich Landungs- und Versorgungsgebühren die gleiche Behandlung wie deutsche Luftfahrzeuge.

**Gleiche Bestimmungen.**

**Art. 316.** Vorbehaltlich der gegenwärtigen Bestimmungen ist das in den Artikeln 313, 314 und 315 vorgesehene Flug-, Durchquerungs- und Landungsrecht an die Beobachtung der Vorschriften, die Deutschland zu erlassen für notwendig erachtet, geknüpft. Jedoch müssen solche Vorschriften unterschiedslos auf deutsche

Luftfahrzeuge und solche der alliierten und assoziierten Länder angewandt werden.

**Bescheinigungen.**

**Art. 317.** Die Staatsangehörigkeits- und Flugsicherheitsbescheinigungen, Befähigungszeugnisse und Lizenzen, die von einer der alliierten und assoziierten Mächte ausgestellt oder als gültig anerkannt sind, werden auch in Deutschland als gültig und als den von Deutschland ausgestellten Bescheinigungen, Zeugnissen und Lizenzen gleichwertig zugelassen.

**Meistbegünstigungsklausel.**

**Art. 318.** Im inländischen Handelsluftverkehr genießen die den alliierten und assoziierten Mächten angehörigen Luftfahrzeuge in Deutschland gleiche Behandlung wie die meistbegünstigte Nation.

**Pariser Luftverkehrsabkommen.**

**Art. 319.** Deutschland sagt zu, durch geeignete Maßnahmen sicherzustellen, daß jedes über deutschem Gebiet fliegende deutsche Luftfahrzeug die Vorschriften, betreffend Lichter und Signale, die Flugvorschriften und die Luftverkehrsbestimmungen für Flugplätze und deren Umgebung beachtet, wie sie in dem von den alliierten und assoziierten Mächten abgeschlossenen Übereinkommen über die Luftfahrt festgelegt sind.

**In Kraft bis 1. Januar 1923.**

**Art. 320.** Die durch die vorstehenden Bestimmungen auferlegten Verpflichtungen bleiben bis zum 1. Januar 1923 in Kraft, sofern nicht Deutschland zu einem früheren Zeitpunkt in den Völkerbund aufgenommen ist oder von den alliierten und assoziierten Mächten die Zustimmung zum Beitritt zu dem von ihnen abgeschlossenen Übereinkommen[1]) über die Luftfahrt erhalten hat.

[1]) Da der Beitritt zum Pariser Luftverkehrsabkommen von 1919 nicht erfolgte, sind die Art. 313 bis 320 nicht mehr in Kraft.

Ein erstes Protokoll über die Niederlegung der Ratifikationsurkunden wird errichtet, sobald der Vertrag von Deutschland einerseits und von drei alliierten und assoziierten Hauptmächten andererseits ratifiziert ist.

Mit der Errichtung dieses ersten Protokolls tritt der Vertrag zwischen den Hohen vertragschließenden Teilen, die ihn auf diese Weise ratifiziert haben, in Kraft. Dieser Zeitpunkt[1]) gilt zugleich als der Zeitpunkt des Inkrafttretens bei Berechnung aller in dem gegenwärtigen Vertrage vorgesehenen Fristen[2]).

In jeder anderen Hinsicht tritt der Vertrag für jede Macht mit der Niederlegung ihrer Ratifikationsurkunde[3]) in Kraft.

[1]) 10. 1. 20: Bekanntmachung betr. die Errichtung des ersten Protokolls über die Niederlegung von Ratifikationsurkunden zu dem Friedensvertrage zwischen Deutschland und den alliierten und assoziierten Mächten, v. 11. 1. 20 (RGBl. S. 31).

[2]) Die Fristen, die sich auf eine Entschließung der Vereinigten Staaten von Amerika beziehen, beginnen am 11. 11. 21, dem Inkrafttreten des Vertrages v. 25. 8. 21 (RGBl. S. 1369).

[3]) Es haben ratifiziert: am 10. 1. 20: Deutschland, Großbritannien mit Kolonien, Frankreich, Italien, Japan, Bel-

gien, Bolivien, Brasilien, Guatemala, Peru, Polen, Siam, Tschechoslowakei, Uruguay; am 10. 2. 20: Serbien; am 8. 3. 20: Kuba; am 30. 3. 20: Griechenland und am 8. 4. 20: Portugal; am 30. 6. 20: Haiti und Liberia; am 14. 9. 20: Rumänien; am 3. 11. 20: Honduras, Nikaragua und am 25. 11. 20: Panama. China hat am 15. 9. 19 einen Erlaß über die Wiederherstellung des Friedens mit Deutschland veröffentlicht und am 20. 5. 21 mit Deutschland ein entsprechendes Abkommen getroffen, in Kraft seit dem 1. 7. 21. Die Vereinigten Staaten von Amerika haben die Ratifikation des Friedensvertrages ausdrücklich abgelehnt, aber am 2. 7. 21 den Kriegszustand für beendet erklärt und am 25. 8. 21 ein Abkommen mit Deutschland getroffen, in welchem sie sich die aus dem Waffenstillstand und dem Friedensvertrage für sie ergebenden Rechte haben zusichern lassen (Ges. v. 20. 10. 21, RGBl. S. 1317, in Kraft seit dem 30. 10. 21).

## 2. Pariser Luftfahrtvereinbarungen vom 21. Mai 1926.

### a) Ergebnisse der Pariser Luftfahrtvereinbarungen.

(Vgl. Reichstagsdrucksache 1926 Nr. 2332 S. 2.)

I. **Das Ziel** bei den Luftfahrtverhandlungen, die seit Ende 1925 in Paris zwischen den Delegierten der Reichsregierung und der Botschafterkonferenz geführt worden sind, war für Deutschland die Befreiung der Zivilluftfahrt, die im Vertrage von Versailles nicht beschränkt war, also

a) die Beseitigung der Baubeschränkung des Londoner Ultimatums vom Mai 1921,

b) die Zurückziehung des Interalliierten Luftfahrt-Garantie-Komitees,

c) die Inkraftsetzung der bisher suspendierten Luftgesetzgebung im besetzten Gebiet, einschließlich Überflugrecht,

d) Wegfall gewisser Hemmungen in der demilitarisierten Zone,

e) Klarstellung, daß die Einschränkungen der deutschen Luftfahrt nur auf Art. 198 des Vertrags von Versailles bezüglich der Luftstreitkräfte als Teil von Deutschlands Heerwesen beruhen könne.

Die Vertreter der Botschafterkonferenz verlangten für den Wegfall der Baubeschränkung ein anderes neues Garantiesystem zur Durchführung des Art. 198.

II. Das angegebene Ziel ist bei den Verhandlungen erreicht worden. Die getroffenen Vereinbarungen sind in einem Notenwechsel niedergelegt, der am 22. Mai 1926 zwischen dem deutschen Botschafter in Paris und dem Präsidenten der Botschafterkonferenz stattgefunden hat. Hieraus ergab sich:

a) die Baubeschränkungen mit vereinzelten, im wesentlichen militärischen Ausnahmen sind gefallen;

b) das Garantiekomitee ist zurückgezogen;

c) die deutsche Verkehrsluftfahrt und grundsätzlich auch die Sportfliegerei kann sich in Zukunft frei und ungehindert nach Maßgabe ihrer Bedürfnisse entwickeln und soll insbesondere durch Einschränkungen hinsichtlich Zahl und Ausbildung der Piloten nicht gehemmt werden;

d) die Luftfahrt in den besetzten Gebieten wird künftig durch die deutsche Luftgesetzgebung geregelt, wobei nur die im Vertrage von Versailles und dem Rheinlandabkommen festgesetzten Rechte der Rheinlandkommission aufrechterhalten bleiben;

e) die Einschränkungen des Luftverkehrs in der übrigen demilitarisierten Zone, die sich bisher daraus ergaben, daß die Botschafterkonferenz in der Anlage von Flugplätzen eine Mobilmachungsvorbereitung im Sinne des Art. 43 des VV. erblickt, sind im Interesse des Flugverkehrs in diesem Gebiet durch eine praktische Regelung beseitigt (4 Flughäfen, 12 Verkehrslandeplätze). Die grundsätzliche Frage, ob Flugplätze überhaupt als Mobilmachungsvorbereitungen angesehen werden können, ist unter Wahrung der beiderseitigen Auffassungen vorbehalten.

Im Einzelnen ergibt sich folgendes:

**1. Technische Hemmungen.**

Das aufrechterhaltene Verbot gewisser militärischer Einrichtungen an Flugzeugen ergibt sich aus Art. 198 VV.

Die Regelung für eigentliche Jagdflugzeuge kann unter Berücksichtigung der Tatsache, daß die Vertreter der Botschafterkonferenz zunächst gegen diese Art von Flugzeugen die schwerwiegendsten Bedenken geltend machten, als günstig angesehen werden. Auch für den Bau von Jagdflugzeugen ist die konstruktive Freiheit grundsätzlich gewährleistet, so daß nunmehr alle Beschränkungen im Typenbau von Flugzeugen und Luftschiffen gefallen sind.

Eine Aufhebung des Verbots führerloser Flugzeuge konnte gegenüber der Botschafterkonferenz nicht durchgesetzt werden. Es besteht aber Einverständnis darüber, daß für die wissenschaftliche Forschung auch auf diesem Gebiete Freiheit herrscht.

**2. Sportfliegerei.**

Der Freiheit und ungehemmten Entwicklungsfähigkeit der deutschen Sportfliegerei stand die Botschafterkonferenz von Anfang an mit besonderem Mißtrauen gegenüber. Es ist erreicht worden, daß die freie Betätigung im Sportflug gewährleistet ist, und daß keine zahlenmäßigen Beschränkungen vorgesehen sind. Die vorgesehenen Einschränkungen beziehen sich lediglich darauf, daß öffentliche Mittel zur Subventionierung der reinen Sportfliegerei nicht gewährt werden sollen. Die Subventionierung der Fliegerausbildung für Zwecke der Handelsluftfahrt ist ausdrücklich zugestanden.

**3. Betätigung der Reichswehr- und Marineangehörigen im Sportfliegen.**

Diese besonders schwierige Frage hat zeitweise die Verhandlungen in die Gefahr des Abbruchs gebracht. Die deutsche Delegation versuchte unausgesetzt die von der Botschafterkonferenz hartnäckigst geforderten weitgehenden Einschränkungen zu mildern und eine Erhöhung der Zahl derjenigen Reichswehr- und Marineangehörigen, die sich privatim dem Sportfluge widmen dürfen, zu erreichen. Auch wenn das Ergebnis unbefriedigend ist, so hat doch die Botschafterkonferenz auf ihrem Grundsatz eines unbedingten Verbots der Betätigung von Reichswehr- und Marineangehörigen im Sportfliegen zum Teil verzichtet.

**4. Militärischer Luftschutz.**

Es ist ausdrücklich anerkannt worden, daß die Reichswehr berechtigt ist, die für die Luftabwehr vom Boden aus notwendigen Maßnahmen zu treffen.

**5. Polizeilicher Flugüberwachungsdienst.**

Die Regelung trägt den Bedürfnissen der Polizei und den Wünschen der Länder Rechnung.

**6. Investigation.**

Der Grundsatz, daß die Durchführung des neuen Systems zur Sicherung des Art. 198 VV. auf freier Verpflichtung der Reichsregierung beruht und von ihr zu überwachen ist, ist von der Botschafterkonferenz anerkannt. Kontrollbefugnisse sind nur im Rahmen einer Investigation gemäß Art. 213 VV. vorgesehen, d. h. also nur dann, wenn der Völkerbundsrat auf Grund bestimmter Tatsachen, die den Verdacht einer Verfehlung begründen, eine Untersuchung beschließen wird. Die von der Reichsregierung beim Völkerbund erhobenen Einwendungen gegen die bisherigen Entscheidungen des Völkerbundsrats über die Art und Weise, wie künftig eine Investigation durchzuführen sei, sind ausdrücklich aufrechterhalten worden.

**7. Freigabe der Friedrichshafener und der „internationalen" Hallen.**

Ein moralisches und materiell erfreuliches Nebenergebnis der Verhandlungen ist, daß die Botschafterkonferenz auf die Zerstörung der Zeppelinhalle in Friedrichshafen verzichtet und die nach Art. 202 VV. im Eigentume der Alliierten stehenden sogenannten

„internationalen“ Luftfahrtanlagen (etwa 30 Anlagen im Gesamtwert von etwa 12—15 Millionen RM) kostenlos zurückgibt.

### III. Deutsch-französisches und deutsch-belgisches Abkommen.

a) Neben den Verhandlungen mit der Botschafterkonferenz liefen die Verhandlungen mit der französischen Regierung über ein deutsch-französisches Luftverkehrsabkommen. Sie waren insofern von besonderer Bedeutung auch für die Verhandlungen mit der Botschafterkonferenz, als die französische Regierung ihr Verhalten in der Abschaffung der Baubeschränkungen von der Gestattung einer französischen Luftverkehrslinie Paris—Straßburg—Nürnberg—Prag—Breslau—Warschau abhängig machte. Das Luftverkehrsabkommen beruht auf dem Grundsatz völliger Gegenseitigkeit. Die im Anschluß daran abgeschlossenen Vereinbarungen über regelmäßige Luftverkehrslinien betreffen:

α) eine gemeinsame Linie Berlin—Köln—Paris;

β) deutscherseits die Einräumung der französischen Linie Paris—Prag—Warschau;

γ) französischerseits die Genehmigung der Linie Berlin—Marseille—Barcelona.

b) Gleichzeitig mußte das deutsch-belgische Luftverkehrsabkommen abgeschlossen werden, da für die Linie Berlin—Paris auch die Genehmigung der belgischen Regierung erforderlich war. Das deutsch-belgische Luftverkehrsabkommen entspricht dem deutsch-französischen Luftverkehrsabkommen.

## b) Notenübersicht über die Pariser Luftfahrtvereinbarungen vom 21. Mai 1926 (RfL. 1926 S. 313).

Das Ergebnis der Pariser Luftfahrtverhandlungen ist nicht in einem Vertrag niedergelegt worden, sondern in einem Notenwechsel zwischen dem Deutschen Botschafter in Paris und der Botschafterkonferenz, in der die Belgische, Britische, Französische, Italienische und Japanische Regierung vertreten sind.

Dieser Notenwechsel, der mit Rücksicht auf die Schwierigkeit des Verhandlungsgegenstandes sehr umfangreich ist, enthält als Hauptstück ein Schreiben des Präsidenten der Botschafterkonferenz, das durch eine Antwort des Deutschen Botschafters in Paris bestätigt wird. In den Anlagen beider Schreiben sind die Vereinbarungen über die künftige Gestaltung der deutschen Handelsluftfahrt im wesentlichen enthalten.

Sie besagen:

I. Daß die Deutsche Regierung eine Verordnung folgenden Inhalts erlassen und in Kraft setzen wird:

§ 1. Es ist untersagt, Luftfahrzeuge zu bauen, zu halten, einzuführen oder in Verkehr zu setzen, die in irgendeiner Weise gepanzert oder geschützt sind oder die mit Einrichtungen zur Aufnahme von Kriegsmaschinen jeder Art, wie Kanonen, Maschinengewehren, Torpedos, Bomben oder mit Visier- oder Abwurfeinrichtungen für solche Maschinen versehen sind.

§ 2. Jede Zuwiderhandlung gegen § 1 dieser Verordnung wird mit Geldstrafe bis zu 10 000 RM. und mit Gefängnis bis zu drei Monaten oder mit einer dieser beiden Strafen bestraft. Die Luftfahrzeuge werden eingezogen und unbrauchbar gemacht.

§ 3. Artikel 2 der Verordnung zur Ausführung des Gesetzes zur Durchführung der Artikel 177, 178 des Friedensvertrages vom 22. März 1921 — Reichsgesetzbl. S. 235 — vom 12. Februar 1926 findet auf jede Vereinigung Anwendung, die dem § 1 dieser Verordnung zuwiderhandelt.

II. Daß die Deutsche Regierung die Zivilluftfahrt nur in den Grenzen einer normalen Entwicklung fördern wird; die Beihilfen der Handelsluftfahrt sollen in entsprechenden Rahmen gehalten werden.

III. a) Die Deutsche Regierung wird den Bau oder die Einfuhr von Flugzeugen, welche die technischen Merkmale neuzeitlicher Jagdflugzeuge hinsichtlich des Leergewichts, des Verhältnisses des Leergewichts zur Motorenleistung, der Sitzanordnung, der Bausicherheit, der Steiggeschwindigkeit, der Fluggeschwindigkeit und der Gipfelhöhe besitzen, von ihrer besonderen Genehmigung abhängig machen.

b) Die Deutsche Regierung wird diese besondere Genehmigung ausschließlich zur Teilnahme an öffentlich angekündigten internationalen Wettbewerben oder an offiziell überwachten Rekorden sowie zu den für diese Teilnahme erforderlichen Vorbereitungen erteilen. Diese Vorbereitungen dürfen Übungen in den Luftfahrerschulen nicht einschließen.

Die Anzahl der Flugzeuge dieser Art wird

sich in den Grenzen der Anzahl derjenigen Zivilflugzeuge gleicher Art halten, die in einem anderen Lande Europas für die oben bezeichneten Zwecke verwendet werden.

c) Die Deutsche Regierung wird die geeigneten Maßnahmen ergreifen, damit die Zahl der Flugführer, die solche Flugzeuge führen dürfen, sich im Rahmen der in Absatz b bezeichneten Bedürfnisse hält.

IV. Die Deutsche Regierung trägt dafür Sorge, daß aus öffentlichen Mitteln keine Beihilfen für Sportflugaus- oder -Fortbildung von Flugzeugführern über die Bedürfnisse des Luftverkehrs und der Fabriken hinaus gewährt werden. Geldpreise und Organisationsmittel für Wettbewerbe sollen nicht den Charakter von Beihilfen erhalten und nur für anerkannte Wettbewerbe gewährt werden.

V. a) Ausbildung und Fortbildung im militärischen Fliegen wird verboten.

b) Die Beziehungen der Behörden, die sich mit Organisation oder Verwaltung einer bewaffneten Macht befassen, zur Luftfahrt beschränken sich auf die Luftabwehr vom Boden aus.

c) Reichswehrangehörige dürfen lediglich im Sportfliegen, auf eigene Kosten, ohne Beihilfe oder Sonderurlaub ausgebildet werden, und zwar bis zur Höchstzahl von 36; vom 1. Januar 1926 ab dürfen jährlich sechs Ermächtigungen zur Ausbildung erteilt werden, nach sechs Jahren jährlich drei neue für etwa freiwerdende Ermächtigungen. Ermächtigungen ausscheidender Inhaber dürfen im folgenden Jahr über die festgesetzte Normalzahl hinaus ersetzt werden. Reichswehrangehörige, die vor dem 1. April 1926 einen Flugzeugführerschein besaßen, können bis zur Höchstzahl von 36 weiterfliegen.

Über beide Gruppen fliegender Reichswehrangehöriger sind Listen zu führen.

VI. Weiter veranlaßt die Deutsche Regierung laufende Führung von Listen über:

a) die Fabriken, die Luftfahrzeuggerät herstellen;
b) die fertiggestellten oder im Bau befindlichen Luftfahrzeuge und Luftfahrzeugmotoren, wobei die für die Ausfuhr bestimmten Luftfahrzeuge und Luftfahrzeugmotoren besonders aufzuführen sind;
c) die Flugführer und Flugschüler (Flugführer, die Flugzeuge der unter vorstehender Ziffer III bezeichneten Art führen können, werden in eine besondere Liste eingetragen);
d) die Unternehmungen, die eine Luftverkehrslinie betreiben;
e) die Vereinigungen, Gesellschaften oder Einzelpersonen, die Luftfahrt treiben oder Luftfahrzeuge verwenden;
f) die sonstigen Eigentümer von Luftfahrzeugen.

VII. Führerlose Flugzeuge sind untersagt.

Für Polizeibeamte gelten sinngemäß die gleichen Flugbeschränkungen, wie für Reichswehrangehörige, jedoch dürfen 50 auf die einzelnen Flughäfen verteilte Beamte eine Luftfahrtausbildung erhalten und den Flugführerschein besitzen, um die Beaufsichtigung der Handelsluftfahrt mit voller Sachkenntnis durchführen zu können. Diese 50 Flugführerscheine können ersetzt werden, wenn ihre Inhaber ausscheiden oder das 48. Lebensjahr erreicht haben.

Sobald die Deutsche Regierung diese Maßnahmen in Kraft gesetzt hat, wird das Luftfahrt-Garantiekomitee zurückgezogen. Damit finden ohne Rücksicht auf den Zeitpunkt des Eintritts Deutschlands in den Völkerbund die Bestimmungen des Artikels 213 VV. auf die Verpflichtungen der Deutschen Regierung in Luftfahrtangelegenheiten Anwendung, vorbehaltlich der Regelung der Fragen, die im Schreiben des Auswärtigen Amtes vom 12. Januar 1926 an den Generalsekretär des Völkerbundes über die Ausübung des Investigationsrechtes aufgeworfen worden sind. Die Listen über Luftfahrtpersonal und -material werden zur Verfügung des Völkerbundes gehalten und dieser Notenwechsel dem Völkerbundsrat mitgeteilt werden.

Deutschland wird nach Artikel 198 VV. Luftstreitkräfte weder zu Lande noch zu Wasser als Teil seines Heerwesens unterhalten. Andererseits werden mit der Inkraftsetzung der vereinbarten Maßnahmen die Begriffsbestimmungen aufgehoben.

Nach einem zweiten Schreiben des Präsidenten der Botschafterkonferenz an den Deutschen Botschafter, das von diesem kurz bestätigt wird, wird im besetzten Gebiet das Einflugverbot der Botschafterkonferenz auf Grund der Entscheidung vom 15. Dezember 1920 für deutsche Luftfahrzeuge aufgehoben. Danach wird das jetzige Recht des Deutschen Reiches für die Handelsluftfahrt nur noch durch die Befugnisse gehemmt, die der Rheinlandoberkommission auf Grund des Rheinlandabkommens für die Sicherheit der Besatzungstruppen zustehen. Die in der Botschafterkonferenz vertretenen Regierungen werden die Rheinlandoberkommission veranlassen, die Verordnung 80 (vgl. NfL. 21/27. 1) durch eine andere Regelung der neuen Lage entsprechend zu ersetzen. Danach gelten im besetzten Gebiet die Deutschen Gesetze und Verordnungen über Luftfahrt; jedoch bedürfen die Luftfahrzeuge eines Sammel- oder Einzelsichtvermerks der Rheinlandoberkommission. Ablehnung eines solchen Einverständnisvermerks ist zu begründen. Flugplätze im besetzten Gebiet sollen nach Räumung der Handelsluftfahrt zur Verfügung gestellt werden. Anträge, sie jetzt schon zu benutzen, entscheidet die Rheinlandoberkommission nach Fühlungnahme mit dem Reichskommissar.

Der Reichskommissar für die besetzten rheinischen Gebiete wird angewiesen werden, sich wegen der Einzelfragen mit der Rheinlandoberkommission in Verbindung zu setzen.

In einem dritten Schreiben des Präsidenten der Botschafterkonferenz an den Deutschen Botschafter erklärt jener das Einverständnis, daß die Deutsche Regierung in der im Artikel 42 des Vertrages von Versailles bezeichneten Zone, mit Ausnahme der gegenwärtig besetzten Gebiete, folgende Flughäfen und Verkehrslandeplätze einrichtet:

1. Vier Flughäfen, und zwar je einen in Köln und Frankfurt a. M., sowie zwei weitere Flughäfen, und zwar den einen nördlich von Köln, der an-

deren südlich von Frankfurt a. M., deren Auswahl der Deutschen Regierung überlassen bleibt. Die Ausmaße der Flughäfen sowie die Art und die Ausmaße ihrer ortsfesten oder sonstigen Einrichtungen werden nur den tatsächlichen, sich aus dem regelmäßigen Betriebe der Luftverkehrslinien ergebenden Bedürfnissen einer normalen Handelsluftfahrt entsprechen.

2. Zwölf weitere Verkehrslandeplätze an von der deutschen Regierung auszuwählenden Stellen, die Landung und Abflug von Flugzeugen gestatten.

Die Plätze werden eine Ausdehnung von 80 ha nicht überschreiten und können nur mit folgenden Einrichtungen versehen sein:

einer zerlegbaren Flugzeughalle von 1500 $m^2$ (aus leichtem Material auf leichter Gründung);

einer Wohnung für den Wächter und seine Familie;

einer kleinen Unterkunftsmöglichkeit zum vorübergehenden Aufenthalt für Passagiere, einschließlich Telephonanlage;

einem feuersicheren Keller für Nachtsignale.

Der Betrieb dieser 16 Flugplätze wird keinen Anlaß zu Beanstandungen auf Grund des Artikels 43 VV. geben; anderseits wird die Möglichkeit der Investigation nach Artikel 213, soweit sie auf die Artikel 42 und 43 VV. anzuwenden wäre, nicht behindert.

In einem Schreiben des Botschafters an den Präsidenten der Botschafterkonferenz nimmt die Deutsche Regierung unter vollem Vorbehalt ihres eigenen

Standpunktes bzw. des Artikels 43 VV. vom Vorgang Kenntnis.

Ein viertes Schreiben des Präsidenten der Botschafterkonferenz an den Deutschen Botschafter enthält den Beschluß der alliierten Regierungen zugunsten der Deutschen Regierung ihre Eigentumsrechte an den Anlagen in Friedrichshafen und den Luftfahrteinrichtungen, die in Deutschland für den internationalen Luftverkehr zurückgelassen waren, abzutreten.

Eine Bestätigung dieses Schreibens durch den Deutschen Botschafter bildet den Schluß des Notenwechsels.

## 3. Gesetz zur Durchführung der Artikel 177, 178 und 198 des Vertrags von Versailles.

Vom 8. Juli 1926 (RGBl. 1926 Teil I S. 397).

Der Reichstag hat das folgende Gesetz beschlossen, das mit Zustimmung des Reichsrats hiermit verkündet wird:

**Aufhebung.**

§ 1.

Das Gesetz über die Beschränkung des Luftfahrzeugbaues vom 29. Juni 1921 (Reichsgesetzbl. S. 789) sowie die Verordnungen über Luftfahrzeugbau vom 5. Mai 1922 (Reichsgesetzbl. I S. 476) und vom 29. September 1923 (Reichsgesetzbl. I S. 927) werden aufgehoben.

**Ermächtigung.**

§ 2.

Die Reichsregierung wird ermächtigt, auf dem Gebiete des Luftfahrwesens diejenigen Maßnahmen zu treffen, die zur Erfüllung der von der Reichsregierung in der Note von 22. Mai 1926 der Belgischen, Englischen, Französischen, Italienischen und Japanischen Regierung gegenüber übernommenen Verpflichtungen erforderlich werden.

§ 3.

Dieses Gesetz tritt am Tage nach der Verkündung in Kraft.[1])

Berlin, den 8. Juli 1926.

**Der Reichspräsident**

**Der Reichsverkehrsminister.**

Durch die Annahme des Londoner Ultimatums vom 5. Mai 1921 hatte sich die Deutsche Regierung verpflichtet, die Begriffsbestimmungen anzuerkennen, die die Verbandsmächte aufstellen würden, um die zivile Luftfahrt von der nach Art. 198 des Vertrags von Versailles unzulässigen militärischen Luftfahrt zu unterscheiden. In Ausführung dieser Verpflichtung sind das Gesetz über die Beschränkung des Luftfahrzeugbaues vom 29. Juni 1921 (Reichsgesetzbl. S. 789) sowie die Verordnungen über den Luftfahrzeugbau vom 5. Mai 1922 (Reichsgesetzbl. I S. 476) und vom 29. September 1923 (Reichsgesetzbl. I S. 727) erlassen worden.

Durch die Anerkennung der Begriffsbestimmungen trat eine schwere Schädigung der deutschen Luftfahrzeugbauindustrie ein, da sie einschneidenden Beschränkungen im Bau von Luftfahrzeugen unterworfen und dadurch der Wettbewerbsmöglichkeit mit der ausländischen Luftfahrzeugbauindustrie beraubt wurde. Auch die Entwicklung des deutschen Luftverkehrs wurde erheblich erschwert, da es ihm im Gegensatz zum Luftverkehr des Auslandes nicht möglich war, diejenigen

[1]) In Kraft seit 14. 7. 26.

Flugzeuge zu verwenden, welche die größte Wirtschaftlichkeit, Geschwindigkeit und Zuverlässigkeit gewährleisten.

Die Verhandlungen, die seit Ende 1925 in Paris auf dem Gebiete des Luftfahrtwesens stattfanden, haben zu dem Ergebnis geführt, daß die Verbandsmächte die dem deutschen Luftfahrzeugbau und dem deutschen Luftverkehr auferlegten Beschränkungen aufzuheben und das zu deren Überwachung eingesetzte Interalliierte Luftfahrt-Garantie-Komitee abzuberufen beabsichtigen, falls die Deutsche Regierung in anderer Weise Sicherheit für die Durchführung des Artikels 198 des Vertrages von Versailles gibt. Die Einzelheiten der Regelung zur Sicherung des Artikels 198 sind zwischen der Deutschen Regierung und den an der Botschafterkonferenz vertretenen Mächten vereinbart worden. Da es sich vorwiegend um technische Fragen handelt, die eine ständige Anpassung an die rasche Entwicklung des Luftverkehrs erforderlich machen können, erschien es zweckmäßig, von einer gesetzlichen Regelung der gesamten übernommenen Verpflichtungen abzusehen und der Reichsregierung die Ermächtigung zu geben, die zur Durchführung der übernommenen Verpflichtungen erforderlichen Maßnahmen zu treffen.

Der § 1 des Gesetzes sieht die Aufhebung des Gesetzes für die Beschränkung des Luftfahrzeugbaues vom 29. Juni 1921 sowie der Verordnungen über Luftfahrzeugbau vom 5. Mai 1922 und 29. September 1923 vor. Diese Aufhebung war erforderlich, weil die neue Regelung nicht mehr auf dem Londoner Ultimatum, sondern auf einer völlig neuen Grundlage beruht und weil mit dem Inkrafttreten der neuen Regelung die bisherigen Baubeschränkungen in Wegfall kommen. (Begründung).

## a) Verordnung über Luftfahrzeugbau.

Vom 13. Juli 1926 (RGBl. 1926 I S. 463).

Die Reichsregierung verordnet auf Grund des § 2 des Gesetzes zur Durchführung der Artikel 177, 178 und 198 des Vertrags von Versailles vom 8. Juli 1926 (Reichsgesetzbl. I S. 397) was folgt:

Kriegsmaschinen.

§ 1.

Es ist untersagt, Luftfahrzeuge zu bauen, zu halten, einzuführen oder in Verkehr zu setzen, die in irgendeiner Weise gepanzert oder geschützt sind oder die mit Einrichtungen zur Aufnahme von Kriegsmaschinen jeder Art, wie Kanonen, Maschinengewehren, Torpedos, Bomben, oder mit Visier- oder Abwurfeinrichtungen für solche Maschinen versehen sind.

Strafe.

§ 2.

Zuwiderhandlungen gegen § 1 dieser Verordnung werden mit Geldstrafe bis zu zehntausend Reichsmark und mit Gefängnis bis zu drei Monaten oder mit einer dieser beiden Strafen bestraft.

Einziehung.

§ 3.

Luftfahrzeuge der im § 1 bezeichneten Art werden eingezogen und unbrauchbar gemacht.

Vereinigung.

§ 4.

Artikel 2 der Verordnung zur Ausführung des Gesetzes zur Durchführung der Artikel 177, 178 des Friedensvertrags vom 22. März 1921 (Reichsgesetzbl. S. 235), vom 12. Februar 1926 (Reichsgesetzbl. I S. 100) findet auf jede Vereinigung Anwendung, die dem § 1 dieser Verordnung zuwiderhandelt.

§ 5.

Diese Verordnung tritt am Tage nach der Verkündung in Kraft.

Berlin, den 13. Juli 1926.

**Der Reichskanzler.**
**Der Reichsverkehrsminister.**

## b) Verordnung über führerlose Flugzeuge und über Flugzeuge mit den technischen Merkmalen neuzeitlicher Jagdflugzeuge.

Vom 13. Juli 1926 (RGBl. 1926 I S. 463).

Die Reichsregierung verordnet auf Grund des § 2 des Gesetzes zur Durchführung der Artikel 177, 178 und 198 des Vertrags von Versailles vom 8. Juli 1926 (Reichsgesetzblatt I S. 397) was folgt:

**Führerlose Flugzeuge.**

§ 1.

Führerlose Flugzeuge sind untersagt.

**Jagdflugzeuge.**

§ 2.

Flugzeuge, welche die technischen Merkmale neuzeitlicher Jagdflugzeuge hinsichtlich des Leergewichts, des Verhältnisses des Leergewichts zur Motorenleistung, der Sitzanordnung, der Bausicherheit, der Steiggeschwindigkeit, der Geschwindigkeit und der Gipfelhöhe besitzen, dürfen nur mit Genehmigung des Reichsverkehrsministeriums gebaut oder eingeführt werden.

Die Genehmigung kann ohne Angabe von Gründen versagt werden.

**Flugzeugführer.**

§ 3.

Die im § 2 bezeichneten Flugzeuge dürfen nur von solchen Flugzeugführern geführt werden, denen das Reichsverkehrsministerium eine besondere Genehmigung hierfür erteilt hat.

**Übungen.**

§ 4.

In Luftfahrerschulen sind Übungen auf den im § 2 bezeichneten Flugzeugen untersagt.

**Strafe.**

§ 5.

Zuwiderhandlungen gegen die §§ 1 bis 4 dieser Verordnung werden mit Geldstrafe bis zu zehntausend Reichsmark und mit Gefängnis bis zu drei Monaten oder mit einer dieser beiden Strafen bestraft.

**Einziehung.**

§ 6.

Flugzeuge der im § 1 bezeichneten Art sowie solche Flugzeuge der im § 2 bezeichneten Art, die ohne die erforderliche Genehmigung gebaut oder eingeführt worden sind, werden eingezogen und unbrauchbar gemacht.

§ 7.

Diese Verordnung tritt am Tage nach der Verkündung in Kraft.

Berlin, den 13. Juli 1926.

**Der Reichskanzler.**
**Der Reichsverkehrsminister.**

## c) Verordnung über Beschränkung der Flugausbildung.

Vom 13. Juli 1926 (RGBl. 1926 I S. 464).

Die Reichsregierung verordnet auf Grund des § 2 des Gesetzes zur Durchführung der Artikel 177, 178 und 198 des Vertrags von Versailles vom 8. Juli 1926 (Reichsgesetzbl. I S. 397) was folgt:

**Ausbildung.**

§ 1.

Die Ausbildung und Fortbildung im Fliegen, die einen militärischen Charakter oder Zweck entgegen der im Artikel 198 des Vertrags von Versailles enthaltenen Verpflichtung hat, ist verboten.

**Strafe.**

§ 2.

Wer der Vorschrift des § 1 dieser Verordnung zuwiderhandelt, wird mit einer Geldstrafe bis zu zehntausend Reichsmark und mit Gefängnis bis zu drei Monaten oder mit einer dieser beiden Strafen bestraft.

**Vereinigung.**

§ 3.

Artikel 2 der Verordnung zur Ausführung des Gesetzes zur Durchführung der Artikel 177, 178 des Friedensvertrags vom 22. März 1921 (Reichsgesetzbl. S. 235), vom 12. Februar 1926 (Reichsgesetzbl. I S. 100) findet auf jede Vereinigung Anwendung, die dem § 1 dieser Verordnung zuwiderhandelt.

§ 4.

Diese Verordnung tritt am Tage nach der Verkündung in Kraft.

Berlin, den 13. Juli 1926.

**Der Reichskanzler.**
**Der Reichsverkehrsminister.**

## d) Verordnung über Listenführung in der Luftfahrt.

Vom 13. Juli 1926 (RGBl. 1926 I S. 464).

Die Reichsregierung verordnet auf Grund des § 2 des Gesetzes zur Durchführung der Artikel 177, 178 und 198 des Vertrags von Versailles vom 8. Juli 1926 (Reichsgesetzbl. I S. 397) was folgt:

**Fabrikanzeige.**

§ 1.

Fabriken, die Luftfahrzeuggerät herstellen, haben dies dem Reichsverkehrsministerium anzuzeigen.

**Luftfahrzeug- und Motorenliste.**

§ 2.

Über die im Bau befindlichen oder fertiggestellten Luftfahrzeuge und Luftfahrzeugmotoren sind Listen zu führen, die dem Muster in Anlage 1 dieser Verordnung entsprechen.

**Flugschülerliste.**

§ 3.

Wer Flugschüler ausbildet, hat Listen zu führen, aus denen Name, Beruf und Wohnort des Schülers sowie der Beginn und die Beendigung der Ausbildung ersichtlich sind.

**Flughafenlisten.**

§ 4.

Der Unternehmer eines Flughafens hat Listen zu führen, aus denen Name, Beruf und Wohnort derjenigen Personen ersichtlich sind, auf die gemäß § 5 des Luftverkehrsgesetzes vom 1. August 1922 (Reichsgesetzbl. I S. 681) der § 4 Abs. 1 dieses Gesetzes keine Anwendung findet.

**Vereinigungsliste.**

§ 5.

Die Vereinigungen, Gesellschaften oder Einzelpersonen, welche Luftfahrt treiben oder Luftfahrzeuge verwenden sowie die sonstigen Eigentümer von Luftfahrzeugen haben dem Reichsverkehrsministerium Anzeige zu machen.

Die Anzeige hat zu enthalten

1. den Namen, Sitz oder Wohnort der Vereinigung, Gesellschaft oder Einzelperson,
2. den Typ und die Zulassungsnummer des Luftfahrzeugs.

**Anzeigetermine.**

§ 6.

Die in den §§ 1 und 5 bezeichneten Anzeigen sind bis zum Ende desjenigen Monats zu machen, der auf den Monat folgt, in dem der Anzeigenfall eingetreten ist.

Diejenigen Fabriken, Vereinigungen, Gesellschaften oder Einzelpersonen, bei denen beim Inkrafttreten dieser Verordnung der Anzeigefall bereits vorliegt, haben die Anzeige bis zum Ende desjenigen Monats zu machen, der auf den Monat folgt, in dem diese Verordnung verkündet worden ist.

**Abschriftentermine.**

§ 7.

Abschriften der in den §§ 2 bis 4 bezeichneten Listen sind dem Reichsverkehrsminister bis zum 31. Juli und 31. Januar eines jeden Jahres jeweils für das abgelaufene Kalenderhalbjahr, erstmalig bis zum 31. Januar 1927 für die Zeit vom Inkrafttreten dieser Verordnung bis zum 31. Dezember 1926 einzureichen.

**Strafe.**

§ 8.

Wer den Vorschriften der §§ 1 bis 7 dieser Verordnung zuwiderhandelt, wird mit Geldstrafe bis zu 150 RM. und mit Haft oder mit einer dieser beiden Strafen bestraft.

§ 9.

Diese Verordnung tritt am Tage nach der Verkündung in Kraft.

Berlin, den 13. Juli 1926.

**Der Reichskanzler.**

**Der Reichsverkehrsminister.**

**Anlage 1**

**Muster**

## Liste der fertiggestellten oder im Bau befindlichen Luftfahrzeuge und Luftfahrzeugmotoren.

A. Flugzeuge
B. Luftschiffe
C. Luftfahrzeugmotoren

### A. Flugzeuge

| Lfde. Nr. | Hersteller | Muster | Werknummer | Der Bau ist begonnen am | Der Bau ist beendet am | Bestimmt für Ausfuhr? ja | Bestimmt für Ausfuhr? nein |
|---|---|---|---|---|---|---|---|
| 1 | | | | | | | |
| 2 | | | | | | | |
| 3 | | | | | | | |
| usw. | | | | | | | |

### B. Luftschiffe

| Lfde. Nr. | Hersteller | Muster u. Gasrauminhalt | Werknummer | Der Bau ist begonnen am | Der Bau ist beendet am | Bestimmt für Ausfuhr? ja | Bestimmt für Ausfuhr? nein |
|---|---|---|---|---|---|---|---|
| 1 | | | | | | | |
| 2 | | | | | | | |
| 3 | | | | | | | |
| usw. | | | | | | | |

C. Luftfahrzeugmotoren

| Lfde. Nr. | Hersteller | Muster | Werknummer | Der Bau ist | | Bestimmt für Ausfuhr? | |
|---|---|---|---|---|---|---|---|
| | | | | begonnen am | beendet am | ja | nein |
| 1 | | | | | | | |
| 2 | | | | | | | |
| 3 | | | | | | | |
| usw. | | | | | | | |

## 4. Besetztes Gebiet.

Die VO. Nr. 80 der Rheinlandkommission vom 7. April 1921 (NfL. 1921 S. 409) verbot unter Hinweis auf die militärische Sicherheit der Besatzungstruppen:

1. das Überfliegen der besetzten Gebiete mit deutschen Luftfahrzeugen, die mit deutschen Führern besetzt sind (Art. 1);
2. deutsche Luftverkehrsstationen im besetzten Gebiete.

Die VO. Nr. 80 ist durch die VO. Nr. 309 vom 17. August 1926 aufgehoben, nachdem erst durch die Pariser Luftfahrtvereinbarungen vom 21. Mai 1926 folgendes gestattet war.

1. Grundsätzlich dürfen auch Deutsche im besetzten Gebiet fliegen, doch bedürfen sie hierzu der vorherigen Genehmigung der Rheinlandkommission. Diese Erlaubnis wird erteilt:
   a) an Luftverkehrsgesellschaften für feste Fluglinien als Kollektivgenehmigung für die Gesellschaft auf bestimmte Zeit;

b) an einzelne Flieger auf den Namen des Führers, beim Segelflug genügt kollektive Genehmigung an die Sportgruppe.

Freiballonfahrten über das besetzte Gebiet sind ohne besondere Erlaubnis gestattet.

2. Deutschland darf in der 50-km-Zone 4 Flughäfen und 12 Verkehrslandeplätze einrichten. Die Anlage von Flugplätzen bedarf der Genehmigung. In Not befindliche Flugzeugführer dürfen auf einem Militärflugplatz landen.

Verboten ist im besetzten Gebiet:

1. das Überfliegen der Artillerieschießplätze für jährlich 6 Wochen, nämlich während der Schießübungen;
2. das Überfliegen durch Militärpersonen (Reichswehr und Marine) und Mitgliedern der Schutzpolizei (Art. 5);
3. die Beförderung von Waffen, Kriegsmunition, Sprengstoffen, Giftgasen, Brieftauben (Art. 6).

**Verordnung Nr. 309 vom 17. August 1926 der Interalliierten Rheinlandoberkommission zur Aufhebung und Ersetzung der Verordnung Nr. 80, betreffend Regelung des Flugwesens in den besetzten Gebieten.**

(Nachr. f. Luftf. 1926 S. 473, Mitteilungen des Reichskommissars für die besetzten rheinischen Gebiete vom 30. 8. 1926 S. 57 bis 60).

**Auf Grund der zwischen den alliierten Regierungen und der Deutschen Regierung getroffenen und in Paris**

am 22. Mai 1926 unterzeichneten Abkommen betreffend Flugwesen und der zum selben Zeitpunkt und im Anschluß an diese Abkommen getroffenen und das Flugwesen in den besetzten Gebieten betreffenden Entscheidung der alliierten Regierungen;

auf Grund des dem Friedensvertrag anliegenden Rheinlandabkommens vom 28. Juni 1919, auf Grund dessen es der Oberkommission zusteht, für die Sicherheit der Besatzungsarmeen zu sorgen:

## Artikel 1.

Die deutschen Gesetze und Verordnungen betreffend Luftfahrt[1]) sind unter den für die Anwendung der deutschen Gesetzgebung in den besetzten Gebieten festgesetzten allgemeinen Bedingungen in diesen Gebieten anwendbar.

[1]) Gemäß Mitteilung der interalliierten Rheinland-Oberkommission v. 17. 8. 26 an den Reichskommissar für die besetzten Gebiete Koblenz (RfL. 1926 S. 497) sind für das besetzte Gebiet zugelassen:

1. das Luftverkehrsgesetz v. 1. 8. 22,
2. die VO. über Änderung des Luftverkehrsgesetzes und des Gesetzes über den Verkehr mit Kraftfahrzeugen v. 5. 2. 24,
3. die VO. über Landungsaufforderung für Luftfahrzeuge v. 11. 9. 24.

Insbesondere hinsichtlich des Luftverkehrsgesetzes ist aber „die Frage der Beseitigung der den Besatzungstruppen verursachten Schäden vorbehalten" worden.

Außerdem sind gemäß Titel 1 der Ordonnanz 308 und Art. 1 der Ordonnanz 309 im besetzten Gebiet für anwendbar erklärt:

4. das Gesetz zur Durchführung der Art. 177 und 198 des Vertrags von Versailles v. 8. 7. 26,
5. die 4 Verordnungen v. 13. 7. 26 über Luftfahrzeugbau, über führerlose Flugzeuge und Jagdflugzeuge, über Beschränkung der Flugausbildung und über Listenführung in der Luftfahrt.

### Artikel 2.

In Ermangelung einer deutschen Gesamtordnung, welche die Einzelbestimmungen über den Luftverkehr enthält (Leuchtfeuer, Signale, Landungsbestimmungen usw.), entsprechen die in der Praxis gegenwärtig angewandten Regeln den Regeln der am 13. Oktober 1919 in Paris unterzeichneten Konvention[1]).

[1]) Dieses Pariser Luftverkehrsabkommen v. 13. 10. 19 (Cina) ist unten S. 341 abgedruckt; vgl. Art. 25 PLA. (unten S. 355, 377).

### Artikel 3.

Über jedes Überfliegen der besetzten Gebiete muß zuvor die Oberkommission eine Entscheidung treffen.

a) Bezüglich der Handelslinien erfolgt die Entscheidung der Oberkommission durch Gewährung bzw. Verweigerung der Beglaubigung der in Ausführung des Reichsgesetzes vom 1. August 1922 von der Reichsregierung oder den Regierungen der Länder erteilten Genehmigung.

In den Fällen jedoch, in welchen Abkommen, die zwischen einem anderen Staat und Deutschland getroffen werden, die vom Deutschen Gesetz vorgesehene Genehmigungspflicht aufheben sollten, erfolgt die Entscheidung der Oberkommission durch unmittelbare Genehmigung.

Die Genehmigung bzw. Beglaubigung wird für die Handelslinien kollektiv auf den Namen der Unternehmungsgesellschaft und mit Gültigkeit für bestimmte Zeit erteilt.

b) Für Luftfahrt außer den Handelslinien erfolgt die Entscheidung der Oberkommission durch Gewährung bzw. Verweigerung einer Genehmigung. Die Genehmigung lautet auf den Namen des Luftfahrers und hat je nach den Fällen für eine oder mehrere Reisen Gültigkeit.

Jedoch wird für den Segelflug die Genehmigung entweder individuell oder kollektiv auf den Namen der beteiligten Sportgruppe für die Gesamtheit der Flugzeuge dieser Gruppe ausgestellt und ist für eine bestimmte Zeit gültig.

c) Die an die Oberkommission gerichteten Gesuche um Beglaubigung oder Genehmigung müssen Namen, Vornamen und Staatsangehörigkeit des Flugführers, die wesentlichen Merkmale des Flugzeugs, seine Nationalität, Eintragungsnummer und seine Unterscheidungszeichen, die Fluglinie und den wahrscheinlichen Zeitpunkt des Überfliegens, gegebenenfalls auch die geplanten Landungen angeben.

Die Gesuche müssen angeben, ob das Flugzeug mit Funkgerät versehen ist; in diesem Falle haben sie die Sendeleistung, die Wellenlängen und Sendeart anzugeben.

d) Im Interesse der Luftfahrzeuge ist das Überfliegen der Artillerieschießplätze, deren Verzeichnis anliegt, verboten.

Außerdem können die Entscheidungen der Ober-

**kommission alle Vorbehalte bzw. besonderen Bestimmungen einschließen, welche je nach den Umständen die Sicherheit der Besatzungsarmeen erfordern könnte, wie insbesondere das Verbot des Überfliegens bestimmter Zonen.**

**e) Bei Verweigerung von Genehmigungen bzw. Beglaubigungen geben die Entscheidungen der Oberkommission den Grund der Verweigerung an.**

**f) Alle erteilten Genehmigungen oder Beglaubigungen sind im Falle von Zuwiderhandlungen gegen die Verordnungen der Oberkommission oder gegen die Bestimmungen betreffend Luftverkehr oder aus Gründen der Sicherheit der Armeen widerruflich.**

Zu a) Hinsichtlich der Sonderabkommen vgl. z. B. Art. 1 des Deutsch-Französischen Luftabkommens v. 22. 5. 26 und Art. 1 des Deutsch-Belgischen Luftverkehrsabkommens v. 29. 5. 26.

**Zu d)** Anlage zur VO. Nr. 309.

Verzeichnis der Artillerieschießplätze, die gemäß des Art. 3 zu d nicht überflogen werden dürfen:

| | |
|---|---|
| Übungsplatz Griesheim (Kreis Groß-Gerau) | das ganze Jahr hindurch |
| Schießplatz Dahlem (Kreis Schleiden) | während ungefähr sechs Wochen jährlich |
| Schießplatz Pellingen (Kreis Bittburg) | das ganze Jahr hindurch |
| Schießplatz Ludwigswinkel (Kreis Pirmasens) | das ganze Jahr hindurch |

## Artikel 4.

**Das Aufsteigen bzw. die Fahrten in Freiballonen unterliegen nicht den Vorschriften vorstehenden Ar-**

Artikels 3. Jedoch ist jede Landung eines Freiballons in den besetzten Gebieten von dem Führer der nächsten Besatzungsbehörde unverzüglich anzuzeigen.

Artikel 5.

Militärpersonen der Reichswehr und der Marine oder Mitgliedern der Schutzpolizei wird keine Erlaubnis zum Überfliegen erteilt; und zwar gilt dies selbst

1. für die Militärpersonen der Reichswehr und der Marine, welche auf Grund der Abkommen zwischen den alliierten Regierungen und der Deutschen Regierung zum Führen von Flugzeugen berechtigt sind;
2. für die Mitglieder der Polizei, welchen es auf Grund der obengenannten Abkommen erlaubt ist, an den Flugzeugführerlehrgängen teilzunehmen.

Artikel 6.

Die Beförderung von Waffen und Kriegsmunition, Sprengstoffen, giftigen Gasen, Brieftauben durch Luftfahrzeuge ist im Luftverkehr über den besetzten Gebieten verboten.

Der Transport und die Benutzung von Lichtbildgerät muß von der Oberkommission genehmigt werden.

Artikel 7.

Für jedes Luftfahrzeug, das in den besetzten Gebieten ständig untergebracht werden soll, muß der in den besetzten Gebieten wohnhafte Besitzer oder Inhaber der Oberkommission eine Erklärung zugehen lassen, in welcher Merkmale, Kennzeichen und Eintragungsnummer des Luftfahrzeugs aufgeführt sind.

Bezüglich der Flüge und Landungen bleibt der Betreffende den in dieser Verordnung vorgesehenen Vorschriften unterworfen.

Artikel 8.

Bei Abflug und Landung eines Luftfahrzeuges sind die Besatzungsbehörden auf alle Fälle berechtigt, das Luftfahrzeug zu untersuchen und alle Urkunden, die es führen soll, nachzuprüfen.

Artikel 9.

Die Einrichtung von Landungsgelände in den besetzten Gebieten oder die Benutzung von schon bestehendem Gelände für regelmäßige Landungen darf erst nach zusagender Entscheidung der Oberkommission über die ihr diesbezüglich vorgelegten Gesuche erfolgen.

Artikel 10.

Die Benutzung von militärischem Landungsgelände in den besetzten Gebieten durch Zivilluftfahrzeuge ist vorbehaltlich einer nach Befürwortung des Oberstkommandierenden von der Oberkommission getroffenen Ausnahmeentscheidung verboten.

Jedoch darf jedes in Not befindliche Luftfahrzeug auf einem der Militärplätze landen. Die Bedingungen, unter welchen es sich dort aufhalten und Beistand finden kann, werden durch Anweisung[1]) des Oberstkommandierenden geregelt.

Der Oberstkommandierende regelt ebenfalls durch Anweisung die Bedingungen, unter welchen jedes Luftfahrzeug, das außerhalb der regelmäßigen Plätze landet, von der alliierten Militärluftfahrt Beistand erhalten kann.

[1]) Die Anweisung Nr. 12, betr. die Regelung des Überfliegens der von der französischen Rheinarmee besetzten Gebiete durch Zivilflugzeuge, v. 22. 10. 26 (Mitteilungen des Reichskommissars für die besetzten rheinischen Gebiete 1926 S. 99) erläßt auf Grund des Art. 10 Bestimmungen über Notlandungen von Flugzeugen auf Militärplätzen und das Landen von Flugzeugen außerhalb der ordentlichen Landungsplätze; RfL. 1926 S. 633; vgl. Anw. betr. Überfliegen besetzten Gebiets v. 18. Dezember 1926 (RfL. 1927 S .73).

### Artikel 11.

Die Verordnung Nr. 80 der Oberkommission[1]) wird aufgehoben.

[1]) Abgedruckt RfL. 1921 S. 409.

### Artikel 12.

Diese Verordnung ist im Gebiete des Brückenkopfes Kehl anwendbar.

### Artikel 13.

Diese Verordnung tritt sofort in Kraft.

# D. Internationaler Teil.

I. **Deutsche Sonderabkommen** bestehen mit:

1. Schweiz v. 14. 9. 20 (ratifiziert 28. 12. 20),
2. Dänemark v. 25. 4. 22 (ratifiziert 14. 6. 23),
3. Niederlande v. 24. 7. 22 (noch nicht ratifiziert),
4. Österreich v. 19. 5. 25 (ratifiziert 25. 9. 25),
5. Schweden v. 29. 5. 25 (ratifiziert 23. 10. 25),
6. Frankreich v. 22. 5. 26 (ratifiziert 28. 1. 27),
7. Belgien v. 29. 5. 26 (ratifiziert (22. 10. 27),
8. Tschechoslowakei v. 22. 1. 27 (Ratifizierung folgt),
9. Italien v. 20. 5. 27 (ratifiziert 13. 3. 28),
10. Großbritannien v. 29. 6. 27 (ratifiziert 1. 12. 27),
11. Spanien v. 9. 12. 27 (Ratifizierung folgt).

## I. Deutsche Sonderabkommen.

### 1. Mit der Schweiz.

Vom 14. September 1920, ratifiziert 28. Dezember 1920 (Reichs-Zentralbl. 1921 S. 168).

**Provisorisches Übereinkommen, betreffend die Regelung des Luftverkehrs zwischen der Schweiz und Deutschland, vom 14. September 1920.**

Der Schweizerische Bundesrat und der Präsident des Deutschen Reiches, im Namen des Deutschen Reiches in dem Bestreben, den Luftverkehr zwischen ihren Völkern zu fördern, haben sich entschlossen, zu diesem Zwecke ein provisorisches Übereinkommen abzuschließen und ihre Bevollmächtigten wie folgt bezeichnet:

Der Präsident des Deutschen Reichs: S. E. Herrn Dr. Adolf Müller, außerordentlichen Gesandten und bevollmächtigten Minister des Deutschen Reiches in der Schweiz; der Schweizerische Bundesrat: Herrn Bundespräsident Motta, Chef des Eidgenössischen Politischen Departements.

Diese Bevollmächtigten haben, nach Prüfung und Richtigbefund ihrer Vollmachten, folgende Bestimmungen unter Ratifikationsvorbehalt vereinbart:

Artikel 1.

Dieses Übereinkommen findet nur auf die privaten Luftfahrzeuge Anwendung, welche als solche durch die zuständigen Behörden eines der beiden Vertragsstaaten in die amtlichen Register eingetragen sind.

Artikel 2.

Jeder der beiden Vertragsstaaten räumt den im Art. 1 genannten Luftfahrzeugen des anderen Staates das Recht ein, in Friedenszeiten sein Gebiet und seine Territorialgewässer in unschädlicher Weise frei zu überfliegen, sofern dabei die Bedingungen dieses Übereinkommens beachtet werden.

Artikel 3.

Die deutsche und die schweizerische Regierung können aus militärischen oder aus Gründen der öffentlichen Sicherheit das Überfliegen gewisser Teile ihres Gebietes verbieten und nach Maßgabe ihrer Gesetzgebung bestrafen, vorausgesetzt, daß in dieser Beziehung kein Unterschied zwischen den privaten Luftfahrzeugen der beiden Vertragsstaaten gemacht werde. Die verbotenen Gebietsteile müssen dem Vertragsgegner mitgeteilt werden.

Artikel 4.

Jedes Luftfahrzeug, das über ein verbotenes Gebiet gerät, ist verpflichtet, unverzüglich das durch die Luftfahrordnung des überflogenen Staates vorgeschriebene Notsignal zu geben und ungesäumt auf einem außerhalb des verbotenen Gebietes gelegenen Flugplatz dieses Staates zu landen.

### Artikel 5.

Jedes Luftfahrzeug muß ein Bordbuch und eine von den zuständigen Behörden eines der beiden Vertragsstaaten oder von einer von ihnen ermächtigten Gesellschaft ausgestellte Verkehrsbewilligung sowie seinen Immatrikulationsausweis mitführen. Es muß deutliche Unterscheidungsmerkmale besitzen, durch welche es in vollem Fluge identifiziert werden kann.

### Artikel 6.

Die Mitglieder der Bemannung müssen alle Ausweise mitführen, welche im Heimatstaate des Luftfahrzeugs für den Luftverkehr verlangt werden. Die Vertragsstaaten teilen sich gegenseitig die in ihrem Gebiete geltenden Ausweise mit.

Die Mitglieder der Bemannung müssen außerdem Ausweise über ihre Heimatzugehörigkeit, ihre Person, ihre militärische Stellung und, wenn nötig, Pässe mitführen.

Die Passagiere müssen mit allen vom geltenden Recht verlangten Ausweisen und Pässen versehen sein.

### Artikel 7.

Die Mitführung von funkentelegraphischen Geräten in Luftfahrzeugen bleibt besonderer Vereinbarung vorbehalten.

### Artikel 8.

Die zwischen den beiden Vertragsstaaten verkehrenden Luftfahrzeuge dürfen Personen und Waren von einem Land ins andere befördern, unter Ausschluß des internen Verkehrs im Hoheitsgebiete des anderen Kontrahenten.

Sie müssen folgende Ausweise mitführen: ein Namensverzeichnis der Passagiere, ein Inventar (Manifest) über die mitgeführten Waren und Vorräte sowie die vom Versender auszustellenden detaillierten Warendeklarationen.

Alle diese Transporte unterstehen den geltenden Vorschriften.

Die Beförderung von Postsendungen unterliegt besonderen Abmachungen zwischen den beidseitigen Postverwaltungen.

### Artikel 9.

Die Landesbehörden haben das Recht, jedes Luftfahrzeug bei Abfahrt und Landung zu untersuchen und die verlangten Ausweise zu kontrollieren.

### Artikel 10.

Die Luftfahrzeuge beider Staaten haben sowohl bei ordentlichen Landungen als bei Notlandungen Anspruch auf gleiche Hilfeleistung, wie die einheimischen Flugzeuge.

### Artikel 11.

Alle Landungsplätze, welche den einheimischen privaten Luftfahrzeugen ohne oder gegen Bezahlung zur freien Benutzung offenstehen, sollen unter den gleichen Bedingungen den Luftfahrzeugen des anderen Staates offenstehen.

### Artikel 12.

Die Grenze zwischen den Vertragsstaaten darf nur zwischen den im gemeinsamen Einverständnis zu bestimmenden Punkten überschritten werden.

Jeder Vertragsstaat bezeichnet auf seinem Gebiete einen oder mehrere Landungsplätze, welche bei Ankunft und Abfahrt im internationalen Verkehr zwischen beiden Staaten zu benutzen sind.

Jeder Vertragsstaat teilt dem anderen das Verzeichnis der von ihm hierfür bestimmten Landungsplätze mit. Er kann jederzeit dieses Verzeichnis abändern oder ergänzen, unter 14tägiger Voranzeige an den andern Vertragsstaat.

### Artikel 13.

Jede Landung vor Anlaufen eines der in Art. 12 erwähnten Landungsplätze ist verboten.

Bei Notlandung außerhalb dieser Landungsplätze muß der Führer sofort die nächste Ortspolizeibehörde benachrichtigen und unter seiner persönlichen Verantwortlichkeit bis zur Ankunft der Behörde jede Entfernung der Bemannung, der Passagiere oder des Luftfahrzeuges, seiner Bestandteile, Zubehörden oder seines Inhaltes verhindern.

### Artikel 14.

Die Luftfahrzeuge, die Bemannungen, die Passagiere sowie die Luftfahrtunternehmungen unterstehen allen rechtlichen Verpflichtungen gemäß der Gesetzgebung des Staates, in dem sie sich befinden, namentlich den Vorschriften über Zölle, Steuern und Abgaben und über die öffentliche Sicherheit. Sie unterstehen ebenfalls den in diesem Staate geltenden Vorschriften über die Luftschiffahrt.

Die Fahrbewilligungen, Flugtüchtigkeits- und Fähigkeitsausweise, welche den Luftfahrzeugen und den Mitgliedern der Bemannung in einem Staate ausgestellt werden, haben im andern Staate dieselbe Gültigkeit wie die zu gleichem Zwecke durch letzteren ausgestellten Ausweise.

Jeder Vertragsstaat kann für den Luftverkehr innerhalb seiner Grenzen den an seine Staatsangehörigen vom andern Vertragsstaat ausgestellten Lufttüchtigkeits- und Fähigkeitsausweisen die Anerkennung versagen.

### Artikel 15.

Der Abwurf von anderem Ballast als feinem Sand oder Wasser aus der Luft ist verboten.

### Artikel 16.

Es ist verboten, unterwegs etwas anderes als Ballast auszuladen oder abzuwerfen. Für Ausnahmen bedarf es besonderer Bewilligungen.

Bezüglich der Post bleiben die in Art. 8 erwähnten besonderen Abmachungen vorbehalten.

Artikel 17.

Die Vertragsstaaten teilen sich gegenseitig die für den Luftverkehr in ihrem Gebiete geltenden Vorschriften mit.

Artikel 18.

Kein militärisches Luftfahrzeug eines Staates darf in das Gebiet des andern eindringen, ohne vorher die Bewilligung des letzteren einzuholen. Soweit eine derartige Begung nichts anderes vorsieht, gelten die Bestimmungen dieses Übereinkommens.

Artikel 19.

Dieses Abkommen soll ratifiziert und die Ratifikationsurkunden sollen baldmöglichst in Bern ausgetauscht werden. Es tritt mit dem Tage des Austausches der Ratifikationsurkunden in Kraft. Das Abkommen soll so lange in Geltung bleiben, als es nicht von einem der beiden Teile mit dreimonatiger Frist gekündigt wird.

Zu Urkund vorstehenden Abkommens haben die Bevollmächtigten diesen Vertrag unterzeichnet und mit ihren Siegeln versehen.

Zusatz-Protokoll.

Gemäß den Bestimmungen des Übereinkommens vom gleichen Tage und in Ergänzung derselben, haben die Unterzeichneten, versehen mit den Vollmachten ihrer Regierung, unter Ratifikationsvorbehalt, noch folgendes vereinbart:

Die Kontrahenten sehen bis auf weiteres von einer Festsetzung von Grenzabschnitten im Sinne des Art. 12 Abs. 1, auf welchen die Grenze zu überschreiten ist, ab, behalten sich aber vor, aus Gründen des öffentlichen Interesses, wie namentlich des Zollschutzes, solche Grenzabschnitte im gemeinsamen Einverständnis festzusetzen. In besonderen und dringenden Fällen bleibt es jedem Kontrahenten vorbehalten, unter achttägiger Voranzeige an den Gegenkontrahenten durch einseitige Erklärung vorläufige Grenzübergangsstellen zu bezeichnen. In diesem Falle werden sich die Vertragsparteien nachträglich über die weitere Regelung verständigen.

Bern, den 14. September 1920.

## 2. Mit Dänemark.

Vom 25. April 1922, ratifiziert am 14. Juni 1923.
(Bktm. vom 25. Juni 1923, RGBl. II S. 302).

### a) Gesetz, betreffend Abkommen zwischen Deutschland und Dänemark zur Regelung des Luftverkehrs, vom 21. April 1923.

(RGBl. 1923 II S. 215 ff.)

Der Reichstag hat das folgende Gesetz beschlossen, das mit Zustimmung des Reichsrats hiermit verkündet wird:

Artikel 1.

Dem am 25. April 1922 unterzeichneten Abkommen zwischen Deutschland und Dänemark zur Regelung des Luftverkehrs wird zugestimmt.

Das Abkommen wird nachstehend veröffentlicht.

Artikel 2.

Die zur Ausführung des Abkommens erforderlichen Bestimmungen erläßt der zuständige Reichsminister. Er ist befugt, seine Zuständigkeit auf nachgeordnete Behörden zu übertragen.

Artikel 3.

Dieses Gesetz tritt mit dem Tage der Verkündung in Kraft.

Der Reichspräsident.

Der Reichsminister des Auswärtigen.

### b) Abkommen.

Da die Deutsche und die Dänische Regierung ein vorläufiges Abkommen über den Luftverkehr zu schließen beabsichtigen, haben die Unterzeichneten, mit gehöriger Ermächtigung ihrer Regierungen, folgendes vereinbart:

Artikel 1.

Jeder der beiden Vertragsstaaten gewährt in Friedenszeiten Privatluftfahrzeugen des anderen Vertragsstaats, die in diesem in gehöriger Weise zugelassen sind, bei Beobachtung der in diesem Abkommen enthaltenen Vorschriften freie Zulassung zum unschädlichen Luftverkehr über sein Land- und Seegebiet.

Artikel 2.

Jeder der beiden Vertragsstaaten kann aus militärischen Gründen oder aus Gründen der öffentlichen Sicherheit den Luftverkehr über gewisse Teile seines Gebiets verbieten.

Die Gebietsteile, über die der Luftverkehr demgemäß verboten ist, sind dem anderen Vertragsstaat mitzuteilen.

Artikel 3.

Jedes Luftfahrzeug, das über ein verbotenes Gebiet gerät, hat das durch die Luftfahrordnung des überflogenen Staates vorgeschriebene Notzeichen zu geben und unverzüglich auf einem außerhalb des verbotenen Gebiets gelegenen Flughafen dieses Staates zu landen.

Artikel 4.

Luftfahrzeuge und ihre Besatzungen haben alle von ihren Heimatsbehörden für den Luftverkehr vorgeschriebenen Ausweise und Bordbücher sowie andere besondere Ausweise, die etwa nach der Gesetzgebung des überflogenen Staates erforderlich sind, mit sich zu führen. Die Luftfahrzeuge müssen ferner deutliche und sichtbare Abzeichen haben, die ihre Feststellung während des Fluges ermöglichen.

### Artikel 5.

Besatzung und Fluggäste müssen mit den Personalausweisen und Pässen versehen sein, die nach den im sonstigen zwischenstaatlichen Übergangsverkehre geltenden Bestimmungen verlangt werden. Die Mitglieder der Besatzung müssen in jedem Falle mit Ausweisen versehen sein, die ihre Identität, ihre Staatsangehörigkeit und ihren Beruf dartun.

### Artikel 6.

Ein Luftfahrzeug darf im Hoheitsgebiet des anderen Vertragsstaats nur insoweit mit Gerät zur drahtlosen Nachrichtenübermittlung versehen sein, wie dies nach den Bestimmungen beider Vertragsstaaten gestattet ist. Solches Gerät darf nur von Mitgliedern der Besatzung benutzt werden, die eine besondere Erlaubnis des Staates, dem das Flugzeug angehört, mit sich führen.

### Artikel 7.

Ein Luftfahrzeug, das auf dem Gebiete des andern Vertragsstaats landet oder aus diesem abfliegt, kann vorbehaltlich der Bestimmungen des Artikels 9 Fluggäste und Sachen mit sich führen, muß dann aber mit einem namentlichen Verzeichnis der Fluggäste, einem Verzeichnis über Art und Menge der Sachen sowie mit den erforderlichen Zollerklärungen versehen sein.

Die Mitnahme von Post kann durch besondere Abmachungen unmittelbar zwischen den Postverwaltungen der beiden Vertragsstaaten geregelt werden.

### Artikel 8.

Die Behörden des einen Vertragsstaats sind berechtigt, in seinem Hoheitsgebiete die Luftfahrzeuge des anderen Staates in allen Fällen bei Abflug und Landung zu untersuchen und die vorgeschriebenen Ausweise und Verzeichnisse zu prüfen.

## Artikel 9.

Jeder der beiden Vertragsstaaten ist berechtigt, die gewerbsmäßige Beförderung von Personen oder Sachen nach seinem Gebiet, aus demselben oder innerhalb desselben von einer besonderen Erlaubnis oder Konzession seiner zuständigen Behörden abhängig zu machen. Diese Bestimmung findet jedoch keine Anwendung auf Gelegenheitsflüge eines Luftfahrzeugs aus seinem Heimatsstaat unmittelbar nach dem anderen Vertragsstaat.

Die gewerbsmäßige Beförderung von Personen oder Sachen zwischen zwei Punkten innerhalb des eigenen Staatsgebiets kann den Luftfahrzeugen, die diesem Staate angehören, vorbehalten werden.

Die Einrichtung gekennzeichneter Luftlinien sowie der Betrieb fahrplanmäßiger Luftverbindungen über das Hoheitsgebiet eines Vertragsstaats hinweg können von einer besonderen Genehmigung abhängig gemacht werden.

## Artikel 10.

Die Grenzen der beiden Vertragsstaaten können vorbehaltlich anderer Regelung an jedem Punkte überflogen werden. Über dänischem Land- und Seegebiete soll das Luftfahrzeug seinen Weg möglichst so nehmen, daß es von einem oder mehreren der im Anhang dieses Abkommens genannten Punkte beobachtet werden kann.

## Artikel 11.

Die Luftfahrzeuge des einen Vertragsstaats dürfen im Hoheitsgebiete des anderen Staates nur auf einem dem öffentlichen Luftverkehre zur Verfügung stehenden Flughafen landen; sie haben das Recht, alle diese Flughäfen des anderen Vertragsstaates gegen die von dessen eigenen Luftfahrzeugen erhobenen Gebühren und unter denselben Bedingungen zu benutzen; ebenso haben sie bei ordentlichen wie bei Notlandungen im Hoheitsgebiete des anderen Vertragsstaats Anspruch auf gleiche Hilfeleistung wie dessen Luftfahrzeuge.

Jeder Vertragsstaat teilt dem anderen ein Verzeichnis der zur Zeit dem öffentlichen Luftverkehre zur Verfügung stehenden Flughäfen mit. Jede Veränderung in diesem Verzeichnis und jeder auch nur vorübergehende Wegfall der Benutzungsmöglichkeit eines dieser Flughäfen ist dem anderen Vertragsstaat unverzüglich mitzuteilen.

### Artikel 12.

Bei Notlandungen außerhalb eines im Art. 11 genannten Flughafens ist unverzüglich die nächste Polizei- oder Zollbehörde zu benachrichtigen, bis zu deren Eintreffen die Besatzung und die Fluggäste bei dem Luftfahrzeuge zu bleiben und dafür Sorge zu tragen haben, daß die Entfernung von Bestand- oder Zubehörteilen des Luftfahrzeugs sowie seiner Ladung unterbleibt.

### Artikel 13.

Die Vertragsstaaten sind darüber einig, daß Luftfahrzeuge des einen Vertragsstaats sowie deren Besatzungen und Fluggäste, während sie sich im Hoheitsgebiete des anderen Staates befinden, den dort geltenden Vorschriften über den Luftverkehr im allgemeinen, über Zölle und Abgaben, über Haftpflichtversicherung, über Ein- und Ausfuhrverbote, über die Beförderung von Personen und Sachen sowie über die öffentliche Sicherheit und Ordnung unterliegen, soweit dieses Abkommen nichts anderes bestimmt, und daß sie auch sonstigen Verpflichtungen unterworfen sind, die sich aus den allgemeinen Gesetzen und Vorschriften des anderen Staates ergeben.

### Artikel 14.

Die den Luftfahrzeugen und der Besatzung in einem Vertragsstaat für den Luftverkehr ausgestellten Ausweise haben in dem anderen Vertragsstaat dieselbe Gültigkeit wie die von diesem ausgestellten entsprechenden Ausweise.

Jeder Vertragsstaat kann für den Luftverkehr innerhalb seiner Grenzen und über sein Gebiet den an seine Staatsangehörigen von dem anderen Vertragsstaat erteilten Befähigungsausweisen die Anerkennung versagen.

### Artikel 15.

Luftfahrzeuge, ihre Besatzungen und Fluggäste dürfen Waffen, Schießbedarf, giftige Gase oder Sprengstoffe weder befördern noch sonst mit sich führen, Brieftauben sowie Lichtbildgerät nur mit Erlaubnis der zuständigen Behörde desjenigen Staates, in dessen Luftgebiet das Fahrzeug sich befindet.

### Artikel 16.

Aus einem Luftfahrzeuge darf während des Fluges kein anderer Ballast als feiner Sand und Wasser abgeworfen werden.

### Artikel 17.

Es soll verboten sein, unterwegs irgendwelche anderen Sachen oder Stoffe als Ballast zu löschen oder sonst zu entfernen, es sei denn, daß von dem Staate, in dem die Löschung oder Entfernung stattfindet, eine besondere Erlaubnis dazu erteilt worden ist.

### Artikel 18.

Die Vertragsstaaten werden sich gegenseitig alle für den Luftverkehr in ihrem Gebiete maßgebenden Vorschriften mitteilen.

### Artikel 19.

Dieses vorläufige Abkommen kann von jedem der beiden Vertragsstaaten zu irgendwelchem Zeitpunkt mit einer Frist von drei Monaten gekündigt werden.

Ferner soll Dänemark berechtigt sein, dieses Abkommen zu kündigen, und zwar mit sofortiger Wirkung von der Kündigung ab, falls es das in Paris am 13. Oktober 1919 von verschiedenen Staaten unterzeichnete internationale Abkommen über den Luftverkehr ratifizieren sollte.

Artikel 20.

Dieses Abkommen soll ratifiziert und die Ratifikationsurkunden sollen baldmöglichst in Kopenhagen ausgetauscht werden. Es tritt mit dem Tage des Austausches der Ratifikationsurkunde in Kraft.

Zu Urkund dessen haben die Unterzeichneten dieses Abkommen unterschrieben und mit ihren Siegeln versehen.

Geschehen in Kopenhagen am 25. April 1922 in doppelter Ausfertigung in deutscher und dänischer Sprache.

## Anhang.

1.

Im Hinblick auf Artikel 10 soll jedes Luftfahrzeug seinen Weg über dänisches Land- und Seegebiet möglichst so nehmen, daß es von einem oder mehreren der folgenden Punkte aus beobachtet werden kann.

Anholt Leuchtfeuer
Fornaes Leuchtfeuer
Gedser Leuchtfeuer
Hammeren Leuchtfeuer
Hanstholm Leuchtfeuer
Hirshals Leuchtfeuer
Hirtsholm Leuchtfeuer
Kjels-Nor Leuchtfeuer
Knudshoved-Leuchtfeuer
Kronborg Leuchtfeuer
Revsnaes Leuchtfeuer
Sejrö Leuchtfeuer
Skagen Leuchtfeuer
Sprogö Leuchtfeuer
Stevns Leuchtfeuer
Vestborg Leuchtfeuer
Laesö-Rende Leuchtfeuer
Laesö-Trindel Leuchtfeuer
Schultz's Grund Leuchtschiff
Drogden Leuchtschiff
Horns-Rev Leuchtschiff
Vyl Leuchtschiff
Graadyb Leuchtschiff

2.

Ist in einem der Vertragsstaaten eine Haftpflichtversicherung für Luftfahrzeuge vorgeschrieben, so soll die zur Erfüllung dieser Versicherungspflicht bei einer von dem anderen Vertragsstaat anerkannten Versicherungsgesellschaft eingegangene Versicherung für Luftfahrzeuge aus diesem Staate genügen, falls die Erledigung von Schadenersatzansprüchen durch einen Vertreter der betreffenden Versicherungsgesellschaft in dem erstgenannten Staate stattfinden kann.

Die beiden Vertragsstaaten behalten sich vor, besondere Vereinbarungen zur anderweitigen Regelung der Deckung von Ersatzansprüchen zu treffen.

3.

Die beiden Vertragsstaaten behalten sich vor, Vereinbarungen über pflichtmäßige Ausstattung von Luftfahrzeugen mit Gerät zur drahtlosen Nachrichtenübermittlung aus Sicherheitsgründen zu treffen.

4.

Ergibt sich bei der Ankunft eines Luftfahrzeugs eine Unstimmigkeit zwischen Ladungsverzeichnis und mitgeführten Sachen, so wird die Zollbehörde des Ankunftshafens die Zollbehörde des Abflughafens unmittelbar benachrichtigen.

5.

Die beiden Vertragsstaaten werden die erforderlichen Vorschriften erlassen, die ihre Luftfahrzeuge, deren Besatzungen und Fluggäste zur Einhaltung der Bestimmungen des Abkommens auch in dem anderen Vertragsstaat verpflichten. Falls der überflogene Staat die Ahndung einer Zuwiderhandlung gegen diese Vorschriften nicht selbst übernimmt, wird er gegebenenfalls die Behörden des anderen Staates in Kenntnis setzen.

6.

Dieser Anhang gilt als Bestandteil des Abkommens.

Kopenhagen, den 25. April 1922.

## 3. Mit den Niederlanden.

Vom 24. Juli 1922 (noch nicht ratifiziert).

**Vorläufiges Abkommen zwischen Deutschland und den Niederlanden über den Luftverkehr.**

Artikel 1.

Jeder Vertragsstaat gewährt in Friedenszeiten Luftfahrzeugen des anderen Vertragsstaates, die in diesem vorschriftsmäßig zugelassen sind, bei Beachtung der in diesem Abkommen enthaltenen Vorschriften das Recht zum unschädlichen Luftverkehr über seinem Gebiet.

Als Gebiet im Sinne dieses Abkommens gelten auch die Territorialgewässer, als Luftfahrzeuge nur Privatluftfahrzeuge.

Artikel 2.

Die Grenzen beider Vertragsstaaten können vorbehaltlich anderer Regelung an jedem Punkte überflogen werden.

Artikel 3.

Beide Vertragsstaaten können den Luftverkehr über gewissen Teilen ihres Gebiets verbieten. Die Gebietsteile, über denen der Luftverkehr demgemäß verboten wird, sind dem anderen Vertragsstaate mitzuteilen.

Artikel 4.

Jedes Luftfahrzeug, das über ein verbotenes Gebiet gerät, hat das durch die Luftverkehrsordnung des überflogenen Staates vorgeschriebene Notzeichen zu geben und unverzüglich auf einem außerhalb des verbotenen Gebiets gelegenen Flughafen dieses Staates zu landen.

Artikel 5.

Dem öffentlichen Luftverkehr zur Verfügung stehende Flughäfen sind den Luftfahrzeugen beider Staaten zugänglich.

Ein- und Ausflug nach und von einem der beiden Vertragsstaaten dürfen nur nach und von einem dem öffentlichen Luftverkehr zur Verfügung stehenden Flughafen, der Gelegenheit zur Zollabfertigung bietet, und zwar ohne Zwischenlandung zwischen Grenze und Flughafen, erfolgen. Im Einzelfall kann mit behördlicher Genehmigung Ein- und Ausflug auch nach und von anderen Plätzen erfolgen, die Gelegenheit zur Zollabfertigung bieten. Das Verbot von Zwischenlandungen gilt auch hier.

Jeder Vertragsstaat teilt dem anderen ein Verzeichnis der zurzeit dem öffentlichen Luftverkehr zur Verfügung stehenden Flughäfen mit, aus dem zugleich ersichtlich ist, wo sich Gelegenheit zur Zollabfertigung bietet. Jede Veränderung in diesem Verzeichnis und jede auch nur vorübergehende Einschränkung der Benutzungsmöglichkeit eines dieser Flughäfen ist dem anderen Vertragsstaate unverzüglich anzuzeigen.

## Artikel 6.

Luftfahrzeuge müssen deutliche und sichtbare Abzeichen haben, die ihre Feststellung während des Fluges ermöglichen.

Luftfahrzeuge müssen mit den im Heimatland für den Luftverkehr vorgeschriebenen Ausweisen und sonstigen Urkunden versehen sein.

Die Mitglieder der Besatzung — das sind alle im Luftfahrzeug befindlichen Personen außer den Fluggästen — müssen, soweit sie eine im Heimatland von besonderer Erlaubnis abhängige Tätigkeit im Luftfahrzeug ausüben, mit den im Heimatland für den Luftverkehr vorgeschriebenen Ausweisen versehen sein; sonstige Mitglieder der Besatzung müssen mit Ausweisen versehen sein, die ihre Beschäftigung an Bord, ihren Beruf, ihre Identität und ihre Staatsangehörigkeit dartun.

Die den Luftfahrzeugen und der Besatzung in einem Vertragsstaate für den Luftverkehr ausgestellten oder anerkannten

Ausweise haben im anderen Vertragsstaate dieselbe Gültigkeit, wie die von diesem ausgestellten oder anerkannten entsprechenden Ausweise.

Jeder Vertragsstaat behält sich das Recht vor, für den Luftverkehr innerhalb seines Gebietes den an seine Staatsangehörigen vom anderen Vertragsstaat erteilten Fähigkeitsausweisen die Anerkennung zu versagen.

### Artikel 7.

Besatzung und Fluggäste müssen, unbeschadet der Vorschriften des Artikels 6, mit den Ausweisen versehen sein, die nach den im zwischenstaatlichen Übergangsverkehr geltenden allgemeinen Bestimmungen verlangt werden, soweit nicht etwas anderes bestimmt wird.

### Artikel 8.

Luftfahrzeuge des anderen Vertragsstaates dürfen im Gebiete des anderen Vertragsstaates nur insoweit mit Gerät zur drahtlosen Nachrichtenübermittlung versehen sein, wie dies in beiden Vertragsstaaten gestattet ist. Solches Gerät darf nur von Mitgliedern der Besatzung bedient werden, die eine besondere Erlaubnis des Heimatstaates dazu mit sich führen. Beide Vertragsstaaten behalten sich vor, aus Sicherheitsgründen Vereinbarungen über pflichtgemäße Ausstattung von Luftfahrzeugen mit Gerät zur drahtlosen Nachrichtenübermittlung zu treffen.

### Artikel 9.

Luftfahrzeuge, die Fluggäste und Sachen mit sich führen, müssen mit einem namentlichen Verzeichnis der Fluggäste, einem Verzeichnis über Art und Menge der Sachen sowie den erforderlichen Zollerklärungen versehen sein.

Ergibt sich bei der Ankunft eines Luftfahrzeuges eine Unstimmigkeit zwischen Ladungsverzeichnis und mitgeführten

Sachen, so kann die Zollbehörde des Ankunftshafens sich mit der zuständigen Zollbehörde des anderen Vertragsstaates unmittelbar in Verbindung setzen.

Mitnahme von Post kann durch besondere Abmachungen unmittelbar zwischen den Postverwaltungen der beiden Vertragsstaaten geregelt werden.

### Artikel 10.

Luftfahrzeuge, ihre Besatzung und Fluggäste dürfen Waffen, Schießbedarf, giftige Gase oder Sprengstoffe weder befördern noch sonst mit sich führen, Brieftauben sowie Lichtbildgeräte nur mit Erlaubnis der zuständigen Behörde desjenigen Staates, in dessen Luftgebiet sich das Fahrzeug befindet.

### Artikel 11.

Jeder Vertragsstaat kann in seinem Gebiet die Luftfahrzeuge des anderen Staates in allen Fällen bei Abflug und Landung behördlich untersuchen und die vorgeschriebenen Ausweise und sonstigen Urkunden prüfen.

### Artikel 12.

Jeder Vertragsstaat ist berechtigt, die gewerbsmäßige Beförderung von Personen oder Sachen aus und nach seinem Gebiet sowie innerhalb desselben besonderen Vorschriften zu unterwerfen.

Gewerbsmäßige Beförderung von Personen oder Sachen zwischen Punkten des eigenen Staatsgebiets kann den heimischen Luftfahrzeugen vorbehalten werden.

Einrichtung gekennzeichneter Luftlinien sowie Betrieb flugplanmäßiger Luftverbindungen über das Gebiet eines Vertragsstaates hinweg können von besonderer Genehmigung abhängig gemacht werden.

### Artikel 13.

Als Ballast darf nur feiner Sand und Wasser abgeworfen werden.

### Artikel 14.

Unterwegs dürfen außer Balast andere Sachen oder Stoffe nur abgeworfen oder sonst entfernt werden, wenn der Staat, in dessen Gebiet die Handlung vorgenommen wird, eine besondere Erlaubnis dazu erteilt hat.

### Artikel 15.

Beide Vertragsstaaten werden sich gegenseitig alle für den Luftverkehr in ihrem Gebiet maßgebenden Vorschriften mitteilen.

### Artikel 16.

Jeder Vertragsstaat kann dieses Abkommen zu jedem Zeitpunkt mit einer Frist von drei Monaten kündigen.

Jedoch behält sich jeder Vertragsstaat das Recht vor, unter außergewöhnlichen Umständen den Luftverkehr über seinem Gebiete mit sofortiger Wirkung einzuschränken oder ganz oder teilweise zu verbieten.

### Artikel 17.

Dieses Abkommen soll ratifiziert und die Ratifikationsurkunden sollen baldmöglichst im Haag ausgetauscht werden. Es tritt mit dem Tage des Austausches der Ratifikationsurkunden in Kraft.

Zu Urkund dessen haben die Unterzeichneten dieses Abkommen unterschrieben und mit ihren Siegeln versehen.

Geschehen im Haag am 24. Juli 1922 in doppelter Ausfertigung in deutscher und holländischer Sprache.

## 4. Mit Österreich.

Vom 19. Mai 1925, ratifiziert 25. September 1925
(Bek. vom 5. Oktober 1925, RGBl. II S. 1951).

### a) Gesetz, betreffend den Vertrag zwischen Deutschland und Österreich über den Luftverkehr, vom 26. August 1925.

(RGBl. 1925 II S. 855 ff.)

Der Reichstag hat das folgende Gesetz beschlossen, das mit Zustimmung des Reichsrats hiermit verkündet wird:

Artikel 1.

Dem am 19. Mai 1925 unterzeichneten Vertrage zwischen Deutschland und Österreich über den Luftverkehr wird zugestimmt.

Der Vertrag wird nachstehend veröffentlicht.

Artikel 2.

Die zur Ausführung des Vertrags erforderlichen Bestimmungen erläßt der zuständige Reichsminister. Er ist befugt, seine Zuständigkeit auf nachgeordnete Behörden zu übertragen.

Artikel 3.

Dieses Gesetz tritt mit dem auf die Verkündung folgenden Tage in Kraft.

Der Reichspräsident.

Der Reichsminister des Auswärtigen.

### b) Vertrag zwischen Deutschland und Österreich über den Luftverkehr.

Das Deutsche Reich und die Republik Österreich haben, von dem gleichen Wunsche geleitet, die Entwicklung des Luftverkehrs zu fördern, beschlossen, zu diesem Behufe einen Vertrag abzuschließen und zu ihren Bevollmächtigten ernannt:

Der Präsident des Deutschen Reichs:

Den Herrn Doktor Maximilian Pfeiffer, außerordentlichen Gesandten und bevollmächtigten Minister in Wien,

der Bundespräsident der Republik Österreich:

Den Herrn Doktor Heinrich Mataja, Bundesminister für die Auswärtigen Angelegenheiten.

Die Bevollmächtigten haben, nachdem sie ihre Vollmachten mitgeteilt und diese als richtig befunden haben, folgendes vereinbart:

Artikel 1.

Jeder Vertragsstaat gewährt in Friedenszeiten Luftfahrzeugen des anderen Vertragsstaats, die in diesem vorschriftsmäßig zugelassen sind, bei Beachtung der in diesem Vertrag enthaltenen Vorschriften das Recht zum unschädlichen Luftverkehr in seinem Hoheitsgebiete.

Artikel 2.

Die Vorschriften dieses Vertrags gelten für den Freiballonverkehr nur, soweit nach dessen Eigenart ihre Beachtung möglich ist.

Als Luftfahrzeuge im Sinne dieses Vertrags gelten nur Privatluftfahrzeuge.

Artikel 3.

Die Grenze zwischen den Vertragsstaaten darf nur zwischen den im gemeinsamen Einverständnis zu bestimmenden Punkten überflogen werden.

Artikel 4.

Beide Vertragsstaaten können den Luftverkehr über gewissen Teilen ihres Gebiets verbieten. Die Gebietsteile, über denen der Luftverkehr demgemäß verboten ist, sind dem anderen Vertragsstaate mitzuteilen.

Artikel 5.

Jedes Luftfahrzeug, das über ein verbotenes Gebiet gerät, hat das durch die Luftverkehrsverordnung des überflogenen Staates vorgeschriebene Notzeichen zu geben und unverzüglich auf einem außerhalb des verbotenen Gebiets gelegenen Flughafen dieses Staates zu landen.

Artikel 6.

Dem öffentlichen Luftverkehr zur Verfügung stehende Flughäfen sind den Luftfahrzeugen beider Staaten zugänglich.

Ein- und Ausflug nach und von einem der beiden Vertragsstaaten dürfen nur nach und von einem dem öffentlichen Luftverkehr zur Verfügung stehenden Flughafen, der Gelegenheit zur Zoll- und Paßabfertigung bietet, und zwar ohne Zwischenlandung zwischen Grenze und Flughafen, erfolgen. Im Einzelfalle kann mit behördlicher Genehmigung Ein- und Ausflug auch nach und von anderen Plätzen erfolgen, die Gelegenheit zur Zoll- und Paßabfertigung bieten; das Verbot von Zwischenlandungen gilt auch hier. Findet eine Notlandung im Abfluglande nach der Zoll- und Paßabfertigung oder im Einfluglande vor der Zoll- und Paßabfertigung statt, so ist unverzüglich die nächstgelegene Zoll-, Polizei- oder Ortsbehörde zu benachrichtigen; bis zur weiteren Weisung der benachrichtigten Stelle müssen Besatzung und Fluggäste beim Luftfahrzeuge verbleiben und dürfen Bestand- und Zubehörteile des Luftfahrzeugs sowie seine Ladung nicht entfernt werden; für die Durchführung dieser Vorschriften ist der Führer des Luftfahrzeugs verantwortlich.

Jeder Vertragsstaat teilt dem anderen ein Verzeichnis der zur Zeit dem öffentlichen Luftverkehr zur Verfügung stehenden Flughäfen mit, aus dem zugleich ersichtlich ist, wo sich Gelegenheit zur Zoll- und Paßabfertigung bietet. Jede Veränderung in diesem Verzeichnis und jede auch nur vorübergehende Einschränkung der Benutzungsmöglichkeit eines dieser

Flughäfen ist dem anderen Vertragsstaat unverzüglich anzuzeigen.

### Artikel 7.

Luftfahrzeuge müssen deutliche und sichtbare Abzeichen haben, die ihre Feststellung während des Fluges ermöglichen.

Luftfahrzeuge müssen mit den im Heimatstaat für den Luftverkehr vorgeschriebenen Ausweisen und sonstigen Urkunden versehen sein.

Die Mitglieder der Besatzung — das sind alle im Luftfahrzeuge befindlichen Personen außer den Fluggästen — müssen, soweit sie eine im Heimatstaate von besonderer Erlaubnis abhängige Tätigkeit im Luftfahrzeug ausüben, mit den im Heimatstaate für den Luftverkehr vorgeschriebenen Ausweisen versehen sein; sonstige Mitglieder der Besatzung müssen mit Ausweisen versehen sein, die ihre Identität und ihre Staatsangehörigkeit dartun.

Die den Luftfahrzeugen und der Besatzung in einem Vertragsstaate für den Luftverkehr ausgestellten oder anerkannten Ausweise haben im anderen Vertragsstaate dieselbe Gültigkeit wie die von diesem ausgestellten oder anerkannten entsprechenden Ausweise.

Jeder Vertragsstaat behält sich das Recht vor, für den Luftverkehr innerhalb seines Gebiets den an seine Staatsangehörigen vom anderen Vertragsstaat erteilten Fähigkeitsausweisen die Anerkennung zu versagen.

### Artikel 8.

Besatzung und Fluggäste müssen, unbeschadet der Vorschriften des Art. 7, mit ordnungsmäßig ausgestatteten und visierten Reisepässen, sowie überhaupt mit den Ausweisen versehen sein, die nach den im zwischenstaatlichen Übergangsverkehr geltenden allgemeinen Bestimmungen verlangt werden, soweit nicht durch sonstige Vereinbarungen zwischen den Vertragsstaaten etwas anderes bestimmt wird.

Artikel 9.

Luftfahrzeuge des einen Vertragsstaats dürfen im Hoheitsgebiete des anderen Vertragsstaats nur insoweit mit Gerät zur drahtlosen Nachrichtenübermittlung versehen sein und dieses Gerät benutzen, wie dies in beiden Vertragsstaaten gestattet ist. Solches Gerät darf nur von Mitgliedern der Besatzung bedient werden, die eine besondere Erlaubnis des Heimatstaats dazu mit sich führen.

Artikel 10.

Luftfahrzeuge, ihre Besatzungen und Fluggäste dürfen Waffen, Schießbedarf, zur Kriegführung bestimmte Giftstoffe oder Sprengstoffe weder befördern noch sonst mit sich führen, Brieftauben sowie Lichtbildgerät nur mit Erlaubnis der zuständigen Behörde desjenigen Staates, in dessen Luftgebiet sich das Fahrzeug befindet.

Artikel 11.

Luftfahrzeuge, die Fluggäste oder Sachen mit sich führen, müssen mit einem namentlichen Verzeichnis der Fluggäste, einem Verzeichnis über Art und Menge der Sachen sowie den erforderlichen Zollerklärungen versehen sein.

Ergibt sich bei der Ankunft eines Luftfahrzeuges eine Unstimmigkeit zwischen Ladungsverzeichnis und mitgeführten Sachen, so kann die Zollbehörde des Ankunftshafens sich mit der zuständigen Zollbehörde des anderen Vertragsstaats unmittelbar in Verbindung setzen.

Artikel 12.

Die Mitnahme von Post in Luftfahrzeugen wird durch besondere Abmachungen unmittelbar zwischen den Postverwaltungen der beiden Vertragsstaaten geregelt werden.

Artikel 13.

Jeder Vertragsstaat kann in seinem Gebiete die Luftfahrzeuge des anderen Staates in allen Fällen bei Abflug und

Landung behördlich untersuchen und die vorgeschriebenen Ausweise und sonstigen Urkunden prüfen.

Artikel 14.

Die gewerbsmäßige Beförderung von Personen oder Sachen durch Luftfahrzeuge nach dem Gebiet des Staates, dem das Luftfahrzeug nicht angehört, aus diesem Gebiet, innerhalb desselben oder über dieses Gebiet hinweg ist von einer besonderen, den Luftfahrunternehmen von der zuständigen Behörde dieses Staates erteilten Genehmigung abhängig.

Artikel 15.

Als Ballast darf nur feiner Sand und Wasser abgeworfen werden.

Artikel 16.

Andere Sachen als Ballast dürfen nur abgeworfen oder sonst entfernt werden, wenn der Staat, in dessen Hoheitsgebiet die Handlung vorgenommen wird, eine besondere Erlaubnis dazu erteilt hat.

Artikel 17.

Beide Vertragsstaaten werden sich gegenseitig alle für den Luftverkehr in ihrem Hoheitsgebiete maßgebenden Vorschriften mitteilen.

Artikel 18.

Die Vertragsstaaten sind sich darüber einig, daß Luftfahrunternehmen und Luftfahrzeuge des einen Vertragsstaats sowie deren Besatzungen und Fluggäste im Hoheitsgebiet des anderen Staates den dort geltenden Vorschriften über den Luftverkehr sowie den allgemeinen gesetzlichen oder sonstigen Vorschriften des anderen Staates unterliegen, soweit sich nicht aus diesem Vertrage etwas anderes ergibt.

(Druckfehlerberichtigung RGBl. 1925 II S. 947).

Artikel 19.

Jeder Vertragsstaat kann diesen Vertrag zu jedem Zeitpunkt mit einer Frist von drei Monaten kündigen. Jedoch behält sich jeder Vertragsstaat das Recht vor, unter außergewöhnlichen Umständen den Luftverkehr über seinem Gebiete mit sofortiger Wirkung einzuschränken oder ganz oder teilweise zu verbieten.

Artikel 20.

Der gegenwärtige Vertrag soll möglichst bald ratifiziert werden. Die Ratifikationsurkunden werden in Berlin ausgetauscht werden. Der Vertrag tritt am zehnten Tage nach Austausch der Ratifikationsurkunden in Kraft.

Zu Urkund dessen haben die Unterzeichneten diesen Vertrag unterschrieben und mit ihren Siegeln versehen.

Geschehen in Wien.
in doppelter Ausfertigung am 19. Mai 1925.

## Zusatzprotokoll.

Bei Unterfertigung des am heutigen Tage zwischen dem Deutschen Reiche und der Republik Österreich abgeschlossenen Vertrags über den Luftverkehr haben die Unterzeichneten, versehen mit den Vollmachten ihrer Regierungen, folgende übereinstimmende Erklärungen abgegeben:

1. Die Regierungen der beiden Vertragsstaaten sehen bis auf weiteres von einer Festsetzung von Grenzabschnitten im Sinne des Art. 3, auf denen die Grenze zu überfliegen ist, ab, behalten sich aber vor, aus Gründen des öffentlichen Interesses solche Grenzabschnitte durch Abmachungen unmittelbar zwischen den zuständigen Behörden beider Staaten im gemeinsamen Einverständnis festzusetzen.
2. Die Regierungen der beiden Vertragsstaaten behalten sich vor, aus Sicherheitsgründen Vereinbarungen über

pflichtmäßige Ausstattung von Luftfahrzeugen mit Gerät zur drahtlosen Nachrichtenübermittlung zu treffen.

3. Die Regierungen der beiden Vertragsstaaten behalten sich vor, die Bestimmung im Art. 14 des Vertrags durch Abmachungen unmittelbar zwischen den zuständigen Behörden beider Staaten derart zu ändern, daß Luftfahrunternehmen, die im Heimatstaate vorschriftsmäßig zum Luftverkehr zugelassen sind, unter bestimmten Voraussetzungen die in diesem Artikel erwähnte Beförderung von Personen oder Sachen auch ohne die daselbst vorgeschriebene besondere Genehmigung gestattet sein wird.

Dieses doppelt ausgefertigte Zusatzprotokoll bildet einen integrierenden Bestandteil dès Vertrags und tritt gleichzeitig mit diesem in Kraft.

So geschehen zu Wien, am 19. Mai 1925.

## 5. Mit Schweden.

Vom 29. Mai 1925, ratifiziert am 23. Oktober 1925 (Bek. vom 28. Oktober 1925, RGBl. II S. 969).

### a) Gesetz, betreffend das Abkommen zwischen Deutschland und Schweden über den Luftverkehr, vom 26. August 1925.

(RGBl. 1925 II S. 857 ff.)

Der Reichstag hat folgendes Gesetz beschlossen, das mit Zustimmung des Reichsrats hiermit verkündet wird:

Artikel 1.

Dem am 29. Mai 1925 unterzeichneten Abkommen zwischen Deutschland und Schweden über den Luftverkehr wird zugestimmt.

Das Abkommen wird nachstehend veröffentlicht.

Artikel 2.

Die zur Ausführung des Abkommens erforderlichen Bestimmungen erläßt der zuständige Reichsminister. Er ist befugt, seine Zuständigkeit auf nachgeordnete Behörden zu übertragen.

Artikel 3.

Dieses Gesetz tritt mit dem auf die Verkündung folgenden Tage in Kraft.

Der Reichspräsident.
Der Reichsminister des Auswärtigen.

**b) Abkommen zwischen Deutschland und Schweden über den Luftverkehr.**

Die Deutsche Regierung und die Königl. Schwedische Regierung, welche ein vorläufiges Abkommen über den Luftverkehr zu schließen beabsichtigen, haben zu Bevollmächtigten ernannt:

die Deutsche Regierung:

den Deutschen Geschäftsträger zu Stockholm, Wipert von Blücher,

die Königl. Schwedische Regierung:

den Minister des Äußern, Se. Exzellenz Bo Östen Undén,

welche mit gehöriger Ermächtigung ihrer Regierungen folgendes vereinbart haben:

Artikel 1.

Jeder Vertragsstaat gewährt in Friedenszeiten Luftfahrzeugen des anderen Vertragsstaates, die in diesem vorschriftsmäßig eingetragen sind, bei Beachtung der in diesem Abkommen enthaltenen Vorschriften das Recht zum unschädlichen Luftverkehr über seinem Gebiet.

Als Gebiet im Sinne dieses Abkommens gelten auch die Territorialgewässer, als Luftfahrzeuge nur Privatluftfahrzeuge.

### Artikel 2.

Die Grenzen beider Vertragsstaaten können vorbehaltlich anderer Regelung an jedem Punkt überflogen werden.

### Artikel 3.

Beide Vertragsstaaten können den Luftverkehr über gewissen Teilen ihres Gebiets verbieten. Die Gebietsteile, über denen der Luftverkehr demgemäß verboten wird, sind dem anderen Vertragsstaate mitzuteilen.

### Artikel 4.

Jedes Luftfahrzeug, das über ein verbotenes Gebiet gerät, hat das durch die Luftverkehrsordnung des überflogenen Staates vorgeschriebene Notzeichen zu geben und unverzüglich auf einem außerhalb des verbotenen Gebiets gelegenen Flughafen dieses Staates zu landen.

### Artikel 5.

Dem öffentlichen Luftverkehr zur Verfügung stehende Flughäfen sind den Luftfahrzeugen beider Staaten unter den gleichen Bedingungen zugänglich.

Ein- und Ausflug nach und von einem der beiden Vertragsstaaten dürfen nur nach und von einem dem öffentlichen Luftverkehr zur Verfügung stehenden Flughafen, der Gelegenheit zur Zoll- und Paßabfertigung bietet, und zwar ohne Zwischenlandung zwischen Grenze und Flughafen erfolgen. Im Einzelfalle können mit behördlicher Genehmigung Ein- und Ausflug auch nach und von anderen Plätzen erfolgen, die Gelegenheit zur Zoll- und Paßabfertigung bieten; das Verbot von Zwischenlandungen gilt auch hier.

Findet eine Notlandung im Abfluglande nach der Zoll- und Paßabfertigung oder im Einfluglande vor der Zoll- und Paßabfertigung statt, so ist unverzüglich die nächste Zoll- oder Polizeibehörde zu benachrichtigen; bis zu deren Eintreffen muß die Entfernung der Besatzung, Fluggäste und Waren vom Luftfahrzeug unterbleiben. Für die Durchführung dieser Vorschriften ist der Führer verantwortlich.

Jeder Vertragsstaat teilt dem anderen ein Verzeichnis der zur Zeit dem öffentlichen Luftverkehr zur Verfügung stehenden Flughäfen mit, aus dem zugleich ersichtlich ist, wo sich Gelegenheit zur Zoll- und Paßabfertigung bietet. Jede Veränderung ist diesem Verzeichnis und jede auch nur vorübergehende Einschränkung der Benutzungsmöglichkeit eines dieser Flughäfen ist dem anderen Vertragsstaat unverzüglich anzuzeigen.

## Artikel 6.

Luftfahrzeuge müssen deutliche und sichtbare Abzeichen haben, die ihre Feststellung während des Fluges ermöglichen.

Luftfahrzeuge müssen mit den im Heimatlande für den Luftverkehr vorgeschriebenen Ausweisen und sonstigen Urkunden versehen sein.

Die Mitglieder der Besatzung — das sind alle im Luftfahrzeug befindlichen Personen außer den Fluggästen — müssen, soweit sie eine im Heimatlande von besonderer Erlaubnis abhängige Tätigkeit im Luftfahrzeug ausüben, mit den im Heimatland für den Luftverkehr vorgeschriebenen Ausweisen versehen sein; sonstige Mitglieder der Besatzung müssen mit Ausweisen versehen sein, die ihre Beschäftigung an Bord, ihren Beruf, ihre Identität und ihre Staatsangehörigkeit dartun.

Die den Luftfahrzeugen in einem Vertragsstaate für den Luftverkehr ausgestellten oder dort anerkannten Ausweise haben im anderen Vertragsstaate dieselbe Gültigkeit wie die von diesem ausgestellten oder anerkannten entsprechenden Ausweise.

Das gleiche gilt von den Ausweisen der Besatzung, jedoch behält sich jeder Vertragsstaat das Recht vor, für den Luftverkehr innerhalb seines Gebiets den an seine Staatsangehörigen vom anderen Vertragsstaat erteilten Fähigkeitsausweisen die Anerkennung zu versagen.

### Artikel 7.

Besatzung und Fluggäste müssen, unbeschadet der Vorschriften des Art. 6, mit den Ausweisen versehen sein, die nach den im zwischenstaatlichen Übergangsverkehr geltenden allgemeinen Bestimmungen verlangt werden, soweit nicht etwas anderes bestimmt wird.

### Artikel 8.

Luftfahrzeuge, ihre Besatzungen und Fluggäste dürfen Waffen, Schießbedarf, giftige Gase, Sprengmittel oder andere ähnliche Stoffe, die geeignet sind, Leben oder Gesundheit zu gefährden, weder befördern noch sonst mit sich führen, Brieftauben sowie Lichtbildgerät nur mit Erlaubnis der zuständigen Behörde desjenigen Staates, in dessen Luftgebiet sich das Fahrzeug befindet.

### Artikel 9.

Die Mitführung von Gerät zur drahtlosen Nachrichtenübermittlung bleibt besonderer Vereinbarung vorbehalten.

### Artikel 10.

Luftfahrzeuge, die Fluggäste und Sachen mit sich führen, müssen mit einem namentlichen Verzeichnis der Fluggäste sowie mit Verzeichnissen über Art und Menge der Sachen und den erforderlichen Zollerklärungen versehen sein.

Ergibt sich bei der Ankunft eines Luftfahrzeugs eine Unstimmigkeit zwischen den Verzeichnissen und den mitgeführten Sachen, so kann die Zollbehörde des Ankunfthafens sich mit der zuständigen Zollbehörde des anderen Vertragsstaates unmittelbar in Verbindung setzen.

Mitnahme von Post wird durch besondere Abmachungen unmittelbar zwischen den Postverwaltungen der beiden Vertragsstaaten geregelt.

Artikel 11.

Jeder Vertragsstaat kann in seinem Gebiet die Luftfahrzeuge des anderen Staates in allen Fällen bei Abflug und Landung behördlich untersuchen und die vorgeschriebenen Ausweise und sonstigen Urkunden prüfen.

Artikel 12.

Jeder Vertragsstaat ist berechtigt, die gewerbsmäßige Beförderung von Personen oder Sachen aus und nach seinem Gebiet sowie innerhalb desselben besonderen Vorschriften zu unterwerfen.

Gewerbsmäßige Beförderung von Personen oder Sachen zwischen zwei Punkten des eigenen Staatsgebiets kann den heimischen Luftfahrzeugen vorbehalten werden.

Einrichtung gekennzeichneter Luftlinien sowie Betrieb flugplanmäßiger Luftverbindungen über das Gebiet eines Vertragsstaates hinweg können von besonderer Genehmigung abhängig gemacht werden.

Artikel 13.

Die Vertragsstaaten sind darüber einig, daß Luftfahrzeuge des einen Vertragsstaates sowie deren Besatzungen und Fluggäste, während sie sich im Hoheitsgebiet des anderen Staates befinden, den dort geltenden Vorschriften über den Luftverkehr im allgemeinen, über Zölle und Abgaben, über Haftpflichtversicherung, über Ein- und Ausfuhrverbote, über besondere Aufsicht bei der Einfuhr von gewissen Waren, über die Beförderung von Personen und Sachen sowie über die öffentliche Sicherheit und Ordnung unterliegen, soweit dieses Abkommen nichts anderes bestimmt.

Artikel 14.

Als Ballast darf während des Fluges nur feiner Sand und Wasser abgeworfen werden.

Artikel 15.

Unterwegs dürfen außer Ballast andere Sachen oder Stoffe nur abgeworfen oder sonst entfernt werden, wenn der Staat in dessen Gebiet die Handlung vorgenommen wird, eine besondere Erlaubnis dazu erteilt hat.

Artikel 16.

Beide Vertragsstaaten werden sich gegenseitig alle für den Luftverkehr in ihrem Gebiet maßgebenden Vorschriften mitteilen.

Artikel 17.

Jeder Vertragsstaat kann dieses Abkommen zu jedem Zeitpunkt mit einer Frist von drei Monaten kündigen. Ferner soll Schweden, und zwar mit sofortiger Wirkung, zur Kündigung berechtigt sein, falls es das in Paris am 13. Oktober 1919 von verschiedenen Staaten unterzeichnete internationale Abkommen über den Luftverkehr ratifizieren sollte.

Artikel 18.

Dieses Abkommen soll ratifiziert und die Ratifikationsurkunden sollen baldmöglichst in Stockholm ausgetauscht werden. Es tritt mit dem Tage des Austausches der Ratifikationsurkunden in Kraft.

Zu Urkund dessen haben die Unterzeichneten dieses Abkommen unterschrieben und mit ihren Siegeln versehen.

Geschehen in Stockholm am 29. Mai 1925 in doppelter Ausfertigung in deutscher und schwedischer Sprache.

**Anhang.**

1. Im Hinblick auf Artikel 2 soll jedes Luftfahrzeug die schwedische Grenze so überfliegen, daß es von einem der folgenden Punkte aus beobachtet werden kann:

| | |
|---|---|
| Östersund | Kristianstad |
| Karlstad | Kalmar |
| Strömstad | Stockholm |
| Göteborg | Gävle |
| Hälsingborg | Sundsvall |
| Malmö | Umeå |
| Trälleborg | Luleå. |

2. Dieser Anhang gilt als Bestandteil des Abkommens.

Stockholm, den 29. Mai 1925.

## 6. Mit Frankreich.

Vom 22. Mai 1916, ratifiziert 28. Januar 1927
(Bek. vom 10. Februar 1927, RGBl. 1927 II S. 29).

**a) Gesetz über die Luftverkehrsabkommen zwischen dem Deutschen Reiche und Frankreich sowie zwischen dem Deutschen Reiche und Belgien. Vom 6. Dezember 1926.**

(RGBl. 1926 II S. 740).

Der Reichstag hat das folgende Gesetz beschlossen, das mit Zustimmung des Reichsrats hiermit verkündet wird:

Artikel 1.

Dem am 22. Mai 1926 in Paris unterzeichneten Abkommen zwischen dem Deutschen Reiche und Frankreich über den Luftverkehr sowie

dem am 29. Mai 1926 in Paris unterzeichneten Abkommen zwischen dem Deutschen Reiche und Belgien über den Luftverkehr nebst den dazugehörigen Schlußprotokollen wird zugestimmt.

Die beiden Abkommen und Schlußprotokolle werden nachstehend veröffentlicht.

Artikel 2.

Die zur Ausführung der Abkommen erforderlichen Bestimmungen werden von den zuständigen Reichsministern getroffen. Diese sind befugt, ihre Zuständigkeit auf nachgeordnete Behörden zu übertragen.

Artikel 3.

Dieses Gesetz tritt mit dem auf die Verkündung folgenden Tage in Kraft.

Berlin, den 6. Dezember 1926.

Der Reichspräsident.
Der Reichsminister des Auswärtigen.

## b) Abkommen zwischen dem Deutschen Reich und Frankreich über den Luftverkehr.

(RGBl. 1926 II S. 741 ff.).

Der Deutsche Reichspräsident
und
der Präsident der Französischen Republik,

in gleicher Weise davon überzeugt, daß es im beiderseitigen Interesse Deutschlands und Frankreichs liegt, im Rahmen der bestehenden Verträge und Abmachungen ihre und im allgemeinen die internationalen Luftverkehrsbeziehungen in friedlichem Geiste zu fördern,

haben beschlossen, zu diesem Zwecke eine Vereinbarung zu schließen, und haben zu ihren Bevollmächtigten ernannt:

Der Deutsche Reichspräsident:
Herrn von Hoesch,
außerordentlichen und bevollmächtigten Deutschen Botschafter beim Präsidenten der Französischen Republik,

Der Präsident der Französischen Republik:
Herrn Aristide Briand,
Abgeordneten, Ministerpräsidenten, Außenminister;

die, nachdem sie ihre Vollmachten ausgetauscht und in guter und gehöriger Form befunden haben, über folgende Bestimmungen übereingekommen sind:

### Artikel 1.

Jeder der beiden Hohen Vertragschließenden Teile gewährt in Friedenszeiten Luftfahrzeugen des anderen vertragschließenden Teiles, die in diesem ordnungsmäßig eingetragen sind, bei Beachtung der in diesem Abkommen enthaltenen Bestimmungen das Recht zum Luftverkehr über seinem Gebiete.

Es besteht indessen Einverständnis darüber, daß die Einrichtung und der Betrieb von regelmäßigen Luftlinien eines Luftfahrtunternehmens des einen der Hohen Vertragschließenden Teile in das Gebiet des anderen Teiles oder über dieses hinweg (mit oder ohne Landung) einer Sondervereinbarung zwischen den beiden Staaten unterliegt.

Als Gebiet im Sinne dieses Abkommens gilt das Gebiet des Mutterstaats einschließlich der Territorialgewässer.

Als Luftfahrzeuge gelten die privaten Luftfahrzeuge und die ausschließlich für Handelszwecke bestimmten staatlichen Luftfahrzeuge.

## Artikel 2.

Die Luftfahrzeuge des einen Vertragsteils, ihre Besatzung und ihre Fluggäste unterliegen, während sie sich im Gebiete des anderen Staates befinden, den Verpflichtungen, die sich aus den in diesem Staate jeweils geltenden Bestimmungen ergeben, insbesondere den Vorschriften über den Luftverkehr im allgemeinen, soweit diese auf alle fremden Luftfahrzeuge ohne Unterschied der Nationalität Anwendung finden, ferner über Zölle und andere Abgaben, über Aus- und Einfuhrverbote, über die Beförderung von Personen und Gütern sowie über die öffentliche Sicherheit und Ordnung. Sie unterliegen auch den sonstigen Verpflichtungen, die sich aus der jeweiligen allgemeinen Gesetzgebung ergeben, soweit dieses Abkommen nichts anderes vorsieht.

Die gewerbsmäßige Beförderung von Personen oder Gütern zwischen zwei Punkten des eigenen Staatsgebiets kann den heimischen Luftfahrzeugen vorbehalten werden.

## Artikel 3.

Die beiden Vertragsteile können den Luftverkehr über bestimmten Zonen ihres Gebietes verbieten, sofern in dieser Hinsicht zwischen ihren heimischen Luftfahrzeugen und denjenigen des anderen Staates kein Unterschied gemacht wird. Die Gebietsteile, über denen der Luftverkehr verboten wird, sind dem anderen Vertragsstaat mitzuteilen.

Außerdem behält sich jeder Vertragsteil das Recht vor, unter außergewöhnlichen Umständen den Luftverkehr über seinem Gebiete ganz oder teilweise mit sofortiger Wirkung vorläufig einzuschränken oder zu verbieten, unter der Bedingung, daß in dieser Hinsicht kein Unterschied zwischen den Luftfahrzeugen des anderen Vertragsteils und den Luftfahrzeugen jedes anderen fremden Landes gemacht wird.

### Artikel 4.

Ein Luftfahrzeug, das über eine verbotene Zone gerät, hat, sobald es dies bemerkt, das durch die Luftverkehrsordnung des überflogenen Staates vorgeschriebene Notzeichen zu geben und so bald und so nahe wie möglich auf einem außerhalb der verbotenen Zone gelegenen Flughafen dieses Staates zu landen.

### Artikel 5.

Die Luftfahrzeuge müssen deutliche und gut sichtbare Abzeichen haben, die ihre Feststellung während des Fluges ermöglichen (Hoheits- und Eintragungszeichen). Sie müssen außerdem den Namen und den Wohnsitz des Eigentümers erkennen lassen.

Die Luftfahrzeuge müssen mit Bescheinigungen über die Eintragung und die Lufttüchtigkeit sowie mit allen übrigen in ihrem Heimatlande für den Luftverkehr vorgeschriebenen Urkunden versehen sein.

Die Mitglieder der Besatzung, die im Flugzeug eine in ihrem Heimatland einer besonderen Erlaubnis unterliegende Tätigkeit ausüben, müssen mit den in ihrem Heimatlande vorgeschriebenen Ausweisen für den Luftverkehr, insbesondere mit den vorschriftsmäßigen Befähigungszeugnissen und Zulassungsscheinen, versehen sein.

Die übrigen Mitglieder der Besatzung müssen mit Ausweisen versehen sein, die ihre Beschäftigung an Bord, ihren Beruf, ihre Identität und ihre Staatsangehörigkeit angeben.

Die Lufttüchtigkeitsscheine, Befähigungszeugnisse und Zulassungsscheine, die von einem der Hohen Vertragschließenden

Teile für das Luftfahrzeug oder die Besatzung ausgestellt oder anerkannt worden sind, haben im anderen Vertragsstaat dieselbe Gültigkeit wie die in diesem Staate ausgestellten oder anerkannten entsprechenden Urkunden.

Jeder der beiden Hohen Vertragschließenden Teile behält sich das Recht vor, für den Luftverkehr innerhalb seines Gebiets den seinen Staatsangehörigen vom anderen Vertragsstaat erteilten Befähigungszeugnissen und Zulassungsscheinen die Anerkennung zu versagen.

Die Besatzung und die Fluggäste müssen, soweit nicht etwas anderes vereinbart worden ist, mit den Ausweisen versehen sein, die für den zwischenstaatlichen Übergangsverkehr nach den jeweils geltenden Bestimmungen erforderlich sind.

### Artikel 6.

Die Luftfahrzeuge des einen der Hohen Vertragschließenden Teile dürfen im Gebiete des anderen Vertragsstaats nur insoweit mit Gerät zur drahtlosen Nachrichtenübermittlung versehen sein, wie dies in beiden Vertragsstaaten gestattet ist. Solches Gerät darf nur von Mitgliedern der Besatzung bedient werden, die eine besondere Erlaubnis ihres Heimatstaats mit sich führen.

Die beiden Vertragsstaaten behalten sich vor, aus Sicherheitsgründen Vorschriften über die Verpflichtung zur Ausstattung von Luftfahrzeugen mit Gerät zur drahtlosen Nachrichtenübermittlung zu erlassen.

### Artikel 7.

Die Luftfahrzeuge, ihre Besatzung und die Fluggäste dürfen Waffen, Schießbedarf, giftige Gase, Sprengstoffe, Brieftauben und Lichtbildgerät nur mit Erlaubnis desjenigen Staates mit sich führen, in dessen Luftgebiet sich das Luftfahrzeug befindet.

### Artikel 8.

Die Luftfahrzeuge, die Fluggäste und Güter mit sich führen, müssen mit einem namentlichen Verzeichnis der Fluggäste und mit einem Ladungsverzeichnis, das eine Beschreibung der Art und Menge der Güter enthält, sowie mit den erforderlichen Zollerklärungen versehen sein.

Ergibt sich bei der Ankunft eines Luftfahrzeugs eine Unstimmigkeit zwischen den mitgeführten Gütern und den obenerwähnten Urkunden, so haben sich die Zollbehörden des Ankunftshafens mit den zuständigen Zollbehörden des anderen Vertragsstaats unmittelbar in Verbindung zu setzen.

Die Beförderung von Post wird durch besondere Abmachungen unmittelbar zwischen den Postverwaltungen der beiden Vertragsstaaten geregelt.

### Artikel 9.

Jeder Vertragsstaat kann auf seinem Gebiete die Luftfahrzeuge des anderen Staates bei Abflug oder Landung durch die zuständigen Behörden untersuchen und die vorgeschriebenen Ausweise und sonstigen Urkunden prüfen lassen.

### Artikel 10.

Die dem öffentlichen Luftverkehre zur Verfügung stehenden Flughäfen sind den Luftfahrzeugen beider Staaten zugänglich. Die Luftfahrzeuge können auch den meteorologischen Nachrichtendienst, den Funkdienst und den Flugsicherungsdienst benutzen. Die etwaigen Gebühren (Landegebühr, Aufenthaltsgebühr usw.) sind für die heimischen Luftfahrzeuge und diejenigen des anderen Staates gleich.

### Artikel 11.

Der Einflug nach und der Ausflug von einem der beiden Vertragsstaaten darf nur nach oder von einem dem öffentlichen Luftverkehre dienenden Flughafen, der ein Zollflughafen mit Paßabfertigung ist, vorgenommen werden, und zwar ohne Zwischenlandung zwischen Grenze und Flughafen. In besonderen Fällen können die zuständigen Behörden den Einflug nach und den Ausflug von anderen Flughäfen gestatten, in denen die Zoll- und Paßabfertigung vorzunehmen ist.

Das Verbot der Zwischenlandung gilt auch in diesen besonderen Fällen.

Im Falle der Notlandung außerhalb der im Absatz 1 bezeichneten Flughäfen haben sich der Luftfahrzeugführer, die Besatzung und die Fluggäste nach den Vorschriften zu richten, die auf dem Gebiete der Zoll- und Paßabfertigung in dem betreffenden Staate gelten.

Die beiden Hohen Vertragschließenden Teile werden einander das Verzeichnis der dem öffentlichen Luftverkehr dienenden Flughäfen mitteilen. Dieses Verzeichnis wird diejenigen Flughäfen besonders aufführen, die Zollflughäfen sind. Jede Änderung in diesem Verzeichnis und jede auch nur vorübergehende Einschränkung des Rechtes zur Benutzung eines dieser Flughäfen ist dem anderen Vertragsteil unverzüglich mitzuteilen.

### Artikel 12.

Die gemeinsamen Grenzen der beiden Hohen Vertragschließenden Teile dürfen nur zwischen Punkten überflogen werden, die in gemeinsamer Vereinbarung festgelegt worden sind. Die nicht gemeinsamen Grenzen sind zwischen Punkten zu überfliegen, die durch den in Frage kommenden Vertragsteil bestimmt worden sind.

Eine Zone, die ein Vertragsteil seinen eigenen oder fremden Luftfahrzeugen für den Überflug seiner (gemeinsamen oder nicht gemeinsamen) Grenzen eingeräumt hat, steht ohne weiteres auch den Luftfahrzeugen des anderen Vertragsteils offen.

### Artikel 13.

Als Ballast darf nur feiner Sand und Wasser abgeworfen werden.

### Artikel 14.

Unterwegs dürfen Gegenstände oder Stoffe außer Ballast nur abgeworfen oder sonst entfernt werden, wenn der Staat, dessen Gebiet betroffen wird, die Erlaubnis hierfür besonders erteilt hat.

Artikel 15.

Soweit bei Ausführung dieses Abkommens Fragen der Nationalität zu berücksichtigen sind, besteht Einverständnis darüber, daß die Luftfahrzeuge die Nationalität des Staates besitzen, in dessen Register sie ordnungsmäßig eingetragen sind.

Ein Luftfahrzeug kann in einem der beiden Staaten nur dann eingetragen werden, wenn es ganz im Eigentume von Angehörigen dieses Staates steht. Wenn eine Gesellschaft irgendeiner Art Eigentümerin ist, muß sie den Anforderungen entsprechen, welche die deutsche oder französische Gesetzgebung jeweils vorschreibt, damit sie als deutsche oder französische Gesellschaft angesehen werden kann.

Artikel 16.

Die beiden Hohen Vertragschließenden Teile werden monatlich Verzeichnisse über Eintragungen und Löschungen, die während des vorhergehenden Monats im Register bewirkt worden sind, untereinander austauschen.

Artikel 17.

Ein Luftfahrzeug, das in einen der beiden Vertragstaaten einfliegt oder sein Gebiet überfliegt und dort nur, soweit erforderlich, landet und Aufenthalt nimmt, kann sich einer Beschlagnahme, die wegen Verletzung eines Patents oder Musterschutzes bewirkt wird, durch Hinterlegung einer Sicherheit entziehen, deren Höhe mangels gütlicher Vereinbarung in möglichst kurzer Frist von der zuständigen Behörde des Ortes der Beschlagnahme festzusetzen ist.

Artikel 18.

Die Luftfahrzeuge der beiden Vertragsstaaten haben bei Landungen, insbesondere bei Notlandungen, Anspruch auf die gleiche Hilfeleistung wie die heimischen Luftfahrzeuge.

Die Rettung der Luftfahrzeuge, die auf hoher See in Not geraten sind, richtet sich vorbehaltlich gegenteiliger Abmachung nach den Grundsätzen des Seerechts, wie sie sich aus den jeweiligen internationalen Vereinbarungen oder in deren Ermangelung aus den Gesetzen des Staates, dem die Retter angehören, ergeben.

Artikel 19.

Die beiden Hohen Vertragschließenden Teile werden sich alle für den Luftverkehr in ihrem Gebiete geltenden Vorschriften mitteilen.

Artikel 20.

Die Einzelheiten der Ausführung dieses Abkommens (insbesondere die Zollformalitäten) werden, soweit möglich, durch unmittelbare Verständigung zwischen den einzelnen zuständigen Verwaltungen der beiden Vertragsteile geregelt.

Streitigkeiten, welche die Ausführung dieses Abkommens betreffen und nicht auf dem üblichen diplomatischen Wege beigelegt werden können, werden gemäß den Bestimmungen des deutsch-französischen Schiedsabkommens vom 16. Oktober 1925 geregelt.

Artikel 21.

Jeder der Hohen Vertragschließenden Teile kann dieses Abkommen zu jedem Zeitpunkte mit einer Frist von zwölf Monaten kündigen.

Artikel 22.

Dieses Abkommen soll ratifiziert werden; die Ratifikationsurkunden sollen baldmöglichst in Paris ausgetauscht werden. Es tritt mit dem Tage des Austausches der Ratifikationsurkunden in Kraft.

Zu Urkund dessen haben die Bevollmächtigten dieses Abkommen unterzeichnet.

Ausgefertigt in doppelter Urschrift in deutscher und französischer Sprache in Paris

am 22. Mai 1926.

**Schlußprotokoll.**

Die vertragschließenden Teile sind sich darüber einig, daß unter den in Artikel 3 Absatz 2 des vorstehenden Abkommens erwähnten außergewöhnlichen Umständen gemäß Artikel 1 Absatz 1 solche Umstände verstanden werden, die sich in Friedenszeiten ereignen.

Ausgefertigt in doppelter Urschrift in deutscher und französischer Sprache in Paris

am 22. Mai 1926.

## 7. Mit Belgien.

Vom 29. Mai 1926, ratifiziert 22. Oktober 1927.
(Bektm. vom 5. November 1927, RGBl. II S. 946.)

**Abkommen zwischen dem Deutschen Reich und Belgien über den Luftverkehr.**

(RGBl. 1926 Teil II S. 747 ff.).

Der Deutsche Reichspräsident
und
Seine Majestät der König der Belgier,

in gleicher Weise davon überzeugt, daß es im beiderseitigen Interesse Deutschlands und Belgiens liegt, im Rahmen der bestehenden Verträge und Abmachungen ihre und im allgemeinen die internationalen Luftverkehrsbeziehungen in friedlichem Geiste zu fördern,

haben beschlossen, zu diesem Zwecke eine Vereinbarung zu schließen, und haben zu ihren Bevollmächtigten ernannt:

Der Deutsche Reichspräsident:

Herrn von Hoesch,
Außerordentlichen und Bevollmächtigten Deutschen Botschafter in Paris,

Seine Majestät der König der Belgier:

Herrn Baron de Gaiffier d'Hestroy,
Außerordentlichen und Bevollmächtigten Belgischen
Botschafter in Paris,

die, nachdem sie ihre Vollmachten ausgetauscht, und in guter und gehöriger Form befunden haben, über folgende Bestimmungen übereingekommen sind:

### Artikel 1.

Jeder der beiden Hohen Vertragschließenden Teile gewährt in Friedenszeiten Luftfahrzeugen des anderen vertragschließenden Teiles, die in diesem ordnungsmäßig eingetragen sind, bei Beachtung der in diesem Abkommen enthaltenen Bestimmungen das Recht zum Luftverkehr über seinem Gebiete.

Es besteht indessen Einverständnis darüber, daß die Einrichtung und der Betrieb von regelmäßigen Luftlinien eines Luftfahrtunternehmens des einen der Hohen Vertragschließenden Teile in das Gebiet des anderen Teiles oder über dieses hinweg (mit oder ohne Landung) einer Sondervereinbarung zwischen den beiden Staaten unterliegt.

Als Gebiet im Sinne dieses Abkommens gilt das Gebiet des Mutterstaats einschließlich der Territorialgewässer.

Als Luftfahrzeuge gelten die privaten Luftfahrzeuge und die ausschließlich für Handelszwecke bestimmten staatlichen Luftfahrzeuge.

### Artikel 2.

Die Luftfahrzeuge des einen Vertragsteils, ihre Besatzung und ihre Fluggäste unterliegen, während sie sich im Gebiete des anderen Staates befinden, den Verpflichtungen, die sich aus den in diesem Staate jeweils geltenden Bestimmungen ergeben, insbesondere den Vorschriften über den Luftverkehr im allgemeinen, soweit diese auf alle fremden Luftfahrzeuge ohne Unterschied der Nationalität Anwendung finden, ferner über Zölle und andere Abgaben, über Aus- und Einfuhrverbote, über die Beförderung von Personen und Gütern sowie über die öffentliche Sicherheit und Ordnung. Sie unterliegen auch den sonstigen Verpflichtungen, die sich aus der jeweiligen allgemeinen Gesetzgebung ergeben, soweit dieses Abkommen nichts anderes vorsieht.

Die gewerbsmäßige Beförderung von Personen oder Gütern zwischen zwei Punkten des eigenen Staatsgebiets kann den heimischen Luftfahrzeugen vorbehalten werden.

Artikel 3.

Die beiden Vertragsteile können den Luftverkehr über bestimmten Zonen ihres Gebiets verbieten, sofern in dieser Hinsicht zwischen ihren heimischen Luftfahrzeugen und denjenigen des anderen Staates kein Unterschied gemacht wird. Die Gebietsteile, über denen der Luftverkehr verboten wird, sind dem anderen Vertragsstaat mitzuteilen.

Außerdem behält sich jeder Vertragsteil das Recht vor, unter außergewöhnlichen Umständen den Luftverkehr über seinem Gebiete ganz oder teilweise mit sofortiger Wirkung vorläufig einzuschränken oder zu verbieten, unter der Bedingung, daß in dieser Hinsicht kein Unterschied zwischen den Luftfahrzeugen des anderen Vertragsteils und den Luftfahrzeugen jedes anderen fremden Landes gemacht wird.

Artikel 4.

Ein Luftfahrzeug, das über eine verbotene Zone gerät, hat, sobald es dies bemerkt, das durch die Luftverkehrsordnung des überflogenen Staates vorgeschriebene Notzeichen zu geben und so bald und so nahe wie möglich auf einem außerhalb der verbotenen Zone gelegenen Flughafen dieses Staates zu landen.

Artikel 5.

Die Luftfahrzeuge müssen deutliche und sichtbare Abzeichen haben, die ihre Feststellung während des Fluges ermöglichen (Hoheits- und Eintragungszeichen). Sie müssen außerdem den Namen und den Wohnsitz des Eigentümers erkennen lassen.

Die Luftfahrzeuge müssen mit Bescheinigungen über die Eintragung und die Lufttüchtigkeit sowie mit allen übrigen in ihrem Heimatlande für den Luftverkehr vorgeschriebenen Urkunden versehen sein.

Die Mitglieder der Besatzung, die im Flugzeug eine in ihrem Heimatland einer besonderen Erlaubnis unterliegende Tätigkeit ausüben, müssen mit den in ihrem Heimatlande vorgeschriebenen Ausweisen für den Luftverkehr, insbesondere mit den vorschriftsmäßigen Befähigungszeugnissen und Zulassungsscheinen, versehen sein.

Die übrigen Mitglieder der Besatzung müssen mit Ausweisen versehen sein, die ihre Beschäftigung an Bord, ihren Beruf, ihre Identität und ihre Staatsangehörigkeit angeben.

Die Lufttüchtigkeitsscheine, Befähigungszeugnisse und Zulassungsscheine, die von einem der Hohen Vertragschließenden Teile für das Luftfahrzeug oder die Besatzung ausgestellt oder anerkannt worden sind, haben im anderen Vertragsstaat dieselbe Gültigkeit wie die in diesem Staate ausgestellten oder anerkannten entsprechenden Urkunden.

Jeder der beiden Hohen Vertragschließenden Teile behält sich das Recht vor, für den Luftverkehr innerhalb seines Gebiets den seinen Staatsangehörigen vom anderen Vertragsstaat erteilten Befähigungszeugnissen und Zulassungsscheinen die Anerkennung zu versagen.

Die Besatzung und die Fluggäste müssen, soweit nicht etwas anderes vereinbart worden ist, mit den Ausweisen versehen sein, die für den zwischenstaatlichen Übergangsverkehr nach den jeweils geltenden Bestimmungen erforderlich sind.

## Artikel 6.

Die Luftfahrzeuge des einen der Hohen Vertragschließenden Teile dürfen im Gebiete des anderen Vertragsstaats nur insoweit mit Gerät zur drahtlosen Nachrichtenübermittlung versehen sein, wie dies in beiden Vertragsstaaten gestattet ist. Solches Gerät darf nur von Mitgliedern der Besatzung bedient werden, die eine besondere Erlaubnis ihres Heimatstaats mit sich führen.

Die beiden Vertragsstaaten behalten sich vor, aus Sicherheitsgründen Vorschriften über die Verpflichtung zur Ausstattung von Luftfahrzeugen mit Gerät zur drahtlosen Nachrichtenübermittlung zu erlassen.

### Artikel 7.

Die Luftfahrzeuge, ihre Besatzung und die Fluggäste dürfen Waffen, Schießbedarf, giftige Gase, Sprengstoffe, Brieftauben und Lichtbildgerät nur mit Erlaubnis desjenigen Staates mit sich führen, in dessen Luftgebiet sich das Luftfahrzeug befindet.

### Artikel 8.

Die Luftfahrzeuge, die Fluggäste und Güter mit sich führen, müssen mit einem namentlichen Verzeichnis der Fluggäste und mit einem Ladungsverzeichnis, das eine Beschreibung der Art und Menge der Güter enthält, sowie mit den erforderlichen Zollerklärungen versehen sein.

Ergibt sich bei der Ankunft eines Luftfahrzeugs eine Unstimmigkeit zwischen den mitgeführten Gütern und den obenerwähnten Urkunden, so haben sich die Zollbehörden des Ankunftshafens mit den zuständigen Zollbehörden des anderen Vertragsstaats unmittelbar in Verbindung zu setzen.

Die Beförderung von Post wird durch besondere Abmachungen unmittelbar zwischen den Postverwaltungen der beiden Vertragsstaaten geregelt.

### Artikel 9.

Jeder Vertragsstaat kann auf seinem Gebiete die Luftfahrzeuge des anderen Staates bei Abflug oder Landung durch die zuständigen Behorden untersuchen und die vorgeschriebenen Ausweise und sonstigen Urkunden prüfen lassen.

Artikel 10.

Die dem öffentlichen Luftverkehre zur Verfügung stehenden Flughäfen sind den Luftfahrzeugen beider Staaten zugänglich. Die Luftfahrzeuge können auch den meteorologischen Nachrichtendienst, den Funkdienst und den Flugsicherungsdienst benutzen. Die etwaigen Gebühren (Landegebühr, Aufenthaltsgebühr usw.) sind für die heimischen Luftfahrzeuge und diejenigen des anderen Staates gleich.

Artikel 11.

Der Einflug nach und der Ausflug von einem der beiden Vertragsstaaten darf nur nach oder von einem dem öffentlichen Luftverkehre dienenden Flughafen, der ein Zollflughafen mit Paßabfertigung ist, vorgenommen werden, und zwar ohne Zwischenlandung zwischen Grenze und Flughafen. In besonderen Fällen können die zuständigen Behörden den Einflug nach und den Ausflug von anderen Flughäfen gestatten, in denen die Zoll- und Paßabfertigung vorzunehmen ist. Das Verbot der Zwischenlandung gilt auch in diesen besonderen Fällen.

Im Falle der Notlandung außerhalb der im Absatz 1 bezeichneten Flughäfen haben sich der Luftfahrzeugführer, die Besatzung und die Fluggäste nach den Vorschriften zu richten, die auf dem Gebiete der Zoll- und Paßabfertigung in dem betreffenden Staate gelten.

Die beiden Hohen Vertragschließenden Teile werden einander das Verzeichnis der dem öffentlichen Luftverkehr dienenden Flughäfen mitteilen. Dieses Verzeichnis wird diejenigen Flughäfen besonders aufführen, die Zollflughäfen sind. Jede Änderung in diesem Verzeichnis und jede auch nur vorübergehende Einschränkung des Rechtes zur Benutzung eines dieser Flughäfen ist dem anderen Vertragsteil unverzüglich mitzuteilen.

Artikel 12.

Die gemeinsamen Grenzen der beiden Hohen Vertragschließenden Teile dürfen nur zwischen Punkten überflogen werden, die in gemeinsamer Vereinbarung festgelegt worden sind. Die nicht gemeinsamen Grenzen sind zwischen Punkten zu überfliegen, die durch den in Frage kommenden Vertragsteil bestimmt worden sind.

Eine Zone, die ein Vertragsteil seinen eigenen oder fremden Luftfahrzeugen für den Überflug seiner (gemeinsamen oder nicht gemeinsamen) Grenzen eingeräumt hat, steht ohne weiteres auch den Luftfahrzeugen des anderen Vertragsteils offen.

Artikel 13.

Als Ballast darf nur feiner Sand und Wasser abgeworfen werden.

Artikel 14.

Unterwegs dürfen Gegenstände oder Stoffe außer Ballast nur abgeworfen oder sonst entfernt werden, wenn der Staat, dessen Gebiet betroffen wird, die Erlaubnis hierfür besonders erteilt hat.

Artikel 15.

Soweit bei Ausführung dieses Abkommens Fragen der Nationalität zu berücksichtigen sind, besteht Einverständnis darüber, daß die Luftfahrzeuge die Nationalität des Staates besitzen, in dessen Register sie ordnungsmäßig eingetragen sind.

Ein Luftfahrzeug kann in einem der beiden Staaten nur dann eingetragen werden, wenn es ganz im Eigentume von Angehörigen dieses Staates steht. Wenn eine Gesellschaft irgendeiner Art Eigentümerin ist, muß sie den Anforderungen entsprechen, welche die deutsche oder belgische Gesetzgebung jeweils vorschreibt, damit sie als deutsche oder belgische Gesellschaft angesehen werden kann.

### Artikel 16.

Die beiden Hohen Vertragschließenden Teile werden monatlich Verzeichnisse über Eintragungen und Löschungen, die während des vorhergehenden Monats im Register bewirkt worden sind, untereinander austauschen.

### Artikel 17.

Ein Luftfahrzeug, das in einen der beiden Vertragsstaaten einfliegt oder sein Gebiet überfliegt und dort nur, soweit erforderlich, landet und Aufenthalt nimmt, kann sich einer Beschlagnahme, die wegen Verletzung eines Patents oder Musterschutzes bewirkt wird, durch Hinterlegung einer Sicherheit entziehen, deren Höhe mangels gütlicher Vereinbarung in möglichst kurzer Frist von der zuständigen Behörde des Orts der Beschlagnahme festzusetzen ist.

### Artikel 18.

Die Luftfahrzeuge der beiden Vertragsstaaten haben bei Landungen, insbesondere bei Notlandungen, Anspruch auf die gleiche Hilfeleistung wie die heimischen Luftfahrzeuge.

Die Rettung der Luftfahrzeuge, die auf hoher See in Not geraten sind, richtet sich vorbehaltlich gegenteiliger Abmachung nach den Grundsätzen des Seerechts, wie sie sich aus den jeweiligen internationalen Vereinbarungen oder in deren Ermangelung aus den Gesetzen des Staates, dem die Retter angehören, ergeben.

### Artikel 19.

Die beiden Hohen Vertragschließenden Teile werden sich alle für den Luftverkehr in ihrem Gebiete geltenden Vorschriften mitteilen.

### Artikel 20.

Die Einzelheiten der Ausführung dieses Abkommens (insbesondere die Zollformalitäten) werden, soweit möglich, durch unmittelbare Verständigung zwischen den einzelnen zuständigen Verwaltungen der beiden Vertragsteile geregelt.

Streitigkeiten, welche die Ausführung dieses Abkommens betreffen und nicht auf dem üblichen diplomatischen Wege beigelegt werden können, werden gemäß den Bestimmungen des deutsch-belgischen Schiedsabkommens vom 16. Oktober 1925 geregelt.

Artikel 21.

Jeder der Hohen Vertragschließenden Teile kann dieses Abkommen zu jedem Zeitpunkt mit einer Frist von zwölf Monaten kündigen.

Artikel 22.

Dieses Abkommen soll ratifiziert werden; die Ratifikationsurkunden sollen baldmöglichst in Paris ausgetauscht werden. Es tritt mit dem Tage des Austausches der Ratifikationsurkunden in Kraft.

Zu Urkund dessen haben die Bevollmächtigten dieses Abkommen unterzeichnet und ihr Siegel beigedrückt.

Ausgefertigt in doppelter Urschrift in deutscher und französischer Sprache in Paris
am 29. Mai 1926.

**Schlußprotokoll.**

Die vertragschließenden Teile sind sich darüber einig, daß unter den in Artikel 3 Absatz 2 des vorstehenden Abkommens erwähnten außergewöhnlichen Umständen gemäß Artikel 1 Absatz 1 solche Umstände verstanden werden, die sich in Friedenszeiten ereignen.

Paris, am 29. Mai 1926.

## 8. Mit Tschechoslowakei.

Vom 22. Januar 1927.

### a) Gesetz über das Luftverkehrsabkommen zwischen dem Deutschen Reiche und der Tschechoslowakischen Republik.

Vom 21. Mai 1927 (RGBl. II S. 433).

Der Reichstag hat das folgende Gesetz beschlossen, das mit Zustimmung des Reichsrats hiermit verkündet wird:

Artikel 1.

Dem am 22. Januar 1927 in Prag unterzeichneten Abkommen zwischen dem Deutschen Reiche und der Tschechoslowakischen Republik über den Luftverkehr nebst dem dazugehörigen Zusatzprotokoll wird zugestimmt.

Das Abkommen und das Zusatzprotokoll werden nachstehend veröffentlicht.

Artikel 2.

Die zur Ausführung des Abkommens erforderlichen Bestimmungen werden von den zuständigen Reichsministern getroffen. Diese sind befugt, ihre Zuständigkeit auf nachgeordnete Behörden zu übertragen.

Artikel 3.

Dieses Gesetz tritt mit dem auf die Verkündung folgenden Tage in Kraft. Der Tag, an dem das Abkommen und das Zusatzprotokoll gemäß Artikel 24 des Abkommens in Kraft treten, ist im Reichsgesetzblatt bekanntzumachen.

Berlin, den 21. Mai 1927.

Der Reichspräsident.

Der Reichsminister des Auswärtigen.

**b) Abkommen über den Luftverkehr zwischen dem Deutschen Reiche und der Tschechoslowakischen Republik.**

Der Deutsche Reichspräsident
und
der Präsident der Tschechoslowakischen Republik,

in gleicher Weise davon überzeugt, daß es im beiderseitigen Interesse Deutschlands und der Tschechoslowakei liegt, die internationalen Luftverkehrsbeziehungen in friedlichem Geiste zu fördern, haben beschlossen, zu diesem Zwecke ein Abkommen zu schließen, und haben zu ihren Bevollmächtigten ernannt:

Der Deutsche Reichspräsident:

Herrn Dr. Walter Koch,
außerordentlichen Gesandten und bevollmächtigten Minister, und

Herrn Dr. Alfred Wegerdt,
Ministerialrat im Reichsverkehrsministerium,

Der Präsident der Tschechoslowakischen Republik:

Herrn Dr Franz Spina,
Minister der öffentlichen Arbeiten,
und

Herrn Dr. Václav Girsa,
bevollmächtigten Minister,

die, nachdem sie ihre Vollmachten ausgetauscht und in guter und gehöriger Form befunden haben, über folgende Bestimmungen übereingekommen sind:

Artikel 1.

Jeder der beiden Hohen Vertragschließenden Teile gewährt in Friedenszeiten unter der Bedingung der vollen Gegenseitigkeit Luftfahrzeugen des anderen Vertragschließenden Teiles, die in diesem ordnungsmäßig eingetragen sind, bei Beachtung der in diesem Abkommen enthaltenen Bestimmungen das Recht zum Luftverkehr in seinem Hoheitsgebiete.

Die Einrichtung und der Betrieb von regelmäßigen Luftlinien eines Luftfahrtunternehmens des einen der Hohen Vertragschließenden Teile in das Gebiet des anderen Teiles und aus diesem hinaus unterliegt einer Sondervereinbarung zwischen den beiden Staaten. Hierüber ist von der zuständigen Behörde eine besondere Genehmigungsurkunde auszustellen.

Als Gebiet im Sinne dieses Abkommens gilt das Gebiet des Mutterstaates einschließlich der Territorialgewässer.

Als Luftfahrzeuge im Sinne dieses Vertrages gelten die privaten Luftfahrzeuge und diejenigen staatlichen Luftfahrzeuge, die nicht als Militär-, Zoll- oder Polizeiflugzeuge verwendet werden.

## Artikel 2.

Die Luftfahrzeuge des einen Vertragsteils, ihre Besatzung, Ladung und Fluggäste unterliegen, während sie sich im Hoheitsgebiet des anderen Staates befinden, den Verpflichtungen, die sich aus den in diesem Staate jeweils geltenden Bestimmungen ergeben, insbesondere den Vorschriften über den Luftverkehr im allgemeinen, soweit diese auf alle fremden Luftfahrzeuge ohne Unterschied der Nationalität Anwendung finden, ferner über Zölle und andere Abgaben, über Aus- und Einfuhrverbote, über die Beförderung von Personen und Gütern, über die öffentliche Sicherheit und Ordnung, sowie den Paßvorschriften. Sie unterliegen auch den sonstigen Verpflichtungen, die sich aus der jeweiligen allgemeinen Gesetzgebung ergeben, soweit dieses Abkommen nichts anderes vorsieht.

Die gewerbsmäßige Beförderung von Personen und Gütern zwischen zwei Punkten des eigenen Staatsgebiets kann den heimischen Luftfahrzeugen vorbehalten werden.

Die bei der Einreise an Bord befindlichen Betriebsstoffe sind zollfrei.

Artikel 3.

Die beiden Vertragsteile können den Luftverkehr über bestimmten Zonen ihres Gebietes verbieten, sofern in dieser Hinsicht zwischen ihren heimischen Luftfahrzeugen und denjenigen des anderen Staates kein Unterschied gemacht wird. Die Gebietsteile, über denen der Luftverkehr verboten wird, sind dem anderen Vertragstaate mitzuteilen.

Außerdem behält sich jeder Vertragsteil das Recht vor, unter außergewöhnlichen Umständen in Friedenszeiten den Luftverkehr über seinem Gebiet ganz oder teilweise mit sofortiger Wirkung vorläufig einzuschränken oder zu verbieten.

Artikel 4.

Ein Luftfahrzeug, das über eine verbotene Zone gerät, hat das durch die Luftverkehrsordnung des überflogenen Staates vorgeschriebene Notzeichen zu geben und so bald und so nahe wie möglich auf einem außerhalb der verbotenen Zone gelegenen Flughafen dieses Staates zu landen.

Artikel 5.

Die Luftfahrzeuge müssen deutliche und gut sichtbare Abzeichen haben, die ihre Feststellung während des Fluges ermöglichen (Hoheits- und Eintragungszeichen). Sie müssen außerdem den Namen und den Wohnsitz des Eigentümers tragen.

Die Luftfahrzeuge müssen mit Bescheinigungen über die Eintragung und die Lufttüchtigkeit sowie mit allen übrigen in ihrem Heimatlande für den Luftverkehr vorgeschriebenen Urkunden versehen sein.

Die Luftfahrzeuge müssen ferner mit einer Bescheinigung darüber versehen sein, daß zur Sicherung von Schadenersatzforderungen, die beim Betrieb des Luftfahrzeugs im Gebiete des Vertragstaats, dem das Luftfahrzeug nicht angehört, entstanden sind, eine Haftpflichtversicherung abgeschlossen ist oder durch Hinterlegung von Geld oder Wertpapieren Sicherheit geleistet ist.

Artikel 6.

Die Mitglieder der Besatzung, die im Flugzeug eine in ihrem Heimatland einer besonderen Erlaubnis unterliegende Tätigkeit ausüben, müssen mit den in ihrem Heimatlande vorgeschriebenen Ausweisen für den Luftverkehr, insbesondere mit den vorschriftsmäßigen Befähigungszeugnissen und Zulassungsscheinen versehen sein.

Die übrigen Mitglieder der Besatzung müssen mit Ausweisen versehen sein, die ihre Beschäftigung an Bord, ihren Beruf, ihre Identität und ihre Staatsangehörigkeit angeben.

Die Besatzung und die Fluggäste müssen mit den Ausweisen versehen sein, die für den zwischenstaatlichen Übergangsverkehr nach den jeweils geltenden Bestimmungen erforderlich sind, soweit nicht zwischen den beiden Vertragstaaten etwas anderes vereinbart wird.

Artikel 7.

Die Lufttüchtigkeitsscheine, Befähigungszeugnisse und Zulassungsscheine, die von einem der Hohen Vertragschließenden Teile für das Luftfahrzeug oder die Besatzung ausgestellt oder anerkannt worden sind, haben im anderen Vertragstaat dieselbe Gültigkeit wie die in diesem Staat ausgestellten oder anerkannten entsprechenden Urkunden, die Befähigungszeugnisse und Zulassungsscheine der Besatzung jedoch nur für die Bedienung von Luftfahrzeugen ihres Landes.

Jeder der beiden Hohen Vertragschließenden Teile behält sich das Recht vor, für den Luftverkehr innerhalb seines Gebiets den seinen Staatsangehörigen vom anderen Vertragstaat erteilten Befähigungszeugnissen und Zulassungsscheinen die Anerkennung zu versagen.

Artikel 8.

Die Luftfahrzeuge des einen der Hohen Vertragschließenden Teile dürfen im Hoheitsgebiet des anderen Vertragstaats nur insoweit mit Gerät zur drahtlosen Nachrichtenübermittlung versehen sein, wie dies in beiden Vertragstaaten gestattet ist. Solches Gerät darf nur von Mitgliedern der Besatzung bedient werden, die eine besondere Erlaubnis ihres Heimatstaats mit sich führen.

Die beiden Vertragstaaten behalten sich vor, aus Sicherheitsgründen Vorschriften über die Verpflichtung zur Ausstattung von Luftfahrzeugen mit Gerät zur drahtlosen Nachrichtenübermittlung zu erlassen.

### Artikel 9.

Die Luftfahrzeuge, ihre Besatzung und die Fluggäste dürfen Waffen, Schießbedarf, giftige Gase, Sprengstoffe, Brieftauben und Lichtbildgerät nur mit Erlaubnis desjenigen Staates mit sich führen, in dessen Luftgebiet sich das Luftfahrzeug befindet.

Aus Gründen der öffentlichen Sicherheit kann jeder Vertragstaat in seinem Hoheitsgebiet die Beförderung oder Mitführung auch anderer als der in Absatz 1 genannten Gegenstände Einschränkungen unterwerfen, sofern in dieser Hinsicht zwischen den heimischen Luftfahrzeugen und denjenigen des anderen Vertragstaats kein Unterschied gemacht wird.

### Artikel 10.

Die Luftfahrzeuge, die Fluggäste und Güter mit sich führen, müssen mit einem Verzeichnis der Fluggäste und mit einem Ladungsverzeichnis, das eine Beschreibung der Art und Menge der Güter enthält, sowie mit den erforderlichen Zollerklärungen versehen sein.

Ergibt sich bei der Ankunft eines Luftfahrzeugs eine Unstimmigkeit zwischen den mitgeführten Gütern und den obenerwähnten Urkunden, so haben sich die Zollbehörden des Ankunftshafens mit den zuständigen Zollbehörden des anderen Vertragstaats unmittelbar in Verbindung zu setzen.

Die Beförderung von Post wird durch besondere Abmachungen unmittelbar zwischen den Postverwaltungen der beiden Vertragstaaten geregelt.

Artikel 11.

Jeder Vertragstaat kann auf seinem Gebiete die Luftfahrzeuge des anderen Staates bei Abflug oder Landung durch die zuständigen Behörden untersuchen und die vorgeschriebenen Ausweise und sonstigen Urkunden prüfen lassen.

Artikel 12.

Die dem öffentlichen Luftverkehr zur Verfügung stehenden Flughäfen sind den Luftfahrzeugen beider Staaten zugänglich. Der meteorologische Nachrichtendienst, der Funkdienst, der Flugsicherungsdienst usw. steht den Luftfahrzeugen beider Vertragstaaten unter den gleichen Bedingungen zur Verfügung. Die etwaigen Gebühren (Landegebühr, Aufenthaltsgebühr usw.) sind für die heimischen Luftfahrzeuge und diejenigen des anderen Staates gleich.

Artikel 13.

Abflug oder Landung eines Luftfahrzeugs im Hoheitsgebiete des Vertragstaates, dem das Luftfahrzeug nicht angehört, darf nur auf einem dem öffentlichen Verkehr zur Verfügung stehenden Flugplatz erfolgen. Ausnahmen hiervon sind nur mit Bewilligung der zuständigen Behörde des Vertragstaates zulässig, in dessen Hoheitsgebiet der Abflug oder die Landung stattfindet.

Artikel 14.

Der Einflug nach und der Ausflug von einem der beiden Vertragstaaten darf nur nach oder von einem dem öffentlichen Luftverkehr dienenden Flughafen, der ein Zollflughafen mit Paßabfertigung ist, vorgenommen werden, und zwar ohne Landung zwischen Grenze und Flughafen. In einzelnen Fällen können die zuständigen Behörden den Einflug nach und den Ausflug von anderen Flughäfen gestatten, in denen die Zoll- und Paßabfertigung vorzunehmen ist. Das Verbot der Landung zwischen der Grenze und dem Flughafen gilt auch in diesen besonderen Fällen.

Im Falle der Notlandung oder einer Landung im Sinne des Artikels 4 — im Abflugland nach der Zoll- und Paßabfertigung, im Einflugland vor der Zoll- und Paßabfertigung — haben sich der Luftfahrzeugführer, die Besatzung und die Fluggäste nach den Vorschriften zu richten, die auf dem Gebiete der Zoll- und Paßabfertigung in dem betreffenden Staate gelten.

Die beiden Hohen Vertragschließenden Teile werden einander das Verzeichnis der dem öffentlichen Luftverkehr dienenden Flughäfen mitteilen. Dieses Verzeichnis wird diejenigen Flughäfen besonders aufführen, die Zollflughäfen sind und Gelegenheit zur Paßabfertigung bieten. Jede Änderung in diesem Verzeichnis und jede auch nur vorübergehende Einschränkung der Benutzungsmöglichkeit eines dieser Flughäfen ist dem anderen Vertragsteil unverzüglich mitzuteilen.

### Artikel 15.

Die gemeinsamen Grenzen der beiden Hohen Vertragschließenden Teile dürfen nur zwischen Punkten überflogen werden, die in gemeinsamer Vereinbarung der zuständigen Behörden festzulegen sind. Die nicht gemeinsamen Grenzen sind zwischen Punkten zu überfliegen, die durch den in Frage kommenden Vertragsteil bestimmt worden sind.

Eine Zone, die ein Vertragsteil seinen eigenen oder fremden Luftfahrzeugen für den Überflug seiner Grenzen eingeräumt hat, steht ohne weiteres auch den Luftfahrzeugen des anderen Vertragsteiles offen.

### Artikel 16.

Als Ballast darf nur feiner Sand und Wasser abgeworfen werden.

### Artikel 17.

Unterwegs dürfen Gegenstände oder Stoffe außer Ballast nur abgeworfen oder sonst entfernt werden, wenn der Staat, dessen Hoheitsgebiet betroffen wird, die Erlaubnis hierfür besonders erteilt hat.

Beim Abwerfen von Abfallstoffen aus unterwegs befindlichen Luftfahrzeugen sind die hierauf bezüglichen Vorschriften des Vertragsstaates zu beachten, in dessen Gebiet die Handlung vorgenommen wird.

Artikel 18.

Soweit bei Ausführung dieses Abkommens Fragen der Nationalität zu berücksichtigen sind, besteht Einverständnis darüber, daß die Luftfahrzeuge die Nationalität des Staates besitzen, in dessen Register sie ordnungsmäßig eingetragen sind.

Ein Luftfahrzeug kann in einem der beiden Staaten nur dann eingetragen werden, wenn es ganz im Eigentum von Angehörigen dieses Staates steht. Wenn eine jurisrische Person oder eine Gesellschaft irgendeiner Art Eigentümerin ist, muß sie den Anforderungen entsprechen, welche die deutsche oder die tschechoslowakische Gesetzgebung jeweils vorschreibt, damit sie als deutsche oder tschechoslowakische juristische Person oder Gesellschaft angesehen werden kann.

Artikel 19.

Ein Luftfahrzeug, das in einen der beiden Vertragstaaten einfliegt oder sein Gebiet überfliegt und dort nur, soweit erforderlich, landet und Aufenthalt nimmt, kann sich einer Beschlagnahme, die wegen Verletzung eines Patents oder gesetzlich geschützten Musters (Modelles) bewirkt wird, durch Hinterlegung einer Sicherheit entziehen, deren Höhe mangels gütlicher Vereinbarung in möglichst kurzer Frist von der zuständigen Behörde des Ortes der Beschlagnahme festzusetzen ist.

Artikel 20.

Die Luftfahrzeuge des anderen Vertragstaates haben bei Landungen, insbesondere in Notfällen, Anspruch auf Benutzung der gleichen Hilfseinrichtungen wie die heimischen Luftfahrzeuge.

Die Rettung der Luftfahrzeuge, die auf hoher See in Not geraten sind, richtet sich vorbehaltlich gegenteiliger Abmachung nach den Grundsätzen des Seerechts, wie sie sich aus den jeweiligen internationalen Vereinbarungen oder in deren Ermangelung aus den Gesetzen des Staates, dem die Retter angehören, ergeben.

Artikel 21.

Die beiden Hohen Vertragschließenden Teile werden sich alle für den Luftverkehr in ihrem Gebiete geltenden Vorschriften mitteilen.

Artikel 22.

Die Einzelheiten der Ausführung dieses Abkommens (insbesondere die Zollformalitäten) werden, soweit erforderlich und möglich, durch unmittelbare Verständigung zwischen den einzelnen zuständigen Verwaltungen der beiden Vertragsteile geregelt.

Streitigkeiten, welche die Ausführung dieses Abkommens betreffen und nicht auf dem üblichen diplomatischen Wege beigelegt werden können, werden gemäß den Bestimmungen des deutsch-tschechoslowakischen Schiedsabkommens vom 16. Oktober 1925 geregelt.

Artikel 23.

Jeder der Hohen Vertragschlieeßnden Teile kann dieses Abkommen zu jedem Zeitpunkte mit einer Frist von zwölf Monaten kündigen. Die Frist von zwölf Monaten beginnt mit dem auf den Kündigungstag folgenden 1. Januar.

Jeder Vertragstaat wird Zuwiderhandlungen, die in seinem Hoheitsgebiet von Luftfahrtunternehmen oder Luftfahrzeugen des anderen Vertragsstaats sowie von deren Besatzungen gegen die Bestimmungen dieses Abkommens begangen werden, dem anderen Vertragstaate mitteilen.

Artikel 24.

Dieses Abkommen soll ratifiziert werden; die Ratifikationsurkunden sollen baldmöglichst in Berlin ausgetauscht werden.

Es tritt mit dem Tage des Austausches der Ratifikationsurkunden in Kraft.

Zu Urkund dessen haben die Bevollmächtigten dieses Abkommen unterzeichnet.

Ausgefertigt in doppelter Urschrift in deutscher und tschechoslowakischer Sprache in Prag am zweiundzwanzigsten Januar eintausendneunhundertsiebenundzwanzig.

## Zusatzprotokoll.

Bei Unterzeichnung des am heutigen Tage zwischen dem Deutschen Reich und der Tschechoslowakischen Republik abgeschlossenen Abkommens über den Luftverkehr haben die beiderseitigen Bevollmächtigten folgende übereinstimmende Erklärungen abgegeben, welche einen integrierenden Bestandteil des Abkommens bilden:

1. Die Vertragschließenden Teile sind darüber einig, daß die gemäß Art. 1 Abs. 2 des vorstehenden Abkommens einzurichtenden regelmäßigen Luftverkehrslinien grundsätzlich gleichzeitig von je einem Luftverkehrsunternehmen der beiden Vertragstaaten betrieben werden sollen und daß jeder der beiden Vertragstaaten berechtigt ist, nach eigenem Ermessen diese Luftverkehrsunternehmen zu benennen, ohne daß es hierbei der Zustimmung des anderen Vertragstaates bedarf. Die Zustimmung des anderen Vertragstaates ist nur dann erforderlich, wenn das von dem einen Vertragstaat benannte Luftverkehrsunternehmen nicht die Nationalität dieses Vertragstaates besitzt.

Wenn bei der Einrichtung einer Luftverkehrslinie nicht in der Weise verfahren werden kann, daß sie gleichzeitig von je einem Luftverkehrsunternehmen der beiden Vertragstaaten betrieben wird, so besteht Einverständnis zwischen den beiden Vertragsteilen darüber, daß bei der Einrichtung einer anderen Luftverkehrslinie ein Ausgleich im Wege einer zwischen den zuständigen Behörden beider Vertragsteile zu treffenden Vereinbarung geschaffen werden soll.

2. Die Vertragschließenden Teile sind darüber einig, daß es Aufgabe eines jeden Teiles ist, in seinem Staate dahin zu wirken, daß die die Luftverkehrslinien betreibenden Luftverkehrsunternehmen in den angeflogenen Flughäfen die für den Luftverkehr erforderlichen technischen Einrichtungen vorfinden und benützen können.

3. Die Vertragschließenden Teile behalten sich vor, durch Abmachungen unmittelbar zwischen den zuständigen Behörden beider Staaten die gewerbsmäßige Beförderung von Personen und Sachen durch Luftfahrzeuge, die nicht im Rahmen der regelmäßigen Luftverkehrslinien erfolgt, einer besonderen Regelung zu unterziehen.

4. Die Vertragschließenden Teile sind darüber einig, daß als Betriebsstoffe im Sinne des Art. 2 Abs. 3 solche Stoffe nicht anzusehen sind, die im Inlande abgegeben oder an Bord genommen oder zu reinen Inlandsflügen verwendet werden.

5. Zur Erleichterung des Betriebes der regelmäßigen Luftverkehrslinien wird jeder der beiden Vertragstaaten die von dem anderen Staate für die Besatzungen der Luftfahrzeuge seiner Luftverkehrslinie ausgestellten Befähigungszeugnisse und Zulassungsscheine (Art. 7 Abs. 1) auch für die Bedienung der Luftfahrzeuge gleicher Art seiner heimischen Luftverkehrslinie anerkennen.

6. Die im Artikel 14 Absatz 1 Satz 2 erwähnte Bewilligung ist auf dem Wege über die Luftfahrtbehörde bei der zuständigen Zollbehörde rechtzeitig nachzusuchen. Die Kosten der Zoll- und Paßabfertigung hat in diesem Falle der Antragsteller zu tragen.

7. Die Vertragschließenden Teile sind darüber einig, daß bei der Bildung eines Sportverbandes für Luftfahrzeuge, die nicht dem regelmäßigen Linienverkehr dienen, die Einführung eines Passierscheinverfahrens (Triptyk oder Carnet de passage en douane) gegen generelle Zollsicherstellung in Aussicht genommen werden soll.

Prag, am 22. Januar 1927.

## 9. Mit Italien.

Vom 20. Mai 1927, ratifiziert 13. März 1928
(Bek. vom 17. März 1928, RGBl. 1928 II S. 164).

### a) Gesetz über das Luftverkehrsabkommen zwischen dem Deutschen Reiche und dem Königreich Italien.

Vom 3. November 1927.

Der Reichstag hat das folgende Gesetz beschlossen, das mit Zustimmung des Reichsrats hiermit verkündet wird:

Artikel 1.

Dem am 20. Mai 1927 in Berlin unterzeichneten Abkommen zwischen dem Deutschen Reiche und dem Königreich Italien über den Luftverkehr nebst dem dazugehörigen Zusatzprotokoll wird zugestimmt.

Das Abkommen und das Zusatzprotokoll werden nachstehend veröffentlicht.

Artikel 2.

Die zur Ausführung des Abkommens erforderlichen Bestimmungen werden von den zuständigen Reichsministern getroffen. Diese sind befugt, ihre Zuständigkeit auf nachgeordnete Behörden zu übertragen.

Artikel 3.

Dieses Gesetz tritt mit dem auf die Verkündigung folgenden Tage in Kraft. Der Tag, an dem das Abkommen und das Zusatzprotokoll gemäß Artikel 22 des Abkommens in Kraft treten, ist im Reichsgesetzblatt bekanntzumachen.

Berlin, den 3. November 1927.

Der Reichspräsident.

Der Reichsminister des Auswärtigen.

**b) Abkommen zwischen dem Deutschen Reich und dem Königreich Italien über den Luftverkehr.**

Der Deutsche Reichspräsident
und
Seine Majestät der König von Italien,

in gleicher Weise davon überzeugt, daß es im beiderseitigen Interesse Deutschlands und Italiens liegt, ihre und im allgemeinen die internationalen Luftverkehrsbeziehungen in friedlichem Geiste zu fördern,

haben beschlossen, zu diesem Zwecke eine Vereinbarung zu schließen, und haben zu ihrem Bevollmächtigten ernannt:

Der Deutsche Reichspräsident

Herrn Dr. Gustav Stresemann, Reichsminister des Auswärtigen,

Seine Majestät der König von Italien

Seine Exzellenz den Grafen Luigi Aldrovandi Marescotti, Graf von Viano, Ritter des Großkreuzes Seines Ordens der Krone Italiens, Seinen Botschafter in Berlin,

die, nachdem sie ihre Vollmachten ausgetauscht und in guter und gehöriger Form befunden haben, über folgende Bestimmungen übereingekommen sind:

Artikel 1.

Jeder der beiden Hohen Vertragschließenden Teile gewährt in Friedenszeiten Luftfahrzeugen des anderen vertragschließenden Teiles, die in diesem ordnungsmäßig eingetragen sind, bei Beachtung der in diesem Abkommen enthaltenen Bestimmungen das Recht zum Luftverkehr über seinem Gebiet.

Es besteht indessen Einverständnis darüber, daß die Einrichtung und der Betrieb von regelmäßigen Luftlinien eines Luftfahrtunternehmens des einen der Hohen Vertragschließenden Teile in das Gebiet des anderen Teiles oder über dieses hinweg (mit oder ohne Landung) einer Sondervereinbarung zwischen den obersten Luftfahrtbehörden der beiden Staaten unterliegt.

Jeder der Hohen Vertragschließenden Teile gewährt im übrigen dem anderen Vertragsstaat die Behandlung der meistbegünstigten Nation in allem, was die gegenseitigen Beziehungen auf dem Gebiete der Handelsluftfahrt betrifft.

Als Gebiet im Sinne dieses Abkommens gilt das Gebiet des Mutterstaats und der Kolonien einschließlich der Territorialgewässer.

Als Luftfahrzeuge gelten die privaten Luftfahrzeuge und die ausschließlich für Handelszwecke bestimmten staatlichen Luftfahrzeuge.

## Artikel 2.

Die Luftfahrzeuge des einen Vertragsteils, ihre Besatzung und ihre Fluggäste unterliegen, während sie sich im Gebiet des anderen Staates befinden, den Verpflichtungen, die sich aus den in diesem Staat jeweils geltenden Bestimmungen ergeben, insbesondere den Vorschriften über den Luftverkehr im allgemeinen, soweit diese auf alle fremden Luftfahrzeuge ohne Unterschied der Nationalität Anwendung finden, ferner über Zölle und andere Abgaben, über Aus- und Einfuhrverbote, über die Beförderung von Personen und Gütern sowie über die öffentliche Sicherheit und Ordnung. Sie unterliegen auch den sonstigen Verpflichtungen, die sich aus der jeweiligen allgemeinen Gesetzgebung ergeben, soweit dieses Abkommen nichts anderes vorsieht.

Die gewerbsmäßige Beförderung von Personen oder Gütern zwischen zwei Punkten des eigenen Staatsgebiets kann den heimischen Luftfahrzeugen vorbehalten werden.

Die an Bord befindlichen Betriebsstoffe sind zollfrei.

## Artikel 3.

Die beiden Vertragsteile können den Luftverkehr über bestimmten Zonen ihres Gebiets verbieten, sofern in dieser

Hinsicht zwischen ihren heimischen Luftfahrzeugen und denjenigen des anderen Staates kein Unterschied gemacht wird. Die Gebietsteile, über denen der Luftverkehr verboten wird, sind dem anderen Vertragstaate mitzuteilen.

Außerdem behält sich jeder Vertragsteil das Recht vor, unter außergewöhnlichen Umständen den Luftverkehr über seinem Gebiet in Friedenszeiten ganz oder teilweise mit sofortiger Wirkung vorübergehend einzuschränken oder zu verbieten, unter der Bedingung, daß in dieser Hinsicht kein Unterschied zwischen den Luftfahrzeugen des anderen Vertragsteiles und den Luftfahrzeugen jedes anderen fremden Landes gemacht wird.

### Artikel 4.

Ein Luftfahrzeug, das über eine verbotene Zone gerät, hat, sobald es dies bemerkt, das durch die Luftverkehrsordnung des überflogenen Staates vorgeschriebene Notzeichen zu geben und so bald und so nahe wie möglich auf einem außerhalb der verbotenen Zone gelegenen Flughafen dieses Staates zu landen.

### Artikel 5.

Die Luftfahrzeuge müssen deutliche und gut sichtbare Abzeichen haben, die ihre Feststellung während des Fluges ermöglichen (Hoheits- und Eintragungszeichen). Sie müssen außerdem den Namen und den Wohnsitz des Eigentümers erkennen lassen.

Die Luftfahrzeuge müssen mit Bescheinigungen über die Eintragung und die Lufttüchtigkeit sowie mit allen übrigen in ihrem Heimatlande für den Luftverkehr vorgeschriebenen Urkunden versehen sein.

Die Mitglieder der Besatzung, die im Flugzeug eine in ihrem Heimatland einer besonderen Erlaubnis unterliegende Tätigkeit ausüben, müssen mit den in ihrem Heimatlande vorgeschriebenen Ausweisen für den Luftverkehr, insbesondere mit den vorschriftsmäßigen Befähigungszeugnissen und Zulassungsscheinen, versehen sein.

Die übrigen Mitglieder der Besatzung müssen mit Ausweisen versehen sein, die ihre Beschäftigung an Bord, ihren Beruf, ihre Identität und ihre Staatsangehörigkeit angeben.

Die Lufttüchtigkeitsscheine, Befähigungszeugnisse und Zulassungsscheine, die von einem der Hohen Vertragschließenden Teile für das Luftfahrzeug oder die Besatzung ausgestellt oder anerkannt worden sind, haben im anderen Vertragsstaate dieselbe Gültigkeit wie die in diesem Staat ausgestellten oder anerkannten entsprechenden Urkunden.

Jeder der beiden Hohen Vertragschließenden Teile behält sich das Recht vor, für den Luftverkehr innerhalb seines Gebiets den seinen Staatsangehörigen vom anderen Vertragsstaat erteilten Befähigungszeugnissen und Zulassungsscheinen die Anerkennung zu versagen.

Die Besatzung und die Fluggäste müssen, soweit nicht etwas anderes vereinbart worden ist, mit den Ausweisen versehen sein, die für den zwischenstaatlichen Übergangsverkehr nach den jeweils geltenden Bestimmungen erforderlich sind.

## Artikel 6.

Die Luftfahrzeuge des einen der Hohen Vertragschließenden Teile dürfen im Gebiet des anderen Vertragsstaats nur insoweit mit Gerät zur drahtlosen Nachrichtenübermittlung versehen sein, wie dies in beiden Vertragsstaaten gestattet ist. Solches Gerät darf nur von Mitgliedern der Besatzung bedient werden, die eine besondere Erlaubnis ihres Heimatsstaats mit sich führen.

Die beiden Vertragsstaaten behalten sich vor, aus Sicherheitsgründen Vorschriften über die Verpflichtung zur Ausstattung von Luftfahrzeugen mit Gerät zur drahtlosen Nachrichtenübermittlung zu erlassen.

Artikel 7.

Die Luftfahrzeuge, ihre Besatzung und die Fluggäste dürfen Waffen, Schießbedarf, giftige Gase, Sprengstoffe, Brieftauben und Lichtbildgerät nur mit Erlaubnis desjenigen Staates mit sich führen, in dessen Luftgebiet sich das Luftfahrzeug befindet.

Artikel 8.

Die Luftfahrzeuge, die Fluggäste und Güter mit sich führen, müssen mit einem namentlichen Verzeichnis der Fluggäste und mit einem Ladungsverzeichnis, das eine Beschreibung der Art und Menge der Güter enthält, sowie mit den erforderlichen Zollerklärungen versehen sein.

Ergibt sich bei der Ankunft eines Luftfahrzeugs eine Unstimmigkeit zwischen den mitgeführten Gütern und den oben erwähnten Urkunden, so haben sich die Zollbehörden des Ankunftshafens mit den zuständigen Zollbehörden des anderen Vertragsstaats unmittelbar in Verbindung zu setzen.

Die Beförderung von Post wird durch besondere Abmachungen unmittelbar zwischen den Postverwaltungen der beiden Vertragsstaaten geregelt.

Artikel 9.

Jeder Vertragsstaat kann auf seinem Gebiete die Luftfahrzeuge des anderen Staates bei Abflug oder Landung durch die zuständigen Behörden untersuchen und die vorgeschriebenen Ausweise und sonstigen Urkunden prüfen lassen.

Artikel 10.

Die dem öffentlichen Luftverkehr zur Verfügung stehenden Flughäfen sind den Luftfahrzeugen beider Staaten zugänglich. Die Luftfahrzeuge können auch den meteorologischen Nachrichtendienst, den Funkdienst und den Flugsicherungsdienst benutzen. Die etwaigen Gebühren (Landegebühr, Aufenthaltsgebühr usw.) sind für die heimischen Luftfahrzeuge und diejenigen des anderen Staates gleich.

Artikel 11.

Der Einflug nach und der Ausflug von einem der beiden Vertragsstaaten darf nur nach oder von einem dem öffentlichen Luftverkehr dienenden Flughafen, der ein Zollflughafen mit Paßabfertigung ist, vorgenommen werden, und zwar ohne Zwischenlandung zwischen Grenze und Flughafen. In besonderen Fällen können die zuständigen Behörden den Einflug nach und den Ausflug von anderen Flughäfen gestatten, in denen die Zoll- und Paßabfertigung vorzunehmen ist. Das Verbot der Zwischenlandung gilt auch in diesen besonderen Fällen.

Im Falle der Notlandung außerhalb der im Absatz 1 bezeichneten Flughäfen haben sich der Luftfahrzeugführer, die Besatzung und die Fluggäste nach den Vorschriften zu richten, die auf dem Gebiete der Zoll- und Paßabfertigung in dem betreffenden Staate gelten.

Die beiden Hohen Vertragschließenden Teile werden einander das Verzeichnis der dem öffentlichen Luftverkehr dienenden Flughäfen mitteilen. Dieses Verzeichnis wird diejenigen Flughäfen besonders aufführen, die Zollflughäfen sind. Jede Änderung in diesem Verzeichnis und jede auch nur vorübergehende Einschränkung des Rechtes zur Benutzung eines dieser Flughäfen ist dem anderen Vertragsteil unverzüglich mitzuteilen.

Artikel 12.

Die Grenzen der beiden Hohen Vertragschließenden Teile dürfen nur an denjenigen Stellen überflogen werden, die von dem in Frage kommenden Staat bestimmt worden sind. Es besteht Einverständnis darüber, daß alle Grenzzonen, über die einer der Vertragsteile den Überflug der Luftfahrzeuge des eigenen Staates oder der Luftfahrzeuge anderer Staatszugehörigkeit gestattet, ohne weiteres für den Überflug der Luftfahrzeuge des anderen Vertragsteils offen sein werden.

Artikel 13.

Als Ballast darf nur feiner Sand und Wasser abgeworfen werden.

Artikel 14.

Unterwegs dürfen Gegenstände oder Stoffe außer Ballast nur abgeworfen oder sonst entfernt werden, wenn der Staat, dessen Gebiet betroffen wird, die Erlaubnis hierfür besonders erteilt hat.

Artikel 15.

Soweit bei Ausführung dieses Abkommens Fragen der Nationalität zu berücksichtigen sind, besteht Einverständnis darüber, daß die Luftfahrzeuge die Nationalität des Staates besitzen, in dessen Register sie ordnungsmäßig eingetragen sind.

Ein Luftfahrzeug kann in einem der beiden Staaten nur dann eingetragen werden, wenn es ganz im Eigentum von Angehörigen dieses Staates steht. Wenn eine Gesellschaft irgendeiner Art Eigentümerin ist, muß sie den Anforderungen entsprechen, welche die deutsche oder italienische Gesetzgebung jeweils vorschreibt, damit sie als deutsche oder italienische Gesellschaft angesehen werden kann.

Artikel 16.

Die beiden Hohen Vertragschließenden Teile werden monatlich Verzeichnisse über Eintragungen und Löschungen, die während des vorhergehenden Monats im Register bewirkt worden sind, untereinander austauschen.

Artikel 17.

Ein Luftfahrzeug, das in einem der beiden Vertragsstaaten einfliegt oder sein Gebiet überfliegt und dort nur, soweit erforderlich, landet und Aufenthalt nimmt, kann sich einer Beschlagnahme, die wegen Verletzung eines Patents oder Musterschutzes bewirkt wird, durch Hinterlegung einer Sicherheit entziehen, deren Höhe mangels gütlicher Vereinbarung in möglichst kurzer Frist von der zuständigen Behörde des Ortes der Beschlagnahme festzusetzen ist.

Artikel 18.

Die Luftfahrzeuge der beiden Vertragsstaaten haben bei Landungen, insbesondere bei Notlandungen, Anspruch auf die gleiche Hilfeleistung wie die heimischen Luftfahrzeuge.

Die Rettung der Luftfahrzeuge, die auf hoher See in Not geraten sind, richtet sich vorbehaltlich gegenteiliger Abmachung nach den Grundsätzen des Seerechts, wie sie sich aus den jeweiligen internationalen Vereinbarungen oder in deren Ermangelung aus den Gesetzen des Staates, dem die Retter angehören, ergeben.

Artikel 19.

Die beiden Hohen Vertragschließenden Teile werden sich alle für den Luftverkehr in ihrem Gebiete geltenden Vorschriften mitteilen.

Artikel 20.

Die Einzelheiten der Ausführung dieses Abkommens (insbesondere die Zollformalitäten) werden, soweit möglich, durch unmittelbare Verständigung zwischen den einzelnen zuständigen Verwaltungen der beiden Vertragsteile geregelt.

Streitigkeiten, welche die Ausführung dieses Abkommens betreffen und nicht auf dem üblichen diplomatischen Wege beigelegt werden können, werden gemäß den Bestimmungen des deutsch-italienischen Vergleichs- und Schiedsgerichtsvertrages vom 29. Dezember 1926 geregelt.

Artikel 21.

Jeder der Hohen Vertragschließenden Teile kann dieses Abkommen zu jedem Zeitpunkte mit einer Frist von zwölf Monaten kündigen.

Artikel 22.

Dieses Abkommen soll ratifiziert werden; die Ratifikationsurkunden sollen baldmöglichst in Berlin ausgetauscht werden.

Es tritt mit dem Tage des Austausches der Ratifikationsurkunden in Kraft.

Zu Urkund dessen haben die Bevollmächtigten dieses Abkommen unterzeichnet.

Ausgefertigt in doppelter Urschrift in deutscher und italienischer Sprache.

Berlin, den 20. Mai 1927.

### Zusatzprotokoll.

1. Die vertragschließenden Teile sind sich darüber einig, daß sich die in Artikel 1 Absatz 3 des vorstehenden Abkommens vereinbarte Meistbegünstigung nicht auf Begünstigungen erstreckt, die einer der vertragschließenden Teile durch ein Abkommen einem anderen Staate einräumt, um die in- und ausländische Besteuerung auszugleichen, insbesondere eine Doppelbesteuerung zu verhüten.

2. Als Betriebsstoffe im Sinne des Artikel 2 Absatz 3 sind solche Stoffe nicht anzusehen, die im Inlande von dem Luftfahrzeug abgegeben oder zu reinen Inlandsflügen verwendet werden.

Berlin, den 20. Mai 1927.

## 10. Mit Großbritannien.

Vom 29. Juni 1927, ratifiziert am 1. Dezember 1927 (Bek. vom 10. Dezember 1927, RGBl. II S 1168).

### a) Gesetz über das Luftverkehrsabkommen zwischen dem Deutschen Reiche und Großbritannien.

**Vom 3. November 1927.**

Der Reichstag hat das folgende Gesetz beschlossen, das mit Zustimmung des Reichsrats hiermit verkündet wird:

Artikel 1.

Dem am 29. Juni 1927 in Berlin unterzeichneten Abkommen zwischen dem Deutschen Reiche und Großbritannien über den Luftverkehr wird zugestimmt.

Das Abkommen wird nachstehend veröffentlicht.

Artikel 2.

Die zur Ausführung dieses Abkommens erforderlichen Bestimmungen werden von den zuständigen Reichsministern getroffen. Diese sind befugt, ihre Zuständigkeit auf nachgeordnete Behörden zu übertragen.

Artikel 3.

Dieses Gesetz tritt mit dem auf die Verkündung folgenden Tage in Kraft. Der Tag, an dem das Abkommen gemäß Artikel 22 in Kraft tritt, ist im Reichsgesetzblatt bekanntzumachen.

Berlin, den 3. November 1927.

Der Reichspräsident.

Der Reichsminister des Auswärtigen.

**b) Abkommen zwischen dem Deutschen Reiche und Großbritannien über den Luftverkehr.**

Der Deutsche Reichspräsident
und
Seine Majestät der König von Großbritannien, Irland und den britischen überseeischen Dominien, Kaiser von Indien,

von dem Wunsche beseelt, ein Abkommen über den Luftverkehr zwischen dem Deutschen Reiche einerseits und Großbritannien andererseits abzuschließen, haben zu diesem Zwecke zu ihren Bevollmächtigten ernannt:

Der Deutsche Reichspräsident.

Herrn Dr. Carl von Schubert,
Staatssekretär des Auswärtigen Amts,

Seine Majestät der König von Großbritannien, Irland und den britischen überseeischen Dominien, Kaiser von Indien, für Großbritannien und Nordirland:

Herrn Joseph Addison, C. M. G.,
Seiner Majestät Geschäftsträger ad interim in Berlin,

die nach gegenseitiger Mitteilung ihrer in guter und gehöriger Form befundenen Vollmachten folgendes vereinbart haben:

**Lufthoheit.**

Artikel 1.

Jeder der Hohen Vertragschließenden Teile gewährt in Friedenszeiten Luftfahrzeugen des anderen vertragschließenden Teiles bei Beachtung der in diesem Abkommen enthaltenen Bestimmungen das Recht zum Luftverkehr über seinem Gebiete.

Es besteht indessen Einverständnis darüber, daß die Einrichtung und der Betrieb von regelmäßigen Luftlinien eines Luftfahrunternehmens des einen der Hohen Vertragschließenden Teile in das Gebiet des anderen Teiles oder über dieses hinweg (mit oder ohne Landung) einer ausdrücklichen Sondergenehmigung der zuständigen Luftfahrtbehörden der beiden Vertragsteile unterliegt.

Als Gebiet im Sinne dieses Abkommens gilt das Deutsche Reich einerseits und Großbritannien und Nordirland andererseits, in beiden Fällen einschließlich der angrenzenden Territorialgewässer. Als Luftfahrzeuge gelten die privaten Luftfahrzeuge und die ausschließlich für Handelszwecke benutzten staatlichen Luftfahrzeuge, sofern sie in einem der Hohen Vertragschließenden Teile ordnungsmäßig eingetragen sind.

**Gleichberechtigung, Ein- und Ausfuhr.**

Artikel 2.

Die Luftfahrzeuge jedes der Hohen Vertragschließenden Teile, ihre Besatzung und ihre Fluggäste unterliegen, während sie sich im Gebiete des anderen Hohen Vertragschließenden Teiles befinden, den in diesem Staate jeweils geltenden Bestimmungen über den Luftverkehr im allgemeinen, über die Beförderung von Personen und Gütern sowie über die öffentliche Sicherheit und Ordnung, soweit diese Bestimmungen auf alle fremden Luftfahrzeuge, ihre Besatzung und Fluggäste Anwendung finden und nicht mit den Vorschriften dieses Abkommens in Widerspruch stehen. Sie unterliegen auch den sonstigen Verpflichtungen, die sich aus der jeweiligen allgemeinen Gesetzgebung ergeben, soweit diese Verpflichtungen nicht mit den Bestimmungen dieses Abkommens im Widerspruch stehen.

Die Staatsangehörigen eines jeden der beiden Hohen Vertragschließenden Teile und die in ihrem Gebiete erzeugten oder verfertigten Güter sollen im Gebiete des anderen bei der Ein-, Aus- und Durchfuhr die Vorrechte genießen, die Personen und Gütern durch die Bestimmungen des deutsch-englischen Handelsvertrags vom 2. Dezember 1924 oder durch irgendein anderes die Handelsbeziehungen zwischen den beiden Ländern regelndes Abkommen eingeräumt sind.

Jeder der Hohen Vertragschließenden Teile wird die Ein- und Ausfuhr aller Waren, die ein oder auszuführen das Gesetz gestattet, und ebenso die Beförderung von Fluggästen (vorbehaltlich etwaiger Beschränkungen für die Einwanderung) aus oder nach seinem Gebiet in Luftfahrzeugen des anderen Teiles gestatten. Solche Luftfahrzeuge, ihre Fluggäste und Ladung sollen dieselben Vorrechte genießen und nicht anderen oder höheren Abgaben oder Lasten unterworfen sein als die eigenen Luftfahrzeuge (und ihre Fluggäste und Ladung) oder die Luftfahrzeuge (und ihre Fluggäste und Ladung) irgendeines anderen fremden Landes.

Jeder der beiden Hohen Vertragschließenden Teile kann den heimischen Luftfahrzeugen die gewerbsmäßige Beförderung von Personen und Gütern zwischen zwei Punkten des eigenen Staatsgebiets vorbehalten. Indes können die Luftfahrzeuge des anderen Hohen Vertragschließenden Teiles von einem Zollflughafen (wie er im Artikel 11 dieses Abkommens begrifflich bestimmt ist) nach einem anderen Zollflughafen im Gebiete des anderen Staates weiterfliegen, sei es, um ihre Ladung oder Fluggäste ganz oder zum Teil dort zu landen oder um ihre Ladung oder Fluggäste ganz oder zum Teil dort aufzunehmen, vorausgesetzt, daß diese Ladung mit durchgehenden Frachturkunden und die Fluggäste mit durchgehenden Flugscheinen für eine Beförderungsstrecke versehen sind, deren Anfangs- und Endpunkt nicht beides Punkte sind, zwischen welchen die Beförderung nach Obigem den heimischen Luftfahrzeugen vorbehalten ist. Solche Luftfahrzeuge sollen bei dem vorerwähnten Fluge von einem Zollflughafen nach einem anderen, ungeachtet dessen, daß beide Zollflughäfen Punkte sind, zwischen denen die Beförderung ordnungsmäßig vorbehalten ist, alle Vorrechte dieses Abkommens genießen.

Die an Bord von Luftfahrzeugen der beiden Hohen Vertragschließenden Teile befindlichen Betriebsstoffe sind zollfrei, ausgenommen diejenigen Betriebsstoffe, die vom Luftfahrzeug im Gebiete des anderen Hohen Vertragschließenden Teiles abgegeben oder dort zu reinen Inlandsflügen verwendet werden.

**Sperrzonen.**

Artikel 3.

Jeder der Hohen Vertragschließenden Teile soll berechtigt sein, den Luftverkehr über bestimmte Zonen seines Gebietes zu verbieten, sofern in dieser Hinsicht zwischen seinen heimischen Luftfahrzeugen und denjenigen des anderen Teiles kein Unterschied gemacht wird. Die Gebietsteile, über denen der

Luftverkehr verboten wird, sind dem anderen Hohen Vertragschließenden Teile mitzuteilen.

Jeder der Hohen Vertragschließenden Teile behält sich das Recht vor, unter außergewöhnlichen Umständen in Friedenszeiten den Luftverkehr über seinem Gebiete mit sofortiger Wirkung vorübergehend einzuschränken oder zu verbieten, unter der Bedingung, daß in dieser Hinsicht kein Unterschied zwischen den Luftfahrzeugen des anderen Vertragsteils und den Luftfahrzeugen jedes anderen fremden Landes gemacht wird.

**Zwangslandung.**

### Artikel 4.

Ein Luftfahrzeug, das über eine verbotene Zone gerät, hat, sobald es dies merkt, das durch die Luftverkehrsordnung des überflogenen Staates vorgeschriebene Notzeichen zu geben und sobald und so nahe wie möglich auf einem außerhalb der verbotenen Zone gelegenen Flughafen dieses Staates zu landen.

**Abzeichen, Ausweise.**

### Artikel 5.

Alle Luftfahrzeuge müssen deutliche und gut sichtbare Abzeichen haben, die ihre Feststellung während des Fluges ermöglichen (Hoheits- und Eintragungszeichen). Sie müssen außerdem den Namen und den Wohnsitz des Eigentümers tragen.

Alle Luftfahrzeuge müssen mit Bescheinigungen über die Eintragung und die Lufttüchtigkeit sowie mit allen übrigen in ihrem Heimatlande für den Luftverkehr vorgeschriebenen Urkunden versehen sein.

Die Mitglieder der Besatzung, die im Luftfahrzeug eine in dessen Heimatland einer besonderen Erlaubnis unterliegende Tätigkeit ausüben, müssen mit den in diesem Heimatlande vorgeschriebenen Ausweisen für den Luftverkehr, insbesondere mit den vorschriftsmäßigen Befähigungszeugnissen und Zulassungsscheinen, versehen sein.

Die übrigen Mitglieder der Besatzung müssen mit Ausweisen versehen sein, die ihre Beschäftigung an Bord, ihren Beruf, ihre Identität und ihre Staatsangehörigkeit angeben.

Die Lufttüchtigkeitsscheine, Befähigungszeugnisse und Zulassungsscheine, die von einem der Hohen Vertragschließenden Teile für das in seinem Gebiet eingetragene Luftfahrzeug oder die Besatzung dieses Luftfahrzeugs ausgestellt oder anerkannt worden sind, haben in dem Gebiete des anderen Hohen Vertragschließenden Teiles dieselbe Gültigkeit wie die von diesem ausgestellten oder anerkannten entsprechenden Urkunden.

Jeder der beiden Hohen Vertragschließenden Teile behält sich das Recht vor, für den Luftverkehr innerhalb seines Gebiets den seinen Staatsangehörigen von dem anderen Vertragsstaat erteilten Befähigungszeugnissen und Zulassungsscheinen die Anerkennung zu versagen.

Die Besatzung und die Fluggäste müssen, soweit nicht etwas anderes vereinbart worden ist, mit den Ausweisen versehen sein, die für den zwischenstaatlichen Übergangsverkehr nach den jeweils geltenden Bestimmungen erforderlich sind.

**Funkgerät.**

### Artikel 6.

Die Luftfahrzeuge des einen der Hohen Vertragschließenden Teile dürfen im Gebiete des anderen Vertragsstaats nur insoweit mit Gerät zur drahtlosen Nachrichtenübermittlung versehen sein, wie dies in beiden Vertragsstaaten gestattet ist.

Solches Gerät darf nur von Mitgliedern der Besatzung bedient werden, die eine besondere Erlaubnis der Regierung des Staates, in dem das Luftfahrzeug eingetragen ist, mit sich führen.

Die Hohen Vertragschließenden Teile behalten sich vor, aus Sicherheitsgründen Vorschriften über die Verpflichtung zur Ausstattung von Luftfahrzeugen mit Gerät zur drahtlosen Nachrichtenübermittlung zu erlassen.

**Beförderungsverbot.**

Artikel 7.

Die Luftfahrzeuge, ihre Besatzung und die Fluggäste dürfen Waffen, Schießbedarf, giftige Gase, Sprengstoffe, Brieftauben und Lichtbildgerät nur mit Erlaubnis der zuständigen Behörden desjenigen Staates mit sich führen, in dessen Luftgebiet sich das Luftfahrzeug befindet.

**Ladungsverzeichnis.**

Artikel 8.

Die Luftfahrzeuge, die Fluggäste und Güter mit sich führen, müssen mit einem Verzeichnis der Fluggäste und mit einem Ladungsverzeichnis, das eine Beschreibung der Art und Menge der Güter enthält, sowie mit den erforderlichen Zollerklärungen versehen sein.

Ergibt sich bei der Ankunft eines Luftfahrzeugs eine Unstimmigkeit zwischen den mitgeführten Gütern und dem Ladungsverzeichnis, so haben sich die Zollbehörden des Ankunftshafens mit den zuständigen Zollbehörden des anderen Vertragsstaats unmittelbar in Verbindung zu setzen.

Die Beförderung der Post wird durch besondere Abmachungen unmittelbar zwischen den Postverwaltungen der beiden Hohen Vertragschließenden Teile geregelt.

**Untersuchung.**

Artikel 9.

Jeder Vertragsstaat kann auf seinem Gebiete die Luftfahrzeuge des anderen Hohen Vertragschließenden Teiles bei Abflug oder Landung durch die zuständigen Behörden untersuchen und die vorgeschriebenen Ausweise und sonstigen Urkunden prüfen lassen.

**Gleichberechtigung.**

Artikel 10.

Die dem öffentlichen Luftverkehr zur Verfügung stehenden Flughäfen sind den Luftfahrzeugen beider Staaten zugänglich. Die Luftfahrzeuge können auch den meteorologischen Nachrichtendienst, den Funkdienst und den Flugzeugdienst benutzen. Die etwaigen Gebühren (Landegebühr, Aufenthaltsgebühr usw.) sind für die Luftfahrzeuge beider Hohen Vertragschließenden Teile dieselben.

**Ein- und Ausflug.**

Artikel 11.

Der Einflug nach und der Ausflug von einem der beiden Vertragsstaaten darf nur nach oder von einem dem öffentlichen Luftverkehr dienenden Flughafen, der Zollflughafen mit Paßabfertigung ist, vorgenommen werden, und zwar ohne Zwischenlandung zwischen Grenze und Flughafen. In besonderen Fällen können die zuständigen Behörden den Einflug nach und den Ausflug von anderen Flughäfen gestatten, in denen Vorsorge für Zoll- und Paßabfertigung getroffen ist. Das Verbot der Zwischenlandung gilt auch in diesen besonderen Fällen.

Im Falle der Notlandung außerhalb der im Abs. 1 bezeichneten Flughäfen haben sich die Luftfahrzeugführer, die Besatzung und die Fluggäste nach den Vorschriften zu richten, die auf dem Gebiete der Zoll- und Paßabfertigung in dem Staate gelten, in dem die Notlandung vorgenommen worden ist.

Die beiden Hohen Vertragschließenden Teile werden einander das Verzeichnis der dem öffentlichen Luftverkehr dienenden Flughäfen mitteilen. Dieses Verzeichnis wird diejenigen Flughäfen besonders aufführen, die Zollflughäfen sind. Jede Änderung in diesem Verzeichnis und jede auch nur vorübergehende Einschränkung des Rechtes zur Benutzung eines dieser

Flughäfen ist dem anderen Vertragsteil unverzüglich mitzuteilen.

**Grenzüberfliegung.**

Artikel 12.

Jeder der Hohen Vertragschließenden Teile behält sich das Recht vor, zu verlangen, daß alle Luftfahrzeuge die Grenzen seines Gebietes an bestimmten Punkten überfliegen. Vorbehaltlich der Mitteilung eines solchen Verlangens durch einen der beiden Vertragschließenden Teile an den anderen können die Grenzen der Vertragsstaaten an jedem Punkte überflogen werden.

**Ballast.**

Artikel 13.

Als Ballast darf nur feiner Sand und Wasser abgeworfen werden.

**Abwurf.**

Artikel 14.

Unterwegs dürfen Gegenstände oder Stoffe außer Ballast nur abgeworfen oder sonst entfernt werden, wenn die Behörden des Staates, in dessen Gebiet der Abwurf oder die sonstige Entfernung vorgenommen wird, die Erlaubnis hierfür besonders erteilt hat.

**Eintragungs- und Nationalitätsprinzip.**

Artikel 15.

Soweit bei Ausführung dieses Abkommens Fragen der Nationalität zu berücksichtigen sind, besteht Einverständnis darüber, daß die Luftfahrzeuge die Nationalität des Staates besitzen, in dessen Register sie ordnungsmäßig eingetragen sind.

Ein Luftfahrzeug kann in einem der beiden Vertragsstaaten nur dann eingetragen werden, wenn es ganz im Eigentum von Angehörigen dieses Staates steht. Wenn eine

Gesellschaft irgendeiner Art Eigentümerin ist, muß sie den Anforderungen entsprechen, welche die deutsche oder britische Gesetzgebung jeweils vorschreibt, damit sie als deutsche oder britische Gesellschaft angesehen werden kann.

**Verzeichnisaustausch.**

Artikel 16.

Die Hohen Vertragschließenden Teile werden monatlich Verzeichnisse über Eintragungen und Löschungen, die während des vorhergehenden Monats im Register bewirkt worden sind, untereinander austauschen.

**Patent- und Musterschutz.**

Artikel 17.

Ein Luftfahrzeug, das in einen der beiden Vertragsstaaten einfliegt oder sein Gebiet überfliegt und dort nur, soweit erforderlich, landet und Aufenthalt nimmt, kann sich einer Beschlagnahme, die wegen Verletzung eines Patents oder Musterschutzes bewirkt wird, durch Hinterlegung einer Sicherheit entziehen, deren Höhe mangels gütlicher Vereinbarung in möglichst kurzer Frist von der zuständigen Behörde des Ortes der Beschlagnahme festzusetzen ist.

**Notlandung.**

Artikel 18.

Die Luftfahrzeuge des einen Vertragsstaats haben bei Landungen im Gebiete des anderen Staates, insbesondere bei Notlandungen, Anspruch auf die gleiche Hilfeleistung wie die heimischen Luftfahrzeuge.

Die Rettung der Luftfahrzeuge, die auf hoher See in Not geraten sind, richtet sich vorbehaltlich anderweitiger Abmachungen nach den Grundsätzen des Seerechts, wie sie sich aus den jeweiligen internationalen Vereinbarungen ergeben.

**Vorschriftenaustausch.**

Artikel 19.

Die Hohen Vertragschließenden Teile werden sich alle für den Luftverkehr in ihrem Gebiete geltenden Vorschriften mitteilen.

**Schiedsgericht.**

Artikel 20.

Die Einzelheiten der Ausführung dieses Abkommens (insbesondere die Zollformalitäten) werden, soweit möglich, durch unmittelbare Verständigung zwischen den einzelnen zuständigen Verwaltungen der beiden Hohen Vertragschließenden Teile geregelt.

Die beiden Hohen Vertragschließenden Teile kommen grundsätzlich dahin überein, daß jede etwaige Meinungsverschiedenheit zwischen ihnen über die richtige Auslegung oder Anwendung irgendeiner der Bestimmungen des gegenwärtigen Abkommens auf Verlangen einer der beiden Parteien einem Schiedsgericht unterbreitet werden soll.

Das Schiedsgericht, dem Meinungsverschiedenheiten unterbreitet werden sollen, soll der Ständige Internationale Gerichtshof im Haag sein, es sei denn, daß in einem besonderen Falle die beiden Hohen Vertragschließenden Teile eine andere Vereinbarung treffen.

**Kündigung.**

Artikel 21.

Jeder der Hohen Vertragschließenden Teile kann dieses Abkommen zu jedem Zeitpunkt mit einer Frist von zwölf Monaten kündigen.

**Ratifizierung.**

Artikel 22.

Dieses Abkommen soll ratifiziert werden; die Ratifikationsurkunden sollen baldmöglichst in Berlin ausgetauscht werden. Es tritt mit dem Tage des Austausches der Ratifikationsurkunden in Kraft.

Zu Urkund dessen haben die Bevollmächtigten dieses Abkommen unterzeichnet und mit ihren Siegeln versehen.

Ausgefertigt in Berlin in doppelter Urschrift in deutscher und englischer Sprache, die beide in gleicher Weise maßgebend sind,

am 29. Juni 1927.

## 11. Mit Spanien.

Vom 9. Dezember 1927.

**a) Gesetz über das Luftverkehrsabkommen zwischen dem Deutschen Reiche und dem Königreiche Spanien.**

Vom 31. März 1928 (RGBl. 1928 II S. 303 ff.).

Der Reichstag hat das folgende Gesetz beschlossen, das mit Zustimmung des Reichsrats hiermit verkündet wird:

Artikel 1.

Dem am 9. Dezember 1927 in Madrid unterzeichneten Abkommen zwischen dem Deutschen Reiche und dem Königreiche Spanien über den Luftverkehr wird zugestimmt.

Das Abkommen wird nachstehend veröffentlicht.

Artikel 2.

Die zur Ausführung des Abkommens erforderlichen Bestimmungen werden von den zuständigen Reichsministern getroffen. Diese sind befugt, ihre Zuständigkeit auf nachgeordnete Behörden zu übertragen.

Artikel 3.

Dieses Gesetz tritt mit dem auf die Verkündung folgenden Tage in Kraft. Der Tag, an dem das Abkommen gemäß Artikel 25 des Abkommens in Kraft tritt, ist im Reichsgesetzblatt bekanntzumachen.

Berlin, den 31. März 1928.

**Der Reichspräsident.**

**Der Reichsminister des Auswärtigen.**

### b) Allgemeines Abkommen über den Luftverkehr zwischen Deutschland und Spanien.

Der Deutsche Reichspräsident
und
Seine Majestät der König von Spanien,

beide von dem gegenseitigen Interesse überzeugt, welches Deutschland und Spanien daran haben, ihre Luftbeziehungen und im allgemeinen die internationalen Luftfahrtbeziehungen für friedliche Zwecke zu fördern, haben beschlossen, zu diesem Zweck ein Abkommen abzuschließen, und haben als ihre Bevollmächtigten ernannt:

Der Deutsche Reichspräsident:

den Deutschen Botschafter bei Seiner Majestät dem König von Spanien
Grafen von Welczeck,

Seine Majestät der König von Spanien:

Seine Exzellenz
Herrn Miguel Primo de Rivera y Orbaneja, Marqués de Estella, Präsident seines Ministerrats und seinen Staatsminister, Granden von Spanien, Generalleutnant des Heeres, ausgezeichnet durch das Großkreuz mit Lorbeer des königlichen und militärischen Ordens vom Heiligen Ferdinand, Großkreuzritter der Orden des Heiligen Hermenegildo, des Militärverdienstes, des Marineverdienstes, Pios IX. vom Heiligen Stuhl, der Ehrenlegion von Frankreich, des Heiligen Benito von Avis von Portugal, des Heiligen Mauritius und Lazarus von Italien, des Militärverdienstes von Cuba, des Verdienstes von Chile, seinen diensttuenden Kammerherrn usw. usw.

die, nachdem sie ihre Vollmachten ausgetauscht und in guter und gehöriger Form befunden haben, über folgende Bestimmungen übereingekommen sind:

**Lufthoheit.**

Artikel 1.

Jeder der beiden Hohen Vertragschließenden Teile gewährt in Friedenszeiten Luftfahrzeugen des anderen Vertragschließenden Teiles, die in diesem ordnungsmäßig eingetragen sind, bei Beachtung der in diesem Abkommen enthaltenen Bestimmungen das Recht zum Luftverkehr in seinem Gebiete.

Die Einrichtung und der Betrieb von regelmäßigen Luftlinien eines Luftfahrtunternehmens des einen der Hohen Vertragschließenden Teile in das Gebiet des anderen Teiles oder über dieses hinweg, mit oder ohne Zwischenlandung, unterliegt einer Sondervereinbarung zwischen den Regierungen der beiden Staaten.

Als Gebiet im Sinne dieses Abkommens gilt das Gebiet des Mutterstaats sowie der Kolonien, einschließlich der Territorialgewässer.

Als Luftfahrzeug im Sinne dieses Abkommens gelten die privaten Luftfahrzeuge und die ausschließlich für Handels- und Postzwecke bestimmten staatlichen Luftfahrzeuge.

Andere als die vorstehend genannten staatlichen Luftfahrzeuge des einen Vertragschließenden Teiles bedürfen, wenn sie in das Gebiet des anderen Teiles oder über dieses hinweg, mit oder ohne Zwischenlandung, fliegen wollen, in jedem Einzelfall einer besonderen vorher auf diplomatischem Wege einzuholenden Genehmigung.

**Gleichberechtigung.**

Artikel 2

Die Luftfahrzeuge des einen Vertragsteils, ihre Besatzung, Fluggäste, deren Gepäck und die Ladung unterliegen, während sie sich im Gebiete des anderen Staates befinden, den Verpflichtungen, die sich aus den in diesem Staate jeweils geltenden Bestimmungen ergeben, insbesondere den Vorschriften über den Luftverkehr im allgemeinen, soweit diese auf alle fremden Luftfahrzeuge ohne Unterschied der Nationalität Anwendung finden, ferner über Zölle und andere Abgaben, über Ein- und Ausfuhrverbote, über die Beförderung von Personen und Gütern, über die öffentliche Sicherheit und Ordnung sowie den Vorschriften über das Paß- und Gesundheitswesen. Sie unterliegen auch den sonstigen Verpflichtungen, die sich aus der jeweiligen allgemeinen Gesetzgebung ergeben, soweit dieses Abkommen nichts anderes vorsieht.

Für Luftfahrzeuge, die im regelmäßigen Linienverkehre verwendet werden, können zwischen den Regierungen der beiden Staaten besondere Vereinbarungen über die im vorhergehenden Absatz behandelten Angelegenheiten getroffen werden.

Die gewerbsmäßige Beförderung von Personen und Gütern zwischen zwei Punkten des eigenen Gebiets kann den heimischen Luftfahrzeugen vorbehalten werden.

Die bei der Einreise an Bord von Luftfahrzeugen der beiden Hohen Vertragschließenden Teile zu eigenem Verbrauche befindlichen Betriebsstoffe sind zollfrei, ausgenommen diejenigen Betriebsstoffe, die vom Luftfahrzeug im Gebiete des anderen Hohen Vertragschließenden Teiles abgegeben oder dort zu reinen Inlandflügen verwendet werden.

**Sperrzonen.**

### Artikel 3.

Jeder der Hohen Vertragschließenden Teile kann den Luftverkehr über bestimmten Zonen seines Gebiets verbieten, sofern in dieser Hinsicht zwischen den heimischen Luftfahrzeugen und denjenigen des anderen Staates kein Unterschied gemacht wird. Diese Einschränkung gilt nicht für die heimischen Militär-, Zoll-, Polizei- und sonstigen Luftfahrzeuge, die zu Sonderzwecken im Dienste der staatlichen Verwaltung verwendet werden.

Die Gebietsteile, über denen der Luftverkehr verboten wird, sind dem anderen Vertragsstaate mitzuteilen.

Außerdem behält sich jeder der Hohen Vertragsteile das

Recht vor, unter außergewöhnlichen Umständen in Friedenszeiten den Luftverkehr über seinem Gebiete ganz oder teilweise mit sofortiger Wirkung vorübergehend einzuschränken oder zu verbieten, unter der Bedingung, daß in dieser Hinsicht kein Unterschied zwischen den Luftfahrzeugen des anderen Vertragsteils und den Luftfahrzeugen irgendeines fremden Landes gemacht wird.

**Zwangslandung.**

Artikel 4.

Ein Luftfahrzeug, das über eine verbotene Zone gerät, hat das durch die Luftverkehrsordnung des überflogenen Landes vorgeschriebene Notzeichen zu geben und so bald und so nahe wie möglich auf einem außerhalb der verbotenen Zone gelegenen Flughafen dieses Staates zu landen.

Dieselbe Verpflichtung liegt einem Luftfahrzeug ob, das beim Überfliegen einer verbotenen Zone durch besondere Signale darauf aufmerksam gemacht wird.

**Abzeichen, Urkunden.**

Artikel 5.

Die Luftfahrzeuge müssen deutliche und gut sichtbare Abzeichen haben, die ihre Feststellung während des Fluges ermöglichen (Hoheits- und Eintragungszeichen). Sie müssen außerdem den Namen und den Wohnsitz des Eigentümers tragen.

Die Luftfahrzeuge müssen mit Bescheinigungen über die Eintragung und die Lufttüchtigkeit sowie mit allen übrigen in ihrem Heimatlande für den Luftverkehr vorgeschriebenen Urkunden versehen sein.

**Ausweise.**

Artikel 6.

Die Mitglieder der Besatzung, die im Luftfahrzeug eine in ihrem Heimatland einer besonderen Erlaubnis unterliegende Tätigkeit ausüben, müssen mit den in ihrem Heimatlande vorgeschriebenen Ausweisen für den Luftverkehr, insbesondere mit den vorschriftsmäßigen Befähigungszeugnissen und Zulassungsscheinen versehen sein.

Die übrigen Mitglieder der Besatzung müssen mit Ausweisen versehen sein, die ihre Beschäftigung an Bord, ihren Beruf, ihre Identität und ihre Staatsangehörigkeit angeben.

Die Besatzung und die Fluggäste müssen mit den Ausweisen versehen sein, die für den zwischenstaatlichen Übergangsverkehr nach den jeweils geltenden Bestimmungen erforderlich sind, soweit nicht zwischen den beiden Vertragsstaaten etwas anderes vereinbart wird

## Artikel 7.

Die Lufttüchtigkeitsscheine, Befähigungszeugnisse und Zulassungsscheine, die von einem der Hohen Vertragschließenden Teile für das Luftfahrzeug oder die Besatzung ausgestellt oder anerkannt worden sind, haben im anderen Vertragsstaat dieselbe Gültigkeit wie die in diesem Staat ausgestellten oder anerkannten entsprechenden Urkunden, die Befähigungszeugnisse und Zulassungsscheine der Besatzung jedoch nur für die Bedienung von Luftfahrzeugen ihres Landes. Ausnahmen hiervon bedürfen der Genehmigung der Obersten Luftfahrtbehörde des anderen Landes.

Jeder der beiden Hohen Vertragschließenden Teile behält sich das Recht vor, für den Luftverkehr innerhalb seines Gebiets den seinen Staatsangehörigen vom anderen Vertragsstaat erteilten Befähigungszeugnissen und Zulassungsscheinen die Anerkennung zu versagen.

**Funkgerät.**

## Artikel 8.

Die Luftfahrzeuge dürfen nur dann mit Gerät zur drahtlosen Nachrichtenübermittlung versehen sein, wenn sie eine besondere Erlaubnis ihres Heimatsstaats hierfür erhalten haben.

Für die Benutzung solchen Geräts über dem Gebiet eines der Vertragschließenden Teile sind die in diesem Staate hierfür geltenden Bestimmungen maßgebend. Solches Gerät darf nur von Mitgliedern der Besatzung bedient werden, die eine besondere Erlaubnis ihrer heimischen Behörden mit sich führen.

Die beiden Vertragsstaaten behalten sich vor, aus Sicherheitsgründen Vorschriften über die Verpflichtung zur Ausstattung von Luftfahrzeugen mit Gerät zur drahtlosen Nachrichtenübermittlung zu erlassen.

**Beförderungsverbot.**

Artikel 9.

Die Luftfahrzeuge, ihre Besatzung und die Fluggäste dürfen ohne Erlaubnis des überflogenen Staates Waffen, Schießbedarf, giftige Gase, Sprengstoffe, Brieftauben nicht mit sich führen und mit Lichtbildgerät nicht ausgerüstet sein.

Aus Gründen der öffentlichen Sicherheit kann jeder Vertragsstaat in seinem Hoheitsgebiete die Beförderung oder Mitführung auch anderer als der im Abs. 1 genannten Gegenstände Einschränkungen unterwerfen, sofern in dieser Hinsicht zwischen den heimischen Luftfahrzeugen und denjenigen des anderen Vertragsstaats kein Unterschied gemacht wird.

**Ladungsverzeichnis.**

Artikel 10.

Die Luftfahrzeuge, die Fluggäste und Güter mit sich führen, müssen mit einem Verzeichnis der Fluggäste und mit einem Ladungsverzeichnisse, das eine Beschreibung der Art und Menge der Güter enthält, sowie mit den erforderlichen Zollerklärungen versehen sein.

Ergibt sich bei der Ankunft eines Luftfahrzeugs eine Unstimmigkeit zwischen den mitgeführten Gütern und den obenerwähnten Urkunden, so haben sich die Zollbehörden mit denen des anderen Vertragsstaats unmittelbar in Verbindung zu setzen.

Die Beförderung von Post wird durch besondere Abmachungen unmittelbar zwischen den Postverwaltungen der beiden Vertragsstaaten geregelt.

**Untersuchung.**

Artikel 11.

Jeder Vertragsstaat kann auf seinem Gebiete die Luftfahrzeuge des anderen Staates bei Abflug oder Landung durch die zuständigen Behörden untersuchen und die vorgeschriebenen Ausweise und sonstigen Urkunden prüfen lassen.

**Gleichberechtigung.**

Artikel 12.

Die dem öffentlichen Luftverkehre zur Verfügung stehenden Flughäfen sind den Luftfahrzeugen beider Staaten zugänglich. Die Luftfahrzeuge können auch den meteorologischen Nachrichtendienst, den Funkdienst und den Flugsicherungsdienst benutzen. Die etwaigen Gebühren (Landegebühr, Aufenthaltsgebühr usw.) sind für die heimischen Luftfahrzeuge und diejenigen des anderen Staates gleich.

Für Luftfahrzeuge, die im regelmäßigen Linienverkehre verwendet werden, können von den Regierungen der beiden Staaten besondere Erleichterungen vereinbart werden.

**Ein- und Ausflug.**

Artikel 13.

Der Einflug nach und der Ausflug von einem der beiden Vertragsstaaten darf nur nach oder von einem dem öffentlichen Luftverkehre dienenden Flughafen, der ein Zollflughafen mit Paßabfertigung ist, vorgenommen werden, und zwar ohne Landung zwischen Grenze und Flughafen. In einzelnen Fällen können die zuständigen Behörden den Einflug nach und den Ausflug von anderen Flughäfen gestatten, in denen die

Zoll- und Paßabfertigung vorzunehmen ist. Das Verbot der Landung zwischen der Grenze und dem Flughafen gilt auch in diesen besonderen Fällen.

Im Falle der Notlandung oder einer Landung im Sinne des Artikel 4 haben sich der Luftfahrzeugführer, die Besatzung und die Fluggäste nach den Luftfahrtbestimmungen sowie nach den Vorschriften auf dem Gebiete der Zoll- und Paßabfertigung zu richten, die in dem Staate gelten, in dem die Landung vorgenommen wird.

Die beiden Hohen Vertragschließenden Teile werden einander das Verzeichnis der dem öffentlichen Luftverkehre dienenden Flughäfen mitteilen. Dieses Verzeichnis wird diejenigen Flughäfen besonders aufführen, die Zollflughäfen sind. Jede Änderung in diesem Verzeichnis und jede auch nur vorübergehende Einschränkung der Benutzungsmöglichkeit eines dieser Flughäfen ist dem anderen Vertragsteil unverzüglich mitzuteilen.

**Grenzüberflug.**

Artikel 14.

Die Grenzen der beiden Hohen Vertragschließenden Teile dürfen nur an denjenigen Stellen überflogen werden, die von dem in Frage kommenden Staate bestimmt worden sind.

Es besteht Einverständnis darüber, daß alle Grenzzonen, über die einer der Vertragsteile den Überflug der Luftfahrzeuge des eigenen Staates oder der Luftfahrzeuge anderer Staatszugehörigkeit gestattet, ohne weiteres für den Überflug der Luftfahrzeuge des anderen Vertragsteils offen sein werden.

**Ballast.**

Artikel 15.

Als Ballast darf nur feiner Sand und Wasser abgeworfen werden.

**Abwurf.**

Artikel 16.

Unterwegs dürfen Gegenstände oder Stoffe außer Ballast nur abgeworfen oder sonst entfernt werden, wenn der Staat, dessen Hoheitsgebiet betroffen wird, die Erlaubnis hierfür besonders erteilt hat.

**Eintragungs- und Nationalitätsprinzip.**

Artikel 17.

Soweit bei Ausführung dieses Abkommens Fragen der Nationalität zu berücksichtigen sind, besteht Einverständnis darüber, daß die Luftfahrzeuge die Nationalität des Staates besitzen, in dessen Register sie ordnungsmäßig eingetragen sind.

Ein Luftfahrzeug kann in einem der beiden Staaten nur dann eingetragen werden, wenn es ganz im Eigentume von Angehörigen dieses Staates steht. Wenn eine Gesellschaft irgendeiner Art Eigentümerin ist, muß sie den Anforderungen entsprechen, welche die deutsche oder die spanische Gesetzgebung jeweils vorschreibt, damit sie als deutsche oder spanische Gesellschaft angesehen werden kann.

**Verzeichnisaustausch.**

Artikel 18.

Die beiden Hohen Vertragschließenden Teile werden monatlich Verzeichnisse über Eintragungen und Löschungen, die während des vorhergehenden Monats bewirkt worden sind, untereinander austauschen.

**Patent- und Musterverletzung.**

Artikel 19.

Ein Luftfahrzeug, das in einem der beiden Vertragsstaaten einfliegt oder sein Gebiet überfliegt und dort nur, soweit erforderlich, landet und Aufenthalt nimmt, kann sich einer Beschlagnahme, die wegen Verletzung eines Patents oder Musterschutzes bewirkt wird, durch Hinterlegung einer Sicherheit entziehen, deren Höhe mangels gütlicher Vereinbarung in möglichst kurzer Frist von der zuständigen Behörde des Ortes der Beschlagnahme festzusetzen ist.

**Notlandung.**

Artikel 20.

Die Luftfahrzeuge des anderen Vertragsstaats haben bei Landungen, insbesondere in Notfällen, Anspruch auf Benutzung der gleichen Hilfseinrichtungen wie die heimischen Luftfahrzeuge.

Die Rettung der Luftfahrzeuge, die auf hoher See in Not geraten sind, richtet sich, vorbehaltlich gegenteiliger Abmachung, nach den Grundsätzen des Seerechts, wie sie sich aus den jeweiligen internationalen Vereinbarungen oder in deren Ermangelung aus den Gesetzen des Staates, dem die Retter angehören, ergeben.

**Strafe.**

Artikel 21.

Luftfahrzeuge, die gegen die Vorschriften dieses Abkommens verstoßen, unterliegen den Strafbestimmungen für die Luftfahrt des betreffenden Staates in gleicher Weise wie die eigenen Luftfahrzeuge.

**Vorschriftenaustausch.**

Artikel 22.

Die beiden Hohen Vertragschließenden Teile werden sich alle für den Luftverkehr in ihrem Gebiete geltenden Vorschriften mitteilen.

**Schiedsgericht.**

Artikel 23.

Die Einzelheiten der Ausführung dieses Abkommens (insbesondere die Zollformalitäten) werden, soweit möglich, durch unmittelbare Verständigung zwischen den einzelnen zuständigen Verwaltungen der beiden Vertragsteile geregelt. Die beiden Vertragschließenden Teile kommen grundsätzlich dahin überein, daß jede etwaige Meinungsverschiedenheit zwischen ihnen über die richtige Auslegung oder Anwendung irgendeiner der Bestimmungen des gegenwärtigen Vertrags auf Verlangen einer der beiden Parteien einem Schiedsgericht unterbreitet werden soll.

Das Schiedsgericht, dem Meinungsverschiedenheiten unterbreitet werden sollen, soll der ständige internationale Gerichtshof im Haag sein, es sei denn, daß in einem besonderen Falle die beiden Vertragschließenden Parteien eine andere Vereinbarung treffen.

**Kündigung.**

Artikel 24.

Jeder der Hohen Vertragschließenden Teile kann dieses Abkommen zu jedem Zeitpunkt mit einer Frist von zwölf Monaten kündigen.

**Ratifizierung.**

Artikel 25.

Dieses Abkommen soll ratifiziert werden; die Ratifikationsurkunden sollen baldmöglichst in Madrid ausgetauscht werden. Es tritt mit dem Tage des Austausches der Ratifikationsurkunden in Kraft.

Ausgefertigt in doppelter Urschrift in deutscher und spanischer Sprache, die beide in gleicher Weise maßgebend sind.

Zu Urkund dessen haben die Bevollmächtigten dieses Abkommen in Madrid am 9. Dezember 1927 unterzeichnet.

# II. Internationale Verbandsabkommen.

## 1. CINA.

### Pariser Luftverkehrsabkommen.

Das Pariser Luftverkehrsabkommen vom 13. Oktober 1919 wurde von den 9 Signatarstaaten Belgien, Bolivien, Frankreich, Griechenland, Großbritannien, Japan, Jugoslawien, Portugal und Siam unterzeichnet. Es ist für die 9 Signatarstaaten und für Persien, welches vorher seinen Beitritt erklärt hatte, am 11. Juli 1922 in Kraft getreten. Seit diesem Tage ist die Konvention von Italien, der Tschechoslowakei, Rumänien, Uruguay und Polen ratifiziert worden. Bulgarien und Chile sind ihr beigetreten. Bolivien ist mit dem 30. August 1924 ausgetreten. Nachträglich erfolgte noch der Eintritt von Schweden, Dänemark und dem Saargebiet. Vgl. die Übersicht unten S. 396 ff., sowie in RfL. 1924 S. 215. Insgesamt gehören der Luftkonvention folgende Staaten an:

1. Belgien
2. Bulgarien
3. Chile
4. Dänemark
5. Frankreich
6. Griechenland
7. Großbritannien nebst
8. Australien
9. Canada
10. Indien
11. Irland
12. Neuseeland
13. Südafrika
14. Italien
15. Japan
16. Jugoslawien (Serbisch-Kroatisch-Slovenischer Staat)
17. Persien
18. Polen
19. Portugal
20. Rumänien
21. Saargebiet (Teil des Deutschen Reichs)
22. Schweden
23. Siam
24. Tschechoslowakei
25. Uruguay

Die „Commission Internationale de Navigation Aérienne (C. I. N. A.) setzt sich aus den Vertretern der Verbandsstaaten zusammen. Ihre Befugnisse sind in Art. 34 PLA. festgelegt. Dementsprechend hat sie jährlich Sitzungsperioden anberaumt, so in Paris und London im Jahre 1922, Brüssel, London und Rom 1923, Paris (2 mal) 1924, London, Brüssel und bei der Japanischen Gesandschaft in Paris 1926.

Sitz und Sekretariat der Kommission ist in Paris: Avenue Kleber 20.

Die Präambel des PLA. besagt, daß die Staaten das Abkommen geschlossen haben „in Anbetracht der Fortschritte des Luftfahrwesens und des allgemeinen Interesses an einer gemeinschaftlichen Regelung, überzeugt von der Notwendigkeit, von nun ab bestimmte Grundsätze und Regeln zur Vermeidung von Streitigkeiten aufzustellen, und getragen von dem Wunsche, die Entwicklung des internationalen Verkehrs im Luftwege zu friedlichen Zwecken zu fördern".

## 1. Das Pariser Luftverkehrsabkommen.

Vom 13. Oktober 1919 (RfL. 1924 S. 1 ff.).

## Convention

### Portant Réglementation de la Navigation Aérienne

en Date du 13 Octobre 1919.

### Kapitel I.

### Allgemeine Grundsätze.

Chapitre Premier.

Principes Généraux.

**Gebietshoheit.**

Artikel 1.

Die Hohen Vertragschließenden Teile erkennen an, daß jeder Staat die vollständige und ausschließliche Staatsgewalt im Luftraum über seinem Gebiet hat.

Staatsgebiet im Sinne des vorstehenden Abkommens ist das heimische und koloniale Staatsgebiet einschließlich der angrenzenden Küstengewässer.

Article premier. Les Hautes Parties Contractantes reconnaissent que chaque Puissance a la souveraineté complète et exclusive sur l'espace atmosphérique au-dessus de son territoire.

Au sens de la présente Convention, le territoire d'un Etat sera entendu comme comprenant le territoire national métropolitain et colonial, ensemble les eaux territoriales adjacentes au dit territoire.

Vgl. § 1 LuftVG.

**Luftfreiheit.**

Artikel 2.

Jeder Vertragsstaat verpflichtet sich, in Friedenszeiten Luftfahrzeugen der anderen Vertragsstaaten das Recht zum unschädlichen Luftverkehr über seinem Gebiet zu gewähren, wenn die durch dieses Abkommen festgesetzten Bedingungen beachtet werden.

Die Bestimmungen eines Vertragsstaats für den Einflug von Luftfahrzeugen der anderen Vertragsstaaten in sein Gebiet sind ohne Unterschied der Staatsangehörigkeit anzuwenden.

Art. 2. — Chaque Etat contractant s'engage à accorder en temps de paix, aux aéronefs des autres Etats *contractants* la liberté de passage inoffensif au-dessus de son territoire, pourvu que les conditions établies dans la présente Convention soient observées.

Les règles établies par un Etat contractant pour l'admission, sur son territoire, des aéronefs ressortissant aux autres Etats contractants, doivent être appliquées sans distinction de nationalité.

Vgl. § 1 LuftVG.

**Luftsperrgebiete.**

Artikel 3.

Jeder Vertragsstaat hat das Recht, aus militärischen Gründen oder im Interesse der öffentlichen Sicherheit den Luftfahrzeugen der anderen Vertragsstaaten das Überfliegen gewisser Teile seines Gebietes bei den durch seine Gesetzgebung vorgesehenen Strafen zu verbieten; jedoch dürfen keine Unterschiede zwischen den eigenen privaten Luftfahrzeugen und denjenigen der anderen Vertragsstaaten gemacht werden.

In diesem Falle sind Lage und Ausdehnung der verbotenen Gebietsteile vorher zu veröffentlichen und den anderen Vertragsstaaten mitzuteilen.

Art. 3. — Chaque Etat contractant a le droit d'interdire pour raison d'ordre militaire ou dans l'intérêt de la sécurité publique, aux aéronefs ressortissant aux autres Etats contractants, sous les peines prévues par sa législation et sous réserve qu'il ne sera fait aucune distinction à cet égard entre ses aéronefs privés et ceux des autres Etats contractants le survol de certaines zones de son territoire.

Dans ce cas, l'emplacement et l'étendue des zones interdites seront préalablement rendus publics et notifiés aux autres Etats contractants.

Vgl. § 13 LuftVG.

Artikel 4.

Jedes Luftfahrzeug, das über ein verbotenes Gebiet gerät, hat, sobald es dies bemerkt, das im § 17 des Anhangs D vorgesehene Notzeichen zu geben und möglichst schnell außerhalb des verbotenen Gebietes diesem so nahe wie möglich auf einem Flughafen des unrechtmäßig überflogenen Staates zu landen.

Art. 4. Tout aéronef, qui s'engage au-dessus d'une zone interdite, sera tenu, dès qu'il s'en apercevra, de donner le signal de détresse prévu au paragraphe 17 de l'Annexe D et devra atterrir, en dehors de la zone interdite, le plus tôt et le plus près possible, sur l'un des aérodromes de l'Etat indûment survolé.

## Kapitel II.
## Staatsangehörigkeit der Luftfahrzeuge.

## Chapitre II.
## Nationalité des Aéronefs.

**Nichtvertragsstaaten.**

### Artikel 5.
(Alter Wortlaut.)

Kein Vertragsstaat darf, außer mit besonderer und zeitweiliger Ermächtigung, Luftfahrzeugen, die nicht die Staatsangehörigkeit eines der Vertragsstaaten besitzen, den Verkehr über seinem Gebiet gestatten.

### Artikel 5.
(Neuer Wortlaut.)

„Kein Vertragsstaat darf, außer mit besonderer und zeitweiliger Ermächtigung, Luftfahrzeugen, die nicht die Staatsangehörigkeit eines der Vertragsstaaten besitzen, den Verkehr über seinem Gebiet gestatten, **es sei denn, daß dieser Staat mit dem Staat, in dem das Luftfahrzeug eingetragen ist, ein besonderes Abkommen abgeschlossen hat. Die Bestimmungen solcher Sonderabkommen dürfen das Recht der vertragschließenden Teile des vorliegenden Abkommens nicht beeinträchtigen und müssen den in diesem Abkommen und seinen Anhängen festgesetzten Regeln entsprechen. Derartige Sonderabkommen müssen der internationalen Luftfahrtkommission mitgeteilt werden, die sie zur Kenntnis der anderen Vertragsstaaten bringt.“**

Art.5. — Aucun Etat contractant n'admettra, si ce n'est pas une autorisation spéciale et temporaire, la circulation au-dessus de son territoire, d'un aéronef ne possédant pas la nationalité de l'un des Etats contractants **à moins qu'il n'ait conclu une convention particulière avec l'Etat dans lequel cet aéronef est immatriculé. Les stipulations de cette convention particulière ne devront pas porter atteinte aux droits des Parties contractantes à la présente Convention et devront être conformes aux règles établies par ladite Convention et ses Annexes. Cette convention particulière sera communiquée à la Commission Internationale de Navigation Aérienne qui la notifiera aux autres Etats contractants.**

Anm. Art. 5 ist durch das Londoner Protokoll vom 27. Oktober 1922 geändert. Der neue Wortlaut ist von sämtlichen Vertragsstaaten ratifiziert und mit dem 14. Dezember 1926 in Kraft getreten (RfL. 1927 S. 205).

Die Abänderung ist im Druck hervorgehoben.

Nach der früheren Fassung des Art. 5 war ein regelmäßiger Luftverkehr nur zwischen den Pariser Konventionsstaaten gestattet. Diese Bestimmung richtete sich zwar gegen Deutschland, doch wurde sie dadurch abgeschwächt, daß bestimmte Luftfahrzeuge eines oder mehrerer Nichtvertragsstaaten über dem Gebiet eines Vertragsstaates zugelassen werden konnten, aber nur für einen bestimmten Zeitraum, der immer wieder erneuert werden mußte. Diese Beschränkung ist durch die Möglichkeit der Sonderabkommen im Zusatz gemildert.

Nach der neuen Fassung dürfen jetzt Konventionsstaaten z. B. Frankreich mit Nichtvertragsstaaten z. B. Deutschland zwar Luftabkommen abschließen, doch müssen diese in dem Pariser Luftverkehrsabkommen festgesetzten Regeln entsprechen. Hieraus folgt, daß die allgemeinen Grundsätze des Pariser Luftverkehrsabkommens auch außerhalb gelten, soweit auf der einen Seite ein Konventionsstaat beteiligt ist. Tatsächlich sind die Normen des Pariser Abkommens bereits im wesentlichen Gemeingut aller luftfahrttreibenden Staaten geworden.

**Eintragungsprinzip.**

Artikel 6.

Luftfahrzeuge haben die Staatsangehörigkeit des Staats, in dessen Rolle sie nach den Vorschriften des Abschnittes Ic des Anhangs A eingetragen sind.

Art. 6. — Les aéronefs ont la nationalité de l'Etat, sur le registre duquel ils sont immatriculés conformément aux prescriptions de la Section I (c) de l'Annexe A.

**Eigentümer.**

Artikel 7.

Luftfahrzeuge dürfen in die Rolle eines Vertragsstaates nur eingetragen werden, wenn sie gänzlich Staatsangehörigen dieses Staats gehören.

Eine Gesellschaft kann nur dann als Eigentümer eines Luftfahrzeugs eingetragen werden, wenn sie die Staatsangehörigkeit des Staats besitzt, in dem das Luftfahrzeug eingetragen wird, wenn der Vorsitzende der Gesellschaft und mindestens $^{2}/_{3}$ der Vorstandsmitglieder diese Staatsangehörigkeit besitzen und wenn die Gesellschaft alle anderen Bedingungen erfüllt, die die Gesetze des betreffenden Staates etwa noch vorschreiben.

Art. 7. — Les aéronefs ne seront immatriculés dans un des Etats contractants que s'ils appartiennent en entier à des ressortissants de cet Etat.

Aucune Société ne pourra être enregistrée comme propriétaire d'un aéronef que si elle possède la nationalité de l'Etat dans lequel l'aéronef est immatriculé, si le Président de la Société et les deux tiers au moins des administrateurs ont cette même nationalité et si la Société satisfait à toutes autres conditions qui pourraient être prescrites par les lois du dit Etat.

**Singulär.**

Artikel 8.

Ein Luftfahrzeug kann rechtsgültig nicht in mehreren Staaten eingetragen werden.

Art. 8. — Un aéronef ne peut être valablement immatriculé dans plusieurs Etats.

**Nachricht.**

Artikel 9.

Die Vertragsstaaten haben jeden Monat Abschriften der im vergangenen Monat in ihren Rollen bewirkten Eintragungen und Löschungen auszutauschen und der im Artikel 34 vorgesehenen internationalen Luftfahrtkommission zu übermitteln.

Art. 9. — Les Etats contractants échangeront entre eux et transmettront chaque mois, à la Commission Internationale de Navigation Aérienne prévue à l'article 34, des copies des inscriptions et radiations d'inscription, effectuées sur leur registre matricule dans le mois précédent.

**Hoheits- und Eintragungszeichen.**

Artikel 10.

Im Internationalen Luftverkehr muß jedes Luftfahrzeug gemäß den Vorschriften des Anhangs A mit einem Hoheits- und Eintragungszeichen sowie dem Namen und Wohnort des Eigentümers gekennzeichnet sein.

Art. 10. — Dans la navigation internationale, tout aéronef devra, conformément aux dispositions de l'Annexe A, porter une marque de nationalité et une marque d'immatriculation, ainsi que le nom et le domicile du propriétaire.

## Kapitel III.

## Lufttüchtigkeits- und Befähigungszeugnisse.

## Chapitre III.

## Certificats de Navigabilité et Brevets d'Aptitude.

**Lufttüchtigkeitszeugnis.**

Artikel 11.

Im Internationalen Luftverkehr muß jedes Luftfahrzeug gemäß den Bestimmungen des Anhangs B mit einem Lufttüchtigkeitszeugnis versehen sein, das von dem Staat, dessen Staatsangehörigkeit das Luftfahrzeug besitzt, ausgestellt oder anerkannt ist.

Art. 11. — Dans la navigation internationale, tout aéronef devra, dans les conditions prévues à l'Annexe B être muni d'un certificat de navigabilité, délivré ou rendu exécutoire par l'Etat, dont l'aéronef possède la nationalité

**Befähigungszeugnis.**

Artikel 12.

Der Befehlshaber, die Führer, Mechaniker und andere Mitglieder des Betriebspersonals eines Luftfahrzeugs müssen mit Befähigungszeugnissen und Erlaubnisscheinen versehen sein, die gemäß den im Anhang E vorgesehenen Bestimmungen von dem Staate, dessen Staatsangehörigkeit das Luftfahrzeug besitzt, ausgestellt oder anerkannt sind.

Art. 12. — Le commandant, les pilotes, les mécaniciens et *autres* membres du personnel de conduite d'un aéronef doivent être pourvus de brevets d'aptitude et de licences délivrés, dans les conditions prévues à l'Annexe E, ou rendus exécutoires par l'Etat, dont l'aéronef possède la nationalité.

**Gleichstellung.**

Artikel 13.

Lufttüchtigkeits- und Befähigungszeugnisse sowie Erlaubnisscheine, die von dem Staate, dessen Staatsangehörigkeit das Luftfahrzeug besitzt, nach den in den Anhängen B und E sowie den von der internationalen Luftfahrtkommission später getroffenen Bestimmungen ausgestellt oder anerkannt sind, müssen von den anderen Staaten als gültig anerkannt werden.

Jeder Staat hat das Recht, für den Verkehr innerhalb seiner Grenzen und über seinem Gebiet solche Befähigungszeugnisse und Erlaubnisscheine nicht anzuerkennen, die einem seiner Staatsangehörigen von einem anderen Vertragsstaat erteilt worden sind.

Art. 13. — Le certificat de navigabilité, les brevets d'aptitude et les licences délivrés ou rendus exécutoires par l'Etat dont l'aéronef possède la nationalité, et établis conformément aux règles fixées par les Annexes B et E et, dans la suite, par la Commission Internationale de Navigation Aérienne, seront reconnus valables par les autres Etats.

Chaque Etat a le droit de ne pas reconnaitre valables, pour la circulation dans les limites et au-dessus de son propre territoire, les brevets d'aptitude et licences conférés à l'un de ses ressortissants par un autre Etat contractant.

**Funkgerät.**

### Artikel 14.

Funkgerät darf nur mit besonderer Erlaubnis des Staats, dessen Staatsangehörigkeit das Luftfahrzeug besitzt, mitgeführt werden. Dieses Gerät darf nur von Besatzungsmitgliedern benutzt werden, die zu diesem Zweck mit einem besonderen Erlaubnisschein versehen sind.

Jedes dem öffentlichen Luftverkehr dienende und zur Aufnahme von mindestens zehn Personen geeignete Luftfahrzeug muß mit Empfangs- und Sende-Funkgerät versehen werden, sobald die Gebrauchsbestimmungen für dies Gerät von der internationalen Luftfahrtkommission festgesetzt worden sind.

Die Kommission kann später die Verpflichtung zur Mitnahme von Funkgerät auf alle Klassen von Luftfahrzeugen gemäß den von ihr festzusetzenden Bedingungen und Bestimmungen ausdehnen[1]).

Art. 14. — Aucun appareil de télégraphie sans fil ne pourra être porté par un aéronef sans une licence spéciale délivrée par l'Etat, dont l'aéronef possède la nationalité. Ces appareils ne pourront être employés que par des membres de l'équipage munis à cet effet d'une licence spéciale.

Tout aéronef affecté à un transport public et susceptible de recevoir au moins dix personnes devra être muni d'appareils de télégraphie sans fil (émission et réception), lorsque les modalités d'emploi de ces appareils auront été déterminées par la Commission Internationale de Navigation Aérienne.

Cette Commission pourra ultérieurement étendre l'obligation du port d'appareils de télégraphie sans fil à toutes autres catégories d'aéronefs dans les conditions et suivant les modalités qu'elle déterminera.

[1]) Abgeänderte Ausführungsbestimmungen zu Art. 14 PLA. sind die Internationalen Bestimmungen über die Benutzung von Funkgerät an Bord von Luftfahrzeugen (RfL. 1926 S. 161).

## Kapitel IV.

## Zulassung zum Luftverkehr über ausländischem Gebiet.

## Chapitre IV.

## Admission à la Navigation Aérienne au-dessus d'un Territoire Etranger.

**Internationale Luftwege.**

### Artikel 15.

Jedes Luftfahrzeug eines Vertragsstaats hat das Recht, den Luftraum eines anderen Staats ohne Landung zu durchfliegen. In diesem Falle hat es den vom überflogenen Staat festgelegten Weg einzuhalten. Jedoch ist es aus Gründen der öffentlichen Sicherheit zu landen verpflichtet, wenn ihm dies durch die in Anhang D vorgesehenen Zeichen befohlen wird.

Jedes Luftfahrzeug, das sich von einem Staat in einen anderen begibt, muß, wenn die Vorschriften des letzteren es verlangen, auf einem von diesem festgesetzten Flughafen landen. Die Vertragsstaaten teilen diese Flughäfen der internationalen Luftfahrtkommission mit, die die Mitteilung an alle Vertragsstaaten weitergibt.

Die Festsetzung internationaler Luftwege unterliegt der Zustimmung der überflogenen Staaten.

Art. 15. — Tout aéronef ressortissant à un Etat contractant a le droit de traverser l'atmosphère d'un autre Etat sans atterrir. Dans ce cas, il est tenu de suivre l'itinéraire fixé par l'Etat survolé. Toutefois, pour des raisons de police générale, il sera obligé d'atterrir s'il en reçoit l'ordre au moyen des signaux prévus à l'annexe D.

Tout aéronef qui se rend d'un Etat dans un autre Etat doit, si le règlement de ce dernier l'exige, atterrir sur un des aérodromes fixés par lui. Notification de ces aérodromes sera donnée par les Etats contractants à la Commission Internationale de Navigation Aérienne qui transmettra cette notification à tous les Etats contractants.

L'établissement des voies internationales de navigation aérienne est subordonné à l'assentiment des Etats survolés.

**Einheimischer Luftverkehr.**

Artikel 16.

Jeder Staat ist berechtigt, über gewerbsmäßige Beförderung von Personen und Gütern zur Luft zwischen Orten seines eigenen Gebietes zugunsten der einheimischen Luftfahrt Vorbehalte und Einschränkungen zu machen.

Solche Beschränkungen und Vorbehalte sind sofort zu veröffentlichen und der internationalen Luftfahrtkommission mitzuteilen, die sie allen beteiligten Staaten bekannt gibt.

Art. 16. — Chaque Etat contractant aura le droit d'édicter au profit de ses aéronefs nationaux des réserves et restrictions concernant le transport commercial de personnes et de marchandises entre deux points de son territoire.

Ces réserves et restrictions seront immédiatement publiées et communiquées à la Commission Internationale de Navigation Aérienne qui les notifiera aux autres Etats contractants.

**Retorsion.**

Artikel 17.

Setzt ein Vertragsstaat Beschränkungen der nach Artikel 16 zulässigen Art fest, so dürfen seine Luftfahrzeuge denselben Beschränkungen in einem anderen Vertragsstaat unterworfen werden, auch wenn dieser sonstigen ausländischen Luftfahrzeugen solche Beschränkungen nicht auferlegt.

Art. 17. — Les aéronefs ressortissant à un Etat contractant, ayant établi des réserves et restrictions conformément à l'article 16, pourront se voir opposer les mêmes réserves et restrictions dans tout autre Etat contractant, même si ce dernier Etat n'impose pas ces réserves et restrictions aux autres aéronefs étrangers.

**Patentverletzung.**

Artikel 18.

Ein Luftfahrzeug eines Vertragsstaats kann beim Verkehr in einem anderen Vertragsstaat oder über dessen Gebiet hinweg, sowie bei den billigerweise erforderlichen Landungen und Aufenthalten, von der Beschlagnahme wegen Verletzung eines Patents, Musters oder Modells befreit werden gegen Sicherheitsleistung, deren Höhe im Streitfall möglichst unverzüglich von der zuständigen Behörde des Ortes der Beschlagnahme festgesetzt wird.

Art. 18. — Tout aéronef passant ou transitant à travers l'atmosphère d'un Etat contractant, y compris les atterrissages et arrêts raisonnablement nécessaires, pourra être soustrait à la saisie pour contrefaçon d'un brevet, dessin ou modèle moyennant le dépôt d'un cautionnement dont le montant, à défaut d'accord amiable, sera fixé dans le plus bref délai possible par l'autorité compétente du lieu de la saisie.

## Kapitel V.

## Beim Abflug, unterwegs und bei der Landung zu beachtende Vorschriften.

## Chapitre V.

## Règles à observer au Départ, en cours de Route et à l'Atterrissage.

**Mitführungspflicht.**

Artikel 19.

Jedes dem internationalen Luftverkehr dienende Luftfahrzeug muß mitführen:

a) einen Eintragungsschein gemäß Anhang A,
b) ein Lufttüchtigkeitszeugnis gemäß Anhang B,
c) die Zeugnisse und Erlaubnisscheine des Befehlshabers, der Führer und der sonstigen Besatzungsmitglieder gemäß Anhang E,
d) wenn es Fahrgäste befördert, eine namentliche Liste derselben,
e) wenn es Güter befördert, Frachtbriefe und ein Ladungsverzeichnis,
f) Bordbücher gemäß Anhang C,
g) wenn es mit Funkgerät ausgerüstet ist, den in Artikel 14 vorgesehenen Erlaubnisschein.

Art. 19. — Tout aéronef se livrant à la navigation internationale doit être muni de:

a) Un certificat d'immatriculation conformément à l'Annexe A;

b) Un certificat de navigabilité, conformément à l'Annexe B;
c) Les brevets et licences du commandant, des pilotes et des hommes d'équipage, conformément à l'Annexe E;
d) S'il transporte des passagers: la liste nominale de ceux-ci;
e) S'il transporte des marchandises: les connaissements et le manifeste;
f) Les livres de bord, conformément à l'Annexe C;
g) S'il est muni d'appareils de télégraphie sans fil: la licence prévue à l'article 14.

**Aufbewahrungspflicht.**

Artikel 20.

Die Bordbücher sind von der letzten darin bewirkten Eintragung ab zwei Jahre lang aufzubewahren.

Art. 20. — Les livres de bord seront conservés pendant deux ans à dater de la dernière inscription qui y aura été portée.

**Urkundenprüfung.**

Artikel 21.

Die Landesbehörden sind berechtigt, die Luftfahrzeuge in allen Fällen bei Abflug und Landung zu untersuchen und die vorgeschriebenen Urkunden zu prüfen.

Art. 21. — Au départ et à l'atterrissage d'un aéronef, les autorités du pays auront dans tous les cas le droit de visiter l'aéronef et de vérifier tous les documents dont il doit être muni.

**Hilfe.**

Artikel 22.

Die Luftfahrzeuge der Vertragsstaaten haben bei der Landung, insbesondere in Notfällen, Anspruch auf gleiche Hilfeleistung wie die einheimischen Luftfahrzeuge.

Art. 22. — Les aéronefs des Etats contractants auront droit, pour l'atterrissage, notamment en cas de détresse, aux mêmes mesures d'assistance que les aéronefs nationaux.

**Seenot.**

Artikel 23.

Die Rettung von Luftfahrzeugen aus Seenot wird vorbehaltlich gegenteiliger Abmachungen nach den Grundsätzen des Seerechts geregelt.

Art. 23. — Le sauvetage des appareils perdus en mer sera réglé sauf conventions contraires par les principes du droit maritime.

**Gleichberechtigte Flughafenbenutzung.**

Artikel 24

Jeder Flughafen eines Vertragsstaats, der gegen Bezahlung den einheimischen Luftfahrzeugen zugänglich ist, steht unter den gleichen Bedingungen den Luftfahrzeugen der anderen Vertragsstaaten offen.

Für jeden dieser Flughäfen soll es für Landung und Aufenthalt nur einen Tarif geben, der ohne Unterschied auf einheimische und ausländische Luftfahrzeuge anzuwenden ist.

Art. 24. — Tout aérodrome d'un Etat contractant, s'il est ouvert, moyennant payement de certains droits, à l'usage public des aéronefs nationaux, sera ouvert dans les mêmes conditions aux aéronefs ressortissant aux autres Etats contractants.

Pour chacun de ces aérodromes, il y aura un tarif unique d'atterrissage et de séjour, applicable indifféremment aux aéronefs nationaux et étrangers.

**Lichterführung und Signale.**

Artikel 25.

Jeder Vertragsstaat verpflichtet sich, durch geeignete Maßnahmen die Einhaltung der Vorschriften des Anhangs D durch alle in seinem Gebiet verkehrenden und alle ihm angehörigen Luftfahrzeuge, wo auch immer sie sich befinden, sicherzustellen.

Jeder Vertragsstaat verpflichtet sich, die Verfolgung und Bestrafung Zuwiderhandelnder zu gewährleisten.

Art. 25. — Chacun des Etats contractants s'engage à prendre les mesures propres à assurer que tous aéronefs naviguant au-dessus de son territoire ainsi que tous aéronefs portant la marque de sa nationalité et en quelque lieu qu'ils se trouvent, se conformeront aux règlements prévus à l'Annexe D.

Chacun des Etats contractants s'engage à assurer la poursuite et les punitions des contrevenants.

## Kapitel VI.

## Beförderungsverbote.

## Chapitre VI.

## Transports Interdits.

**Sprengstoffe.**

### Artikel 26.

Die Beförderung von Sprengstoffen sowie Waffen und Munition für kriegerische Zwecke ist im internationalen Luftverkehr verboten. Kein ausländisches Luftfahrzeug darf solche Gegenstände zwischen zwei Orten desselben Vertragsstaats befördern.

Art. 26. — Le transport, par aéronef, des explosifs, armes et munitions de guerre est interdit dans la navigation internationale. Il ne sera permis à aucun aéronef étranger de transporter des articles de cette nature d'un point à un autre du territoire d'un même Etat contractant.

**Lichtbildgerät.**

### Artikel 27.

Jeder Staat kann hinsichtlich des Luftverkehrs die Beförderung oder Benutzung von Lichtbildgerät verbieten oder sonst regeln. Jede Regelung dieser Art ist sofort der internationalen Luftfahrtkommission zur Weitergabe an die anderen Vertragsstaaten anzuzeigen.

Art. 27. — Chaque Etat peut, en matière de navigation aérienne, interdire ou régler le transport ou l'usage d'appareils photographiques. Toute réglementation de ce genre devra être immédiatement notifiée à la Commission Internationale de Navigation Aérienne, qui communiquera cette information aux autres Etats contractants.

**Öffentliche Sicherheit.**

Artikel 28.

Aus Gründen der öffentlichen Sicherheit kann jeder Vertragsstaat die Beförderung auch anderer als der in Artikel 26 und 27 genannten Gegenstände Einschränkungen unterwerfen. Eine solche Regelung ist sofort der internationalen Luftfahrtkommission zur Weitergabe an die anderen Vertragsstaaten anzuzeigen.

Art. 28. — Pour des raisons d'ordre public, le transport des objets, autres que ceux mentionnés aux articles 26 et 27, pourra être soumis à des restrictions par tout Etat contractant. Cette réglementation devra être immédiatement notifiée à la Commission Internationale de Navigation Aérienne, qui en donnera communication aux autres Etats contractants.

**Gleichstellung.**

Artikel 29.

Alle im Artikel 28 erwähnten Einschränkungen sind ohne Unterschied auf einheimische wie ausländische Luftfahrzeuge anzuwenden.

Art. 29. — Toutes les restrictions mentionnées à l'article 28 doivent s'appliquer indifféremment aux aéronefs nationaux et étrangers.

## Kapitel VII.
## Staatsluftfahrzeuge.

## Chapitre VII.
## Aéronefs d'état.

**Begriff des Staatsluftfahrzeugs.**

Artikel 30.

Als Staatsluftfahrzeuge werden betrachtet:

a) die Militärluftfahrzeuge,

b) die ausschließlich im Staatsdienst, wie dem der Post-, Zoll- und Polizeiverwaltung stehenden Luftfahrzeuge.

Andere Luftfahrzeuge gelten als Privatluftfahrzeuge.

Alle Staatsluftfahrzeuge, mit Ausnahme der Militär-, Zoll- und Polizeiluftfahrzeuge, werden als Privatluftfahrzeuge behandelt und sind daher allen Vorschriften dieses Abkommens unterworfen.

Art. 30. — Seront considérés comme aéronefs d'Etat:

a) Les aéronefs militaires;

b) Les aéronefs exclusivement affectés à un service d'Etat, tel que: Postes, Douanes, Police.

Les autres aéronefs seront réputés aéronefs privés.

Tous les aéronefs d'Etat, autres que les aéronefs militaires, de douane ou de police, seront traités comme des aéronefs privés et soumis, de ce chef, à toutes les dispositions de la présente Convention.

**Militärluftfahrzeug.**

Artikel 31.

Jedes von einer hierzu beauftragten Militärperson befehligte Luftfahrzeug wird als Militärluftfahrzeug betrachtet.

Art. 31. — Tout aéronef commandé par un militaire commissionné à cet effet est considéré comme aéronef militaire.

### Flugverbot für Militärluftfahrzeuge.

Artikel 32.

Kein Militärluftfahrzeug eines Vertragsstaats darf das Gebiet eines anderen Vertragsstaats überfliegen oder dort landen, falls es hierzu keine besondere Erlaubnis erhalten hat. Mangels gegenteiliger Bestimmung genießt das Militärluftfahrzeug in diesem Falle grundsätzlich die Vorrechte, die gewöhnlich ausländischen Kriegsschiffen gewährt werden.

Ein notlandendes oder zur Landung gezwungenes oder aufgefordertes Luftfahrzeug erwirbt in keinem Falle die Vorrechte des Abs. 1.

Art. 32. — Aucun aéronef militaire d'un Etat contractant ne devra survoler le territoire d'un autre Etat contractant ni y atterrir, s'il n'en a reçu l'autorisation spéciale. Dans ce cas l'aéronef militaire, à moins de stipulation contraire, jouira, en principe des privilèges habituellement accordés aux bâtiments de guerre étrangers.

Un aéronef militaire forcé d'atterrir, ou requis ou sommé d'atterrir n'acquerra, par ce fait aucun des privilèges prévus à l'alinéa 1er.

### Polizei- und Zollluftfahrzeuge.

Artikel 33.

Zwischen den Staaten besonders zu treffende Vereinbarungen bestimmen, in welchen Fällen Polizei- und Zollluftfahrzeuge ermächtigt sein sollen, die Grenze zu überschreiten. Sie genießen keinesfalls die Vorrechte des Artikel 32.

Art. 33. — Des arrangements particuliers, conclus séparément entre les Etats détermineront dans quels cas les aéronefs de police et de douane pourront être autorisés à passer la frontière. En aucun cas, ils ne bénéficieront des privilèges prévus à l'article 32.

## Kapitel VIII.
## Internationale Luftfahrtkommission.

## Chapitre VIII.
## Commission Internationale de Navigation Aérienne.

C. I. N. A.

### Artikel 34.
(Alter Wortlaut).

Unter der Bezeichnung „Internationale Luftfahrtkommission“ wird ein ständiger zwischenstaatlicher Ausschuß gebildet, der der Oberaufsicht des Völkerbundes untersteht und sich zusammensetzt aus:

je zwei Vertretern der folgenden Staaten: Vereinigte Staaten von Amerika, Frankreich, Italien und Japan;

je einem Vertreter für Großbritannien und jedes britische Dominion sowie für Indien;

je einem Vertreter der übrigen Vertragsstaaten.

Jeder der fünf erstgenannten Vertragsstaaten (Großbritannien und seinen Dominions und Indien rechnen hierbei als ein Staat) sollen eine Mindeststimmenzahl haben, die mit fünf multipliziert mindestens eine Stimme mehr ergibt als die Gesamtstimmenzahl aller übrigen Vertragsstaaten.

Alle anderen als die fünf erstgenannten Staaten haben je eine Stimme.

Die internationale Luftfahrtkommission setzt ihre Geschäftsordnung und ihren ständigen Sitz selbst fest; es steht ihr indessen frei, an allen ihr geeignet erscheinenden Orten zusammenzutreten. Ihr erster Zusammentritt erfolgt in Paris. Die Anberaumung dieses ersten Zusammentritts erfolgt von der französischen Regierung, sobald die Mehrzahl der Signatarstaaten ihr die Ratifizierung dieses Abkommens mitgeteilt hat.

Der Kommission obliegt es:

a) Vorschläge der Vertragsstaaten entgegenzunehmen oder ihnen zu übermitteln zwecks Änderung oder Ergänzung der Bestimmungen dieses Abkommens; angenommene Änderungen bekanntzugeben;

b) die Tätigkeiten auszuüben, die ihr nach diesem Artikel und nach den Artikeln 9, 13, 14, 15, 16, 27, 28, 36 und 37 dieses Abkommens übertragen sind;

c) die Vorschriften der Anhänge A bis G zu ändern;

d) Nachrichten aller Art über den internationalen Luftverkehr zu sammeln und sie den Vertragsstaaten mitzuteilen;

e) alle Nachrichten auf dem Gebiete des Funkwesens, des Wetterwesens und der Medizin, die die Luftfahrt berühren, zu sammeln und den Vertragsstaaten mitzuteilen;

f) die Veröffentlichung von Luftkarten nach den Bestimmungen des Anhangs F zu veranlassen;

g) Gutachten abzugeben über Fragen, die ihr etwa von den Staaten zur Prüfung vorgelegt werden.

Jede Änderung der Bestimmungen eines der Anhänge kann von der internationalen Luftfahrtkommission bewirkt werden, wenn diese Änderung von zwei Dritteln aller möglichen Stimmen gebilligt wird, d. h. aller der Stimmen, die hätten abgegeben werden können, wenn alle Staaten vertreten gewesen wären. Die Änderung tritt in Kraft, sobald sie allen Vertragsstaaten von der internationalen Luftfahrtkommission mitgeteilt worden ist.

Über jede vorgeschlagene Änderung der Artikel dieses Abkommens, mag sie von einem der Vertragsstaaten oder von der Kommission selbst herrühren, muß die internationale Luftfahrtkommission beraten. Keine solche Änderung kann den Vertragsstaaten zur Annahme vorgeschlagen werden, wenn sie nicht von mindestens zwei Dritteln aller möglichen Stimmen gebilligt worden ist.

Die Änderungen der Artikel des Abkommens (mit Ausnahme der Anhänge) müssen, um wirksam zu werden, von den Vertragsstaaten ausdrücklich angenommen werden.

Die Kosten der Organisation und Tätigkeit der internationalen Luftfahrtkommission werden von den Vertragsstaaten nach dem Verhältnis der Stimmen, über die sie verfügen, getragen.

Die durch die Entsendung technischer Abordnungen entstehenden Kosten werden von den betreffenden Staaten getragen.

### Artikel 34.

(Neuer Wortlaut.)

Unter der Bezeichnung „Internationale Luftfahrtkommission“ wird ein ständiger zwischenstaatlicher Ausschuß gebildet, der der Oberaufsicht des Völkerbundes untersteht und sich zusammensetzt aus:

je zwei Vertretern der folgenden Staaten: Vereinigte Staaten von Amerika, Frankreich, Italien und Japan; je einem Vertreter für Großbritannien und jedes britische Dominion sowie für Indien; je einem Vertreter der übrigen Vertragsstaaten.

Jeder **in der Kommission vertretene Staat** (Großbritannien mit seinen Dominions und Indien rechnen hierbei als ein Staat) hat eine Stimme.

Die internationale Luftfahrtkommission setzt ihre Geschäftsordnung und ihren ständigen Sitz selbst fest; es steht ihr indessen frei, an allen ihr geeignet erscheinenden Orten zusammenzutreten. Ihr erster Zusammentritt erfolgt in Paris. Die Anberaumung dieses ersten Zusammentritts erfolgt von der französischen Regierung, sobald die Mehrzahl der Signatarstaaten ihr die Ratifizierung dieses Abkommens mitgeteilt hat.

Der Kommission obliegt es:

a) Vorschläge der Vertragsstaaten entgegenzunehmen oder ihnen zu übermitteln zwecks Änderung oder Ergänzung der Bestimmungen dieses Abkommens; angenommene Änderungen bekanntzugeben;

b) die Tätigkeiten auszuüben, die ihr nach diesem Artikel und nach den Artikeln 9, 13, 14, 15, 16, 27, 28, 36 und 37 dieses Abkommens übertragen sind;

c) die Vorschriften der Anhänge A bis G zu ändern;
d) Nachrichten aller Art über den internationalen Luftverkehr zu sammeln und sie den Vertragsstaaten mitzuteilen;
e) alle Nachrichten auf dem Gebiete des Funkwesens, des Wetterwesens und der Medizin, die die Luftfahrt berühren, zu sammeln und den Vertragsstaaten mitzuteilen;
f) die Veröffentlichung von Luftkarten nach den Bestimmungen des Anhangs F zu veranlassen;
g) Gutachten abzugeben über Fragen, die ihr etwa von den Staaten zur Prüfung vorgelegt werden.

Jede Änderung der Bestimmungen eines der Anhänge kann von der internationalen Luftfahrtkommission bewirkt werden, wenn diese Änderung von drei Vierteln aller möglichen Stimmen gebilligt wird, d. h. aller der Stimmen, die hätten abgegeben werden können, wenn alle Staaten vertreten gewesen wären; **diese Mehrheit muß außerdem mindestens drei der folgenden Staaten umfassen: Vereinigte Staaten von Amerika, Britisches Reich, Frankreich, Italien und Japan.** Die Änderung tritt in Kraft, sobald sie allen Vertragsstaaten von der internationalen Luftfahrtkommission mitgeteilt worden ist.

Über jede vorgeschlagene Änderung der Artikel dieses Abkommens, mag sie von einem der Vertragsstaaten oder von der Kommission selbst herrühren, muß die internationale Luftfahrtkommission beraten. Keine solche Änderung kann den Vertragsstaaten zur Annahme vorgeschlagen werden, wenn sie nicht von mindestens zwei Dritteln aller möglichen Stimmen gebilligt worden ist.

Die Änderungen der Artikel des Abkommens (mit Ausnahme der Anhänge) müssen, um wirksam zu werden, von den Vertragsstaaten ausdrücklich angenommen werden.

Die Kosten der Organisation und Tätigkeit der internationalen Luftfahrtkommission werden von den Vertragsstaaten getragen; **dabei wird die Gesamtsumme zu je zwei Teilen auf die Vereinigten Staaten von Amerika, das Britische Reich,**

**Frankreich Italien und Japan und zu je einem Teile auf jeden der übrigen Staaten verteilt.**

Die durch die Entsendung technischer Abordnungen entstehenden Kosten werden von den betreffenden Staaten getragen.

Art. 34. — Il sera institué, sous le nom de Commission Internationale de Navigation Aérienne, une Commission internationale permanente placée sous l'autorité de la Société des Nations et composée de:

Deux représentants pour chacun des Etats suivants: Etats-Unis d'Amérique, France, Italie et Japon;

Un représentant pour la Grande-Betragne et un pour chacun des Dominions Britanniques et pour l'Inde;

Un représentant pour chacun des autres Etats contractants. **Chaque Etat représenté à la Commission** (la Grande-Bretagne avec ses Dominions et l'Inde comptant à cette fin pour un Etat) aura chacun une voix.

La Commission Internationale de Navigation Aérienne déterminera les règles de sa propre procédure et de lieu de son siège permanent, mais elle sera libre de se réunir en tels endroits qu'elle jugera convenable. Sa première réunion aura lieu à Paris. La convocation pour cette réunion sera faite par le Gouvernement français, aussitôt que la majorité des Etats signataires lui auront notifié leur ratification de la présente Convention.

Cette Commission aura les attributions suivantes:

a) Recevoir les propositions de tout Etat contractant, ou lui en adresser, à l'effet de modifier ou d'amender les dispositions de la présente Convention; notifier les changements adoptés;

b) Exercer les fonctions qui lui sont dévolues par le présent Article et par les Articles 9, 13, 14, 15, 16, 27, 28, 36 et 37 de la présente Convention;

c) Apporter tous amendements aux dispositions des Annexes A à G;

d) Centraliser et communiquer aux Etats contractants les informations de toute nature concernant la navigation aérienne internationale;

e) Centraliser et communiquer aux Etats contractants tous les renseignements d'ordre **radiotélégraphique**, météorologique et médical, intéressant la navigation aérienne;

f) Assurer la publication de cartes pour la navigation aérienne conformément aux dispositions de l'Annexe F;

g) Donner des avis sur les questions que les Etats pourront soumettre à son examen.

Toute modification dans les dispositions de l'une quelconque des Annexes pourra être apportée par la Commission Internationale de Navigation Aérienne, lorsque ladite modification aura été approuvée par les trois quarts du total possible des voix **qui** pourraient être exprimées si tous les Etats étaient présents: **cette majorité doit, en outre, comprendre au moins trois des cinq Etats suivants**: **Etats-Unis d'Amérique, Empire Britannique, France, Italie, Japon.** Cette modification aura plein effet dès qu'elle aura été notifiée, par la Commission Internationale de Navigation Aérienne, à tous les Etats contractants.

Toute modification proposée aux articles de la présente Convention sera discutée par la Commission Internationale de Navigation Aérienne, qu'elle émane de l'un des Etats contractants ou de la Commission elle-même. Aucune modification de cette nature ne pourra être proposée à l'acceptation des Etats contractants, si elle n'a été approuvée par les deux tiers au moins du total possible des voix.

Les modifications apportées aux articles de la Convention (exception faite des Annexes) doivent, avant de porter effet, être expressément adoptées par les Etats contractants.

Les frais d'organisation et de fonctionnement de la Commission Internationale de Navigation Aérienne seront supportés par les Etats contractants; **le total en sera réparti à raison de deux parts pour les Etats-Unis d'Amérique, l'Empire britannique, la France, l'Italie et le Japon et d'une pour chacun des autres Etats.**

Les frais occasionnés par l'envoi de délégations techniques seront supportés par leurs Etats respectifs.

Anm. Art. 34 ist durch das Londoner Protokoll vom 30. Juni 1923 geändert. Der neue Wortlaut der Artikel 5 und 34 PLA. ist von sämtlichen Vertragsstaaten ratifiziert und mit dem 14. Dezember 1926 in Kraft getreten (RfL. 1927 S. 205).

Die Abänderungen sind im Druck hervorgehoben.

**Übersicht über die Ratifizierung der Protokolle zur Änderung der Artikel 5 und 34.**

| Staat | Artikel 5 | Artikel 34 |
|---|---|---|
| Frankreich . . . . . | 26. Dez. 1924 | 26. Dez. 1924 |
| Belgien . . . . . . | 19. April 1923 | 19. Okt. 1923 |
| Großbritannien . . . | 19. Dez. 1923 | 20. Nov. 1924 |
| Griechenland . . . . | 7. März 1925 | 7. März 1925 |
| Japan . . . . . . | 4. August 1925 | 4. August 1925 |
| Persien . . . . . . | 8. Juli 1925 | 10. Nov. 1925 |
| Portugal . . . . . | 30. Juli 1924 | 15. März 1925 |
| Siam . . . . . . . | 20. Febr. 1924 | 7. Juli 1925 |
| Königreich der Serben Kroaten u. Slovenen | 14. Dez. 1926 | 14. Dez. 1926 |
| Italien . . . . . . | 21. Jan. 1924*) | 13. Juni 1924 |
| Bulgarien . . . . . | 9. Mai 1924*) | 9. Mai 1924*) |
| Tschechoslowakei . . . | 17. Febr. 1925*) | 17. Febr. 1925*) |

*) Beitrittserklärungen.

## Kapitel IX.

## Schlußbestimmungen.

## Chapitre IX.

## Dispositions Finales.

### Wetternachrichten, Luftkarten, Funkdienst.

Artikel 35.

Die Hohen vertragschließenden Teile verpflichten sich, jeder in seinem Bereich, soweit als möglich, an folgenden internationalen Maßnahmen mitzuwirken:

a) Sammlung und Verteilung von statistischen, regelmäßigen oder besonderen Wetternachrichten gemäß den Bestimmungen des Anhangs G;

b) Veröffentlichung einheitlicher Luftkarten sowie Aufstellung eines einheitlichen Systems von Bodenkennungen gemäß den Bestimmungen des Anhangs F;

c) Benutzung der Funktelegraphie in der Luftfahrt, Einrichtung der erforderlichen Funkstellen sowie Beachtung der internationalen Funkregeln.

Art. 35. — Les Hautes Parties Contractantes s'engagent, chacune en ce qui la concerne, à coopérer autant que possible aux mesures internationales relatives à:

a) la centralisation et la distribution des informations météorologiques, soit statistiques soit courantes ou spéciales, conformément aux dispositions de l'Annexe G;

b) la publication de cartes aéronautiques unifiées, ainsi que l'établissement d'un système uniforme de repères aéronautiques, conformément aux dispositions de l'Annexe F;

c) l'usage de la radiotélégraphie dans la navigation aérienne, l'établissement des stations radiotélégraphiques nécessaires, ainsi que l'observation des règlements radiotélégraphiques internationaux.

**Zollwesen.**

Artikel 36.

Allgemeine Zollbestimmungen für den internationalen Luftverkehr sind Gegenstand einer besonderen Vereinbarung, die diesem Abkommen als Anhang H beigefügt ist.

Keine Bestimmung des vorliegenden Abkommens soll dem Abschluß besonderer Abmachungen der Vertragsstaaten von Staat zu Staat über Zoll-, Polizei- oder Postwesen oder über andere den Luftverkehr berührende Angelegenheiten entgegenstehen. Diese Abmachungen müssen den Grundsätzen des vorliegenden Abkommens entsprechen und sind der internationalen Luftfahrtkommission sofort zur Weitergabe an die übrigen Vertragsstaaten mitzuteilen.

Art. 36. — Des dispositions générales relatives aux douanes, en ce qui concerne la navigation aérienne internationale, font l'objet d'un accord particulier figurant comme Annexe H à la présente Convention.

Rien, dans la présente Convention, ne pourra être interprété comme s'opposant à ce que les Etats contractants concluent, conformément aux principes établis par la Convention elle-même, des protocoles spéciaux d'Etat à Etat, relativement aux Douanes, à la Police, aux Postes ou à tous autres objets d'intérêt commun concernant la navigation aérienne. Ces protocoles devront être immédiatement notifiés à la Commission Internationale de Navigation Aérienne, qui en donnera communication aux autres Etats contractants.

**Schiedsgericht.**

Artikel 37.

Bei Meinungsverschiedenheiten zwischen zwei oder mehreren Staaten über die Auslegung dieses Abkommens soll die Streitfrage von dem durch den Völkerbund einzurichtenden ständigen internationalen Gerichtshof[1]) und bis zur Einrichtung dieses Gerichtshofes im Wege der Schiedsgerichtsbarkeit entschieden werden.

Verständigen sich die Parteien nicht unmittelbar über die Wahl der Schiedsrichter, so ist wie folgt zu verfahren:

Jede der Parteien ernennt einen Schiedsrichter; die Schiedsrichter einigen sich über einen Obmann. Können sich die Schiedsrichter nicht einigen, so bezeichnet jede Partei einen dritten Staat; die so bezeichneten dritten Staaten ernennen den Obmann im Wege gegenseitiger Verständigung oder durch Bezeichnung je eines Namens; zwischen den Namen entscheidet das Los.

Meinungsverschiedenheiten über die in den Anhängen des Abkommens enthaltenen technischen Regeln werden von der internationalen Luftfahrtkommission mit Stimmenmehrheit entschieden.

Betrifft die Streitfrage die Auslegung des Abkommens selbst oder einer der Regeln, so gehört sie vor das im ersten Absatz dieses Artikels vorgesehene Schiedsgericht, das endgültig darüber entscheidet.

Art. 37. — En cas de dissentiment entre deux ou plusieurs Etats relativement à l'interprétation de la présente Convention, le litige sera réglé par la Cour Permanente de Justice Internationale qui sera établie par la Société des Nations et, jusqu'à l'organisation de cette Cour, par voie d'arbitrage.

Si les parties ne s'entendent pas directement sur le choix des arbitres, elles procéderont comme il suit:

Chacune des parties nommera un arbitre, et les arbitres se réuniront pour désigner le surarbitre. Si les arbitres ne peuvent se mettre d'accord, les parties désigneront chacune un Etat tiers et les Etats tiers ainsi désignés procéderont à la nomination du surarbitre, soit d'un commun accord, soit en proposant chacun un nom, puis en laissant au sort le soin de choisir entre eux.

Les dissentiments relatifs aux règlements techniques annexés à la présente Convention, seront réglés par la Commission Internationale de Navigation Aérienne, à la majorité des voix.

Au cas où le différend porterait sur la question de savoir si l'interprétation de la Convention elle-même, ou celle d'un des règlements *est* engagée, il appartiendra au tribunal arbitral, prévu au paragraphe 1er du présent article, de statuer souverainement.

[1]) Der internationale Gerichtshof ist beim Völkerbund eingerichtet.

**Kriegsfall.**

Artikel 38.

Im Kriegsfalle beeinträchtigen die Bestimmungen dieses Abkommens die Handlungsfreiheit der Vertragsstaaten weder als Kriegführender noch als Neutraler.

Art. 38. — En cas de guerre, les stipulations de la présente Convention ne porteront pas atteinte à la liberté d'action des Etats contractants, soit comme belligérants, soit comme neutres.

**Anhänge.**

Artikel 39.

Die Vorschriften dieses Abkommens werden durch die Anhänge A bis H ergänzt, die vorbehaltlich der Bestimmung in Abschnitt c des Artikels 34 dieselbe Wirkung haben wie das Abkommen selbst und gleichzeitig mit ihm in Kraft treten.

Art. 39. — Les dispositions de la présente Convention sont complétées par les Annexes A à H, qui, sous réserve de la disposition de l'article 34, alinéa c, ont la même valeur et entreront en vigueur en même temps que la Convention elle-même.

**Schutz- und Mandatarstaaten.**

Artikel 40.

Die britischen Dominions und Indien gelten als Staaten im Sinne dieses Abkommens.

Die Gebiete und Staatsangehörigen von Protektoratsländern oder im Namen des Völkerbundes verwaltete Gebiete werden im Sinne dieses Abkommens dem Gebiet oder den Staatsangehörigen des Schutz- oder Mandatarstaats gleichgeachtet.

Art. 40. — Les Dominions britanniques et l'Inde seront considérés comme des Etats, aux fins de la présente Convention.

Les territoires et les ressortissants des Pays de protectorat ou des Territoires administrés au nom de la Société des Nations seront, aux fins de la présente Convention, assimilés aux territoires et aux ressortissants de l'Etat protecteur ou mandataire.

**Ententebund.**

Artikel 41.

Die Staaten, die am Kriege 1914/19 nicht teilgenommen haben, können diesem Abkommen beitreten.

Der Beitritt ist auf diplomatischem Wege der Regierung der französischen Republik und von dieser allen Signatar- oder beigetretenen Staaten anzuzeigen.

Art. 41. — Les Etats, qui n'ont pas pris part à la guerre de 1914—1919, seront admis à adhérer à la présente Convention.

Cette adhésion sera notifiée par la voie diplomatique au Gouvernement de la République française, et par celui-ci à tous les Etats signataires ou adhérents.

Artikel 42.

Staaten, die am Kriege 1914/1919 teilgenommen haben und nicht Signatarstaaten dieses Abkommens sind, können nur zum Beitritt zugelassen werden, wenn sie Mitglieder des Völkerbunds sind oder, bis zum 1. Januar 1923, wenn der Beitritt die Zustimmung derjenigen alliierten und assoziierten Mächte findet, die den Friedensvertrag mit dem betreffenden

Staat unterzeichnet haben. Nach dem 1. Januar 1923 kann der Beitritt zugelassen werden, wenn er von mindestens drei Vierteln der Signatar- und beigetretenen Staaten auf Grund einer Abstimmung nach den Bestimmungen des Artikels 34 gebilligt wird.

Beitrittsgesuche sind an die Regierung der französischen Republik zu richten, die sie den anderen Vertragsstaaten mitteilt. Falls der den Beitritt beantragende Staat nicht ohnehin zum Völkerbund zugelassen ist, sammelt die französische Regierung die Stimmen der beteiligten Mächte und teilt ihnen das Abstimmungsergebnis mit.

Art. 42. — Tout Etat ayant pris part à la guerre de 1914—1919 et n'étant pas signataire de la présente Convention, ne pourra être admis à y adhérer que s'il est Membre de la Société des Nations ou, jusqu'au 1er janvier 1923, si son adhésion obtient le consentement des Puissances alliées et associées signataires du Traité de paix conclu avec le dit Etat. Après le 1er janvier 1923, cette adhésion pourra être admise, si elle est agréée par les trois quarts au moins des Etats signataires et adhérents votant dans les conditions prévues à l'article 34 de la présente Convention.

Les demandes d'adhésion seront adressées au Gouvernement de la République française qui les communiquera aux autres Puissances contractantes. A moins que l'Etat requérant soit admis de plein droit comme membre de la Société des Nations, le Gouvernement français recevra les suffrages desdites Puissances et leur fera connaitre le résultat du vote.

**Kündigung.**

Artikel 43.

Dieses Abkommen kann vor dem 1. Januar 1922 nicht gekündigt werden. Die Kündigung muß gegebenenfalls der Regierung der französischen Republik mitgeteilt werden, die hiervon die übrigen Vertragsstaaten benachrichtigt. Ihre Wirkung tritt erst ein Jahr nach der Mitteilung ein und gilt nur hinsichtlich der kündigenden Macht.

Art. 43. — La présente Convention ne pourra être dénoncée avant le 1er janvier 1922. En cas de dénonciation, celle-ci devra être notifiée au Gouvernement de la République française, qui en donnera communication aux autres Parties contractantes. Elle n'aura d'effet qu'un an au moins après ladite notification et vaudra seulement au regard de la Puissance qui y aura procédé.

**Ratifikation.**

Dieses Abkommen wird ratifiziert.

Jede Macht richtet ihre Ratifikation an die Regierung der französischen Republik, die für die Benachrichtigung der übrigen Signatarstaaten Sorge trägt.

Die Ratifikationen werden in den Archiven der französischen Regierung hinterlegt.

Dieses Abkommen tritt für jede Signatarmacht gegenüber anderen Mächten, die bereits ratifiziert haben, vierzig Tage nach der Hinterlegung ihrer Ratifikation in Kraft.

Beim Inkrafttreten dieses Abkommens übersendet die französische Regierung eine beglaubigte Abschrift den Mächten, die sich auf Grund der Friedensverträge verpflichtet haben, dem Abkommen entsprechende Luftfahrtregeln anzuwenden.

Gegeben zu Paris am 13. Oktober 1919 in einer Ausfertigung, die in den Archiven der französischen Regierung hinterlegt wird und von der beglaubigte Abschriften den Vertragsstaaten übermittelt werden. Diese, wie oben datierte Ausfertigung, kann bis zum 12. April 1920 einschließlich unterzeichnet werden.

Zu Urkund dessen haben die nachstehenden Bevollmächtigten, deren Vollmachten für gut und richtig befunden sind, dieses Abkommen unterzeichnet, dessen französischer, englischer und italienischer Wortlaut gleichwertig sind.

(Es folgen die Unterschriften.)

La présente Convention sera ratifiée.

Chaque Puissance adressera sa ratification au Gouvernement français, par les soins duquel il en sera donné avis aux autres Puissances signataires.

Les ratifications resteront déposées dans les archives du Gouvernement français.

La présente Convention entrera en vigueur, pour chaque Puissance signataire, vis-à-vis des autres Puissances ayant déjà ratifié, quarante jours après le dépôt de sa ratification.

Dès la mise en vigueur de la présente Convention, le Gouvernement français adressera une copie certifiée de celle-ci aux Puissances qui, en vertu des Traités de paix, se sont engagées à appliquer des règles de navigation aériennes conformes à celles de ladite Convention.

Fait à Paris, le treize octobre mil neuf cent dix-neuf, en un seul exemplaire, qui restera déposé dans les archives du Gouvernement de la République française, et dont les copies authentiques seront remises aux Etats contractants. Ledit exemplaire, daté comme il est dit ci-dessus, pourra être signé jusqu'au douze avril mil neuf cent vingt inclusivement.

En foi de quoi, les Plénipotentiaires ci-après, dont les pouvoirs ont été reconnus en bonne et due forme, ont signé la présente Convention dont les textes français, anglais e italien auront même valeur.

**Anhänge zum PLA.** (RfL. 1924 S. 45 ff.).

Dem Pariser Luftverkehrsabkommen sind folgende Anhänge beigegeben (vgl. den vollständigen Abdruck des Pariser Luftverkehrsabkommens im Verlag Radetzki):

### Anhang A. Kennzeichnung der Luftfahrzeuge.

Hiernach besteht das Hoheitszeichen aus einem großen lateinischen Buchstaben, z. B. Frankreich = F. Das Eintragungszeichen besteht aus einer Gruppe von 4 großen Buchstaben, wobei jede Gruppe mindestens einen Vokal enthalten soll. Das Eintragungszeichen ist schwarz zu unterstreichen. Abschnitt II und III regeln die Anbringung der Zeichen am Fahrzeug, Abschnitt IV und V die Abmessungen der Zeichen und die Art der Buchstaben, Abschnitt VI den Bindestrich zwischen Eintragungs- und Hoheitszeichen, Abschnitt VII die Instandhaltung und Abschnitt VIII die Zeichentabelle.

### Tabelle der Luftfahrzeugzeichen.

| Land | Hoheitszeichen | Eintragungszeichen |
|---|---|---|
| Vereinigte Staaten von Amerika . . . | N | Alle Zusammensetzungen mit den 26 Buchstaben in einer Gruppe zu vier und mit mindestens einem Vokal z. B. PURN |
| Britisches Reich . . | G | |
| Frankreich . . . . . | F | |
| Italien . . . . . . . | I | |
| Japan . . . . . . . . | J | |
| Spanien . . . . . | M | Alle Zusammensetzungen mit A—N als erstem Buchstaben |
| Hedschas . . . . . | A | Alle Zusammensetzungen mit H als erstem Buchstaben |
| Nicaragua . . . . . | A | N „ „ „ |
| Albanien . . . . . . | B | A „ „ „ |
| Bulgarien . . . . . | B | B „ „ „ |
| Chile . . . . . . . | B | C „ „ „ |
| Lettland . . . . . . | B | L „ „ „ |
| Bolivien . . . . . . | C | B „ „ „ |
| Cuba . . . . . . . | C | C „ „ „ |
| Schweiz . . . . . | C | H „ „ „ |
| Portugal . . . . . . | C | P „ „ „ |
| Rumänien . . . . . | C | R „ „ „ |
| Uruguay . . . . . . | C | U „ „ „ |
| Estland . . . . . . | E | A „ „ „ |

| Land | Hoheitszeichen | Eintragungszeichen |
|---|---|---|
| Ecuador . . . . . . . | E | E als erstem Buchstaben |
| Haiti . . . . . . . | H | H „ „ „ |
| Ungarn . . . . . . . | H | M „ „ „ |
| Niederlande . . . . | H | N „ „ „ |
| Siam . . . . . . . . | H | S „ „ „ |
| Costarica . . . . . . | K | C „ „ „ |
| Finnland. . . . . . | K | S „ „ „ |
| Tschechoslowakei . . . | L | B „ „ „ |
| Guatemala . . . . . | L | G „ „ „ |
| Liberia . . . . . . . | L | L „ „ „ |
| Luxemburg . . . . | L | U „ „ „ |
| Monaco . . . . . . . | M | O „ „ „ |
| Belgien . . . . . . | O | B „ „ „ |
| Peru . . . . . . . . | O | P „ „ „ |
| Brasilien . . . . . . | P | B „ „ „ |
| Polen . . . . . . . . | P | P „ „ „ |
| Argentinien . . . . | R | A „ „ „ |
| Griechenland . . . | S | G „ „ „ |
| Panama . . . . . . . | S | P „ „ „ |
| Schweden . . . . . | S | A „ „ „ |
| Dänemark . . . . . | T | D „ „ „ |
| China . . . . . . . . | X | C „ „ „ |
| Honduras . . . . . | X | H „ „ „ |
| Königreich der Serben, Kroaten u. Slowenen . . . . | X | S „ „ „ |
| Litauen . . . . . . . | Z | L „ „ „ |

**Anhang B. Lufttüchtigkeitszeugnis** (RfL. 1924 S. 53).

Hierfür bedarf es Mindestanforderungen an die Sicherheit, Probeflüge, Baugenehmigung und geeignete Instrumente.

**Anhang C. Bordbücher** (RfL. 1924 S. 61).

Es betreffen:

Abschnitt I das Flugtagebuch,

Abschnitt II das Luftfahrzeugbuch,

Abschnitt III das Motorbuch,

Abschnitt IV das Signalbuch,

Abschnitt V regelt die Form und Führung der Bordbücher.

**Anhang D. Regeln über Lichterführung und Signale** (RfL. 1924 S. 69).

Eine Vorbemerkung gibt die Begriffsbestimmungen für Luftfahrzeug, Ballon, Luftschiff und Flugzeug.

Abschnitt I Lichterführung,

Abschnitt II Signalregeln,

Abschnitt III Flugregeln,

Abschnitt IV Ballast; hiernach darf als Ballast nur feiner Sand oder Wasser abgeworfen werden.

Abschnitt V Luftverkehrsregeln auf oder in der Nähe von Flughäfen.

Abschnitt VI Allgemeines.

**Anhang E. Mindestbedingungen zur Erlangung von Befähigungszeugnissen für Luftfahrzeugführer oder -Orter** (RfL. 1924 S. 93).

Abschnitt I. Befähigungszeugnisse für Land- oder See-Flugzeugführer:

A. bei Land- oder Seesportflugzeugen,

B. bei Land- oder Seeflugzeugen des öffentlichen Verkehrs.

Abschnitt II. Befähigungszeugnis für Freiballonführer.

Abschnitt III. Befähigungszeugnis für Luftschiffsführer, dritte bis erste Klasse.

Abschnitt IV. Befähigungszeugnis für Orter (ein Luftfahrzeug mit mehr als 10 Fluggästen an Bord und einer

Landreise über 500 km bzw. Seereise über 200 km muß einen Orter an Bord haben).

Abschnitt V. Internationale ärztliche Anforderungen an Luftfahrer.

**Anhang F. Internationale Luftkarten und Bodenkennung.**
(RfL. 1924 S. 137).

Abschnitt I: Karten. Es gibt 2 Arten von Luftkarten, die Generalkarte, ähnlich wie die Weltkarte, im Maßstabe 1 : 1 000 000 und die Normalkarte im Maßstabe 1 : 200 000.

Abschnitt II: Allgemeines System für Bodenkennung. Die Kennungen am Boden oder auf den Dächern von Gebäuden sollen sich durch eine Nummer oder ein graphisches Zeichen auf die entsprechenden Blätter der internationalen Normalluftkarten beziehen, indem unter anderem die abgekürzte Nummer des betreffenden Blattes mit einem dicken Punkt zur ungefähren Angabe der Kennung auf der entsprechenden Blatthälfte angegeben ist. Bodenkennungen sind besonders längs anerkannter internationaler Luftwege vorzusehen.

Die Anlage zu Anhang F betrifft Projektionen und Maßstäbe, konventionelle Zeichen und Farben, Akürzungen für Luft- und Seeleuchtfeuer, topographische Namensbezeichnungen.

**Anhang G. Sammlung und Verbreitung von Wettermeldungen.**
(RfL. 1924 S. 165).

Anlage I. Regelmäßige Meldungen und zwar Einzel- und Sammelmeldungen.

Anlage II. Besondere Meldungen.

Anlage III. Voraussagen (kurzfristige, langfristige und Streckenvoraussagen).

Ein Muster der Meldungen und ein Übermittlungsschlüssel ist beigefügt.

**Anhang H. Zollwesen** (RfL. 1924 S. 185).

I. Allgemeine Bestimmungen:

1. Nach dem Auslande dürfen Luftfahrzeuge nur von besonders durch die Zollverwaltung eines jeden Vertragsstaats bestimmten Flughäfen, den „Zollflughäfen", abfliegen.

Aus dem Auslande kommende Luftfahrzeuge dürfen nur auf solchen Flughäfen landen.

2. Luftfahrzeuge, die sich von einem Staat in einen anderen begeben, haben die Grenzen zwischen bestimmten, von den Vertragsstaaten festgesetzten Punkten zu überschreiten. Diese Punkte sind in den Luftkarten anzugeben.

4. Muß infolge höherer Gewalt ein Luftfahrzeug die Grenze an einem anderen Orte als den bezeichneten Punkten überschreiten, so hat es auf dem nächsten an seinem Reisewege gelegenen Zollflughafen zu landen. Ist es vor Erreichen dieses Flughafens zur Landung gezwungen, so ist die nächste Polizei- oder Zollbehörde zu benachrichtigen.

Es darf nur mit Genehmigung dieser Behörden wieder abfliegen; diese haben nach vorausgegangener Prüfung das Bordbuch und das unter Ziffer 5 erwähnte Ladungsverzeichnis mit einem Vermerk zu versehen und dem Führer den Zollflughafen zu bezeichnen, auf dem er zur Erledigung der Zollabfertigung zu landen verpflichtet ist.

II. Bestimmungen über Luftfahrzeuge und Waren.

III. Luftdurchgangsverkehr.

IV. Verschiedene Bestimmungen.

In einem **Zusatzprotokoll** zum Pariser Luftverkehrsabkommen erklären sich die Vertragsstaaten bereit, Abweichungen von Art. 5 PLA. bei triftigen Gründen auf Antrag zu genehmigen.

## 2. IATA.

International Air Traffic Association.

Luftbindungen müssen den Luftverbindungen vorausgehen. Die IATA wurde am 20. April 1919 auf Anregung von Sir Sefton Brancker im Haag geschaffen. Sie ruft ihre Mitglieder jährlich zweimal zusammen, z. B. im Jahre 1927 im Februar in Wien (17. Tagung) und im August in Basel (18. Tagung). Der IATA gehören 18 Luftverkehrsgesellschaften an.

Die Gesellschaften der IATA sind folgende:

1. A.B. Aerotransport, Stockholm.
2. Ab Astra Aero, Schweizerische Luftverkehrs A.G., Zürich.
3. A.S. Aeronaut, Tallinnas, Reval.
4. Air Union, Paris.
5. Balair, Basler Luftverkehrsgesellschaft, Basel.
6. Tschechoslowakische Luftverkehrsgesellschaft, Prag.
7. Det Danske Luftfahrtselskab, Kopenhagen.
8. Deutsche Luft Hansa A.G., Berlin.
9. Deutsch-Russische Luftverkehrs-Gesellschaft, Berlin.
10. Imperial Airwais Ltd., London.
11. Koningliyke Luchtvaart Maatschappij, s'Gravenhage.
12. Lignes Aériennes Latécoère, Paris.
13. Lignes Farman, (S.G.T.A.), Paris.
14. Österreichische Luftverkehrsgesellschaft, Wien.
15. Polska Linja Lotnicza Aerolot A. A., Warschau.
16. S.I.S.A. Societa Italiane Servizi Aerei Portorose, Triest.
17. Société Anonyme Belge d'exploitation de la Navigation Aérienne (Sabena) Brüssel.
18. Transadriatica Societa Anonima Italiana de Navigazione Aerea, Venedig.

## Statuten
der International Air Traffic Association. (IATA.)
(RfL. 1922 S. 181.)

### Artikel 1. Name und Zweck:

a) Die IATA wurde am 25. August 1919 im Haag gegründet.
b) Zweck der Gesellschaft ist die Herstellung von Einigkeit im Betriebe von Luftlinien, an denen die Staatsgebiete zweier oder mehrerer Staaten[1]) beteiligt sind.
c) Die Unabhängigkeit ihrer Mitglieder wird unbedingt beachtet.

[1]) „Staat" heißt Mutterland mit Kolonien, Dominien, Protektoraten und anderen Einflußsphären einschließlich der Territorialgewässer.

### Artikel 2. Hauptbureau.

a) Die IATA soll ein Hauptbureau unter Leitung eines Generalsekretärs haben, der die Gesellschaft bei allen Gelegenheiten vertritt.
b) Die Mitglieder haben dem Hauptbureau einen Bericht über die Luftverkehrspläne in klarer, zur Veröffentlichung geeigneter Form vorzulegen.
c) Die Mitglieder werden vom Hauptbureau hinsichtlich aller Veröffentlichungen der IATA benachrichtigt.

### Artikel 3. Wohnsitz.

Das Hauptbureau befindet sich an dem Ort, den die Mehrheit der Mitglieder beschließt.

### Artikel 4. Mitglieder.

a) Nur Organisationen[1]), die die Erlaubnis ihrer Regierungen zum Luftverkehr haben, können Mitglied werden.
b) Die Mitglieder müssen sowohl die allgemeinen wie die gegenseitigen Interessen fördern.

c) Die Mitglieder dürfen nicht in Luftverkehrsbeziehungen mit Organisationen eines Landes treten, das bereits ein oder mehrere Mitglieder in der IATA hat, ohne Genehmigung der letzteren.

[1]) „Organisation" heißt jede Aktiengesellschaft oder GmbH. oder solche Gesellschaften, die gemäß den Gesetzen ihrer Länder gebildet sind.

### Artikel 5. Mitgliedschaft.

a) Organisationen, die die Mitgliedschaft erwerben wollen, haben dies dem Hauptbureau mitzuteilen und ihre Statuten mit ihren Betriebsregeln und einem Nachweis des investierten Kapitals vorzulegen.

b) Luftverkehrsorganisationen eines Landes, das bereits ein oder mehrere Mitglieder hat, darf die Mitgliedschaft nur gewährt werden, wenn von diesem Mitglied oder diesen Mitgliedern kein Einwand erhoben wird.

c) Die Erteilung der Mitgliedschaft erfolgt durch Stimmenmehrheit.

### Artikel 6. Aufnahmegebühr.

a) Organisationen, die zur Mitgliedschaft zugelassen werden, müssen eine Aufnahmegebühr bezahlen.

b) Diese Aufnahmegebühr besteht aus einer einmaligen Zahlung von $^1/_2$ vom Tausend des nominellen Kapitals der Gesellschaft, wie in den Statuten vorgesehen, und ist zahlbar in der Währung des Landes, dem die Gesellschaft angehört.

### Artikel 7.
### Aussetzung und Beendigung der Mitgliedschaft.

a) Die Mitgliedschaft von Organisationen kann ausgesetzt werden im Falle von:

1. Zahlungsunfähigkeit,

2. Vornahme irgendeiner Handlung, die von der Mehrheit der Mitglieder bei einer allgemeinen Zusammenkunft als Pflichtverletzung betrachtet wird.

b) Die Organisationen hören auf Mitglieder zu sein:
1. 1 Jahr nach der dem Hauptbureau erstatteten Austrittserklärung.
2. Durch Beschluß von $^3/_4$ der bei einer allgemeinen Zusammenkunft anwesenden Mitglieder über den Ausschluß.
3. Bei Liquidation.

### Artikel 8. Zusammenkünfte.

a) Eine allgemeine Zusammenkunft der Gesellschaft wird mindestens zweimal jährlich abgehalten.

b) Der Generalsekretär ist berechtigt, Zusammenkünfte jederzeit anzuordnen, vorausgesetzt, daß die Zustimmung der Mehrzahl der Mitglieder vorher eingeholt worden ist.

c) Der Generalsekretär hat eine allgemeine Zusammenkunft anzuordnen, wenn dies von einer Mehrheit der Mitglieder verlangt wird.

d) Auf alle Fälle:
1. müssen die Zusammenkünfte innerhalb zweier Monate vom Zeitpunkte des Antrages ab stattfinden,
2. müssen die Zusammenkünfte an dem Orte abgehalten werden, der von der Mehrheit der Mitglieder bestimmt wurde,
3. muß eine Bekanntmachung, die eine Liste der auf der Zusammenkunft zu erörternden Angelegenheiten enthält, vom Hauptbureau an die eingetragene Adresse eines jeden Mitgliedes mindestens einen Monat vor dem Zeitpunkt einer solchen Zusammenkunft übersandt werden.

### Artikel 9. Abstimmung.

a) Jedes Mitglied hat eine Stimme.

b) Falls zwei oder mehrere Organisationen, die ein und

demselben Lande angehören, Mitglieder sind, so bilden ihre Vertreter eine Delegation.

c) Jede Delegation hat eine Stimme.

d) Abstimmungen über die Ernennung von Beamten und zur Übernahme von Ämtern erfolgen durch geheime Stimmzettel.

e) In allen anderen Fällen erfolgt die Abstimmung durch Handhochheben.

f) Eine vertretungsweise Abstimmung kann unter ganz besonderen Umständen vom Hauptbureau zugelassen werden.

g) Im Falle von Stimmengleichheit wird ein Antrag oder Vorschlag für ungültig erklärt.

Artikel 10. Rechnungsjahr.

Das Rechnungsjahr beginnt am 1. Januar und endet am 31. Dezember.

Artikel 11. Einnahmen und Ausgaben.

a) Die Beiträge der Mitglieder sind an das Hauptbureau vor oder während der letzten Woche des Februar eines jeden Jahres zu zahlen.

b) Die Ausgaben der IATA werden zu gleichen Teilen von allen Mitgliedern getragen.

c) Bei der ersten allgemeinen Zusammenkunft jeden Jahres hat der Generalsekretär einen Haushaltsvoranschlag über die laufenden Ausgaben den Mitgliedern vorzulegen.

Artikel 12. Liquidation.

a) Die Liquidation der Gesellschaft kann nur auf einer besonderen allgemeinen Mitgliederzusammenkunft, die zu diesem Zweck besonders angeordnet ist, beschlossen werden.

b) Um die Beschlüsse einer solchen allgemeinen Zusammenkunft gültig zu machen, müssen mindestens $^3/_4$ aller Mitglieder anwesend sein.

c) Eine Mehrheit von $^2/_3$ der abgegebenen Stimmen ist erforderlich, damit ein Beschluß zur Liquidation gültig wird.

d) Falls die erforderliche Anzahl von Mitgliedern nicht anwesend ist, muß innerhalb zweier Monate nach der ersten eine zweite Zusammenkunft stattfinden.

e) Die auf einer solchen zweiten Zusammenkunft getroffenen Entscheidungen sind bindend ohne Rücksicht auf die Zahl der anwesenden Mitglieder.

f) In diesem Falle muß der Beschluß zur Liquidation durch Stimmenmehrheit gefaßt werden.

g) Nachdem ein Liquidationsbeschluß gefaßt worden ist, sind die Aktiven der Gesellschaft zu veräußern und, falls nach Regelung der Verbindlichkeiten ein Überschuß entsteht, ist dieser gleichmäßig unter die Organisationen zu verteilen, die während des Zeitpunktes der Liquidation Mitglieder der Gesellschaft sind.

## 3. FAI

Féderation Aéronautique Internationale.

Der FAI gehören folgende Staaten an:

1. Deutschland
2. Argentinien
3. Belgien
4. Brasilien
5. Chile
6. China
7. Dänemark
8. Finnland
9. Frankreich
10. Großbritannien
11. Italien
12. Japan
13. Jugoslawien (Königreich der Serben, Kroaten, Slowenen)
14. Niederlande
15. Norwegen
16. Österreich

17. Peru
18. Polen
19. Portugal
20. Rumänien
21. Spanien
22. Schweden.
23. Schweiz
24. Syrien und Libanon
25. Tschechoslowakei
26. Ungarn
27. Uruguay
28. Vereinigte Staaten von Amerika.

Auf der Konferenz der FAI in Prag vom 19. bis 25. September 1925 wurden die früheren Satzungen aufgehoben und das Inkrafttreten der nachstehenden neuen mit dem 1. Januar 1926 beschlossen. Der innere Geschäftsbetrieb der FAI wird durch ein Reglement Interieur geregelt.

## Satzungen
der Fédération Aéronautique Internationale.

(RfL. 1927 S. 1 ff.)

Artikel 1. Die in Paris am 14. Oktober 1905 gegründete Fédération Aéronautique Internationale setzt sich aus den anerkannten nationalen Verbänden zusammen, die in ihren betreffenden Ländern den Luftsport regeln.

Der Luftsport wird durch diese Verbände bei ihr unmittelbar vertreten.

Es wird für jedes Land und für alle Zweige der Luftfahrt nur eine sportliche Gewalt (pouvoir sportif) anerkannt.

Unter einem in der FAI vertretenen Land versteht man die Nation im eigentlichen Sinne einschließlich ihrer angegliederten Teile, Dominien, Protektorate und Kolonien.

Die FAI kann zwar einen nationalen Verband in jedem angegliederten Gebietsteil, Dominion, Protektorat oder Kolonie anerkennen, jedoch nur auf Vorschlag des beteiligten nationalen Verbandes. Diese Entscheidung kann nur durch Beschluß einer Konferenz der FAI unter denselben Bedingungen getroffen werden, wie in Artikel 13 dieser Satzungen vorgesehen.

Durch die Tatsache ihrer Zulassung zur FAI unterliegen die Verbände ohne Vorbehalt den Satzungen und allgemeinen Vorschriften sowie deren Anhängen.

Die Grundsätze der FAI sind folgende.

a) Achtung der nationalen Vorschriften und persönlichen Satzungen jedes Verbandes durch die FAI;

b) Regelung von Wettbewerben durch zwei Arten von Satzungen:
   1. Persönliche Satzungen;
   2. Sachliche Satzungen.

## 1. Persönliche Satzungen.

Artikel 2. Stellung und Fähigkeiten der Flugzeugführer der zusammengeschlossenen Nationen werden durch die nationale Gesetzgebung oder eine internationale Regelung oder in Ermangelung einer solchen durch eine von der FAI erlassene Regelung bestimmt.

## 2. Sachliche Satzungen.

Artikel 3. Die Vorschriften über Wettbewerbe und Rekorde in einem Lande der FAI sind in diesem Lande auf jeden Bewerber ohne Ansehen seiner Staatsangehörigkeit anwendbar.

## Zweck der FAI.

Artikel 4. Die FAI beschäftigt sich mit:

1. der internationalen Regelung des Luftsports, um die bei allen sportlichen Veranstaltungen gezeigten Leistungen miteinander vergleichen zu können;
2. dem Luftsport und allen zugehörigen Fragen.

Die FAI entscheidet unanfechtbar die Meinungsverschiedenheiten, die unter den nationalen Verbänden eintreten können.

Verwaltung.

Artikel 5. Die Leitung und Verwaltung der FAI erfolgt durch:

1. einen Hauptausschuß, der aus dem Präsidenten, sieben Vizepräsidenten, dem Generalsekretär, dem Generalschatzmeister und einem Delegierten eines jeden im Direktionsausschuß nichtvertretenen Landes besteht;
2. den Direktionsausschuß, der aus dem Präsidenten, sieben Vizepräsidenten, dem Generalsekretär, dem Generalschatzmeister und einem Generalberichterstatter besteht;
3. ein Bureau, das aus dem Präsidenten (der in seiner Abwesenheit von einem der Vizepräsidenten vertreten wird), dem Generalsekretär und dem Generalschatzmeister besteht.

Die Mitglieder des Bureaus müssen in der Stadt wohnhaft sein, in welcher die FAI ihren Sitz hat.

Der Sitz der FAI ist Paris.

Kommissionen.

Artikel 6. Die FAI kann besondere, ständige oder zeitweilige Kommissionen zum Studium von Einzelfragen ernennen.

Konferenzen.

Artikel 7. Die satzungsmäßigen oder außerordentlichen Konferenzen finden auf Beschluß des Hauptausschusses statt.

Artikel 8. Die Mitglieder des Bureaus der FAI sind verpflichtet, allen Konferenzen beizuwohnen.

Artikel 9. Auf Antrag von fünf nationalen Verbänden muß der Ausschuß in einer Stadt, deren Wahl ihm überlassen bleibt, eine außerordentliche Konferenz einberufen, die innerhalb einer Frist von drei Monaten nach Empfang des Antrages zusammentreten soll, in welchem ein begründeter Entwurf der Tagesordnung nebst Bericht über die zu behandelnden Fragen enthalten sein soll.

Dieser vorgeschriebenen Tagesordnung kann der Direktionsausschuß alle Fragen hinzufügen, deren Behandlung auf der außerordentlichen Konferenz er für nützlich hält.

Die vorhergehenden Vorschriften sind nicht anwendbar auf den Fall einer Berufung an die FAI, für welchen der Direktionsausschuß eine außerordentliche Konferenz nur auf einstimmigen und begründeten Antrag durch ein Kollegium von drei Schiedsrichtern einberufen darf, die keinem der beteiligten Länder angehören und von denen die beiden ersten von den beiden Parteien, der dritte vom Präsidenten der FAI aus einer Liste ausgewählt werden, in der ein Vertreter eines jeden nationalen Verbandes aufgeführt ist. Diese Liste wird jährlich dem Hauptausschuß zur Anerkennung vorgelegt.

Der erwähnte Bericht des Schiedsrichterkollegs soll außer seiner Stellungnahme über die Geeignetheit zur Berufung vor einer außerordentlichen Konferenz gleichzeitig eine Beurteilung über den Grund des Streitfalles umfassen.

Artikel 10. Auf die Tagesordnung der ordentlichen Konferenzen der FAI werden alle Fragen gesetzt, die beim Sekretariat drei Monate vor dem Zeitpunkt der Konferenz eingehen.

Die Tagesordnung wird den nationalen Verbänden spätestens zwei Monate vor dem Zusammentritt der Konferenz mitgeteilt.

Jede nicht auf die Tagesordnung gesetzte Frage kann unter der Bedingung erörtert werden, daß sie von den Delegierten von fünf nationalen Verbänden vorgeschlagen wird.

Die in der Tagesordnung aufgeführten Vorschläge müssen genügend erläutert und von einer kurzgefaßten Ausarbeitung begleitet sein, die ein vorheriges Studium der Frage gestattet.

Die Konferenz entscheidet gültig mit absoluter Stimmenmehrheit der vertretenen nationalen Verbände. Stimmengleichheit gilt als Ablehnung.

Die Abstimmung über Fragen, die nicht auf der Tagesordnung stehen, ist jedoch nur gültig, wenn die Hälfte der nationalen Verbände in der Sitzung vertreten ist.

Die Konferenz bestimmt das Land, in welchem die nächste ordentliche Konferenz stattfinden, sowie den Monat, in welchem sie abgehalten werden soll.

Artikel 11. Anträge auf Zulassung zur FAI müssen an das Bureau gerichtet werden. Die vorläufige Zulassung kann durch den Hauptausschuß vorbehaltlich der Anerkennung durch die nächste Konferenz ausgesprochen werden.

Artikel 12. Ein Delegierter kann nur einen nationalen Verband vertreten; er muß Mitglied des Verbandes sein, den er vertritt, und dessen Staatsangehörigkeit besitzen.

Unabhängig von den Personen, die den Hauptausschuß bilden, und von den Vertretern in ständigen oder zeitweiligen Kommissionen kann jeder nationale Verband nur soviel Delegierte entsenden, als er satzungsmäßige Stimmen besitzt.

## Ausschlüsse.

Artikel 13. Die FAI kann den zeitweiligen oder endgültigen Ausschluß eines nationalen Verbandes aussprechen.

Der Vorschlag muß vorschriftsmäßig in der Tagesordnung aufgeführt sein.

Er kann nur ausgesprochen werden mit zwei Drittel Stimmenmehrheit der nationalen Verbände, die in der Sitzung vertreten sind, in welcher die Abstimmung stattfindet.

Der Ausschluß zieht nicht die Rückerstattung überwiesener Unkostenbeiträge nach sich.

Wenn sich der Ausschluß auf alle Staatsangehörigen des ausgeschlossenen Verbandes erstreckt, ist dies in dem Protokoll unter der Festsetzung zu erwähnen, daß die Bestimmungen des § 2 des Artikels 6 der allgemeinen Vorschriften: „Jeder Bewerber, der einem nicht in der FAI vertretenen Lande angehört und an einer sportlichen Veranstaltung teilnehmen möchte, kann eine Zulassung hierfür erhalten, die nur in dem

Lande gültig ist, in welchem sie erteilt worden ist" auf sie keine Anwendung finden.

Umgekehrt steht es der FAI frei, einen anderen Verein als nationalen Verband zu seiner Vertretung anzuerkennen.

### Stimmen.

Artikel 14. Bei den Abstimmungen auf einer Konferenz der FAI verfügt jeder nationale Verband über eine Anzahl von Stimmen zwischen 1 und 4.

Jeder neu zugelassene nationale Verband verfügt auf der ersten ordentlichen Konferenz, an der er teilnimmt, sowie auf den außerordentlichen Konferenzen, die etwa vor dieser ordentlichen Konferenz stattfinden, über eine Stimme und vom folgenden Jahre an über zwei Stimmen.

Jeder der nationalen Verbände hat zwei, drei oder vier Stimmen gemäß der Entscheidung, die hierüber auf der vorhergehenden ordentlichen Konferenz nach den Unterlagen, die die nationalen Verbände über ihre Luftfahrttätigkeit geliefert haben, getroffen worden ist.

Schriftliche Stimmabgabe ist nicht zulässig; jedoch hat das Bureau das Recht, auf diese Weise die nationalen Verbände in Fragen zu Rate zu ziehen, die eine sofortige Lösung verlangen.

Auf den Zusammenkünften des Hauptausschusses erfolgen die Abstimmungen mit einer Stimme für jedes vertretene Land.

Auf den Zusammenkünften des Direktionsausschusses und des Büros verfügt jedes Mitglied über seine Stimme. Bei Stimmengleichheit gilt der erörterte Vorschlag als abgelehnt.

### Haushalt-Beiträge.

Artikel 15. Der Haushalt der FAI wird aus den von den verschiedenen nationalen Verbänden überwiesenen Kostenbeiträgen gebildet.

Der Schatzmeister läßt jährlich den Haushaltsvoranschlag für das folgende Rechnungsjahr sowie die Abrechnungen für das vergangene Rechnungsjahr genehmigen.

Diese Genehmigungen werden dem Hauptausschuß in einem Bericht vorgetragen, der von einer Kommission von drei Mitgliedern, die zu Beginn der ersten Sitzung des Hauptausschusses ernannt werden, aufgestellt wird.

Für jedes Rechnungsjahr werden die Kostenbeiträge durch den Haushaltsvoranschlag bestimmt; sie sind für jeden nationalen Verband im Verhältnis zu der Stimmenzahl, die ihm für das folgende Rechnungsahr zuerkannt worden ist, abgestuft.

Das Rechnungsjahr beginnt am 1. September und endet am 31. August des nächsten Jahres.

Nationale Verbände, die der Schatzmeisterei ihren Jahresbeitrag nicht überwiesen haben, können an den Abstimmungen nicht teilnehmen.

Der Beitrag muß im Laufe des ersten Vierteljahres überwiesen werden.

Im Falle der Nichtzahlung des Beitrages befaßt der Generalschatzmeister das Büro mit der Angelegenheit, das dem Direktionsausschuß die Streichung des Landes vorschlagen kann.

Nach Stellungnahme des Direktionsausschusses kann die vorläufige Streichung durch den Hauptausschuß vorbehaltlich der Zustimmung durch die nächste Konferenz ausgesprochen werden.

### Beitritt.

Artikel 16. Jedes Beitrittsgesuch zur FAI muß an das Generalsekretariat gerichtet werden. Dem vom Präsidenten und dem Generalsekretär des nationalen Verbandes, der seinen Beitritt nachsucht, unterzeichneten Antrage müssen in doppelter Ausfertigung beigefügt werden:

1. die Satzungen des betreffenden Verbandes;

2. die Liste der Mitglieder, aus denen sich sein Ausschuß und sein Verwaltungsrat zusammensetzt;
3. die Namen der Vereine, die ihm angeschlossen sind, sowie alle vom Direktionsausschuß der FAI etwa gewünschten Unterlagen.

### Den nationalen Verbänden angeschlossene Verbände.

Artikel 17. Die nationalen Verbände müssen dem Generalsekretariat der FAI alle Veränderungen in der Liste der ihnen angeschlossenen Vereine mitteilen; es können ihnen nur solche Vereine angeschlossen werden, die sich diesen Satzungen und allgemeinen Vorschriften sowie deren Anhängen unterwerfen.

### Strafen.

Artikel 18. Die von der zuständigen Stelle eines der nationalen Verbände der FAI ausgesprochenen Strafen werden von allen Verbänden der FAI anerkannt und vollzogen.

Artikel 19. Wer disqualifiziert oder zeitweilig ausgeschlossen ist, ist es vollständig von dem Tage an, an welchem die Strafe ausgesprochen und anerkannt worden ist; alle, selbst früheren Verpflichtungen, die er etwa eingegangen ist, sind von Rechts wegen nichtig.

Artikel 20. Alle nationalen Verbände, die die Strafen bekanntgegeben haben, haben dem Sekretariat der FAI unverzüglich davon Mitteilung zu machen. Das Sekretariat übermittelt sie den nationalen Verbänden, die unverzüglich die ihnen angeschlossenen und unterstellten Vereine zu benachrichtigen haben.

### Zulassungen und Zeugnisse.

Artikel 21. Die Eigenschaft als Flugzeugführer wird durch Zeugnisse anerkannt, die von der FAI zugelassen sind, diejenige als Wettbewerbsteilnehmer durch eine Zulassung der FAI, die ihre Ausstellungsbefugnis auf jeden nationalen Verband überträgt.

Artikel 22. Jeder nationale Verband stellt die Zulassungen für seine Staatsangehörigen aus.

Änderung der Satzungen und Vorschriften.

Artikel 23. Änderungen der Satzungen und Vorschriften können mit zwei Drittel Stimmenmehrheit der auf der Konferenz vertretenen Verbände beschlossen werden.

Sie müssen pflichtmäßig in der Tagesordnung aufgeführt sein.

Auflösung — Liquidation.

Artikel 24. Die Auflösung der FAI kann nur durch vier Fünftel der auf einer zu diesem Zweck einberufenen außerordentlichen Konferenz vertretenen nationalen Verbände gemäß den Vorschriften des ersten Absatzes des Artikels 9 der Satzungen beschlossen werden; die vertretenen nationalen Verbände müssen zwei Drittel der nationalen Verbände ausmachen, aus denen sich die FAI zur Zeit der Abstimmung zusammensetzt.

Wenn die Auflösung beschlossen ist, ist das Bureau der FAI von Rechts wegen Liquidator des Gesellschaftsvermögens, das im Verhältnis zur Stimmenzahl unter die nationalen Verbände verteilt wird, aus denen sich zur Zeit der Abstimmung die FAI zusammensetzt. In keinem anderen Falle kann ein nationaler Verband irgendeine Aufteilung des Gesellschaftsvermögens beanspruchen.

Gerichtsbarkeit.

Artikel 25. Streitigkeiten zwischen den nationalen Verbänden, den Vereinen eines nationalen Verbandes, den Mitgliedern eines nationalen Verbandes oder eines ihm angeschlossenen Vereins werden, wie dies in den Satzungen und Vorschriften der FAI vorgeschrieben ist, unter der förmlichen Bedingung beigelegt, daß keine nationale oder internationale Gerichtsbarkeit in Anspruch genommen werden soll.

Jeder nationale Verband, jeder angeschlossene Verein und jedes Mitglied des einen oder anderen, das einen Streitfall über die Auslegung oder Anwendung dieser Satzungen und Vorschriften vor die Gerichte bringt, hat seinen vollständigen oder zeitweiligen Ausschluß oder seine Disqualifizierung verwirkt.

### 4. Rechtsvergleichende

| Staat | I. **Cina (politisch)** (Commission internationale de Navigation aérienne) Pariser Luftverkehrsabkommen v. 13. 10. 1919 (nebst Zusatzprotokoll v. 1. 5. 1920, Protokoll über die Änderung des Art. 5 v. 27. 10. 1922 u. Protokoll über die Änderung des Art. 34 v. 30. 6. 1923) | II. **IATA (wirtschaftlich)** International Air Traffic Association (im August 1919 im Haag gegründet) beigetreten durch (vgl. AfL. 1926 S. 334) | III. **FAI (sportlich)** Fédération aéronautique internationale (Satzungen v. 1. 1.1926 vertreten durch |
|---|---|---|---|
| Albanien . . . . | — | — | — |
| Argentinien . . . | — | — | Aéro Club Argentin (Buenos Aires, Florida 640) |
| Belgien . . . . | 1. 6. 1922 (ratifiziert) | Société Anonyme Belge d'exploitation de la Navigation aérienne (Sabena), Brüssel | Aéro Club de Belgiqu (Brüssel, 73 Avenu Louise) |

## Staatenübersicht.

| IV. Sonderabkommen mit | abgedruckt in RfL. | V. Luftverkehrsgesetz | abgedruckt in RfL. | VI. Zivile Luftfahrtbehörden (vgl. RfL. 1925 S. 295) a) Zuständiges Ministerium, b) Unterstellte Luftfahrtbehörden |
|---|---|---|---|---|
| — | — | Luftfahrtkonzessionsbedingungen v. 14. 3. 1925 | 1925 S.573 | — |
| Uruguay 31. 5. 1922 | 1922 S.525 | LuftfahrtVO. v. 4. 9. 1925<br>VO. über Flughäfen v. 20. 9. 1921 | 1926 S. 97<br>1922 S. 1 | a) Äußeres und Kultus<br>b) Aeroclubs und Centro Aviacion civil<br>Die Vereine erhalten Staatsunterstützung |
| Dänemark 28. 6. 1923<br>Deutsches Reich 29. 5. 1925<br>Niederlande 8. 7. 1922<br>Großbritannien und Frankreich betr. Zollbehandlung 5. 5. 1926 | 1923 S.433<br>1926 S.657<br>1922 S.573<br>1926 S.401 | Ges. v. 16. 11. 1919 betr. die Regelung der Luftfahrt<br>Kgl. Erlaß v. 27. 11. 1919<br>AbänderungsVO. v. 12. 4. 1926<br>Statuten der LuftverkehrsAG.<br>Flughafenordnung v. 20. 8. 1926<br>VO. über Lichtbildgerät v. 23. 3. 1924 | 1921 S.461<br><br>1927 S.181<br>1923 S.361<br>1927 S. 25, 37<br>1925 S. 61 | a) Verteidigungs- (später Verkehrs-)<br>b) Aéronautique civile Belge |

| Staat | I. Cina (politisch) | II. IATA (wirtschaftlich) | III. FAI (sportlich) |
|---|---|---|---|
| Bolivien . . . . | 1. 6. 1922; 30. 8. 1924 ausgetret. | — | — |
| Brasilien . . . . | 13.10.1919, auch dem Zusatzprotokoll am 28. 6. 1920 angeschlossen; nicht ratifiziert | — | Aéro Club du Brésil (Rio de Janeiro, Avenida Rio-Branco 173 —1[0]) |
| Bulgarien . . . | 5. 7. 1923 beigetreten ratifiziert | — | — |
| Chile . . . . . | 1923 ratifiziert | — | Aéro Club du Chili (Santiago) |
| China . . . . . | 13. 10. 1919 unterzeichnet, aber nicht ratifiziert | — | Fédération Aéronautique de Chine (Fai), Peking |
| Cuba . . . . . | 13. 10. 1919 unterzeichnet, aber nicht ratifiziert | | — |

| IV. Sonderabkommen | NfL. | V. Luftverkehrsgesetz | NfL. | VI. Zivile Luftfahrtbehörden<br>a) Ministerium<br>b) Unterbehörde |
|---|---|---|---|---|
| — | — | — | — | — |
| — | — | LuftfahrtVO. v. 22. 7 1925 | 1925 S.585, 595 | a) Verkehrs-<br>b) Noch keine eigene Behörde<br>Aeroclub von Brasilien fördert Handelsluftfahrt |
| — | — | Luftverkehrsges. v. 23. 7. 1925<br>Submissionsbedingungen | 1926 S. 25, 37<br>1925 S.485 | a) Verkehrs-<br>b) Luftfahrdirektion |
| — | — | Dekret betr. die nationalen Luftstreitkräfte v. 15. 7. 1920<br>LuftfahrtVO. v. 17.10. 1925 | 1921 S.377<br>1926 S.100, 121 | — |
| — | — | — | — | a) Luft-<br>b) — |
| — | — | — | — | a) Kriegs-<br>b) —<br>Die Militärbehörde überwacht auch die Handelsluftfahrt |

| Staat | I. Cina (politisch) | II. IATA (wirtschaftlich) | III. FAI (sportlich) |
| --- | --- | --- | --- |
| **Dänemark** . . . | 1927 ratifiziert | — | Danske Aeronautisk Selskab (Kopenhagen, 34 Amalie gade) |
| **Danzig** . . . . . | — | — | — |
| **Deutsches Reich** | — | Deutsche Luft-Hansa A.-G., Berlin Deutsch-Russische Luftverkehrsgesellschaft (Deruluft), Berlin | Deutscher Luftrat (Berlin W 35, Blumeshof 17) |

| IV. Sonderabkommen | NfL. | V. Luftverkehrsgesetz | NfL. | VI. Zivile Luftfahrtbehörden a) Ministerium b) Unterbehorde |
|---|---|---|---|---|
| Großbritannien 23. 12. 1920 | 1921 S. 82 | Luftfahrtges. v. 1. 5. 1923 | 1923 S.285, 293 | a) Ministerium d. öffentlichen Arbeiten |
| Deutsches Reich 25. 4. 1922 | 1923 S.229 | | | b) Keine eigene Behörde |
| Norwegen 27. 7. 1921 | 1922 S.197 | | | |
| Schweden 7. 11. 1922 | 1923 S.223 | | | |
| Belgien 28. 6. 1923 | 1923 S.433 | | | |
| Polen 16. 12. 1924 | 1925 S.249 | Luftfahrtzollvorschriften v. 30. 12. 1924 | 1925 S.141 | |
| — | — | Luftverkehrsges. v. 19. 6. 1926 | 1927 S.413, 419 | a) Senatsabt. f. Betr., Verkehr und Arbeit |
| | | VO. über Betrieb und Verkehr im Flughafen Danzig-Langfuhr v. 19. 7. 1927 | 1927 S. 565 | b) Verkehrsamt |
| Schweiz 14. 9. 1920 | 1920 S. 57 | Luftverkehrsges. v. 1. 8. 1922 (RGBl. I S. 681) | 1922 S. 429 | a) Reichsverkehrs- (früher Reichsministerium d. Innern), das eine Abteilung für Luftfahrwesen hat |
| Dänemark 25. 4. 1922 | 1923 | VO. über die Änderung des LuftVG. und des Ges. über den Verkehr mit Kraftfahrzeugen v. 5. 2. 1924 (RGBl. I S. 43) | 1924 S. 33 | b) Zentralstelle für Flugsicherung |
| Niederlande 24. 7. 1922 | S.229 | | | |
| Österreich 19. 5. 1925 | 1925 S.433 | | | |
| Schweden 29. 5. 1925 | 1925 S.453 | | | |

| Staat | I. **Cina** (**politisch**) | II. **IATA** (**wirtschaftlich**) | III. **FAI** (**sportlich**) |
|---|---|---|---|
| **Deutsches Reich** . (Fortsetzung) | — | — | — |

| IV. Sonderabkommen | RfL. | V. Luftverkehrsgesetz | RfL. | VI. Zivile Luftfahrtbehörden a) Ministerium b) Unterbehörde |
|---|---|---|---|---|
| Frankreich 22. 5. 1926 | 1926 S.645 | VO. zur Änderung der Haftpflichthöchstsummen für Kraftfahrzeug- und Luftverkehr v. 6. 2. 1924 (RGBl. I S. 42) | 1924 S. 33 | — |
| Belgien 29. 5. 1926 | 1926 S.657 | | | |
| Tschechoslowakei 22. 1. 1927 | 1927 S.137 | | | |
| Italien 20. 5. 1927 | — | VO. v. 11. 9. 1924 über Landungsaufforderung für Luftfahrzeuge (RGBl. I S. 706) | 1924 S.305 | |
| Großbritannien 29. 6. 1927 | 1927 S.413 | | | |
| Spanien 9. 12. 1927 | 1928 S. 260 | Ges. zur Durchführung der Art. 177, 178 u. 198 des Vertrags v. Versailles v. 8. 7. 1926 (RGBl. I S.397) | 1926 S.377 | |
| | | a) VO. über Luftfahrzeugbau v. 13. 7. 1926 (RGBl. I S. 463) | 1926 S.425 | |
| | | b) VO. über führerlose Flugzeuge und über Flugzeuge mit den technischen Merkmalen neu- | 1926 S.425 | |

| Staat | I. Cina (politisch) | II. IATA (wirtschaftlich) | III. FAI (sportlich) |
|---|---|---|---|
| **Deutsches Reich** . (Fortsetzung) | — | — | — |
| Saargebiet . (Teil des deutschen Reichs) | **1927** ratifiziert | — | — |
| **Ecuador** . . . . | 13. 10. 1919 unterzeichnet, aber nicht ratifiziert | — | — |

| IV. Sonderabkommen | RfL. | V. Luftverkehrsgesetz | RfL. | VI. Zivile Luftfahrtbehörden a) Ministerium b) Unterbehörde |
|---|---|---|---|---|
| | | zeitlicher Jagdflugzeuge v. 13. 7. 1926 (RGBl. I S. 463) | | |
| — | — | c) VO. über Beschränkung der Flugausbildung v. 13. 7. 1926 (RGBl. I S. 464) | 1926 S. 426 | — |
| — | — | d) VO. über Listenführung in der Luftfahrt v. 13. 7. 1926 (RGBl. I S. 464) | 1926 S. 426 | |
| — | — | VO. betr. die Regelung des Luftverkehrs im Saarge- v. 15. 2. 1928 | 1928 S. 142 | Vgl. Andres, Grundlagen des Rechts im Saargebiet, 13. Heft der „Völkerrechtsfragen", Berlin 1926 |
| Frankreich 28. 11. 1921 | 1922 S. 42 | — | — | — |
| Italien 28. 11. 1921 | 1922 S. 42 | | | |

| Staat | I. Cina (politisch) | II. IATA (wirtschaftlich) | III. FAI (sportlich) |
|---|---|---|---|
| Estland . . . . . | — | A. S. Aeronaut, Tallinas, Reval | — |
| Finnland . . . . | — | — | Aeroklubben (Helsing fors) |
| Frankreich . . . | 1. 6. 1922 ratifiziert | 1. Air Union, Paris 2. LignesAériennes Latécoêre, Paris 3. Lignes Farman, Villancourt | Aéro Club de Franc (Paris, 35 rue Fran çois-Ier) |
| Algerien . . . | — | — | — |

| IV. Sonderabkommen | RfL. | V. Luftverkehrsgesetz | RfL. | VI. Zivile Luftfahrtbehörden a) Ministerium b) Unterbehörde |
|---|---|---|---|---|
| — | — | LuftfahrtVO. v. 8. 3. 1923 | 1926 S.461, 545 | a) Verkehrs-<br>b) Inspektion für Luft- u. Kraftfahrt |
| — | — | Luftfahrtges. v. 25. 5. 1923 | 1923 S.305 | a) Generalstab<br>b) —<br>Die Militärbehörde überwacht auch die Handelsluftfahrt |
| Großbritannien 20. 10. 1919<br>Großbritannien u. Belgien betr. Zollbehandlung 5. 5. 1926<br>Schweiz 9. 12. 1919<br>Tschechoslowakei 1924<br>Deutsches Reich 22. 5. 1926<br>Niederlande 2. 7. 1923<br>Ecuador 28. 11. 1921 | <br><br><br><br>1926 S.401<br><br><br>1924 S.361<br>1926 S.645<br>1923 S.393<br>1921 S. 42 | Luftverkehrsges. v. 31. 5. 1924<br><br><br>Ausführungsbest. v. 31. 5. 1924<br>Dekret betr. Luftfahrtzertifikate v. 25. 2. 1925<br><br>VO. über Sperrgebiete, Lichtbild und Filmgerät v. 20. 4. 1926 | 1924 S.273, 281, 289<br>1926 S.597, 609<br><br>1927 S. 61 | a) Ministerium d. öffentlichen Arbeiten<br>b) Unterstaatssekr. für Luftfahrt |
| — | — | Frz. VO. v. 19.1.1926 | 1926 S 573 | — |

| Staat | I. **Cina** (politisch) | II. **IATA** (wirtschaftlich) | III. **FAI** (sportlich) |
|---|---|---|---|
| **Griechenland** . . | 13. 3. 1922 ratifiziert | — | — |
| **Großbritannien** . | 1. 6. 1922 ratifiziert | Imperial Airways Limited, London | Royal Aero Club of the United Kingdom (London W I, 3 Clifford street) |
| nebst | | | |

| IV. Sonderabkommen | RfL. | V. Luftverkehrsgesetz | RfL. | VI. Zivile Luftfahrtbehörden a) Ministerium b) Unterbehörde |
|---|---|---|---|---|
| — | — | Luftfahrtkonzessionsbedingungen v. 8. 7. 1925 u. 17. 10. 1925 | 1925 S.545 1926 S.185 | a) Kriegs- b) — |
| Deutsches Reich 29. 6. 1927 | 1927 S.413 | Luftfahrtges. v. 25. 6. 1920, ersetzt durch | 1921 S.317 ff. | a) Luft- b) Kontrolleur der Zivilluftfahrt |
| Dänemark 23. 12. 1920 | 1921 S. 82 | LuftfahrtVO. v. 19. 12. 1923 (Air Navigation Consolidation Order), geändert durch VO., v. 16. 12. 1925 und Air Navigation Amendment Order 1927 | 1925 S. 1,9, 17, 25, 33, 41 1927 S.245 | — |
| Niederlande 11. 7. 1923 | 1923 S.385 | | | |
| Norwegen 15. 7. 1921 u. 22. 2. 1923 | 1924 S.329 | | | |
| Schweden 16. 2. 1921 u. 5. 3. 1924 | — | Subventionsbedingungen | 1924 S.311 | — |
| Schweiz 6. 11. 1919 | — | | | |
| Polen 13. 8. 1924 | 1924 S.377 | — | — | — |
| Frankreich 20. 10. 1919 | — | — | — | — |
| Frankreich u. Belgien 5. 5. 1926 betr. Zollbehandlung | 1926 S.401 | — | — | — |
| Portugal 6. 4. 1921 | | | | |
| cht formell mit: | | | | |
| Belgien | — | — | — | — |
| Italien | — | — | — | — |

| Staat | I. Cina (politisch) | II. IATA (wirtschaftlich) | III. FAI (sportlich) |
|---|---|---|---|
| Australischer Bund . . . . | 1. 6. 1922 ratifiziert | — | — |
| Canada . . . . | 1. 6. 1922 ratifiziert | — | — |
| Indien . . . . | 1. 6. 1922 ratifiziert | — | — |
| Irischer Freistaat . . . . . | 1. 6. 1922 ratifiziert | — | — |
| Neuseeland . . | 1. 6. 1922 ratifiziert | — | — |
| Südafrikan. Union . . . . | 1. 6. 1922 ratifiziert | — | — |

| IV. Sonderabkommen | RfL. | V. Luftverkehrsgesetz | RfL | VI. Zivile Luftfahrtbehörden |
|---|---|---|---|---|
| — | — | — | — | a) Verteidigungs- b) Kontrolleur der Zivilluftfahrt |
| — | — | Luftfahrt VO. v. 31.12. 1919<br>Luftamtsges. v. 6. 6. 1919 | 1921 S.725 ff.<br>1921 S.533 | a) Verteidigungs-Dep.<br>b) Dir. der Zivilluftfahrt |
| — | — | Luftfahrzeugges. v. 1911<br>Vorschriften v. 31. 1. 1920 | —<br>— | Referat für Luftfahrwesen im indischen Gewerbedepartement<br>Luftrat (unbedeutend) RfL. 1925 S. 208 |
| — | — | — | — | — |
| — | — | Luftges. v. 10.12.1918<br>Vorl. Vorschriften v. 21. 12. 1921 | — | Verteidigungsministerium |
| — | — | Luftfahrtges. v. 1923 (Südafrikan. Gesetz über die internationale Konvention zur Regelung der Luftfahrt u. über Vorschriften betr. Flugwesen) | 1924 S.341, 393 | Ministerium für Eisenbahnen und Häfen |

| Staat | I. Cina (politisch) | II. IATA (wirtschaftlich) | III. FAI (sportlich) |
|---|---|---|---|
| Guatemala . . . | 13. 10. 1919 unterzeichnet, aber nicht ratifiziert | — | — |
| Japan . . . . . | 1. 6. 1922 ratifiziert | — | The Imperial Aero Society of Japan (Yurakucho, Kojimachi-ku Tokio, Teikoku Hiko Kyokwai) |
| Italien . . . . . | 13. 3. 1922 ratifiziert | 1. S.I.S.A. Società Italiana Servizi Aerei Portorese, Triest<br>2. Transadriatica Società Anonima Italiana de Navigazione Aerea, Venedig | Aero-Club d'Italia (Rom [4], Via del Tritone 183) |
| Jugoslawien . . (Königreich der Serben, Kroaten und Slowenen) | 1. 6. 1922 ratifiziert | — | Aero Club du Royaume des Serbes, Croates et Slovènes (Belgrad, Miloche Veliki Nr. 17) |

| IV. Sonderabkommen | RfL. | V. Luftverkehrsgesetz | RfL. | VI. Zivile Luftfahrtbehörden a) Ministerium b) Unterbehörde |
|---|---|---|---|---|
| — | — | Luftfahrtkonzessionsbedingungen v. 3. 9. 1925 | 1926 S. 1 | — |
| — | — | Luftfahrtges. v. 8. 4. 1921 | 1921 S. 474 | — |
| Ecuador 28. 11. 1921 Großbritannien (nicht formell) Deutsches Reich 20. 5. 1927 | 1922 S. 42 | Kgl. Dekret betr. Luftfahrtvorschriften v. 20. 8. 1923<br>Ausf VO. v. 11. 1. 1925<br><br>Luftfahrtkonzessionsbedingungen v. 18. 10. 1924 u. 27. 8. 1925 | 1924 S. 241, 249<br>1925 S. 365, 381, 389 ff.<br>1925 S. 349<br>1926 S. 13 | a) Kommissariat für Luftfahrt<br>b) Selbständig, Ministerpräsident ist gleichzeitig Oberkommissar |
| — | — | Richtlinien für den internationalen Luftverkehr ziviler Flugzeuge v. 25. 6. 1926 | 1926 S. 509 | a) Kriegs- und Marine-<br>b) —<br><br>Die Militärbehörde überwacht auch die Handelsluftfahrt. Ständiger Sachverständigenausschuß |

| Staat | I. Cina (politisch) | II. IATA (wirtschaftlich) | III. FAI (sportlich) |
|---|---|---|---|
| **Kolumbien** . . . | — | Vermerk: Die kolumbisch-deutsche Luftverkehrsgesellschaft Sociedad Colombo Alemana de Transportes Aeros (Scadta) gehört der Jata nicht an | — |
| **Lettland** . . . . | — | — | — |
| **Liberia** . . . . | 29. 3. 1922 angeschlossen, nicht ratifiziert | — | — |
| **Litauen** . . . . | — | — | — |
| **Luxemburg** . . . | — | — | — |
| **Mandate des Völkerbundes:** | | | |
| Deutsch-Ostafrika . . . . (Mandatare: Belgien und Großbritannien) | — | — | — |
| Palästina . . . (Mandatar: (Großbritannien) | — | — | — |

| IV. Sonderabkommen | RfL. | V. Luftverkehrsgesetz | RfL. | VI. Zivile Luftfahrtbehörden a) Ministerium b) Unterbehörde |
|---|---|---|---|---|
| — | — | Luftverkehrsdekret v. 15. 3. 1920<br>Luftfahrtsubventionsbedingungen v. 12. 11. 1924 | —<br>1925 S.113 | a) Kriegs-<br>b) — |
| — | — | Luftverkehrsgeſ. v. 7. 6. 1926 | 1926 S.389 | a) Verkehrs—<br>b) Post- und Telegraphenverwaltung |
| | | | — | — |
| — | — | — | | |
| — | — | Luftverkehrsgeſ. v. 29. 11. 1921 | 1922 S. 85 | a) —<br>b) — |
| — | — | — | — | — |
| — | — | — | — | — |
| — | — | — | — | — |

| Staat | I. Cina (politisch) | II. IATA (wirtschaftlich) | III. FAI (sportlich) |
|---|---|---|---|
| Deutsch-Südwestafrika . . (Mandatar: Südafrikanische Union) | — | — | — |
| Syrien und Libanon . . . (Mandatar: Frankreich) | — | — | Aéro Club de Syrie e du Libanon (Bey routh) |
| Mexiko . . . . . | Ciana | — | — |
| Nicaragua . . . | 31. 12. 1922 angeschlossen, nicht ratifiziert | — | — |
| Niederlande . . | — | N.V. Koninklijke Luchtvaart Maatschappij voor Nederland en Kolonien, Haag | Koninklijke Nederld sche Vereeniging voor Luchtvaart (dei Haag, 39 Maurit skade) |

| IV. Sonderabkommen | RfL. | V. Luftverkehrsgesetz | RfL. | VI. Zivile Luftfahrtbehörden a) Ministerium b) Unterbehörde |
|---|---|---|---|---|
| — | — | — | — | — |
| — | — | — | — | — |
| – | — | Grundlagen für Luftverkehrslinien im öffentlichen Verkehr v. 14. 9. 1920 | 1921 S. 394 | a) Kriegs- b) — Die Militärbehörde überwacht auch die Handelsluftfahrt |
| — | — | — | — | — |
| Belgien 8. 7. 1922 | 1922 S.575 | Luftvorschriften v. 28. 5. 1924 | 1924 S.257, 265 | a) Wasserbau- b) Luftfahrtabteilung |
| Deutsches Reich 24. 7. 1922 (noch nicht ratifiziert) | — | Ges. betr. Regelung der Luftfahrt v. 30. 7. 1926 | 1927 S. 85, 97,113, 125, 141,153 | |
| Frankreich 2. 7. 1923 | 1923 S.393 | | | |
| Großbritannien 11. 7. 1923 | 1923 S.385 | Verkehrsbestimmungen v 9. 1. 1925 | 1925 S. 73 | |
| Polen 4. 11. 1925 | 1926 S. 49 | Luftfahrtzollvorschriften v. 9. 5. 1925 | 1926 S. 213 | |

| Staat | I. Cina (politisch) | II. IATA (wirtschaftlich) | III. FAI (sportlich) |
|---|---|---|---|
| Niederlande . . . (Fortsetzung) | — | — | — |
| Norwegen . . . | — | — | Norsk Luftseiladsforening (Oslo, Tostrupgaarden) |
| Österreich . . . . | — | Österreichische Luftverkehrsgesellschaft, Wien; 1926 beigetreten | Österreichischer Aero-Club (Wien I, Kärntnerring 10) |
| Panama . . . | 13. 10. 1919 unterzeichnet, aber nicht ratifiziert | — | — |
| Uruguay . . . | — | — | — |

| IV. Sonderabkommen | RfL. | V. Luftverkehrsgesetz | RfL. | VI. Zivile Luftfahrtbehörden a) Ministerium b) Unterbehörde |
|---|---|---|---|---|
| Norwegen 8. 1. 1925 | 1926 S.293 | — | — | — |
| Schweden 21. 11. 1925 | — | | | |
| Schweiz 18. 5. 1925 | — | | | |
| Dänemark 27. 7. 1921 | 1922 S.197 | Luftges. v. 7. 12. 1923 | 1924 S. 225 | a) Wehr- b) Luftrat |
| roßbritannien 15. 7. 1921 ı. 22. 2. 1923 | — | AusfBest. v. 21.3.1924 | 1924 S.233 | |
| | | Luftfahrt-Zollgesetz v. 17. 4. 1925 | 1925 S.301 | |
| Schweden 26. 5. 1923 | — | | | |
| Niederlande 8. 1. 1925 | 1926 S.293 | | | |
| Ungarn 29. 8. 1924 | 1926 S.361 | Gesetz betr. die vorläufige Regelung der Luftfahrt v. 10. 12. 1919 | 1921 S.489 | a) Handels- und Verkehrs- b) Verkehrssektion |
| eutsches Reich 19. 5. 1925 | 1925 S.433 | Ges. v. 9. 8. 1908 über die Haftung für Schäden aus dem Betriebe von Kraftfahrzeugen | — | |
| — | — | — | — | — |
| — | — | — | — | — |

| Staat | I. Cina (politisch) | II. IATA (wirtschaftlich) | III. FAI (sportlich) |
|---|---|---|---|
| Persien . . . . | 11. 7. 1922 beigetreten | — | — |
| Peru . . . . . . | 22. 6. 1920 angeschlossen | — | Aéro Club Péruvier (Lima) |
| Polen . . . . . | 26. 11. 1924 ratifiziert | Polska Linja Lotnicza Aerolot A., Warschau | Aéro Club de Polog (Warschau, Aven Ujazdowskie 37) |
| Portugal . . . . | 1. 6. 1922 auch Ciana ratifiziert | — | Aéro Club du Portu (Lissabon, Pala Palmella, Largo Callariz 29 |
| Rumänien . . . | 31. 5. 1924 | — | Aéro-Clubul Regal Romaniel (Bukare 9 Strada Clémence |
| Rußland . . . . Union der Sozialistischen Sowjetrepubliken (U.d.S.S.R.) | — | | — |
| Schweden . . | 1927 ratifiziert | Aerotransport, Stockholm; 1926 beigetreten | Kungl. Svenska Ae klubben (Stockho 1, Fenixpaletset) |

| IV. Sonderabkommen | RfL. | V. Luftverkehrsgesetz | RfL. | VI. Zivile Luftfahrtbehörden a) Ministerium b) Unterbehörde |
|---|---|---|---|---|
| — | — | — | — | — |
| — | — | Luftfahrtvorschriften v. 15. 11. 1921 | 1922 S.102 | a) Verkehrs- b) — |
| Großbritannien 13. 8. 1924 Dänemark 16. 12. 1924 Niederlande 4. 11. 1925 Schweden 1. 10. 1925 | 1924 S.377 1925 S.249 1926 S. 49 1926 S.485 | Luftverkehrsvorschriften | 1925 S. 85 | |
| Großbritannien 6. 4. 1921 | — | Luftfahrt VO. v. 27. 4. 1927 | 1927 S.321 | a) — b) — |
| — | — | Vorläufige Bestimmungen der Zollverwaltung v. 25. 5. 1920 Luftlinien, Konzession, Betrieb v. 6. 9. 1920 | — | a) Verkehrs- b) Unterstaatssekretariat für Luftfahrt |
| — | — | Dekret der russ. Volkskommissare über den Luftverkehr v. 17. 1. 1921 | 1923 S.457 | a) Rote Luftflotte b) Inspektion der Zivilluftfahrt Vgl. Pereterski, die Entwicklung des Luftrechts in der Sowjetunion in ZLR. 1 S. 1 ff. |
| Deutsches Reich 29. 5. 1925 | — | Kgl. VO. betr. den Luftverkehr v. 16. 7. 1920 | 1920 S.102 | a) Verkehrs- b) Luftfahrtbehörde |

| Staat | I. **Cina** **(politisch)** | II. **IATA** **(wirtschaftlich)** | III. **FAI** **(sportlich)** |
|---|---|---|---|
| **Schweden** . . . (Fortsetzung) | — | — | — |
| **Schweiz** . . . . | — | 1. Ad-Astra Aero, Schweizerische Luftverkehrs-A.-G., Zürich<br>2. Balair, Basler Luftverkehrsgesellschaft, Basel | Aéro Club Suisse (Bern, Palais fédér bâtiment Nord b reau 52) |
| **Siam** . . . . . | 1. 6. 1292 ratifiziert | — | — |

| IV. Sonderabkommen | RfL. | V. Luftverkehrsgesetz | RfL. | VI. Zivile Luftfahrtbehörden a) Ministerium b) Unterbehörde |
|---|---|---|---|---|
| Dänemark | 1923 | LuftfahrtVO. v. 26. 5. | 1922 | — |
| 7. 11. 1922 | S.233 | 1922 | S.477 | |
| Großbritannien | 1924 | AusfBest. v. 26. 5.1922 | 1923 | |
| 16. 2. 1921 | S.329 | | S.241 | |
| u. 5. 3. 1924 | | Landevorschriften | 1924 | |
| Niederlande | — | | S.193 | |
| 21. 11. 1925 | | Luftfahrsperrgebiete | 1926 | |
| Norwegen | — | | S.273 | |
| 26. 5. 1923 | | Luftfahrtsubventions- | 1925 | |
| Polen | 1926 | bedingungen | S.473 | |
| 1. 10. 1925 | S.485 | Bestimmungen über | 1926 | |
| | | Lichtbildgerät | S.149 | |
| Deutsches Reich | 1920 | Bundesratsbeschl. betr. | 1921 | a) Post- u. Eisen- |
| 14. 9. 1920 | S. 57 | Ordnung des Luft- | S.605 | bahndeparte- |
| Frankreich | — | verkehrs v. 27. 1. 1920 | 1921 | ment |
| 22. 5. 1926 | | Vorschriften betr. Ver- | S.177 | b) Luftamt |
| Großbritannien | — | kehr von Luftfahr- | | Vgl. Schweizeri- |
| 6. 11. 1919 | | zeugen auf und über | | scher Bundesbe- |
| Niederlande | — | Gewässern v. 24. 1. | | schluß v. 10. 2. |
| 18. 5. 1919 | | 1921 | | 1921 betr. die |
| | | Ergänzende polizeiliche | 1923 | Übertragung der |
| | | Vorschriften für den | S.377 | Gesetzgebung über |
| | | Luftverkehr v. 3. 8. | | die Luftfahrt auf |
| | | 1923 | | den Bund (RfL. |
| | | Grundsätze für Fähig- | 1927 | 1921 S. 285) |
| | | keitsausweise und | S. 49 | |
| | | Führerbewilligungen | | |
| | | vom 15. 12. 1926 | — | |
| | — | — | | a) Kriegs- |
| | | | | b) — |
| | | | | Der Handelsluft- |
| | | | | dienst wird von der |
| | | | | militärischen Luft- |
| | | | | fahrt mit versehen |

| Staat | I. Cina (politisch) | II. IATA (wirtschaftlich) | III. FAI (sportlich) |
|---|---|---|---|
| Spanien . . . . | Ciana | — | Real Aero Club de Es paña (Madrid, Call de Sevilla 12 y 14) |
| Tschechoslowakei . | 23. 11. 1923 ratifiziert | Tscheslowakische Luftverkehrsgesellschaft, Prag | Aéroklub Republik Ceskoslovenske(Prag Kral. Vinohrady Tr da Marsala Foche 8 |
| Türkei . . . . . | — | — | — |
| Ungarn . . . . . | — | — | Fédération Aéronau tique Hongroise (Bu dapest IX, Lonyayu 36 |

| IV. Sonderabkommen | RfL. | V. Luftverkehrsgesetz | RfL. | VI. Zivile Luftfahrtbehörden a) Ministerium b) Unterbehörde |
|---|---|---|---|---|
| Deutsches Reich 9. 12. 1927 | 1928 S. 260 | AusfBest. zur KVO. v. 25. 11. 1919 | 1921 S. 765 | a) Arbeits- b) Keine eigene Behörde; Regelung der Zivilluftfahrt im Einvernehmen mit den militärischen Stellen |
| | | Kgl. Dekret betr. Luftverkehrslinien v. 14. 2. 1924 | — | |
| | | VO. betr. Einflug von Luftfahrzeugen v. 17. 4. 1920 | 1921 S. 661 | |
| | | Luftfahrtkonzessionsbedingungen v. 16. 8. 1924 | 1924 S. 385 | — |
| | | Richtlinien für ausländische Luftfahrer, VO. v. 12. 8. 1927 | 1927 S. 669 | |
| | | VO. betr den Luftschiffsverkehr Sevilla—Buenos Aires v. 12. 2. 1927 | 1927 S. 193 | |
| Deutsches Reich 22. 1. 1927 Frankreich 1924 | 1927 S. 137 1924 S. 361 | Luftverkehrsges. v. 8. 7. 1925 | 1925 S. 497, 511, 521 | — |
| | | VO. betr. Sperrgebiete v. 31. 1. 1924 | 1924 S. 209 | |
| — | — | Luftverkehrsvorschriften | 1925 S. 533 | a) Kriegs- b) Gen.-Insp. für Flugwesen |
| Österreich 29. 8. 1924 | 1926 S. 361 | VO. betr. den Luftverkehr v 20 12. 1922 | 1923 S. 62ff. | a) Handels- b) Luftamt |
| | | VO. über Verkehr ausländischer Luftfahrzeuge v. 25. 2. 1924 | 1924 S. 217 | |

| Staat | I. Cina (politisch) | II. IATA (wirtschaftlich) | III. FAI (sportlich) |
|---|---|---|---|
| Uruguay . . . . | 13. 7. 1924 ratifiziert | — | Centro Nacional d Aviacion (Montevideo, Plaza Independencia, 824) |
| Venezuela . . . | — | — | — |
| Vereinigte Staaten von Amerika . . . . | 13. 10. 1919 unterzeichnet, nicht ratifiziert. (Auch Pan-American Union) | — | National Aeronauti Association of U.S.A (Washington, D.C. 1623 H. Street, N.W. |

| IV. Sonderabkommen | RfL. | V. Luftverkehrsgesetz | RfL. | VI. Zivile Luftfahrtbehörden a) Ministerium b) Unterbehörde |
|---|---|---|---|---|
| Argentinien 31. 5. 1922 | 1922 S.525 | Dekret betr. Überfliegen des Staatsgebiets v. 22. 3. 1922 | 1922 S.341 | — |
| — | — | Luftfahrtges. v. 16. 6. 1920 (Bundesdekret) | — | — |
| — | — | Luftverkehrsges. v. 20. 5. 1926<br><br>Luftfahrt VO. v. 31. 12. 1926 mit Änderungen v. 22. 3. 1927 | 1927 S.261 273, 289 ff.-307<br><br>1927 S.337, 365, 389 ff. -548 | a) Unterstaatssekretär zur Betreuung d. Luftfahrt im Handelsministerium (seit Air Commerce Act v. 26. 5. 1926); früher nur Postverwaltung<br>b) Früher nur Luftpost; Landesbeirat National-Advisory Committee for Aeronautics; seit 1926 Assistant Secretary of Commerce for Aviation im Handelsdepartem. Vgl. RfL. 1927 S. 311. |

# Sachregister.

(Die Zahlen bedeuten die Seiten.)

## A.

## B.

## C.

## D.



## E.

## F.

## H.

## M.

## P.



## R.

## S.

## T.



## U.

## V.

Gedruckt bei A. W. Hayn's Erben, Potsdam

Kolibri 360 GmbH
Ferdinand-Jühlke-Straße 7
99095 Erfurt, Deutschland
produktsicherheit@kolibri360.de